图书在版编目（CIP）数据

西方典籍里的中国／武斌著. —北京：中央编译出版社，2024.1

ISBN 978-7-5117-4486-9

Ⅰ.①西⋯　Ⅱ.①武⋯　Ⅲ.①中华文化－普及读物　Ⅳ.①K203-49

中国国家版本馆 CIP 数据核字（2023）第 154898 号

西方典籍里的中国

选题策划	张远航
责任编辑	汪　婷
责任印制	李　颖
出版发行	中央编译出版社
网　　址	www.cctpcm.com
地　　址	北京市海淀区北四环西路 69 号（100080）
电　　话	（010）55627391（总编室）　（010）55625176（编辑室） （010）55627320（发行部）　（010）55627377（新技术部）
经　　销	全国新华书店
印　　刷	北京文昌阁彩色印刷有限责任公司
开　　本	710 毫米×1000 毫米　1/16
字　　数	418 千字
印　　张	26.5
版　　次	2024 年 1 月第 1 版
印　　次	2024 年 1 月第 1 次印刷
定　　价	98.00 元

新浪微博：@中央编译出版社　　微　信：中央编译出版社（ID：cctphome）
淘宝店铺：中央编译出版社直销店（http://shop108367160.taobao.com）　（010）55627331

本社常年法律顾问：北京市吴栾赵阎律师事务所律师　闫军　梁勤
凡有印装质量问题，本社负责调换，电话：(010) 55627320

西方典籍里的中国

武斌 著

中央编译出版社
Central Compilation & Translation Press

目 录

引 论 ·· 1
  一 ·· 1
  二 ·· 3
  三 ·· 8
  四 ··· 13
  五 ··· 18
  六 ··· 25
  七 ··· 28

第一章 雾里看花:从"赛里斯"到"契丹" ······················ 31
  一 住在"北风之外"的人 ··· 31
  二 很远,在东方的那一端 ··· 33
  三 以丝为名:希腊罗马人的中国称谓 ····························· 40
  四 关于中国最初的想象 ··· 46
  五 远方契丹的诱惑 ··· 49
  六 从"契丹"到"中国" ··· 55

第二章 初识中国 ·· 59
  一 在地图上找到中国 ·· 59

二	那是一片辽阔的土地	65
三	传教士的中国的概览	70
四	富庶的国家，丰饶的物产	78
五	世界经济的中心在中国	87
六	大都与北京	92
七	天堂之城与光明之城	99

第三章 悠久的历史，发达的文明 ... 110
  一 令人惊艳的古老历史 ... 110
  二 "把金苹果交给中国人" ... 114
  三 对中国悠久历史的赞誉 ... 118
  四 在东方发现了新世界 ... 122
  五 中国"可能处于静止状态" ... 129

第四章 中国与现代文明 ... 135
  一 瞩目"中国的文艺复兴" ... 135
  二 "最老与最新的帝国" ... 140
  三 马克思、恩格斯论中国 ... 144
  四 在中国发现文明的曙光 ... 152
  五 所谓"李约瑟问题" ... 157

第五章 对中国制度的研究 ... 161
  一 对中国政治制度的研究 ... 161
  二 对开明君主制的赞誉 ... 167
  三 "开明君主"：传教士眼中的康熙皇帝 ... 175
  四 孟德斯鸠对专制主义的批评 ... 181
  五 其他启蒙学者对专制主义的批评 ... 185
  六 对教育和科举制度的研究 ... 189

第六章　风俗与性格 195
　一　独特奇异的民俗风情 195
　二　对中国茶文化的介绍 202
　三　中国人性格的分析 209
　四　明恩溥的中国国民性研究 214
　五　中国的语言与文字 221

第七章　论孔子与儒家思想 226
　一　利玛窦发现了孔子 226
　二　儒学是传教士的必修课 231
　三　孔子走进欧洲思想的视野 233
　四　孔子与启蒙思想家相遇 238
　五　沃尔夫论孔子的道德哲学 246
　六　孔子是"一个真正的伟人" 249
　七　"孔子加耶稣" 253
　八　不断被发现的孔子 256

第八章　东方智慧：老子、《易经》与禅宗 262
　一　《老子》的西译与研究 262
　二　现代科学视野的老子思想 264
　三　老子思想与西方文学艺术 269
　四　传教士对《易经》研究 271
　五　莱布尼茨对《易经》的研究 275
　六　西方学者对《易经》的研究 279
　七　禅宗与西方文化 284

第九章　西方作家与中国文学 290
　一　17—18世纪欧洲作家的中国知识 290
　二　《赵氏孤儿》的西译与流传 299

三　《好逑传》的西译与流传 ········· 306
　　四　歌德与中国文学 ············· 308
　　五　巴尔扎克的中国知识 ··········· 312
　　六　英美作家的中国浪漫想象 ········· 316
　　七　西方诗人的中国诗情 ··········· 321

第十章　"四大发明"改变世界 ··········· 325
　　一　造纸术的传播与影响 ··········· 325
　　二　印刷术的传播与影响 ··········· 333
　　三　火药火器的传播与影响 ·········· 341
　　四　指南针的发明与航海罗盘的应用 ····· 352
　　五　"四大发明"对西方文明的重大影响 ··· 358

第十一章　中国园林：别样的风景 ·········· 363
　　一　传教士对中国造园艺术的介绍 ······· 363
　　二　关于中国园林的两封通信 ········· 368
　　三　钱伯斯对中国造园艺术的研究 ······· 374
　　四　欧洲作家对中国造园艺术的评论 ····· 380

附录　西方的兴趣：关于中国的问题清单 ······ 388
　　一　曼纽埃尔国王的清单 ··········· 388
　　二　法国科学院给柏应理的问题清单 ····· 390
　　三　莱布尼茨的问题清单 ··········· 393
　　四　杜尔阁的《中国问题集》 ········· 399
　　五　托马斯·斯当东的三十三个问题 ····· 406

本书征引的主要西方文献 ·············· 410

主要参考文献 ···················· 414

引 论

一

1298年,在意大利热那亚的监狱里,关押着一批威尼斯囚徒。热那亚是意大利重要的港口城市,也是中世纪重要的贸易城市,其势力仅次于威尼斯,发现新大陆而名震世界的哥伦布就是热那亚人。当时,为了争夺东方贸易的霸权,热那亚与威尼斯进行了四次战争。这些囚徒就是在这几次战争中被俘的。

狱中单调的生活,闲极无聊。其中一位囚徒就给大家讲故事。他说自己多年在东方游历,见识了许多奇闻逸事,奇风异俗,那里极为富有,遍地黄金。大家听得十分入迷。听众中有一位作家,觉得这些东方的奇异故事很有意思,如不写成书传之后世,将会十分可惜。于是,他将这些故事笔录成书。

这位作家是比萨人鲁思蒂谦诺(Rusticiano)。在入热那亚监狱之前,鲁思蒂谦诺已是一个颇有名气的文人了。由于他广学博识,富有教养,所以人们都尊敬地称他"鲁思蒂谦诺老师"。我们不知道他是如何被关到监狱里的。有人说,他是在1298年的那场战役中被俘的,他也参加了威尼斯的舰队。据另一说,鲁思蒂谦诺入狱的时间要早数年,是在另一场战役中被俘的。不过这无关紧要。重要的是,他在狱中笔录的这本书,深刻地影响了世界文明的历史进程。仅凭这本书,他的名字就被写进了世界历史。

鲁思蒂谦诺笔录的这本书就是日后闻名于世的《马可·波罗游记》。而故事的讲述者,威尼斯人马可·波罗,日后被称为中世纪"四大旅行家"之一。在热那亚的监狱里,鲁思蒂谦诺得以结识马可·波罗,也是一时的奇遇。可以说,如果没有鲁思蒂谦诺,如果没有这位执着的作家强迫马可·波罗静下心来坐在那里,滔滔不绝地讲述自己的经历,马可·波罗的故事就不会变为文字广为流传,他的经历只能是人们闲来无事的谈资,而他最终也会和他同时代无数的商人、旅行家们一样,消失在历史的烟云之中。

文学史专家认为,鲁思蒂谦诺在笔录《马可·波罗游记》时,态度严谨、忠实,《马可·波罗游记》的文字流畅自然,不尚浮华夸张,体现了历史的真实和马可·波罗口述的特点。但是,他也并非仅仅扮演了一个纤毫不失地机械笔录的角色。事实上,在鲁思蒂谦诺笔录的《马可·波罗游记》中,也包含着他对马可·波罗口述的接受、理解和再创造,包含着作为一位文学家的艺术匠心和风格。

《马可·波罗游记》成为一本风靡欧洲、家喻户晓的书。

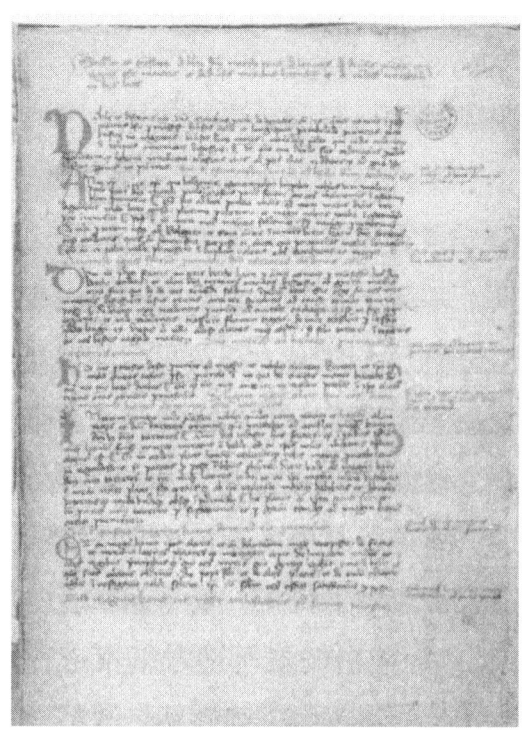

图 0-1-1 《马可·波罗游记》的最早抄本

图 0-1-2　1477 年纽伦堡印本《马可·波罗游记》扉页的马可·波罗肖像画

二

马可·波罗（Marco Polo，1254—1324）是威尼斯人。威尼斯是一个古老的商业城市，其商人早在 9—10 世纪就在地中海上进行商业活动。到了 13 世纪，地中海成为欧洲的两大商业区之一，而意大利的威尼斯、热那亚、比萨等城市，又是地中海商业区的中心。这些城市联系着西欧和东方的市场，成为东

— 3 —

西贸易的枢纽。其中，威尼斯的地位尤为重要，它是东方货物运往中欧和北欧的一个吞吐港。马可·波罗的父亲尼哥罗（Nichol）和叔父玛菲（Maffeo）都是有名的威尼斯商人，经常奔走于地中海东部地区，进行商业活动。

1271年，17岁的马可·波罗随父亲和叔父同行，踏上了东方之途，开始了他一生中长达24年的漫游东方的历史行程。马可·波罗在中国生活了17年，遍游大江南北与长城内外，对中国的了解远远超过当时的欧洲人。他回国后向当地人介绍东方见闻，引起人们的极大兴趣。

《马可·波罗游记》是西方人第一部比较完整地并且是以亲身的经历来描写和介绍中国和中华文化的著作。在古罗马时代，罗马帝国和中国有一些直接或间接的往来，人们开始注意到东方。但在那个时候，关山阻隔，路途遥远，人们只是凭着模糊的传闻和奇异的想象，在古罗马文献中留下只言片语的记载，而且犹如雾里看花，若明若暗。罗马帝国覆亡之后，欧洲进入中世纪时代，大约有五六百年的时间，即直到12世纪以前，被人们习惯地称为"黑暗时代"。这一时期欧洲的历史和文化是落后的、发展缓慢的，欧洲人对中华文化的了解和认识，并没有明显的进步与增长，也没有特别值得注意的文献记载。当盛唐文化在东方如日中天、展现它的世界性辉煌的时候，欧洲人却对此知之甚少。处于"黑暗时代"的欧洲人还不具备充分认识和理解中华文化的条件。

而马可·波罗赶上了东西方第一次有机会面对面接触的时代。13世纪上半叶，蒙古军队先后发动了三次大规模的西征，把欧亚大陆的大部分地区都纳入蒙古帝国的版图中，形成了从东到西的庞大的蒙古汗国，将周围诸文明社会整合进一个全新的世界秩序之中。所谓"四海为家，声教渐被，无此疆彼界"，中西交通出现了前所未有的盛世，畅通的道路使得人们往来便利。在这100多年的时间里，在欧亚大陆上出现了前所未有的"流动"浪潮，有各类人员的流动、物质商品的流动、技术发明的流动、思想观念的流动、文化的流动。蒙古人的征战和统治为这一切的流动创造了广泛的条件和基础。东西方文化的接触、碰撞、交流和融合出现了前所未有的规模。

因此，这就进入一个东西方文化大交流的时代，进入一个中国走向世界、世界认识中国的时代。欧洲人看到了一个真实的中国，一个充满神秘感和魅力的中国。而由于蒙古人西征的威胁,强化了欧洲人了解东方的愿望和自觉性。另一方面,12世纪以后,欧洲的经济、社会和文化都有了较大的进步,出现了新的复兴和繁荣,对知识的增长也出现了更多的需求。因而,13—14世纪欧洲人关于中国的知识,无论是在广泛性和丰富性上,还是在知识的层面上,都达到了一个新水平。

在12世纪,欧洲各地广泛流传着有关"长老约翰"的传说。这个传说宣称,在东方有一个崇奉基督教的国王,在亚洲统治大片地区。他在波斯一带战胜了穆斯林,随后又转向圣地耶路撒冷,只是由于底格里斯河涨水未能通过,才终止前进。人们称他为"长老约翰王"(Prester John)。历史学家方豪说,在东方天主教史上,长老约翰是"一位非常显赫的人物"[①]。在当时,"长老约翰"是最令人兴奋的传说之一。当欧洲人最初听到关于"长老约翰"传说的时候,是颇受鼓舞和兴奋的,因为他们以为在东方有一个同样信奉基督教的民族。这个传说大大地鼓舞了欧洲的冒险事业,使欧洲人认为在遥远的中国有一个与他们信仰同一宗教的社会,它自然会愿意欢迎并帮助他们的事业。

马可·波罗就是在这样一个时代背景下来到东方的。在这个时代,不仅是马可·波罗,还有一些欧洲人来到东方,来到中国,他们也热衷讲述来自东方的奇闻逸事,成为那个时代文学叙事的一个方向。因为在丝绸之路上行走的商人、使臣、旅行家,都有许多传奇的经历,他们都是有故事的人。这其中,比较重要的并且留下文献记录的有意大利方济各会修士柏朗嘉宾(Jean de Plan Carpin,1182—1252)、法国方济各会修士鲁布鲁克(William of Rubruck,1215—1270)、意大利圣方济各会修士鄂多立克(Odoric de Pordenone,1265—1331),以及与马可·波罗和鄂多立克同样被称为中世纪"四大旅行家"之一的阿拉伯人伊本·拔图塔(Ibn Battutah,1304—1377)等人。

在这个时代,还有一本流传很广的关于中国的书,即《曼德维尔游记》。据说,有一位叫胡子约翰(John the Beard)的英国人,托名曼德维尔爵士(Sir John Mandeville),自称于1322年从鄂多立克东游,先启程去了圣地,然

[①] 方豪:《中国天主教史人物传》,北京:宗教文化出版社2007年版,第37页。

后又到过印度、波斯和中国，最后于1356年结束旅程返回家中，著《曼德维尔游记》。他宣称教皇在看过他的游记报告后，认为他所记录的一切都是属实的。以前欧洲人认为，中世纪确有英国人约翰·曼德维尔爵士游历至中国。因此，《曼德维尔游记》被誉为"首次或几乎是首次尝试把世俗主题引入英语散文领域"，其作者甚至被誉为"英国散文之父"。直到20世纪初，始考定其为伪书。它的内容是把当时流行的各种东方游记和文献汇集整理成的，然后再经过作者的想象与加工，实际上反映了那个时代人们对东方的认识水平。《曼德维尔游记》虽然是伪书，但影响很大，甚至比《马可·波罗游记》流行更广。这大概是因为《曼德维尔游记》描写的东方，满足了当时欧洲人关于中国的集体想象，更符合欧洲人的口味与需求。

无论是马可·波罗的游记，还是鄂多立克、伊本·拔图塔等人的叙述，还有《曼德维尔游记》等在那个时代流行的东方故事，揭开了欧洲人心灵对亚洲文化想象的序幕。他们给欧洲人展现了一个新的世界，一个完全新奇的奇异之邦，因此刺激了西方世界对东方这一神秘、梦幻之地的兴趣。这在随后欧洲人对东方的想象和知识建构中起到了相当重要的作用。

图0-2-1 中世纪的威尼斯

图 0-2-2 马可·波罗穿越沙漠,选自 1375 年的加泰隆画册(局部)

图 0-2-3 中世纪旅行家鄂多立克

三

马可·波罗是第一个亲自游历中国并将其经历口述、由人笔录成书的欧洲人。他大大开阔了当时欧洲人的地理视野，在他们面前展示了一片宽阔而富饶的土地，引起他们对于东方的浓厚兴趣。就像200年之后的哥伦布一样，马可·波罗为欧洲人发现了一个新世界。《马可·波罗游记》被称为"世界第一奇书"，马可·波罗被誉为"中世纪的希罗多德"，不仅是中世纪最伟大的旅行家，而且是有史以来世界上"最大旅行家之一"。

不过，当时的欧洲人并没有充分认识《马可·波罗游记》的重要价值。马可·波罗所说的一切，对当时的欧洲人来说，太陌生、太新奇、太不可思议了。他们还不具备接受如此大量文化信息的观念和文化上的准备。所以，当时有人将《马可·波罗游记》看作一种文学作品，看作《天方夜谭》一类的书籍，并未给予充分的信任和理解。直到15世纪、16世纪，随着欧洲人掌握的东方的历史和地理知识逐渐丰富，《马可·波罗游记》的价值才被注意和重视起来。所以，有人说，马可·波罗用了20年时间认识中国，而欧洲人认识马可·波罗却用了200年。

自15世纪起，世界历史进入大航海时代，而《马可·波罗游记》展现的中华文明，成为刺激欧洲人发动大航海运动的强大心理动力。当时一些著名航海家和探险队的领导人都曾读过马可·波罗的游记，从中受到鼓舞和启示，激起他们对东方的向往和冒险远游的热情。比如，哥伦布（Christopher Columbus，1451—1506）在出发前就曾仔细读过《马可·波罗游记》。哥伦布深为马可·波罗书中的描写所震撼，也清楚地感受到其中隐藏的商机。有人说寻找"东方"是欧洲大航海事业的"意志灵魂"，而这种"意志灵魂"正是在《马可·波罗游记》中培育、生长和锻造的。

大航海时代，新大陆的发现和新航路的开通，把整个世界连成一片。大帆船承载着欧洲人的东方梦想。乘着大帆船而来的，主要是欧洲各国东印度公司的商人，他们把中国生产的精美的瓷器、丝绸、漆器、茶叶以及大量的日常生

引 论

活用品、工艺品等,一船一船地贩运到欧洲。他们是海上丝绸之路上的搬运工,把中国的财富搬运到西方,在欧洲人的生活中引起一阵阵激动,改变着欧洲人的生活。与他们同船而来的,还有许多旅行家、冒险家,他们就是要来看一看马可·波罗所描绘的那个"大汗之国",领略地球这边的异域风情。还有许多怀揣着宗教热忱的传教士,他们要把天国的福音传达到东方。当踏上中国大地的时候,他们看到了一个不同的世界,看到了一个繁华富庶的国度,领略到一种奇异风韵的文化。于是,旅行家们写下了一篇又一篇关于中国的报道,传教士们写下一篇又一篇"中国报告",向欧洲反馈有关中国文化的信息。

最早来东方的欧洲人是葡萄牙人,他们也是最早撰写向欧洲介绍中国的文献的。1508 年 4 月,葡萄牙国王曼纽埃尔一世(Dom Manuel Ⅰ,1495—1521)指示去麻剌甲(马六甲)的葡萄牙人,要他们了解中国的一些具体情况,提出了一个"问题清单"。曼纽埃尔一世是积极推动与中国联系和贸易的王者。他的这个"问题清单",表现出他们急切认识中国的愿望,也表明了他们当时对中国所知不多。但是,正是从这时候开始,陆续有一些人写出了关于中国的著作或游记,开始记录下他们所知的中国。这其中比较重要的有葡萄牙人皮列士(Tome Pires)的《东方志》、伯来拉(Galeote Pereira)的《中国报道》、克路士(Gaspard de Cruz)的《中国志》,以及西班牙传教士德·拉达(Mardin de Rada,1533—1578)的《中国纪事》等。其中,克路士的《中国志》被欧洲学术界认为是《马可·波罗游记》之后又一部有重要价值的历史文献。而西班牙传教士门多萨(Juan Gonzales de Mendoza,1540—1617)的《中华大帝国史》,则是 16 世纪有关中国的影响最大的一部著作。

和其他几位作者不同,门多萨没有到过中国,但他广泛阅读和接触到 16 世纪有关中国的各类记载,特别是他利用了一些中国典籍的译文,使他的著作更具有真实性和可靠性,在相当程度上弥补了他没有亲自造访中国的遗憾。因而,《中华大帝国史》相较于同时代的同类著作,内容更丰富、更充实,也更全面。门多萨这部作品为当时的欧洲人打开了了解和认识中国的窗口,使欧洲人从通过充满神秘色彩的传闻来想象中国,跨入通过中国的现实来认识中国的时代。门多萨的这部著作成了 16 世纪末 17 世纪初欧洲人新的"中国图像"的基础,为此后两个世纪间欧洲的"中国热"提供了一个知识与价值的起点。

西方典籍里的中国

当时许多欧洲文化人都读过《中华大帝国史》，比如法国人文主义思想家蒙田（Michel de Montaigne，1533—1592）曾审读了这部著作的法文译本。再比如英国哲学家培根（Francis Bacon，1561—1626）阅读过《中华大帝国史》，他在对中国的认识上，显然受到门多萨的影响。荷兰从事东方探险的先驱、荷兰东印度公司创建者之一林希霍腾（Jan Huighen van Linschoten，1563—1611）也是《中华大帝国史》的热心读者，他在1596年出版的名著《东印度之行》有关中国的论述就是在门多萨著作的基础上写成的。

16世纪来华的一些传教士、旅行家和商人等关于中国的记述，最重要的一个特点，就是其中的大部分作者都到过中国或者到过中国附近的地方。即使是没有来过东方的作者，他们依据的也是那些亲历者提供的第一手材料。对于这些旅行家来说，他们从遥远的欧洲来到东方，首先面对的是一个完全陌生的自然环境、完全陌生的人群、完全陌生的文化。在他们之前，他们所有关于中国的了解，大概不超过马可·波罗的论述，所以他们也抱着马可·波罗式的期待视野。于是，他们对这块神秘土地的所有事物都充满着好奇与惊叹，都如饥似渴地吸收着这里的文化养料。所以，我们看到，在他们的笔下，所有的事物都是新鲜的，都是与众不同的，都是值得记录和可以回去讲给自己同胞们听的。他们还没有走进中国这个巨大知识领域的大门，只是来到了它的大门口，倚门而望，草草地看上几眼，就急着去写他们的书了，就急着去给他们的同胞讲中国的故事了。所以，这些记述与以后得以深入中国内陆地区并且在那里长期生活的耶稣会士等传教士们的书简和著作相比，这些文字材料还是比较肤浅的走马观花式的，以及还带有许多想象的道听途说的成分，但毕竟在向认识真实的中国方面迈进了一大步，并且在很大程度上影响了那个时代的欧洲人，同时对17—18世纪欧洲人对中国的认识也具有很大的影响。

到了16世纪晚期，则出现了门多萨的《中华大帝国史》作为这一时期欧洲人了解、认识和描述中国的一个总结，一个集大成者。《中华大帝国史》在相当一个时期左右了欧洲人对中国的认识。而要真正走进中国这个知识领域的"大门"，还要等到17世纪利玛窦（Mathew Ricci，1552—1610）他们来了以后。

图 0-3-1 达·伽马的卡拉维尔帆船,16 世纪画

图 0-3-2 《马可·波罗游记》法文第一版，1556 年

图0-3-3　1517年葡萄牙人首次在广州登陆

四

17—18世纪，还有一些到过中国的欧洲人陆续出版了一些有关中国的游记和其他著作。但在有关中国的西方典籍中，这一时期更重要的、更有影响力的是那些来华传教士们的著作。

在随着大帆船来到中国的欧洲人中，传教士为数众多。从1583年第一位来华传教士利玛窦踏上中国大陆开始，200多年间，先后有一两千人，来自欧洲10余个国家。这些传教士，以耶稣会士为主，都具有很高的文化修养和科学修养，尤其是早期来华的利玛窦等人，都是当时的饱学之士。17世纪末和18世纪来华的法国耶稣会士，因为本身就带有科学研究的任务，所以在科学修养上都具有很高的水平，每个人还都有自己擅长的研究领域。尤其是法国国王路易十四时期，法国科学院派来的优秀传教士，拟定了具体而系统的中国研究项目，涉及中国的天文学和地理学史、中国古今通史、汉字的起源、中国的动植物和医学等自然科学史、中国各门艺术的历史、中国现状、国家治安、政局和习俗、矿产和物产等。这么高水平的队伍前赴后继来到中国，必定在中西文化交流的事业上掀起前所未有的高潮。

明清之际来华传教士们，在持续200年的传教事业中，书写了大量的书信、报告、著作，并翻译了大量汉文经典，在欧洲各国出版和流传。而以文本形式传入的中国的知识，与当时大量传入的中国商品相比，是欧洲人了解中国更为重要的来源。这些传教士籍属不同的修道会，来自不同的国家，文献书写的语言有拉丁文、葡、西、意、法、德、荷、波、捷等欧洲语言。这些文献广泛分布于众多档案馆、图书馆、博物馆之中。

书信是当时的传教士们的一种主要书写文体。传教士们远离故国，背井离乡，他们想方设法与国内保持联系。当时的交通极为不便，所有的信件都要通过固定往返中欧之间的商船传递，一封从中国发出的信到收信人手里往往需要一两年的时间。但是，这些传教士仍然写作了大量的书信，其中有给自己亲属的，有给欧洲教会组织和教会内的朋友的，还有许多是与学术界的知名学者保持的通信联系，向他们介绍他们所关心的、有关中国文化各方面的种种问题，几乎涉及了中国的版图、物产、科学技术、制度、风俗、历史、宗教等方方面面，所以这些信的学术价值尤为重要。

传教士们的通信和笔记在当时都被汇编成书，在西方传诵一时。比如，来华传教士龙华民（Nicolao Longobardi，1559—1654）、庞迪我（Diego de Pantoja，1571—1618）分别在1601年和1605年编辑出版过耶稣会士的书简集。1603—1611年里斯本出版的5卷本耶稣会传教士书信汇编《耶稣会神父事务年度报告》，是里斯本耶稣会会长费尔南·格雷罗（P. Fernão Guerreiro，1550—1617）主持编辑的最重要的传教士书信集之一。他根据传教士们每年寄来的信件，展现出耶稣会传教士们传教活动最密集的亚洲各地区，尤其是印度、中国和日本的广阔而又真实可信的画面。《年度报告》不仅要提供宗教方面的情况，还要以相当大的篇幅介绍他们所在传教地区的政治形势、地理环境及其主要的社会文化风俗。1608—1614年出版的3卷本耶稣会士文献汇编，也包括大量来自中国传教士们撰写的文献。

引 论

到了18世纪，法国的耶稣会士编辑出版了《耶稣会士书简集》。《耶稣会士书简集》由法国耶稣会士卢哥比安（Charles Le Gobien，1653—1708）、杜赫德（Jean-Baptiste du Halde，1674—1743）和帕都叶（Louis Patouillet，1699—1779）先后分类编纂，积成卷帙，于1702—1776年陆续在巴黎出版。《耶稣会士书简集》共34卷，其中包括144封来自中国的书信与报告，绝大多数是出自法国耶稣会士之手。它们以通信的形式，将传教士们观察所得的中国政治制度、风俗习惯、历史地理、哲学思想、工商情况等详加报告。《耶稣会士书简集》成为18世纪以及以后许多中国学家和对中国文化感兴趣的人的主要资料来源。

《耶稣会士书简集》中的这些书信都是根据传教士本人的亲身经历撰写的，读来令人有亲临其境之感，并且文笔流畅，语言优美，引人入胜。因而，这些书简集出版后大受欢迎，引起很大反响和关注。在当时欧洲几乎所有的大中城市，都会看到不同版本的《耶稣会士书简集》。有人说，在那个时代，"整个欧洲有文化的人都曾读过这部好奇多于教益的《耶稣会士书简集》"。这些书简"在整整一个世纪吸引了知识界，不仅仅向他们提供了一些具有异国情调的冒险活动，还提供了一种形象和思想库。欧洲发现了它不是世界的中心，便寻找方位标和可比因素"。"这些书简甚至部分地造就了18世纪的人类精神面貌。"①

在18世纪后期，巴黎还出版了《中国杂纂》，即北京传教士关于中国历史、科学、艺术、风俗、习惯等的回忆录。这部巨著的内容基本上是乾隆时期在华法国耶稣会士寄给贝尔丹的各类专题论文，包括中国的历史、自然科学、医学和医药、工艺技术、语言文学等方面。《中国杂纂》是一部最重要的耶稣会士作品集。有的西方学者评论说："《中国杂纂》是启蒙时代耶稣会士汉学的真正历史丰碑。"②

在这200年间，传教士们还撰写了大量介绍和研究中国文化各个方面的著

---

① ［法］伊莎贝尔·席微叶、［法］约翰-路易·席微叶：《入华耶稣会士和中西文化交流》，［法］安田朴、谢和耐等：《明清间入华耶稣会士和中西文化交流》，耿昇译，重庆：巴蜀书社1993年版，第17—18页。

② ［法］若瑟·佛莱什：《从法国汉学到国际汉学》，［法］戴仁编：《法国中国学的历史与现状》，耿昇译，上海：上海辞书出版社2010年版，第12页。

西方典籍里的中国

作,包括一些全景式的描述性著作和专题研究著作,具有很重要的意义和价值。据相关统计显示,从1687年到1773年,耶稣会士总共撰写了252种与中国有关的著作,其中综合性的48种,直接与"礼仪之争"[①]有关的9种,历史题材的14种,地理和天文题材的54种,宗教和哲学题材的40种,翻译作品39种,字典和语法20种。另有一个统计资料显示,在17—18世纪,在华耶稣会士撰写的关于中国的著作共有700多部,其中刊布的作品550部,未刊布的作品201部,包括文学、宗教(除天主教以外的其他中国宗教及其历史)、医药、艺术(建筑、音乐、绘画)、哲学、社会生活(社会风情、中国概况)、礼仪(与礼仪之争有关的祭祀礼及其他大小礼节、仪式)、语言(语法、字典、源流考辨)、译文、时事(写作之时的政治、社会状况、重大事件)、科学(动物、植物、技术、手工艺等)、历史、地理(游记、地图、路线描述)、天文历算(天文史、历法、数算等诸多方面)。正是这些作品,向欧洲传递了中国的形象,是欧洲人学习中国知识的首要来源。欧洲学者许多论述中国的书籍,都是以这些著作为基础而进行写作的。

在来华传教士介绍中国的作品中,最著名的一部书是1615年出版的《利玛窦中国札记》。利玛窦在晚年除继续主持中国耶稣会教务、从事传教活动之余,还开始撰写他在中国传教经历的回忆录。到他去世时,这份记录已告完成,仅留下一些空白以待补充。手稿是用利玛窦的本国语言意大利语写成的。耶稣会传教士金尼阁(Nicolaus Trigault,1577—1628)为保存和出版利玛窦的这份珍贵文献做出了重要贡献。金尼阁1611年来华传教,此时利玛窦已经去世。1613年春,金尼阁受龙华民派遣,回欧洲向教廷汇报中国教务。为了保存利玛窦的札记手稿,金尼阁在此次旅行中把它携回罗马。在漫长单调的旅途航行中,金尼阁着手把利玛窦的手稿从意大利文译为拉丁文,并增添了一些有关传教史和利玛窦本人的内容。金尼阁翻译和增补、编纂的拉丁文本第一版于1615年在德国奥格斯堡出版。

---

① 所谓"礼仪之争",是从17世纪中叶持续到18世纪中叶,在中国的传教士之间及传教士与罗马教廷之间展开的、有关中国传统祭祀礼仪性质的讨论。礼仪之争包含两个方面的问题:一是在中文中选用什么词语来表达基督教的"神"的概念,二是如何处理中国基督徒的祭祖祭孔礼仪。"礼仪之争"在欧洲引起强烈反响,引发了欧洲宗教界和学术界的大讨论,引起欧洲思想的一次大震荡。

拉丁文本的《利玛窦中国札记》刊行后,在欧洲不胫而走。根据原文本所翻译的各种文字译本陆续出现,7年内,在欧洲就出版了17个版本。所以,可以说,《利玛窦中国札记》一面世,立即引起了广泛的注意,迅速在欧洲各国传播开来。《利玛窦中国札记》是当时最有权威的、认真介绍中国文化制度的著作,是"欧洲人叙述中国比较完备无讹之第一部书"①。对欧洲人了解中国起到了重要作用。

明清之际来华传教士中还有许多人撰写和出版介绍、研究中国的著作。例如:曾德昭(Alvarez de Samedo,1585—1658)、卜弥格(Michel Boym,1612—1659)、卫匡国(Martino Martini,1614—1661)、南怀仁(Ferdinand Verbiest,1623—1688)、柏应理(Philippe Couplet,1623—1693)、鲁日满(Francois de Rougemont,1624—1676)、殷铎泽(Prospero Intorcetta,1625—1696)、李明(Louis Le Comte,1655—1728)、刘应(C. de Visderou,1656—1737)、白晋(Joachim Bouvet,1656—1730)、钱德明(Joseph-Marie Amiot,1718—1793)、宋君荣(Antoine Gaubil,1689—1759)等人,都著有介绍和研究中国历史文化的著作。据统计,仅耶稣会士中有著作可考的有70余人。他们源源不断地将在华见闻和关于中国文化的研究成果呈现在欧洲读者面前,大大丰富了欧洲人关于中国的知识,为中华文化的西传起到了积极的媒介作用。

在巴黎的杜赫德神父曾经长期担任《耶稣会书简集》的主编工作,掌握了大量关于耶稣会士的资料,同时与在中国的耶稣会士保持了长达24年的通信联系,所以,在一定程度上,杜赫德成为当时在华耶稣会士的通信中心和文献中心。他在多年主编《耶稣会士书简集》的基础上,根据多位在中国生活多年的耶稣会士所写的报告、书信、著述和笔记中有关材料的整理辑纂,编写成《中华帝国全志》这样一部综合性著作。

《中华帝国全志》,全称《中华帝国及其鞑靼地区地理、历史、编年、政治、自然之描述》,共4卷,初版时对开本2500多页,是一部关于中国的综合性研究著作。杜赫德没有到过中国,他基本上是一位书斋式的学者。他的成

---

① [法]费赖之:《在华耶稣会士列传及书目》上册,冯承钧译,北京:中华书局1995年版,第150页。

就，主要是大量收集和研究了来自各方面，特别是在华耶稣会士们的书信、报告、著作等文献。但是，尽管他大量地利用了第二手资料，却仍然写出了一部具有独立价值的学术著作。《中华帝国全志》在巨大的篇幅中，分述了中国的地理、历史、政治、宗教、经济、民俗、教育、科技、文学等，又节译了"四书""五经"、诏令奏章、戏曲、小说以及医卜星相之书。可以说，《中华帝国全志》是 150 年来欧洲人了解中国的一个总结，标志着欧洲人在认识中国的历史上进入一个新的阶段，被誉为"西洋汉学之金字塔，可以夸耀世界的纪念碑"[1]。

《中华帝国全志》出版以后，引起很大轰动，受到广泛的欢迎。当时有报刊评论说："我可以向你担保，假如世界上存在一种值得有头脑的人去探索、关注，去尝试的事物的话，那么，就读一读这部伟大的著作吧，它会把你愉快地带到一个新的世界。""全书充满了一种高尚、淳朴的气氛，它随处都使人感受到作者真挚而善良的意见和判断。"[2] 这部巨著被认为是 18 世纪"精神生活"的一个显著的标志物，当时的法国知识界和学术界，都把《中华帝国全志》作为了解中国的权威读本。伏尔泰、孟德斯鸠、魁奈（Francois Quesnay, 1694—1774）等人都从这部巨著中获得和吸取有关中国的知识，并且将其奉为经典。伏尔泰在《路易十四时代》里称该书是"由一位从未离开过巴黎的人所编撰的关于中国的最好的书"。魁奈则明确地表示自己所受到的杜赫德的影响，他说："他的这部著作所具有的一般长处为人们所公认。我们研究中国，即以这位作者编辑的史料作为依据。"[3]

五

明清之际来华的传教士们，通过一部部著作、一封封长信，将古老中国的文化传播到欧洲，使欧洲人建立了完整的中国知识的谱系。传教士们为增加欧

---

[1] ［日］石田干之助：《中西文化之交流》，张宏英译，北京：商务印书馆1941年版，第197页。
[2] 阎宗临：《传教士与法国早期汉学》，郑州：大象出版社2003年版，第59页。
[3] ［法］魁奈：《中华帝国的专制制度》，谈敏译，北京：商务印书馆1992年版，第26页。

洲人关于中国和整个东方的知识,开阔欧洲的世界图景,为中华文化的广泛西传,建立了不朽的功绩。严格地说,中西两大文化的实质性接触,不仅仅是物质文化层面的交流,而且是深入到学术的、思想的、精神的文化层面的接触和交流;欧洲人关于中国的了解不再是通过种种传闻获得的一个遥远而神秘的国土的模糊印象,而是建立起较为完整的知识体系,并发展成一个独立的学科领域,这一切都是从来华传教士们开始的。伏尔泰曾经说道:"耶稣会教士是最先介绍中国情形介绍得最好的人。"①

传教士们通过他们的作品,向欧洲展示了一幅理想主义的"中国图像"。在他们的描述中,中国是文明的、富裕的、强大的、辉煌的,中国的历史是悠久的,科技是发达的,物产是丰富的,政治是开明的,道德是高尚的,文化是灿烂的。在这幅"图像"中呈现出一个巨大的、强权的帝国,为首的总是一位颖慧非凡、修养深邃的君主,根据"理性法律"和高尚的国家伦理法进行统治,人民受一种高尚而纯粹的习惯规范所约束,生活在一种有规律的、乐于承受的制度中,艺术和科学繁盛,受到所有人的尊重,战争和争端被摈斥于社会之外,和平与和谐成为最高的追求。总之,这是一个光明的国度,是一个充满理性光辉的理想之国。由于这样带有理想色彩的介绍,当时的欧洲看到的中国是一个"更好的世界"。可以说,在塑造17—18世纪欧洲人的中国形象方面,耶稣会士们起到了决定性的作用。

在他们当世之时,德国哲学家莱布尼茨在1697年写给法国耶稣会东方传教负责人维利乌斯(Antoine Verjus,1632—1706)的信中说:

> 我十分赞赏和关心贵会在中国的传教活动,因为我觉得它是如今最伟大的事业,不仅为着上帝的荣耀,为着福音的传播,更有利于人类的幸福,有利于我们欧洲与中国各自科学与技艺的成长,这就像文明之光的交换,能在短时间内让我们掌握他们奋斗几千年才掌握的技能,也让他们学会我们的技艺,丰富双方的文化宝库。这都是超出人们想象的光

---

① [法]伏尔泰:《哲学辞典》上册,王燕生译,北京:商务印书馆1991年版,第321页。

西方典籍里的中国

辉伟业。①

传教士们的著作和书信，他们对中国语言文字、历史文化、政经制度以及宗教习俗等中国知识的介绍，激发了或者说深化了欧洲对中国的兴趣和热情。传教士们的著作、书简乃至争论，不仅仅引起了宗教界、思想界的关注和思考，而且也深入到大众的生活空间、公共生活领域。上至宫廷王府，下至街头巷陌，"中国"成为一个时髦的话题。哲学家的沙龙里，讨论中国的"开明君主制度"，成为他们的乌托邦理想；文学家们在笔下描绘出他们想象的中国风情。也正是从耶稣会士们起，关于中国的知识进入欧洲人的知识领域，成为欧洲人关注和思考的对象，成为思想家、哲学家们援引、论证和议论的话题，欧洲开始了对中国和中华文化的全面研究。对于欧洲思想家来说，中国的政治制度不但是他们批判欧洲社会的参照物，而且来自中国的异质文明也成为他们自我认识的难得的镜子。

在那个时代，"中国"成为欧洲人的梦想，成为他们的想象的异邦，成为他们文明的镜鉴。

在17世纪前期，法国哲学家笛卡尔（René Descartes，1596—1650）就已经注意到传教士们提供的中国材料，之后的马勒伯朗士（Nicolas Malebranche，1638—1715）、培尔（Pierre Bayle，1647—1706）等人都对中国思想文化有比较多的论述。马勒伯朗士的《一个基督教哲学家和一个中国哲学家的对话》是直接参与"礼仪之争"的作品，对中国哲学进行了深入的讨论，并在当时的法国哲学界引起了一场沸沸扬扬的大论战。培尔在他的主要著作《历史批判辞典》中，以中国的例子来说明"一个无神论的社会"也是可能存在的。

德国哲学家莱布尼茨（Gottfried Wilhelm Leibniz，1646—1716）是那个时代最博学的人之一。他充分认识到中国文化对西方文化发展的重要性，他怀着浓厚的兴趣，与来华传教士保持着密切的接触和书信往来，对中国进行了多方

---

① [德] 莱布尼茨：《中国近事——为了照亮我们这个时代的历史》，梅谦立、杨保筠译，郑州：大象出版社2005年版，"中文本序"第2页。

面的研究。1697年,莱布尼茨编纂出版了《中国近事——为了照亮我们这个时代的历史》(以下简称《中国近事》)一书。在这部著作的第一部分,集中表达了他对中国文化的看法,充分论证了中国文化对于激励和促进欧洲文化发展的重要意义。《中国近事》另外有6个附录,收录了在华耶稣会士关于当时中国以及关于中国与俄国之间关系的报告和信件,是当时欧洲人了解中国的一个很有参考价值的文献。1715年4月1日,即他去世的前一年,他给当时法国摄政顾问德·雷蒙(M. de Remonde)写了一封《论中国哲学》的长信,全面阐述了他对中国哲学的看法。

到了18世纪,欧洲人关于中国的知识已经比较丰富了,而且这时的思想革新、社会改造的问题日益突出起来。于是,人们从有关中国的各种文化信息中找到了论证自己思想的资料或资源。在启蒙思想家那里,中国不是作为知识领域而是作为思想资源出现的。他们在中国找到了批判旧制度的思想武器和社会改造的理想模式。所以,许多启蒙思想家都对中国和中华文化抱着浓厚的兴趣,在他们的著作中都有对中国的深入研究和论述。比如,启蒙运动最有影响力的领袖人物伏尔泰(Francois-Marie de Voltaire,1694—1778),和他那个时代的许多知识分子一样,拥有较多的关于中国的知识,并且对远方的中国抱有很大的热情。在伏尔泰的一生中,有近80部作品、200余封书信中论及中国,其中有史学著作《路易十四的时代》《风俗论》,哲学著作《哲学辞典》《关于百科全书的问题》,特别是他的《风俗论》尤为重要。这些作品涉及中国的政治、历史、宗教、哲学、科技、文艺、习俗等各个方面。

魁奈提出的重农主义思想受到中国学术思想的深刻影响,至少可以认为,中国学术思想是魁奈重农主义的思想渊源之一。最能体现魁奈对中国文化浓厚兴趣的是他晚年出版的关于中国的专论《中华帝国的专制制度》一书。魁奈在这部著作中详细考察了中国的经济、政治和法律制度,并对这种制度给予了高度的赞扬。他以"专制"来总结中国的政治体制,并不是要批评中国。相反,他以西方法律传统中的自然法思想为出发点,认为中国的专制是合于法律的,中国的法律是自古便逐步完善的,它以法律、道德、宗教、政权相结合为特点。这部著作被称为当时欧洲"崇尚中国运动的顶峰之作",是"这场运动达于高潮的标志"。①

法国另一位重要的启蒙思想家孟德斯鸠（Charles Louis de Secondat Montesquieu，1689—1755）则对中国封建专制主义进行了尖锐的批判。孟德斯鸠最重要的著作是《论法的精神》。这部著作在启蒙运动中意义重大，爱尔维修（Claude Adrien Helvétius，1715—1771）评价它是世界上最杰出的作品。孟德斯鸠在这部著作中考察了中国的历史和文化，涉及中国的地理环境、政治制度、法律、经济、宗教、人口、礼仪、风俗等方面，并且集中批评了中国的封建专制主义。

其他启蒙思想家，如法国的狄德罗（Denis Diderot，1713—1784）、霍尔巴赫（Paul-Henri Dietrich, Baron d'Holbach，1723—1789）、孔多塞（Marie Jean Antoine Condorcet，1743—1794），英国的大卫·休谟（David Hume，1711—1776）、亚当·斯密（Adam Smith，1723—1790）等人，都有丰富的关于中国的知识，并且在自己的著作中对中国有许多论述和评论。总之，在这个时代，中华文化与启蒙运动相遇，为启蒙思想家们的理智活动，为西方新文化的创造和发展，发挥了重要的影响和作用。在这个时代里，中国成为欧洲的一个借以反省自己的"他者"和"镜鉴"，成为他们的一个理想的"乌托邦"。

这是一次伟大的文化际遇。由于启蒙运动在世界文化史上的重要作用和地位，因此也可以说，中华文化通过启蒙运动而在这一时刻间接地参与了世界文化历史的进程。

和法国、英国的情况一样，德国思想界也对中国抱有浓厚的兴趣，比如哲学家康德（Immanuel Kant，1724—1804）、赫尔德（Johann Gottfried von Herder，1744—1803）、谢林（Friedrich Wilhelm Joseph von Schelling，1775—1854）、黑格尔（Georg Wilhelm Friedrich Hegel，1770—1831）等人都有许多关于中国的研究和论述。但是，他们与法国思想家们不同。法国思想家们更多关注的是借鉴中国思想对于改造社会的意义，而德国哲学家们则是更注意在思辨的层面

---

① ［美］马弗里克：《〈中华帝国的专制制度〉英译本绪论》，［法］魁奈：《中华帝国的专制制度》，谈敏译，北京：商务印书馆1992年版，第2、4页。

上，与中国哲学展开对话。黑格尔认为，"世界精神"自中国开始，由东方发展。在他看来，中国文化最古老，是人类文化的开端，而在开端处，对主体和客观外界尚未分辨清楚，对人类的精神更缺乏内省和自觉。他认为中国精神是世界精神自我认识的直接阶段，是一种"实体性精神"。这样的论断，是把中华文化纳入"世界精神"的范畴，是在全人类文明的历史上讨论中华文明的位置和价值了。这实际上是在思辨的和历史哲学的层面上来思考中华文化。

这样，我们看到，从莱布尼茨那个时代对中国知识的热情，到伏尔泰对中国思想的关注，再到黑格尔在哲学思辨层面上与中国哲学的对话，正反映出西方对中国认识的深化。

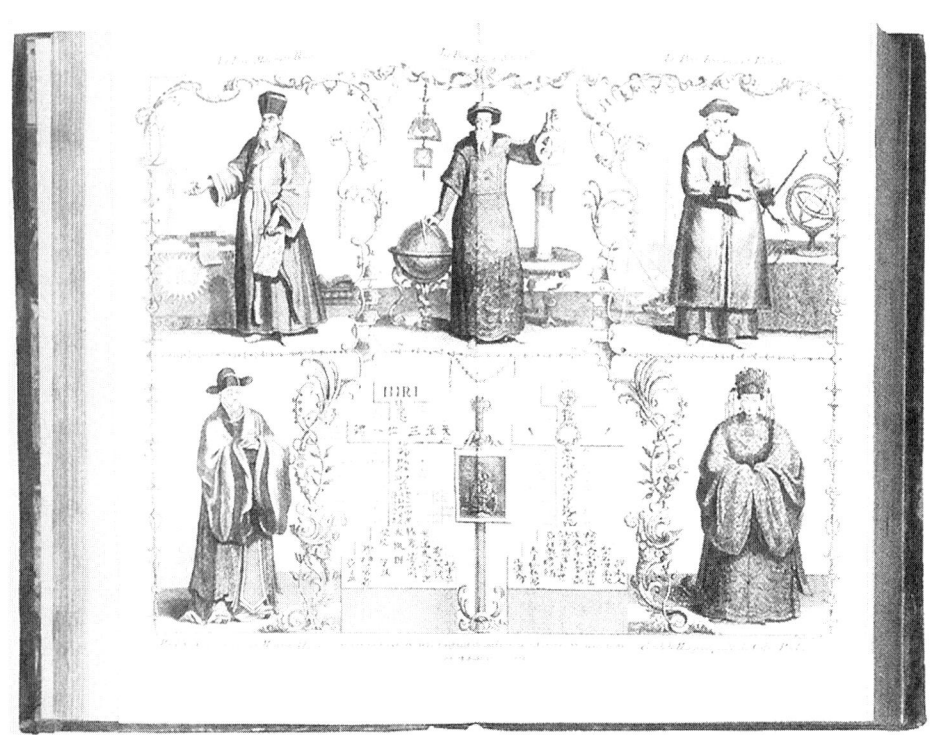

图 0-5-1　法国吉美博物馆藏书中的插图，插图上半部的
3 位外国传教士分别是利玛窦、汤若望、南怀仁

图 0-5-2 《耶稣会士书信集》

图 0-5-3 《利玛窦中国札记》法文第一版,1616 年

图0-5-4 中国籍耶稣会士游文辉绘《利玛窦像》,这幅画后来由金尼阁带回罗马,保存在罗马耶稣会总部

六

到了19—20世纪,中国以完整的形象出现在世界面前,成为东西方对话的重要参与方,西方对中国的研究也更深入了,西方典籍对中国的记载和论述

也更完整了。

19世纪初期,传教士开始了第二次大规模来华传教。与他们同时来华的,还有欧美等国的外交官、商人、冒险家等。他们编撰中文字典,翻译中国文献,撰写中国概况,介绍中国历史文化。这一时期他们撰写的关于中国的著作数量很多。如19世纪来华的第一位新教传教士马礼逊(Robert Morrison, 1782—1834)在《华英字典》中就包含对中国基本国情的简单概述。来华的传教士,同时也是著名汉学家的德庇时(John Francis Davis, 1795—1890)《中华帝国及其居民概论》、卫三畏(Samuel Wells Williams, 1812—1884)《中国总论》等,都反映了19世纪的最新研究成果,它们无论在广度上还是在深度上,都远远超过了此前的同类著作。尤其是《中国总论》,是当时美国研究中国最早且最具权威性的著作,从某种意义上说,《中国总论》是美国第一部关于中国的百科全书。《中国总论》规模宏大,翻译成汉字约90多万字,对中国的政治、经济、外交、文化、历史、地理、教育、艺术以及宗教等方面做了系统的论述。

这一时期西方人关于中国的著作为数众多。除了这些概论性质的著作外,还有许多专门的研究,如关于中国国情的调查、关于中国历史文化的研究,以及民俗风情研究、国民性的研究、社会学的调查研究、中国的时事政治的研究和报道等。这些研究著作都在欧美社会流行一时,被广泛阅读,成为19世纪直到20世纪前期西方人了解和认识中国的重要途径。

19世纪中后期,西方各国进一步加强对中国的研究,法国、英国、荷兰、德国、瑞典、奥地利、俄国都有一批卓有成绩的汉学家。他们的研究成果涉及中国社会和文化的各个方面。不少汉学家用毕生精力翻译中国古代典籍,译文水平较之前有大幅度提高。如英国传教士理雅格(James Legge, 1815—1897)以他对中国文化的理解,力求准确地翻译了《论语》《大学》《中庸》《书经》《诗经》《孟子》《春秋》《左传》《易经》《孝经》《道德经》《离骚》,成为汉籍西译大家。20世纪初期,甘肃敦煌石窟藏经洞被发现,其中保存着大量古代汉文、藏文、蒙古文和其他文字的写本卷子及文物。西方一些真正追求学问的汉学家来到敦煌考察,并携走大批文物文献进行深入研究。这从客观上也促进了汉学研究的新发展。西方各国开始设立专门的研究机构,在大学设立专门的汉学讲座和专业,开始了专业化和系统化的中国研究,"汉学"或"中国学"成为一个专门的学术领域,也涌现出一代又一代以研究中国和中国文化为专业的学者,出版了大批专门的研究著作。

进入20世纪之后,西方各国的中国研究已经成为一个具有完整学术规范和学术谱系的学科,并且取得了重大的发展。西方对中国的研究突破了此前单纯的人文科学研究方法,而是以史学为中心,借用了当时流行的社会学、经济学、国际政治学、文化人类学等,具有非常明显的社会科学化和多学科整合的特征。另外,汉学家的研究取向也发生变化,不再局限于中国古代文献,而是越来越关注中国当代问题,现实性和功利性特征日渐明显,与传统汉学风气大为不同。这种不同于传统汉学的研究旨趣,后来被称为"中国学"。20世纪60年代之后,中国学在美国得到迅速的发展,美国取代欧洲成为世界研究中国的重镇。国际汉学或中国学的发展,为向世界介绍中国文化起到了重要的作用。

除了西方汉学界对中国各方面相当深入的研究以外,西方学术界也对中国极为关注,研究著作层出不穷。罗素(Bertrand Arthur William Russell, 1872—1970)的《中国问题》,马克斯·韦伯(Max Weber, 1864—1920)的《儒教与道教》、李约瑟(Joseph Needham, 1900—1995)的《中国科学技术史》等,这些都是西方学者具有代表性的著作。比如,《中国科学技术史》是世界上研究中国科技史最完备、最深刻、最具特色的一部里程碑式的著作。这部7大卷、长达34分册的系列巨著,可以说耗费了李约瑟一生的主要精力。《中国科学技术史》以浩瀚的史料、确凿的证据向世界表明:"中国文明在科学技术史上曾起过从来没有被认识到的巨大作用","在现代科学技术登场前十多个世纪,中国在科技和知识方面的积累远胜于西方"。斯宾格勒(Oswald Arnold Gottfried Spengler, 1880—1936)的《西方的没落》、汤因比(Arnold Joseph Toynbee, 1889—1975)的《历史研究》《人类大地母亲》、麦克尼尔(William Hardy Mcneill, 1917—2016)的《西方的兴起》等西方史学的扛鼎之作,在世界文明和全球史的视野内,也都对中国有深入的研究和论述。

七

以上我们简略地概述了西方典籍对中国的论述和书写。这些典籍虽说不上汗牛充栋,但也是数量巨大,内容丰富,可以说是西方文献典籍中的一个不可或缺的组成部分。正是这些文献典籍,丰富了西方学术典籍的宝库,丰富了西方思想文化的宝库。

西方典籍书写、记载中国的历史,也就是西方人了解、认识中国,了解、认识东方的历史。欧洲人世界观的变化,首先是地理观念的变化,是"世界眼光"的扩大。我们已经看到,这是一个逐步展开、逐步深化的过程。从最初的雾里看花,开始对东方有一些似是而非的听闻和模糊而奇异的想象,到来到东方,走进中国,目睹中国的地大物博、发达的文明和独特的风俗文化,再到对中国的历史和文明进行比较深入的研究,逐步地建立起完整的中国知识谱系。这样的知识谱系是西方人整个世界文明知识系统的重要组成部分。通过对中国的了解和认识,他们看到了一个"新世界",一个不同于他们自己的"新文化"和"新文明"。美国学者顾立雅(Herrlee Glessner Creel)指出:"东方的发现开阔了欧洲人的视野,正如伏尔泰所生动说明的,它是'一种新的精神的和物质的宇宙'。"[①] 这对于开拓西方人的世界眼光、世界意识,塑造西方人的世界观和文明观,都具有特别重大的意义。所以,这些文献的记载,也就是西方的知识史、思想史,是西方的知识和思想发展、展开的历史。

从世界文化的初创时期开始,历经岁月沧桑、时代变迁,直到现代的世界文化体系,在各个历史阶段,中华文化始终占有很显著、很重要的位置,始终扮演着很重要的角色。西方典籍书写、记载中国的历史,也是中华文化西传的历史。这些文献记录、传播的有关中国的见闻、中国的知识、中国的气象,使博大精深的中华文明、中国的发明创造,传播到西方社会,丰富了西方文化,

---

① [美] 顾立雅:《孔子与中国之道——现代欧美人士看孔子》,高专诚译,太原:山西人民出版社1992年版,第380页。

为西方人的生活增添了新的内容。同时,也刺激和促进了西方文化的发展。例如:关于中国古代"四大发明"中的印刷术、火药和指南针的报道传入欧洲的时候,正值欧洲中世纪末期,文艺复兴运动正在兴起,欧洲社会正处在历史性大变革的前夜,因此这三项伟大的发明所产生的巨大影响远远超出了纯技术的领域。明清之际,来华传教士广泛向欧洲思想界介绍中国的儒家学说和中国政治制度、社会生活,而当时的欧洲思想界正处在最活跃的时期,代表社会进步力量的启蒙运动方兴未艾,所以,中国思想文化的传播对启蒙运动起到了刺激和激励作用,为启蒙运动提供了灵感之源。一位西方学者曾指出:"在19世纪以前,中国对欧洲的影响不仅胜过欧洲对中国的影响,而且比多年来人们一般想象的要大得多。"① 德国学者汉斯·波塞尔(Hans Poser)说道:

> 17世纪欧洲文化方面最伟大的发现是认识了中国,发现了与西方旗鼓相当的文化,一个高度发达而又陌生的帝国。
> 美洲的发现曾给欧洲带来巨大的财富,中国的发现同样将给欧洲带来财富,不过与金银不同,这种财富可以传到世界各地同样发挥作用,而在自己的发源地却不会随着外传而日益减少。这一财富的特点决定了:从一开始对中国的发现便是对文化的发现。②

文明是通过比较而存在,通过交流而发展的。西方典籍书写、记载中国的历史,也是西方人自我认识的历史。这些文献记载的中国和中华文明,为西方提供了一个"他者"。这个异域遥远的"他者",在西方人的视野中是作为一个"乌托邦"而存在的,是他们描绘的理想社会的形象。他们通过这个"他者"的借鉴,反观自己的文明,则提供了一种反思的、批判的角度。在启蒙运动时期,许多思想家都是拿中国的例子作为榜样,批判欧洲的封建专制制度,希望建立新的文明和新的社会。无论是伏尔泰等人对中国开明君主的赞扬,还是孟德斯鸠对中国专制制度的批判,都是借题发挥,以中国这个"他

---

① [法] 米歇尔·德韦兹:《18世纪中国文明对法国、英国和俄国的影响》,载《法国研究》,1985年第2期。
② 李文潮、[德] 波塞尔编:《莱布尼茨与中国》,北京:科学出版社2002年版,第1页。

者"的镜鉴来促进欧洲社会文化的改造和变革。

　　西方典籍对中国的书写、记载,也是中国世界形象逐步展开的过程,是中华文明走向世界的过程。中华文明是世界文明的一个重要组成部分,是在世界文明中孕育和发展的。通过这些文献典籍,我们也可以看到我们自己的文化、文明在他人眼中的样子,看到我们在世界的形象。"我们"是他们的"他者","他们"也是我们的"他者"。西方典籍中有关中国的记载,是"他者"眼中的"我们",是"他者"书写和记录的"我们"。这些记录和书写,有客观的叙述,也有热烈的赞誉,还有尖锐的批评。赞誉也好,批评也罢,都是在与西方文明做比较。他们是在西方文化的视野下与西方文明做比较来评论中国的。他们有自己的"期待视野"和"文化眼镜"。阅读这些记载中国和中华文明的西方文献典籍,也是我们通过"他者"的眼光来认识自己的过程。这样,我们对于自己的认识、对于我们民族文化传统的认识和了解,也就更全面、更深刻了。我们的文化自觉和文化自信,不仅来自对我们悠久历史培育的文明之博大、丰富和先进性,有充分的认识和体会,也来自对我们的文明在世界文明中的地位和贡献的了解和认识,来自对中华文明的世界形象的了解和认识。

　　本书辑录和论述的就是历史上的西方文献典籍对中国和中华文明的书写和记载。我们择其要者,可以看到西方人是怎样认识中国和中华文明的,看到他们眼中的中国和中华文明是什么样的形象,当然,我们通过这些文献典籍的镜像,看到了"他人"描绘的可能和我们自己想象的不太一样的"我们"自己。

第一章 雾里看花：
从"赛里斯"到"契丹"

一 住在"北风之外"的人

古希腊文献中与中国有关的论述，最早的大概是历史学家希罗多德（Herodotus，约公元前484—公元前425）的著作。希罗多德的巨著《历史》中有一卷记载欧亚草原地带的斯基泰族，代表了当时希腊人对东方的认识。

希罗多德根据公元前7世纪一位旅行家阿里斯泰（Aristeas）所写的题为《阿里玛斯波伊人》（*Arimaspea*）的诗，记载了约10种独立的民族或部落，并叙述了他们的习俗。阿里斯泰是西方传说中的古希腊著名旅行家和诗人。他曾经跟随庞大的斯基泰商队，从希腊出发，穿越了7个民族聚居地，到达阿尔泰山脚下"阿尔及巴埃人"的市场。在那里，他见到了伊塞顿商人（大约是居住在伊犁河流域的塞人），然后跟着伊塞顿商人沿着阿尔泰山南麓继续东游。在天山山口和阿尔泰山山口，北风怒吼，飞雪漫舞，山后面是难以逾越的崇山峻岭和沙漠戈壁。他听当地人说，在崇山峻岭的那边，"北风之外"，是一个温暖的天地，那里居住着一个幸福宁静的民族，他们就是希佩伯雷安人（Hyperboreans）。他们的家乡一直到大海之滨，那里土地富饶，人民定居务农，海水永不结冰。

"希佩伯雷安人"的本意是指"居住在比北风地更遥远地区的人"。与希

西方典籍里的中国

罗多德同时代的一些地理学家,也可能见过阿里斯泰的诗篇,所以在他们的书中也对希佩伯雷安人的情况进行了描述。他们说,希佩伯雷安人位于"丽白安"山脉之外的北方海洋之滨,那里土地肥沃,还说他们是素食者。这个材料符合将希佩伯雷安人说成中国人的假说。作为农业国,中国人相对于中亚那些完全是游牧与狩猎的部落而言,当然是素食者。至于丽白安山脉,则应指一条或几条中亚的大山脉,如阿尔泰山、准噶尔山、天山等。

现代的历史地理学家曾试图将这些部落的位置在地图上标定下来。这样,由西往东,杜撒盖塔伊人(Thyssagetae)大概居住在乌拉尔山的南部,伊赛多涅斯人(Issedones)大约在天山以东的某地,而阿里玛斯波伊人(Arimaspi)则在塔里木盆地和戈壁沙漠之间。那么,就会得到一个令人惊讶的结论:希佩伯雷安人不是别种人,而正是居住在关中地区和黄河下游一带的汉族人。

希罗多德提到住在海边的"北风之外"的人。有的研究者认为,汉族人确是居住在"北风之外",意思是说他们居住在中亚严冬达不到的地方,享有比较温暖的气候。根据希罗多德的记载,公元前7世纪时,自今黑海东北隅顿河河口附近,经伏尔加河流域,北越乌拉尔岭,自伊尔的什而入阿尔泰、天山两山之间的商路,已为希腊人所探索。

西方人了解关于中国的最初知识都与丝绸有关。在古希腊时代,地中海边上的希腊城邦与东方的中国,相距十分遥远,很难通达信息。所以,希腊人很少能获知远方中国的情况。但在希罗多德同时代或之前,西方人对于中国丝绸乃至中国已略有所知。希罗多德多次谈到米提亚人的织物可能正是指的丝绸。所以,希罗多德在东方的论述中或许已知道中国。不过,他所知道的也不会太多。

希腊人最早是因丝绸而知道中国的,他们用"赛里斯"指称中国,即"丝国"。最早用这个名称的是克泰夏斯。据说克泰夏斯在公元前416—公元前398年担任过波斯宫廷医生,在波斯生活多年,所以他知道关于东方的知识要比希罗多德广泛而确切一些。不过,他对赛里斯人的描述却显然得自传闻。他说:

> 据传闻,赛里斯人和北印度人身材高大,甚至可以发现一些身高13

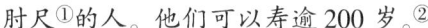

肘尺①的人。他们可以寿逾200岁。②

这段记载说明，当时希腊人关于赛里斯或中国的所知还是相当模糊的。但是，在希腊人的观念中已经有了东方的赛里斯或中国的存在，只是几乎没有人能说出其位置。他们最多能说的是：很远，在东方的那一端。

二　很远，在东方的那一端

西方古典文献中关于中国的记载在公元前后逐渐具体一些了。生活在公元前后的希腊地理学家斯特拉波（Strabo，约公元前58—公元21）在其《地理书》中重述了克泰夏斯关于"赛里斯人"的记载，还多次提到"赛里斯人"和丝绸。他说："有人声称赛里斯人比能活130岁的穆西加尼人（Musicaniens）还要长寿。……人称赛里斯人可长寿，甚至超过200岁。"③

与斯特拉波几乎同时代的罗马地理学家梅拉（Pomponins Mela）则较为确切地指明了中国人所居住的地点。他在《地理志》中这样写道：

> 从东方出发，人们在亚洲所遇到的第一批人就是印度民族、赛里斯人和斯基泰人。赛里斯人住在临近东海岸的中心，而印度人和斯基泰人却栖身于边缘地带。
>
> ……然后又是一片猛兽出没的空旷地带，一直到达俯瞰大海的塔比斯山（Tabis）；在辽远处便是高耸入云的陶鲁斯山脉。两山之间的空隙地带居住有赛里斯人。赛里斯人是一个充满正义感的民族，由于其贸易方式奇特而十分出名，这种方式就是将商品放在一个偏僻的地方，买客于他们不

---

① 肘尺（Coudée），法国古代长度单位，指从肘部到中指长，约等于半米。
② [法] 戈岱司编：《希腊拉丁作家远东古文献辑录》，耿昇译，北京：中华书局1987年版，第1页。
③ [法] 戈岱司编：《希腊拉丁作家远东古文献辑录》，耿昇译，北京：中华书局1987年版，第6页。

西方典籍里的中国

在场时才来取货。①

梅拉所说的"赛里斯人住在临近东海岸的中心"这句话,说明古代罗马人对中国的地理位置已经有了比较正确的认识。梅拉不仅记述了中国的地理位置,还讲到中国人的民族特性,他特别提到中国人奇特的贸易方式,使西方人感到中国人的淳朴与大度。研究者认为,关于这种奇特贸易方式的描写是可信的,因为直到20世纪上半期,在中国一些边远少数民族地区仍保留着这种贸易方式。这种贸易方式传说在罗马流传很广,有许多人如著名的博物学家普林尼(Gaius Plinius Secundus,23—79)等都曾提到过。

普林尼还说:"这一民族(赛里斯人)以他们森林里所产的羊毛而闻名遐迩。他们向树木喷水而冲刷下树叶上的白色绒毛,然后再由他们的妻室来完成纺线和织布这两道工序。由于在遥远的地区有人完成了如此复杂的劳动,罗马的贵妇人们才能够穿上透明的衣衫而出现于大庭广众之中。"② 普林尼还有一段话也是人们时常提及的。他在其著名的《自然史》中写道:

在喀劳狄执政年间,由锡兰前往罗马的使节们介绍说,锡兰岛的一侧朝东南方向沿着印度延伸,有一万节之遥;这些使节曾在赫摩迪山以外地区见过赛里斯人,并与他们保持着贸易关系;使团长拉西亚斯的父亲曾到赛里斯国;赛里斯人欢迎旅客们,他们的身材超过了一般常人,长着红头发、蓝眼睛,声音粗犷,不轻易与外来人交谈。另外,由他们所提供的资料与我们西方商人的所说也相差无几……③

普林尼记述的红头发、蓝眼睛的人显然不是中国人。但他的这段记载,常被认为是罗马帝国在喀劳狄执政期间所获得的关于赛里斯人的首批资料。所以

---

① [法]戈岱司编:《希腊拉丁作家远东古文献辑录》,耿昇译,北京:中华书局1987年版,第8—9页。
② [法]戈岱司编:《希腊拉丁作家远东古文献辑录》,耿昇译,北京:中华书局1987年版,第10页。
③ [法]戈岱司编:《希腊拉丁作家远东古文献辑录》,耿昇译,北京:中华书局1987年版,第11—12页。

第一章 雾里看花：从"赛里斯"到"契丹"

有人说，普林尼是第一个提供较准确的资料并有惊人发现的拉丁作家。但是，虽然普林尼是古罗马时代最伟大的博物学家，他对中国的描述比前代人要具体一些，但仍有含糊和不确之处。这也反映了当时西方人对中国的认识水平。因为当时丝绸是几经中间各民族转手而传入罗马的，罗马人所知道的那个产丝之国也是几经转述的传闻，这里面不可避免地包含着许多想象和误传。诗人贺拉斯（Quintus Horatius Flaccus，公元前65—前8）也颂扬丝绸这种珍贵的织物，歌颂它的柔软和精细。但他并不清楚出产国的情况，只是说赛里斯人居住在"东方的边缘"。

罗马人还探讨了通往赛里斯的交通路线。罗马地理学家马利努斯（Marinus of Tyre，70—130）在《地理学导论》中记载，有一位名叫马埃斯·蒂蒂安努斯（Maès Titianos）的希腊商人，世代经营赛里斯贸易，他的父亲和他都经常派遣商队前往赛里斯，虽然他本人未到过东方，他的商行却掌握了有关贸易路线的详细资料。按照马利努斯的记载，公元99年（东汉和帝永元十一年），马埃斯委托代理人组成商队，从马其顿出发，经过达达尼尔海峡、幼发拉底河上游氾复城（今叙利亚北部门比季），进入安息西境的阿蛮城（今伊朗西部哈马丹），沿里海南岸行至安息国都和椟城（今伊朗达姆甘）、安息东境亚里（今阿富汗西境赫拉特）、木鹿城（今土库曼斯坦南境马里），其后进入贵霜境内，到大夏国都监氏城（今阿富汗瓦其拉巴德），再沿喷赤河东行至葱岭最高点休密人居地，然后下山，经瓦罕走廊，进入中国境内。当时正值东汉班超驻守西域，商队被带到班超的营地，他们被同意前往洛阳。此后，他们沿塔什库尔干河北行至无雷（今新疆塔什库尔干县境内），在此顺塔什库尔干河转向东行，经德若、西夜至莎车，其后东行至于阗、精绝（今新疆民丰县境内），穿大漠直抵罗布泊西岸的楼兰，再经山国、敦煌，最后在公元100年（永元十二年）11月到达洛阳。在洛阳，这支罗马商队受到了汉和帝的接见，并赐予"金印紫绶"。这支商团在返回罗马时贩运了大批中国丝绸和其他手工业品。他们回到罗马后，给马埃斯提供了一份报告书，汇报了他们的冒险经历，而马埃斯就此写了一份报告给他的商务伙伴。一些罗马学者读过这份报告书，其中就包括马利努斯。托勒密曾援引过马利努斯的这段记载，并复原了商队的行走路线。现代学者对于这段记载非常重视，认为其是古罗马文献中对丝

西方典籍里的中国

绸之路的重要记载。

《爱脱利亚海周航记》是公元1世纪中叶一位住在埃及的希腊水手所写的，有的说他是一名常年在印度洋上航行的亚历山大时期的希腊商人。"爱脱利亚海"意为"东方的大海"，指的是今天的红海、阿曼海乃至印度洋部分海域。《爱脱利亚海周航记》中记述了西方商船往来于红海、波斯湾和印度东西沿岸的航线。《爱脱利亚海周航记》写道：

> 经过印度东海岸之后，如果直向东驶，那么右边就是大洋。若再沿着以下地区前进，并让这些地区始终在自己左方，那就可以到达恒河及位于其附近的一片地区——金洲，这是沿途所经各地中最东部的地方。……恒河之滨也有一个同样称为"恒伽"的市场。香叶、恒河甘松茅、固着丝以及号称为恒河麻布的优良麻织品，都在那里转口。
>
> 经过这一地区之后，就已经到达了最北部地区，大海流到一个可能属于赛里斯国的地区，这一地区有一座很大的内陆城市叫作秦尼。那里的棉花、丝线和被称为Sêrikon（意为丝国的）的纺织品被商队陆行经大夏运至婆卢羯车，或通过恒河而运至穆利。要进入该国（赛里斯国）并非易事，从那里来的人也极为稀少罕见。赛里斯地区恰好位于小熊星座下面，而且据说它是蓬特和里海对岸的毗邻地区（即东方）。①

研究者认为，《爱脱利亚海周航记》是欧洲文字中最早把中国记为"Thinai"的，也是古代人第一次谈到从陆海两路接近中国。作者把所记各港口、城市都放在世界范围的商业贸易网中，这也就是在经济贸易的意义上把中国纳入世界体系。《爱脱利亚海周航记》还说，大量丝绸从中国运到巴克特里亚，一些大捆的丝绸顺着印度河和恒河而下，被运到印度的各个港口，然后被装上罗马帝国来印度的船舶。帕提亚商队会收购运抵巴克特里亚的其他丝绸，他们将携带商品从陆路横越波斯，前往泰西封与古代巴比伦尼亚各大主要商业城

---

① [法] 戈岱司编：《希腊拉丁作家远东古文献辑录》，耿昇译，北京：中华书局1987年版，第17—18页。

市。然后,叙利亚商队将这些丝绸和其他东方商品从巴比伦尼亚运到地中海东部海岸。

公元2世纪的罗马地理学家托勒密(Claudius Ptolemaeus,约90—168)写的《地理学》一书中对赛里斯国有着更细致的描述:

> 赛里斯国的四至如下:
>
> 西部是伊麻奥斯山外侧的斯基泰,沿上文所指的路线延伸;北部是一片未知之地,与图勒位于同一条纬度线上;东部也是一片未知之地,沿一条子午线的方向延伸,该子午线两端的方位是:180度和63度,180度和35度。其余是外恒河以南的印度的另一部分……
>
> 赛里斯国四周环绕着一座叫作阿尼巴的山脉,……赛里斯国的绝大部分地区由两条河流所流经,……赛里斯国的首都赛拉城,白昼最长为十四小时四十五分,东距亚历山大城的时差为七小时五十分钟或整八小时。①

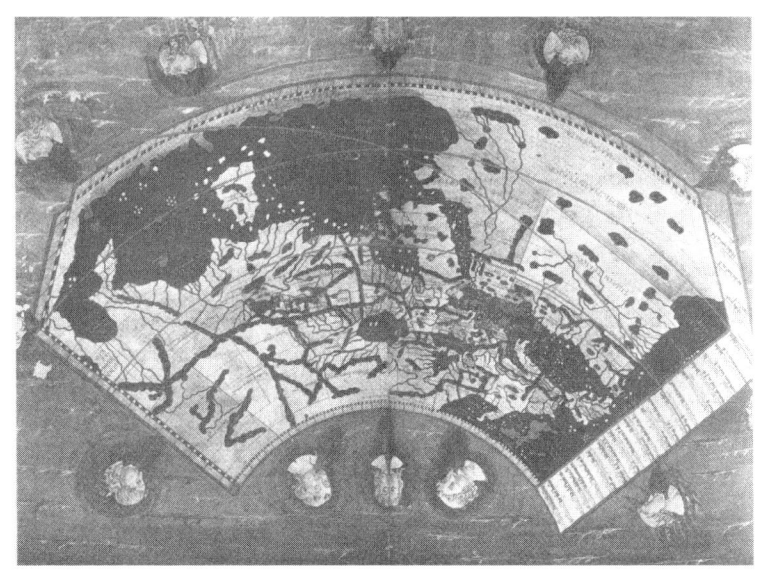

图1-2-1 托勒密世界地图,载于1477年意大利出版的《托勒密地图集》

---

① [法]戈岱司编:《希腊拉丁作家远东古文献辑录》,耿昇译,北京:中华书局1987年版,第31—32、49页。

托勒密认为在印度和赛里斯国之外,在赛里斯国首都的东部,还存在一块不大为人知的土地,"那是一个覆盖着淤泥的湖沼",它滋润着亚洲大陆直到东海岸。那里芦苇丛生,这些芦苇长得坚挺粗壮,人们甚至能从其上部攀缘而越过沼泽面。这种假设的结果使赛里斯国处于内陆。他列举了许多山脉,这些高山几乎包围了整个国家。他同时还命名了两条长河:瓦尔卡德河和包蒂索斯河。他说到"赛里斯国的绝大部分地区由两条河流所流经",这应该是指黄河和长江。他列举了15个左右的民族和大量的城市。托勒密是第一个把"赛里斯人"的国家称为"赛里斯国",把他们的首都称为塞拉的地理学家。

托勒密详述了自幼发拉底河口,经美索不达米亚、安息、木鹿、大夏等地进入中国的路线和方位。这是西方古典作家对丝绸之路的第一次记载。托勒密说,赛里斯国紧靠粟特国的东部,从石城到赛里斯国首都"丝城"需要7个月的行程。外国商人们一拥入丝城,便抢购丝绸。从丝国首都出发,又有两条交通要道:一条是经石城而通向大夏,另一条通向印度。托勒密的这些记载要比前人有关的描述具体得多。

出生在亚历山大的希腊人科斯马斯(Cosmas Indicopleustes)在约530—550年完成了《世界基督风土志》一书。据科斯马斯自述,他从青年时代起就四方漂泊经商,航行过地中海、红海、波斯湾和阿拉伯海,遍访西奈半岛,以及从埃及到赤道以北的红海西岸的广大地区,包括现在的埃及、苏丹、埃塞俄比亚和索马里。因其航海经历,他被称为"印度水手"。《世界基督风土志》注意到的中国,是西方世界向往的"丝绸之国"。科斯马斯把中国称为"秦尼扎",他从印度和锡兰方向指出中国的相对位置:

> 产丝之国位于印度诸邦中最遥远的地方,当人们进入印度洋时,它位于左侧……这个国家叫秦尼扎,其左侧为海洋所环绕,正如同巴巴利的右侧被同一海洋所环绕一样。被称为婆罗门的印度哲学家们说,如果从秦尼扎扯一条绳子,经波斯到罗马领土,那么大地恰好被分成两半。他们也许是对的。秦尼扎国向左方偏斜相当严重,所以丝绸商队从陆地上经过各国辗转到达波斯,所需要的时间比较短,而由海路到达波斯,其距离却大得

多。……这可以解释波斯何以总是积储大量丝绸。①

科斯马斯承认自己不了解锡兰到中国之间的详细地理位置,但是他知道丁香国位于二者之间。就6世纪的地理学而言,这一知识本身就是相当重要的进步。

据以上论述可知,希腊罗马人对中国确切方位的了解充其量只是模糊不清的。但是,尽管当时的欧洲人对中国的认识是遥远的、模糊不清的、雾里看花似的,但其意义在于,在大陆的另一端,已经有了一个遥远的"他者",有了一个可以想象的异域,有了一个可以与西方对话的"东方"。

图1-2-2 科斯马斯的地中海与印度洋地图(11世纪抄本)

---

① 张绪山:《拜占庭作家科斯马斯中国闻纪释证》,载《中国学术》,2002年第1期。

西方典籍里的中国

图1-2-3 意大利塔兰托古港口，是与东方有久远联系的西方海港之一

三 以丝为名：希腊罗马人的中国称谓

汉代中国人把巴克特里亚称为"大夏"，把波斯称为"安息"，把罗马称为"黎轩"或"大秦"。这些都是中国人对这些国家的称谓，它们自己并不用这样的名称。同样，当时的西方人也有自己对中国的称谓。西方人对中国的叫法有许多种，而这种称谓的变化或许从一个侧面反映了他们与中国来往的密切。

古希腊人称中国为"赛里斯"（Seres）。李约瑟说："Seres（丝国）这个字起源于'丝'，传到欧洲成为希腊字Ser，因此，这个名称大约始于丝绸贸易开始的时期。"①

---

① [英]李约瑟：《中国科学技术史》第1卷，袁翰青等译，北京：科学出版社1990年版，第173页。

第一章 雾里看花：从"赛里斯"到"契丹"

许多考古资料已经证明，早在公元前5世纪，经过丝绸之路，中国的丝绸已经越过阿尔泰山，来到了中亚地区，那么，也有可能沿着那时已经开辟的草原丝路，由希腊人称之为斯基泰人的商队将中国的丝绸运抵希腊。在雅典西北陶工区的墓葬中，有一座雅典富豪阿尔希比亚斯（Alcibiades）家族的墓葬，在发掘中找到了6件丝织物和一束可以分成三股的丝线。经鉴定，这些丝织品是中国家蚕丝所织，时间在公元前430—公元前400年之间，相当于中国历史上战国的初期，发生在伯罗奔尼撒战争前后。在古希腊女神的雕像中，在绘画和其他雕塑艺术作品中，也若隐若现地看到中国丝绸飘忽的影子。

据考在西方人的著作中，最早有关丝绸的记载，是古希腊诗人阿里斯托芬（Aristophanes，约公元前446—公元前385）的《吕西斯特剌忒》（公元前411），其中提到一种用名为"Amorgis"的绢做成的长上衣，叫"Amorgiam"。此为古希腊著作中最早提到有关丝的记述。①

在《圣经》中也有关于丝绸的只言片语。《旧约·以赛亚书》中有这样的话：

> 看哪，这些从远方来，这些从北方、从西方来，这些从秦国来……

有研究者指出，这里称的"秦国"（Si-nim）很可能是"丝人"的译音，因而是指中国。《旧约·以西结书》中还有两段话提到中国丝绸：

> ……我也使你身穿绣花衣服，脚穿海狗皮鞋，并用细麻布给你束腰，用丝绸为衣披在你身上……
>
> ……这样，你就有金银的妆饰，穿的是细麻衣和丝绸，并绣花衣。……

一般认为以赛亚（Isaiah）是公元前8世纪的人，以西结（Hesekiel）是公元前6世纪的人，而《旧约》成书约在公元前6世纪至公元前4世纪之间。

---

① 戴禾、张英莉：《中国丝绸的输出与西方的"野蚕丝"》，载《西北史地》，1986年第1期。

因此，在那个时候，西方人对中国丝绸已略有所知。

而比较可以想象的是，在亚历山大大帝（Alexander the Great，公元前356—公元前323）东征的时候，他一定会在沿途接触过精美的中国丝绸，比如在他所征服的居鲁士宫廷的宝物中，就完全有可能有大量的丝绸衣料收藏和用于宫中的豪华装饰。阿里安（Arrian）在《亚历山大东征记》（*Anabasis of Alexander*）中记载，亚历山大在苏萨和波斯帕里斯的皇宫里，见到了由绫锦制作的华丽异常的挂幡，这些丝织品无疑是由中国运过去的。

亚历山大大帝远征到大夏和粟特地区。粟特人是长期活跃在丝绸之路上的从事丝绸贸易的民族，那么，亚历山大及其远征军是不是也可以从粟特人那里得知有关丝绸的信息呢？他们应该从哪里最早打听到，大山的那边就是出产丝锦的赛里斯国呢？

最早提到"赛里斯"的是希腊人克泰夏斯，不过有人认为他关于赛里斯的记载系后来伪托。比较可靠的说法是，Seres这个词第一次在欧洲出现是在公元前130—公元前87年，那时阿尔泰米特的阿波罗多汝斯（Apollodorus of Artemita）曾说过，希腊巴克特里亚的国王欧西德莫斯（Euthydemus I）的征服地区（约公元前220）扩展到Seres。巴特克里亚是亚历山大东征后在中亚建立的希腊人邦国。不过，这里所说的Seres并不是指中国，而是作为中间人的西伯利亚各部落。

Seres直接指中国，应该是在恺撒（Gaius Julius Caesar，公元前100—公元前44）和奥古斯都（Gaius Octavius Augustus，公元前63—公元14）的时代。正是在这个时代，中国的丝绸开始风靡罗马，引领了罗马的生活时尚。输入罗马的丝绸美妙动人，生丝雪白纤细，受到罗马人的普遍欢迎，丝绸作为高档奢侈品的象征，也引发人们对这种精致的纺织品来源的种种猜想。

在拉丁文中还有Sina和Thinae或Hiv指称中国。如《爱脱利亚海周航记》中载有"秦尼"（Thinae）。托勒密的《地理学》中同时提到秦尼国（Sinae）和赛里斯国（Seres）之名。似乎他不清楚这两个名称实际上指的是一个国家。可能是因为Seres之名是从陆路传来的，而Sinae（或Sina）是从海路而来的。

而后，科斯马斯在《世界基督风土志》中对中国的称呼并不是希腊—罗马世界所熟悉的传统的"赛里斯"或"秦奈"，而是一个陌生的"秦尼扎"

(Tzínitza，英文作 Tzinitza)和一个稍有差异的"秦尼斯达"(Tzínista，英文作 Tzinista)。这两个形式稍异的称呼，都是梵文 Cinasthāna 的希腊文译法。5世纪的亚美尼亚史学家摩西（Moses of Chorene）在其著作中把中国称为"哲那斯坦"（Jenasdan）。

古代西方人用许多词语来称呼中国。关于这些名称的来源，有过很热烈的讨论。实际上，这种讨论的任何一种主张都带有猜测的性质。由于年代久远，我们很难详细考察这些称谓的语音学上的来源。不过，我们确切知道的是，在古代西方人的文献中，"赛里斯"等称谓就是用来指称对于他们来说相当遥远的东方大国——中国。

图1-3-1 古罗马壁画，女神美娜德身着丝绸外衣。意大利那不勒斯博物馆藏

图1-3-2 1世纪古罗马壁画《爱与美之女神维纳斯》,她的右手拈着透明的薄纱

第一章 雾里看花：从"赛里斯"到"契丹"

图 1-3-3　庞贝壁画中的罗马贵妇人

图 1-3-4　古希腊雅典陶壶人物丝服

西方典籍里的中国

四 关于中国最初的想象

丝绸在罗马风靡了4个多世纪,却没有一个人知道谁是真正的生产者,甚至不知道它到底来自何方。罗马人只有一个理想化、近乎神化的想象,他们幻想着这个遥远的东方黄金之国。不过,当丝绸在罗马帝国的大地上风行的时候,有关中国文化的某些信息也随之传了过去。思想的东西负载在物质的东西身上,成为两种文化间接接触的一个渠道。

据有些文献表明,在公元2世纪,关于儒家学说的一些传闻似乎已经传到了欧洲。公元2世纪末和3世纪初享有盛名的叙利亚天文学家和作家巴尔德萨纳斯(Bardesanes)曾谈到关于中国的故事,他说:

> 在每个地区,人们都制订了一些具体文字。我想介绍一下自己所知道以及我所能回忆起的情况,首先从大地的一端开始讲述。在赛里斯人中,法律严禁杀生、卖淫、盗窃和崇拜偶像。在这一幅员辽阔的国度内,人们既看不到寺庙,也看不到妓女和通奸的妇女,看不到逍遥法外的盗贼,更看不到杀人犯和凶杀受害者。经过子午线上空的光辉的阿瑞斯(Arès)战神之星体不能违背人心而用铁器杀人,同时与阿瑞斯战神有关的昔普里斯(Cypris)① 也不能强迫他们之中的任何人与别人的妻子私合。尽管在他们之中,阿瑞斯战神每时每刻在天中央巡视,赛里斯人每天甚至每时每刻都在生育。②

这一段有趣的文字,后来成为许多模仿作品和夸大传说的基础。和此文同时期的《伪克雷芒的认识》一书更直接地说:"在那里,燃烧着的星体火星也不像在你们之中一样,对他们的自由仲裁施加影响……在赛里斯人中,对法律

---

① 昔普里斯是诞生在塞浦路斯地区的希腊女神。
② [法]戈岱司编:《希腊拉丁作家远东古文献辑录》,耿昇译,北京:中华书局1987年版,第57页。

第一章 雾里看花：从"赛里斯"到"契丹"

的畏惧比人们在其之下降生的星辰还要强烈。"① 由巴尔德萨纳斯的弟子所作的《各国法律集》一书中补充说，虽然赛里斯人不屈服于星宿的威力，可是他们之间还是有贫民和富翁，有病人和壮汉，有统治者和被统治者，"因为这些东西是包括在君主的权力之内的"。

一个半世纪后，尼斯的格雷戈里（Gregory of Nyssa）的兄弟恺撒里乌斯（Caesarius）曾经说过，在赛里斯，人们所根据的是习惯，而不是成文法：

> 在我们之中或其他民族中的每一地区，一概都存在有国王的法律，无论是成文法还是不成文法。在有些民族中具有成文法，另一些民族中的习惯则具有法律的效力。因为对于那些没有法律的民族来说，便以祖传的习俗取而代之。在这一类型的民族中，首先应该指出居住在大地边缘地带的赛里斯人。他们的法律是先祖的习惯，习惯法严禁他们卖淫、盗窃、通奸、崇拜偶像和求神等活动。因此，在他们之中既没有偶像也没有妓女，既没有通奸者也没有抢劫者，既没有杀人犯也没有盗贼。同样，阿瑞斯战神——一颗闪闪发光的星辰——也没有违背他们之中任何人的自由仲裁法，也从未强迫任何人去用铁器击毙自己的邻居或用石块袭击之；那些集聚在阿瑞斯身旁的刺激性欲者也从来没有说服他们之中的任何人对邻居的妻妾发生爱慕之心。尽管阿瑞斯整天都处于天中央，但在赛里斯人中，先祖之法要比天体的威力更强大。②

法国东方学家戈岱司（George Coedès）认为，恺撒里乌斯的这段记载明显是受到了上文所引的巴尔德萨纳斯文字的影响。这一段话后来又被多次引用，例如：840年左右拜占庭的编年史学家乔治·哈马托洛斯（George Hamartolos）和11世纪拜占庭的两位作家赛特雷诺斯（Cedrenos）和弗朗兹（Phrantzes）都曾引用过。

---

① ［法］戈岱司编：《希错拉丁作家远东古文献辑录》，耿昇译，北京：中华书局1987年版，第58页。

② ［法］戈岱司编：《希腊拉丁作家远东古文献辑录》，耿昇译，北京：中华书局1987年版，第67页。

另外，在当时还有关于儒家无神论的传闻，据说是根据受到教父哲学家奥利金（Origen）攻击的无神论作家赛尔苏斯（Celsus）的要求而转抄的。奥利金在辩驳中曾多次讲到中国的无神论。李约瑟指出："在当时，人们对中国道德的描述虽然过于理想化，但是，儒家理性主义和怀疑主义的点滴言谈，竟传到了被某种占星学和诺斯替教派迷信统治的世界中，这是非常有趣的。这些思想的传播，可能不难理解，因为它们产生在古代丝绸之路畅通后的两个世纪之中。"①

在希腊、罗马作家们关于中国的描述中，都有不少溢美之词，对中国的风土人情和疆土物产都表现出向往之情。他们把遥远的异邦当作自己理想中的王国，表现了一种乐观主义情绪。

4世纪的罗马史学家马尔塞林（Ammien Marcellin）在其所著《事业》中，则把遥远的东方赛里斯国描绘成和平、宁静、富饶之乡。他写道：

> 在东方和距两个斯基泰地区以远的地方，有一用高墙筑成的圆城郭将赛里斯国环绕了起来。这些地区以其土质肥沃和疆围辽阔而著称，……此地的城市确实不稠密，但城市既大又富饶，……至于赛里斯人自己，他们生活在最大的安宁之中，完全不用诉诸战争和动用武器，因为安稳和宁静的人超过一切的爱好是休息，他们不会使任何近邻感到不安。那里的气候宜人且有益健康，空气清洁，阵风格外温和美好，深色的森林相当丰富。……他们在追求所需方面非常有节制，特别喜欢和平生活，以至于极力避免与其他人建立关系。……赛里斯人的兴趣也非常简单，在交售他们自己的产品时，不要求进口任何物品作为交换。②

从这些论述中，可以看出马尔塞林对中国人的和平、宁静生活的羡慕之情，同时他也隐约提到了中国人注重精神生活，不强调物质享受的特性。特别

---

① [英]李约瑟：《中国科学技术史》第1卷，袁翰青等译，北京：科学出版社1990年版，第162页。
② [法]戈岱司编：《希腊拉丁作家远东古文献辑录》，耿昇译，北京：中华书局1987年版，第71—72页。

值得注意的是他讲到"有一用高墙筑成的圆城郭将赛里斯国环绕了起来",这"高墙"是不是指中国的长城呢?如是,则是欧洲人所写的著作中第一次提到中国长城。

图1-4-1 古代西方人对东方奇异想象的"长着狗头的人"

五 远方契丹的诱惑

在马可·波罗那个时代,欧洲人对中国的称谓是"契丹"。

最早使用"契丹"这个名称的是教皇派遣出使蒙古的教士柏朗嘉宾。他的足迹只及漠北和林附近,并没有到过中国内陆地区。但在他的报告中隐约提到了"契丹人"。不过他所说的"契丹"并非指建立辽朝或西辽的那个民族,而是泛指中国和中国人。柏朗嘉宾可能在蒙古汗廷见过汉族人,如此才能说出他们的形貌和性格,并注意到汉族的语言和文字。他对中国人在工艺方面的先进水平和丰富物产的记述也是准确的。在《柏朗嘉宾蒙古行纪》

西方典籍里的中国

中记载：

> 我们上文所提到的契丹人拥有自己特殊的字母，似乎也有《新约》和《旧约》，同时也有神徒传、隐修士和修建得如同教堂一般的房舍，他们经常在其中进行祈祷。他们也声称拥有自己的圣人，崇拜唯一的一尊神，敬重我主耶稣——基督，信仰永恒的生命，但从不举行任何洗礼。他们敬重和崇拜我们的《圣经》，爱戴基督徒，经常大量施舍。他们表现为通融之士和近乎人情。他们不长胡须，面庞形状非常容易使人联想到蒙古人的形貌，但没有后者那样宽阔。他们所操的语言也甚为独特。世界上人们所习惯从事的各行业中再也找不到比他们更为娴熟的精工良匠了。他们的国土盛产小麦、果酒、黄金、丝绸和人类的本性所需要的一切。①

虽然柏朗嘉宾的记载极为简短，若明若暗，但对"契丹人"所做的描述在欧洲人中是破天荒的第一次，他也是第一位介绍中国语言和文献的人。在柏朗嘉宾之后入华的旅行家，如鲁布鲁克、马可·波罗等人，他们的记述要更具体、更准确一些。但柏朗嘉宾作为"破天荒的第一次"，在欧洲人认识中国史上却有其重要地位。

另一位出使蒙古的教士鲁布鲁克和柏朗嘉宾一样，也没有机会进入中国内陆地区。但在他的《东行纪》中有不少关于中国的记载。他和当时其他西方旅行家一样，以"契丹"指中国内陆地区，"契丹人"指汉族人。他在其《东行纪》中有一大段落论述"契丹人"，他说：

> 还有大契丹，我认为其民族就是古代的丝人。他们生产最好的丝绸（该民族把它称为丝），而他们是从他们的一座城市得到丝人之名。有人

---

① ［意］柏朗嘉宾：《柏朗嘉宾蒙古行纪·鲁布鲁克东行纪》，耿昇、何高济译，北京：中华书局1985年版，第48—49、129页。

第一章 雾里看花:从"赛里斯"到"契丹"

告诉我说,该地区有一座城市,城墙是银子筑成,城楼是金子。该国土内有许多省,大部分还没有臣服于蒙古人,他们和印度之间隔着海洋。这些契丹人身材矮小,他们说话中发强鼻音,……他们是各种工艺的能工巧匠,他们的医师很熟悉草药的性能,熟练地按脉诊断;但他们不用利尿剂,也不知道检查小便。这是我亲眼所见。他们有很多人在哈剌和林,按他们的习惯做法,子承父业。①

鲁布鲁克的这段论述非常重要。他在这里提出,古代人所说的"赛里斯"(丝人)其实与"契丹"是同一个国家和民族。这种判断具有重要的历史地理价值,使欧洲人开始把他们所知的"契丹"与历史文献上说的"赛里斯"联系和统一起来认识。

在《马可·波罗游记》中,对中国有两种称呼:一个是"契丹",一个是"蛮子"。这是沿用了蒙古人的叫法。元朝统一中国后,把中国北部称为"契丹",把中国南部称为"蛮子"。在俄语、希腊语和中古英语中,把整个中国称为"契丹"(读音分别为 Kitay,Kitala,Cathay),在穆斯林文献中常把北中国称为契丹(Khita,Khata)。俄语中目前仍然称中国为 Kitan(契丹),称中国人为 Kitanyes(契丹人)。但是,关于契丹的种种传闻传入欧洲后,人们误解"契丹"和"中国"(蛮子)是两个国家,认为在 China(中国)之外,遥远的东方还有一个美丽的国家——契丹,甚至在地理位置上认为"中国"在"契丹"以南向东的位置。这样混淆的地理概念一直持续了几个世纪。一般人们都认为"契丹"与"中国"是两个国家,"中国"在"契丹"的东边,或者认为"中国"是"契丹"的一部分。

《马可·波罗游记》中极力描写了契丹的繁荣昌盛,使契丹这个名字在欧洲不仅耳熟能详,而且成为欧洲人向往和追求的梦想。自从《马可·波罗游记》在欧洲传播以后,中国和东方的财富,好像神话一样,使欧洲的贵族、商人和冒险家们醉心向往。这被说成是"远方契丹的诱惑"。欧洲人发动大航

---

① [意]柏朗嘉宾:《柏朗嘉宾蒙古行纪·鲁布鲁克东行纪》,耿昇、何高济译,北京:中华书局1985年版,第254—255页。

海运动，实际上目标就是寻访契丹。

对于最早来到东方的葡萄牙人来说，直至 16 世纪末叶，马可·波罗在其游记中讲述的那个"Cathay"，仍然是一个神秘的国家。尽管他们早在 1508 年（明正德三年）就曾同中国人在马六甲相遇，1513 年就踏上了中国的土地，1517 年向中国派遣使节，1521—1522 年曾两次同中国师船在中国东南沿海兵戎相见，1553 年（明嘉靖三十二年）后，耶稣会士由中国沿海进入内陆地区传教，但他们并不知道他们在马六甲遇到的"Chins"（秦人），就是《马可·波罗游记》中的"Cataios"（"契丹人"），所遣使的国家"China"（秦国），就是他们自 15 世纪中叶起一直向往的那个"遍地黄金"的"Cathay"。虽然 16 世纪初，葡萄牙人还不知道 Cathay 究竟位于东方何处，也没有证实 China 与 Cathay 之间是否有什么关系，但是，他们并没有因为此时已经很少有人谈论这个神秘的 Cathay 而不再相信它的存在，更没有放弃对寻找或发现 Cathay 的锐意追求。

葡萄牙人在进入印度洋并向太平洋扩张期间，所到之处，几乎都会见到来自 terras dos Chijns（"秦人之地"）的丝绸、瓷器等物产，都能听到有关"秦人"和"秦人之地"的奇闻逸事，所以，他们的目标不仅始终紧盯着印度和亚洲其他国家，还非常重视搜集有关"秦人之地"的情报，打探"秦国"的虚实。达·伽马（Vasco da Gama，1460—1524）首航印度，以及在达·伽马前后曾经去过马林迪或马六甲的葡萄牙人，他们在返回里斯本之时，不仅带回许多"秦人之地"的物产和情报，还向亲友、朝廷大臣甚至国王转述了一些有关"秦人之地"的故事。此外，1502 年，一位葡萄牙探险家根据葡萄牙船长和水手的见闻绘制了一张亚洲地图，地图上的马六甲近旁标着 Terra dos Chins（"秦人之地"），并且注明了该地的物产，如大黄、珍珠、麝香、瓷器等。葡萄牙国王唐·曼努埃尔一世对"秦人之地"极有兴趣，他要求到马六甲的葡萄牙殖民者调查一系列问题。唐·曼努埃尔一世这道考察"秦人"和"秦人之地"的谕令说明，当时他并不知道此"秦人之地"或"China"就是《马可·波罗游记》中的"Cathay"，否则，他会责成人们去设法证实 Chins（"秦人"）是否来自 Cathay，或者 Chins 是否就是 Cataios。不仅葡萄牙国王把 China

和 Cathay 看成两个毫不相干的国家,就连 16 世纪中叶在澳门或广东学习汉语并准备进入中国内陆地区传教的耶稣会士,他们也都以为 China 和 Cathay 是两个国家,并且说 Pequim(北京)是前者的首都,Khanbalik(汗八里)是后者的京城。

不过,16 世纪初,随着地理大发现时代的到来,有一些商人和传教士到了菲律宾等中国周边地区,甚至进入中国的沿海地区,开始对"契丹"与"中国"有了一些认识。比如葡萄牙人伯来拉曾提到,葡萄牙人所说的"中国"(China),实则叫"大明",居民叫作"大明人"。葡萄牙人称中国为"China",很可能是从交趾支那(Cochin China)这一称谓中派生出来的。葡萄牙人皮列士曾确认"北京"就是"汗八里",他估计"中国"和"契丹"可能是同一国家的不同名称。在西班牙人德·拉达的记述中,就明确地提出:"契丹"实际上是"中国"或"中华"的另一个称谓,按朝代,现在称作"大明"。这是德·拉达行纪中的一个特别值得注意的看法。德·拉达对于这一结论并没有提出明确的证据,所以也没有人予以特别的注意。但是,德·拉达的这个论断可能对利玛窦有所启发。因为在罗马的来华的途中,行至马六甲时,有西班牙籍的方济各会士也登上利玛窦乘坐的舰船一同前往澳门。在旅途中,他们很可能讨论过中国国名的问题。

传教士们关注"契丹"与"中国"是否为同一个国家的问题,还有其宗教上的原因。在《马可·波罗游记》中,至少有二十几处论及基督教在契丹各地传播的情况。但当时的基督教徒大多为西北少数民族和来华的外国人。1368 年元朝灭亡,信奉基督教的教民大多数迁居塞外。不过,200 年后来华的传教士并不了解这个情况。他们特别关注"契丹"与"中国"的名称问题,如果最终证实契丹为中国北方的一个独立国家,那么他们将致力于寻找从陆路通往契丹的通道,进一步和契丹的基督教徒建立联系,南北合围将十分有利于最终实现中国的基督教化。如果最终证实"契丹"和"中国"为同一国家,那么中国历史上曾有人信仰过基督教这一史实本身就是对耶稣会士的一个鼓舞,也必将增强他们归化中国人的信心和热情。

图1-5-1 柏朗嘉宾受教皇英诺森四世派遣出使蒙古

图1-5-2 鲁布鲁克蒙古旅程图

第一章 雾里看花：从"赛里斯"到"契丹"

六 从"契丹"到"中国"

1582年8月，意大利青年利玛窦乘坐葡萄牙的大帆船，经过漫长的海上航行，来到了澳门，踏上了他多年神往的中国大地。利玛窦辗转肇庆、南昌和南京等地，一直希望有朝一日能进入京城北京，设法使皇帝批准他们的传教活动。进入内陆地区8年以后，1600年5月18日，利玛窦和庞迪我以及中国修士钟鸣仁和游文辉搭乘由一位姓刘的太监押运丝绸到北京去的船离开南京。直到1601年1月24日，利玛窦一行才来到北京。按照通常的行政程序，有关外国人的事务应由礼部的主客司掌管。主客司考察来访者的目的，将贡品进献给皇上，并就给予他们何等规格的接待向皇上提出建议，都是这个机构的职责。但是，太监却想绕过这个程序，希望能够分享皇帝赐予外国人的赏金。一位主管外国人事务的官员蔡献臣派了一小队兵丁将耶稣会士从太监们的手里夺了回来。利玛窦一行被关押在供外国贡使居住的会同馆内。

在会同馆里，他们遇见了两支来自西方的穆斯林商队。他们都是按照明朝的规定，每5年一次从陆路来北京朝贡的。利玛窦和庞迪我借机向他们询问一些他们路途上的见闻。当问他们，在他们的国家是如何称呼这个他们正在向其朝贡的国家时，两支商队的人都回答说叫"契丹"。而且他们说，除了他们自己的国家以外，所有的莫卧儿王朝统辖的国家、波斯和其他各地都称中国为"契丹"，而没有别的称呼。利玛窦和庞迪我又问这些朝贡商人，如何称谓他们现在所在的这座都城？他们回答说是"汗八里"。由此利玛窦和庞迪我终于证实，所谓的"契丹"就是"中国"，"汗八里"就是"北京"。这就第一次肯定了马可·波罗所说的契丹是中国的别名，中国就是 Cathay，或 Khitai，或 Xathai。

这是一个极为重要的发现。利玛窦明确指出，被人称为"丝绸之国"（Serica regio）的国度，就是他所到达的这个中国。明确这一地理概念，对于当时欧洲人学习中国知识来说，是一个非常重要的问题。

1602年，利玛窦给在印度的传教士们发去信函，说明"契丹"和"中国"就是一个国家,"契丹(Cathay)乃中国(China)之别名",并且列举了许多证据来证明这一点。

但是,在印度的传教士们对此说法一直将信将疑。当时作为莫卧儿王朝宫廷耶稣会传教团团长的是沙勿略的侄孙哲罗姆·沙勿略(Jerome Xavier,1549—1617)。他在伴随莫卧儿君王在印度各地视察时,不断听说从陆路可以通达马可·波罗所描述的"契丹"和雪域高原西藏。而且据传说这两地的居民多信仰基督教。因此,他坚信"契丹"和"中国"是两个不同的国家。他们注意到莫卧儿人同北方贸易频繁,也断定那是一片值得探究的新大陆。

1599年,哲罗姆和视察员皮门塔(Nicbolas Pimenta)向教皇和西班牙国王菲利普三世(Felipe Ⅲ,1578—1621)做了报告,希望派遣传教士去寻找通往"契丹"和西藏的通路。菲利普三世对哲罗姆的计划非常支持。于是,为了解决这些互相冲突的疑点,也为了寻找一条与中国通商的捷径,他们最后决定进行这次探险调查。他们于1603年派葡萄牙耶稣会传教士鄂本笃(Bento de Goes,1562—1607)率队从陆路寻找通往"契丹"之路。

1603年1月6日,也就是利玛窦到北京的两年后,鄂本笃整理行装从印度果阿出发,开始了他的漫长的旅程。为了安全起见,他把自己打扮成亚美尼亚商人,随行的有两名希腊人和四名穆斯林仆人。鄂本笃首先抵达北印度的重要城市拉合尔。他在当地又雇用了一名真正的亚美尼亚人做向导,随后从拉合尔到喀什噶尔,然后到达喀布尔。

鄂本笃一行越过帕米尔高原,至控制西域的大国叶尔羌汗国,叶尔羌人告诉他听说过"契丹"国名后,坚定了继续探索的决心。他们在叶尔羌待了12个月等待与商队同行。1604年11月,他们再往东行,经塔克拉玛干沙漠以及无数已成废墟的古代城市,来到了喀喇沙尔。他们走的路线是天山南麓的丝路"北道",途经阿克苏、库车到了察里斯。察理斯城即新疆塔里木盆地焉耆。他们在这里遇到了从北京回来的商人。这些商人正是在北京和利玛窦、庞迪我等人共住在会同馆的那些穆斯林。他们向鄂本笃修士提供了有关利玛窦及其同伴的第一手消息,还向鄂本笃展示了利玛窦等人用葡萄牙文写的字条。正是以这种方式鄂本笃才首次极为高兴地得知,"中国"真的就是他要去的"契丹"。鄂本笃和他的同伴们对这个消息惊喜过望,"他们已毫不怀疑,契丹只不过是

第一章 雾里看花：从"赛里斯"到"契丹"

中国的另一个名字，而撒拉逊人称为汗八里的那个首都就是北京城。"①

1605年10月，鄂本笃等人到达哈密，这里是喀什噶尔汗国极东之地。在哈密休整一个月后，他们便开始向东南行，穿越戈壁，历时9天，直抵嘉峪关。鄂本笃继续前行，1605年底到达肃州（今酒泉）。从他们出发到现在已经有两年了。

鄂本笃在肃州给利玛窦写了一封信，报告他的到来，送信的是一名中国人。但鄂本笃不知道神父的中国名字，也不知道他们在京城的具体地址，再加上信是用欧洲文字写的，结果没有送到。鄂本笃又修书一封，由一个穆斯林商人传送，这封信在1606年11月中旬送到利玛窦手里。早在鄂本笃由印度起行时，果阿总主教已有书信给利玛窦，说鄂本笃已经启程。所以，利玛窦和同伴们都急切盼望着鄂本笃的到来。当接到鄂本笃手书时，他们欣喜万分，遂派中国教徒钟鸣礼修士（Giovanni Femandes）去接鄂本笃等人前往北京。

12月11日，钟鸣礼修士从北京出发，于1607年3月底到达肃州，与鄂本笃会面。据此，契丹和中国的关系才终于得到了证实，而马可·波罗所描写的中国也为人们所确认。鄂本笃与钟鸣礼的这次会面被认为是确认"契丹"和"中国"为同一个国家的标志性事件，而这一确认，如前所说，是一个伟大的发现。

钟鸣礼本来要接鄂本笃去北京，但此时他已疾病缠身，卧床多日。钟鸣礼多方寻医，精心照料，但仍不见效，在钟鸣礼到达之后11天，鄂本笃去世了。但他自己知道，他是在"中国"去世的。

鄂本笃是地理大发现以后第一个通过陆路到达中国的欧洲人士，他为"契丹"就是"中国"这一伟大的发现奉献了自己的生命。

临终时，鄂本笃把他的考察整理成信件让钟鸣礼带回。10月27日，钟鸣礼将鄂本笃遗物携返北京，送呈利玛窦。1608年3月8日，利玛窦致函耶稣会会长，指出China就是过去人们所说的Cathay，北京就是马可·波罗讲述的Cathay的古都汗八里。

---

① ［意］利玛窦、［法］金尼阁：《利玛窦中国札记》，何高济、王遵仲、李申译，何兆武校，北京：中华书局1983年版，第557页。

《利玛窦中国札记》指出，托勒密时代为人所知的 Sina，近世葡萄牙人兴起后所说的 China，就是马可·波罗所说的 Cathay。这一萦绕在欧洲人心头几百年的历史之谜终于有了肯定的结论。许多西方人是在读了《利玛窦中国札记》之后才得知"契丹"即中国。从此，China 便成了西方国家对中国的称呼。有学者认为，也许《利玛窦中国札记》中最有意义的历史项目是它揭示了契丹就是中国的另一个名字，而不是马可·波罗时代所认为的另一个国家。这一重大发现可以和亚美利哥·维斯普齐（Amerigo Vespucci，1451—1512）之论证哥伦布所发现的新大陆并不是印度相媲美，堪称近代初期西方地理学史上最有价值的两大贡献。

第二章 初识中国

一 在地图上找到中国

从对赛里斯的模糊猜测和奇异想象,到契丹那个繁荣富庶的国度,再确认契丹是中国的另一个名称,西方人最终发现了中国,走进了中国,直接地认识中国,并且在他们的文献典籍中开始了对中国的书写和记载。

西方人对中国的认识和书写首先是从地理学上开始的。在马可·波罗时代的文献中,有的把中国北方叫作"契丹",把南方叫作"蛮子",有的则把"蛮子"看作契丹的一个省。无论是哪种提法,所指的地理位置都是大体准确的。在这些文献中,都说到中国地域辽阔,疆土广大,全国分成十几个省。它们对中国的地理环境也有所描述,如提到北方的沙漠、南方的平原,提到长江、珠江乃至大运河。同时,还提到朝鲜、日本、印度等中国的邻邦,提到中国东邻大海,如此等等。总之,这个时候的欧洲人通过这些描绘,已经对中国的地理位置和行政区划有了大体认识。

16 世纪早期来中国的传教士或旅行家,以及利玛窦及其以后的耶稣会士们,也都很注意介绍中国的地理问题。这在当时的欧洲是十分重要和必要的,因为当时人们对中国的具体位置还不是很清楚,所以才会出现哥伦布寻找中国而发现了美洲这样伟大的错误。另一方面,当时人们对于中国的地理概念还停留在马可·波罗的水平,所以,马可·波罗所说的"契丹"和"蛮子"就成

西方典籍里的中国

了一个难解之谜。

早期来华的欧洲人已经注意到这个问题的重要性，几乎所有的作者都首先介绍对中国地理位置的判断。克路士在《中国志》中说，根据他自己的观察与知识，可以判定，中国就是希罗多德所说的斯基泰的一部分或绝大部分，它的国土从中亚开始，一直到旭日升起的东部大海。德·拉达在他的《中国纪事》中首先明确指出："我们通称为中国的国家，威尼斯人马可·波罗叫契丹。"①皮列士确认"北京"就是"汗八里"，估计"中国"和"契丹"可能是同一国家的不同名称。而德·拉达则第一个准确无误地把中国考定为马可·波罗所说的契丹。不仅如此，德·拉达还指出中国历史上的不同名称，如汉、唐、宋、元，"今天它的本名是大明"。

在《利玛窦中国札记》问世之前，西班牙耶稣会士庞迪我在一封长信中对中国进行了比较全面的介绍。1602年3月9日，庞迪我从北京给他的导师路易斯·德·古斯曼主教（Luis de Guzman, 1546—1605）写了一封长信，即一些耶稣会士进入中国的纪实以及他们在这一国度看到的特殊情况及该国固有的引人注目的事物。庞迪我在这封长信中描述了中国地理的方位、邻国、行政区划和城乡的概貌，其中指出，门多萨（以及他同时代人）的著述中把北京置于北纬50度左右，经他自己用星盘实测，北京的正确位置应在北纬40度一带，中国北方的边境距北京两个纬度，赫赫有名的长城就横亘在北纬42度一带。

来华传教士到中国后，对中国有了比较具体的了解，他们向欧洲人系统地介绍了中国地理知识。最早开始绘制中国地图并带回欧洲的是与利玛窦一起来华的罗明坚（Michele Ruggieri, 1543—1607），他的这部地图名为《中国地图集》。这部地图集共有37页地理说明和28幅地图，其中有些是草图，有些绘得很精细，对中国的15个省份进行了分析性的描绘，包括省与省之间的距离，农业生产、矿山、府、州、县等行政区的划分。还在府、州、县里补充了卫和所，即军队和帝国的御林军所在地。所有这些都清楚地标示在地图集里。另

---

① ［西］德·拉达：《记大明的中国事情》，［英］博克舍编注：《16世纪中国南部行纪》，何高济译，北京：中华书局1990年版，第185、187页。

外，还描绘了凸起的地势与主要河流的流向。

在罗明坚之后，波兰传教士卜弥格绘制了《中国地图册》，全名是《大契丹就是丝国和中华帝国，十五个王国，十八张地图》。这个名称就明确地指出了马可·波罗说的"契丹国"、托勒密说的"丝国"和葡萄牙人说的"China"是一个国家。从当时欧洲学者对中国和亚洲地理的了解还非常有限的情况来看，这个观点的提出是十分重要的。卜弥格的地图明确地提出马可·波罗所说的契丹就是中国，汗八里就是北京。这样，就给出了有关中国的明确的地理概念。这部地图册共有18张地图，包括15张当时中国的行省图，一张中国全图、一张海南岛图和一张辽东地图。在每幅地图上，都配有图案和文字说明，简要地介绍了中国的历史、风俗和社会生活。卜弥格的地图在早期耶稣会的制图学中占有很重要的地位，是最早向西方世界提供的一部绘制很详尽的中国地图册。

罗明坚和卜弥格绘制的中国地图在他们生前没有发表，在当时可能只有少数人见过。最先在欧洲产生影响的中国地图，是卫匡国的《中华帝国图》和《中国新图》。《中华帝国图》是8幅大型挂图，1654年在奥格斯堡出版。《中国新图》是1655年在阿姆斯特丹出版的对开本，共计有17幅地图和171页地图说明。其中一幅图是中国全国地图，15幅图是明代15省的分图，另有一幅日本地图。《中国新图》的每幅图的四周都标示出精密的经纬度格，图上画出海洋、山脉、河流、湖泊、运河、长城和大小城市。卫匡国使用了欧洲的仪器和严密的测量方法，同时又参考了明代陆应阳的《广舆记》以及《广舆考》和《皇明职方地图》等地图，纳入了中国人对地理的知识。篇首有一篇序文，描写当时远东的状况。各省都标明省界，每省的人口、物产、风化、习尚、生活状况等，都略有叙述。此图册在欧洲出版后，各国纷纷翻译印制。有专家评论说，卫匡国的地理著作对完整地介绍中国做出了巨大的贡献。

传教士们还参与了康熙年间绘制的《皇舆全览图》。参加制图工作的传教士奥地利费隐（Xavier Fridelli）把他们所绘的内陆地区各省并关外各地分图的原稿本计32幅寄给杜赫德，杜赫德委托法国宫廷制图师丹维尔（J. B. Bour-guignon d'Anville）改描制版。丹维尔依据费隐寄来的《皇舆全览图》制成各

西方典籍里的中国

种中国分省地图，于1729年至1734年分别出版。1735年，杜赫德将丹维尔所绘42幅收入《中华帝国全志》。1737年，丹维尔所绘地图又以《中国新图》之名在荷兰出版大型特制本，地图50页，图画14页，除42幅地图外，并有读史参考图和主要城邑图。丹维尔的《中国新图》是当时在欧洲的一部最完善的中国地图集，"从此以后，在欧洲人眼里，中国不再是一块'隐姓埋名的土地'了"①。

通过经传教士们之手传至欧洲的各种中国地图，欧洲人对遥远的中国有了较为直观的了解，从而也更激起了他们进一步了解这片神秘国土的愿望。

图2-1-1 《乔里奥中国地图》，载于1584年荷兰安特卫普出版的《世界概观》。这是西方世界绘制的首幅单张中国地图

---

① 阎宗临：《传教士与法国早期汉学》，郑州：大象出版社2003年版，第41页。

第二章 初识中国

图 2-1-2 《东印度地图》，1600 年德国出版

图 2-1-3 卫匡国《中国新地图集》之中国总图，1655 年

西方典籍里的中国

图 2-1-4 1260 年《帕萨尔特地图》，此图是欧洲 13 世纪世界地图的代表作。此图以东为上方

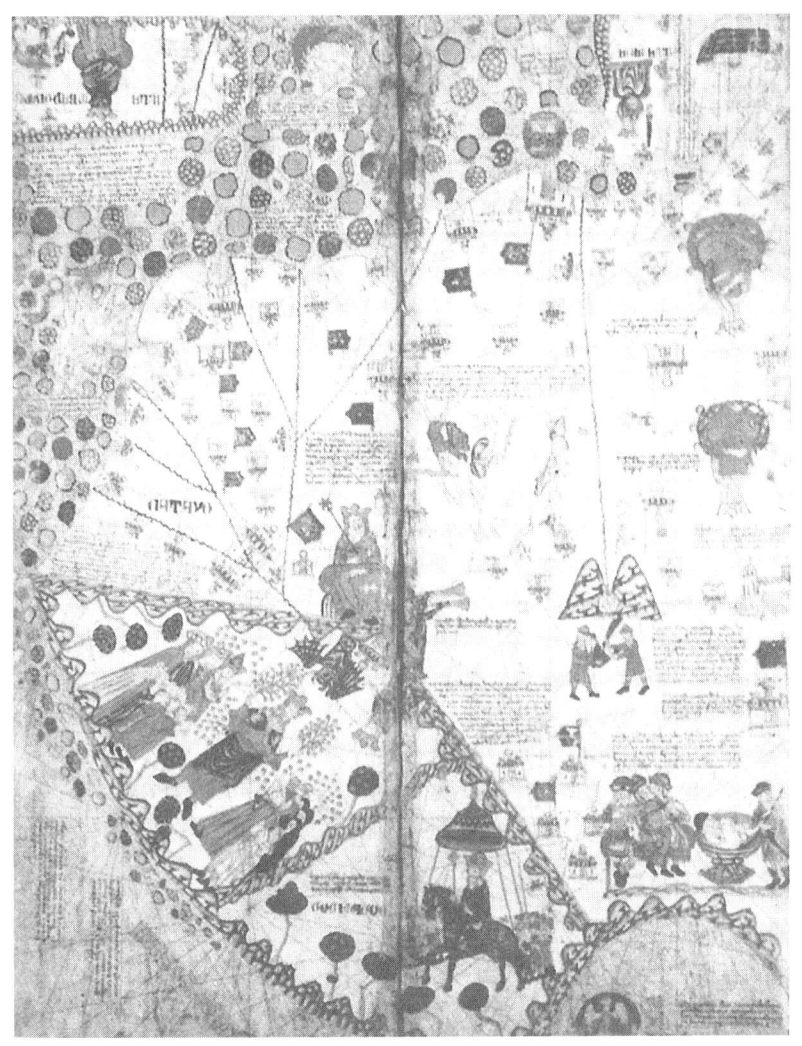

图 2-1-5 亚伯拉罕·克雷斯克 1375 年绘制的"卡塔卢尼亚语地图"的羊皮面图。在其左部靠近中间的地方,国王是"大汗",其左部是"汉八里城"

二 那是一片辽阔的土地

在早期欧洲关于中国的文献中,几乎所有的作者都首先介绍中国的地理位置、国土分布、行政区划、自然资源和人口习俗等方面的基本情况。这种记述

西方典籍里的中国

到了耶稣会士们的著作中还一再重复。读者反复地读到关于中国的"15个省"的介绍，以及这些省份的特产、风土人情、交通地貌等。这种描述是与当时人们的需求有关。因为那个时候人们对中国只是有一个大概的印象，甚至连具体的地理位置还搞不太清楚，所以，这种基本的国情介绍是十分必要和迫切的。与此同时，这些作者还深入地考察了中国的政治制度、教育、宗教、文化习俗等方面的情况，有的人还详细地描述了中国的各种科技发明和文化成果，比如造纸术、印刷术、火药、瓷器和丝绸等，还最早地向欧洲人介绍了中国的茶叶。这些知识也都是当时的欧洲人所迫切需要了解的。

早在马可·波罗的游记中，就是这样开始介绍中国的。《马可·波罗游记》还介绍了中国的育蚕制丝技术、制盐造纸、用煤作燃料，乃至做面条的方法；对宗教、葬俗、饮食、生肖纪年、社会救济等，都有繁简不同的记述。《马可·波罗游记》内容相当丰富，对中国和中华文化的介绍涉及许多方面。

伊本·拔图塔的游记有很大篇幅记载他在中国游历的见闻。他的游记共分17章，有关中国的部分主要集中在第十五章"远东中国行"，其他章节也偶尔有所涉及。关于伊本·拔图塔的中国之行，也颇为复杂和富有传奇色彩。1339年，他从中亚地区进入印度，到达德里，被德里苏丹留住宫廷8年，充任德里马立克教派总法官。当时德里苏丹统治着全部北印度地区。1341年，元顺帝遣使德里，要求重建喀拉格里山麓萨姆哈里的佛寺，供中国佛教徒顶礼。苏丹授命伊本·拔图塔率领使团前往中国答谢。伊本·拔图塔早已厌倦了在德里的定居生活，他不习惯在一地久留，渴望继续他的旅行生涯。于是，他很愉快地接受了苏丹的使命，踏上了中国之旅。

伊本·拔图塔的中国之行很不顺利。1342年7月，伊本·拔图塔率领的使团离开德里，到达坎贝后，由坎代哈尔登舟，南航科泽科特，等候季风，准备乘中国海舶前往广州。不幸发生海事，使团失散，伊本·拔图塔流落马尔代夫群岛、锡兰、孟加拉等地，历尽风霜，饱尝艰辛，最后于1345年春由爪哇搭乘驶往中国的海船，在刺桐（泉州港）登陆，踏上中国的土地。伊本·拔图塔在中国先到广州，又从泉州走水路迂回福建、浙江到杭州，然后沿运河北上大都。据他自述，由于战事发生，伊本·拔图塔没有见到元朝大汗，便被护送回印度，从泉州登上去印度的中国船。

伊本·拔图塔在中国各地游历，前后有11个月左右，对中国文化有了较为具体的了解。他在《马可·波罗游记》中详细介绍了中国丰盈的物产以及造船、陶瓷、丝、棉织等行业的情况，还特别介绍了当时中国社会的文化习俗、典章制度、宗教信仰等方面的情况。他说："中国幅员甚广，土产甚丰。有水果、五谷、金银等。世界各国，莫与伦比。"他说中国的农业和灌溉工程极为发达，赞扬中国是世界上出产小麦最多的国家，丝绸普遍到贫民都能穿用，产糖之多和糖质之佳远胜过埃及，而中国人使用煤块作燃料，尤其使他感到新奇。伊本·拔图塔还称赞中国的驿站制度，说"在中国行路，最为稳妥便利""途间亦无盗劫之虞"。他倾慕中国社会的稳定和有条不紊，说"中国人甚富裕，乐安民，居民富庶，国家繁荣"。他以明显的赞许记载了中国的社会保证制度。制度规定凡年满50岁的人，都"享受养老金"。据拔图塔说，老人和病残者都得到国家的赡养，60岁以上的人连犯罪都不受法律制裁，因为他们的智力被认为已经还童了。他在中国旅行时看到了佛教的庙宇里附设的盲人和老人休养院、免费医院和食堂、寡妇收容所、孤儿院。伊本·拔图塔还热情称赞中国人的艺术才能，他说：

中国人技艺上特别之天才。中国人较他种人，技艺天才特高，艺术精美异常，世人皆承认之，甚多书中，已言之矣。至如绘画之高妙，世界人种，莫可伦比。即希腊或他种人亦当退避三舍也。中国人绘画特别才能，余可略言焉。余每至一城，归回时，辄见市上悬我及我友之像，绘于纸上。如某次在皇城内，与吾友道经卖画处，往皇宫。我衣伊拉克人之服。至晚，由皇宫归时，复经卖画处，见我与友之像，已绘纸中，贴于墙上。人人无不惊异，群趋视各人之像，丝毫不差。①

葡萄牙人皮列士是第一位以使者身份来华的，他的《东方志》是"地理大发现"后欧洲人第一本详尽描述东方（包括中国）的著作。他对中国的观察十分仔细，美国汉学家史景迁（Jonathan D. Spence）提到皮列士，说："他

---

① 张星烺：《中西交通史料汇编》第2册，北京：中华书局2003年版，第631页。

西方典籍里的中国

心胸开阔，接触层面广泛，至今仍让我们深刻领受许多细节。他像个工程师，仔细丈量制造桥梁及道路的石板面积以及建构的诀窍。他也像个商人，留意到河流和养鱼场，注意到各种不同食物间的相对价格，像鹅肉、牛肉、狗肉和蛇肉等，以及驳船上的船桥、征税的方法。他还注意到，中国商人偏好住在城外郊区，以规避城内严格的宵禁；挨家叫卖的各种摊贩和各色各样的到府服务。"① 在《东方志》中有专门一章介绍中国，论及中国的皇帝、中国与各藩属国的关系、出航海外及外国船来华的相关事宜、中国与马六甲的商贸关系、中国物产与外销商品等等，内容比较丰富。皮列士说："中国的土地和人民，被描述得伟大、富庶、美丽和壮观……中国拥有大片国土和很多百姓。"②

比皮列士稍晚一点来华的葡萄牙人伯来拉在《中国报道》中也首先介绍中国分为13个省，每个省管辖若干城市，大省"可和强国匹敌"。中国国土辽阔，人口众多，特别是沿海一带人烟稠密，"没有一尺土地没有开垦"。在靠海的地方，"你每走一里都会看见一些城、镇或客栈，丰足地供应各种物品，使他们得以平安地在城镇生活"③。克路士在《中国志》中也首先介绍了中国的邻国、疆域和行政区划，他沿袭伯来拉的说法，说中国有13个省，每个省有一座省城。西班牙人德·拉达根据他在中国逗留期间的所见所闻和他所掌握的中国文献，详细地介绍了中国的城镇分布、人口、赋税制度、行政管理、司法制度、建筑风格、物产和农耕技术，还简要叙述了中国的历史，介绍了中国人的风俗和服饰以及宗教信仰等方面的情况。

门多萨的《中华大帝国史》在这一时期有关中国基本国情的介绍是比较详细和充分的。他重点介绍了中国疆域、地理概貌、气候、土壤分类、省的建制、城镇区划等概观。可以说，《中华大帝国史》就是那个时代欧洲人了解中国基本国情的百科全书。门多萨指出：这个大帝国"非常广袤，从南到北是那样大，靠近这个大陆的海南岛是在19度，而有消息说有的省是在50度，人

---

① [美]史景迁：《大汗之国——西方眼中的中国》，阮淑梅译，桂林：广西师范大学出版社2013年版，第39—40页。

② [葡]多默·皮列士：《东方志——从红海到中国》，何高济译，南京：江苏教育出版社2005年版，第96页。

③ [葡]伯来拉：《中国报道》，[英]博克舍编注：《16世纪中国南部行纪》，何高济译，北京：中华书局1990年版，第3、4—5页。

们得知,在那边有更多的省跟鞑靼地接境"①。"据说是全世界最大和人口最多的国家"②。全国划分15个省,"每省都比全欧洲我们所知的最大国家要大"③。门多萨之前,已有欧洲著述介绍了中国的两京13省,但门多萨介绍得更为详细,不但介绍了15省,而且各省的府、州数目、纳税人数目、兵员数目都有介绍。《中华大帝国史》说,北京有47个府、150个州,除掉免除赋税的官员、军人以外,有270万纳税人,而且由于是军事重地,还有215万步兵、40万骑兵。门多萨还讲到中国人的宗教信仰以及对超自然力的崇尚,涉及中国古代帝王的世系、宫闱秘闻、贡赋、差役、军队、战争、行政管理、司法、科举、自然科学等概况。

图2-2-1　18世纪60年代意大利绘有中国人物活动场景的丝质嵌板

① [西]门多萨:《中华大帝国史》,何高济译,北京:中华书局1998年版,第7页。
② [西]门多萨:《中华大帝国史》,何高济译,北京:中华书局1998年版,第18页。
③ [西]门多萨:《中华大帝国史》,何高济译,北京:中华书局1998年版,第20页。

中国辽阔的疆土、丰饶的物产、庞大的城市和稠密的人口，都令这些来华的欧洲人赞叹不已，使他们产生一种自惭渺小的感觉。在他们对中国的描写中，都用了一种衷心赞颂的语气。在他们看来，当时欧洲人去过的亚洲王国没有一个可以与中国相提并论。他们把这个遥远的东方帝国描绘得光辉灿烂，是一片充满希望的土地，而与此相对照的欧洲，则需要以中国为榜样来改造社会。

图 2－2－2　18 世纪英国的陶瓷雕像"中国乐师"

三　传教士的中国的概览

耶稣会传教士来到中国后，对他们来说，面对的仍然是一个不了解、不熟悉的新鲜世界，他们要在这里生活和传教，首先需要了解这个国家的基本情况，了解中国的山川地貌、风土人情、社会制度、语言文化，而他们向欧洲教会组织报告的、向亲友介绍的，以及他们最初研究的，就是关于中国的基本国情。所以，我们看到，在早期来华传教士的书信、报告和著作中，从利玛窦开始，都一再重复地介绍中国的基本国情，由于他们深入到中国的内陆地区和政治文化中心，并且有与各阶层中国人广泛接触的机会，同时他们还学会了中国的语言和文字，能够与中国人直接交流和阅读中国的文献，所以，他们对于中国国情的了解和研究要比早期的旅行家们全面得多、深刻得多，也更加准确了。他们向欧洲介绍中国，首先就是介绍他们所了解的、所研究的这个地域广阔的国家的基本状况。

《利玛窦中国札记》的第一卷，就是关于中国概况的全面介绍。《利玛窦中国札记》不仅确认了中国的地理概念，还对中国的地大物博和繁荣富庶有着令人印象深刻的描述。在1584年的一封信中，利玛窦就曾由衷地赞扬中国文化，说"中国人的智慧，由他们聪明的发明就可以得知"。他历数了中国在文字、医药、物理学、数学、天文学、艺术和机械等方面的成就，并指出，中国人从来没有和欧洲人交往过，"确全由自己的经验得出如此的成就，一如我们与全世界交往所有的成绩不相上下"。在札记中利玛窦又写道：

就其领土漫长的伸延和边界而言，它目前超过世界上所有的王国合在一起。

由于这个国家东西以及南北都有广大的领域，所以可以放心地断言：世界上没有别的地方在单独一个国家的范围内可以发现有这么多品种的动植物。……凡是人们为了维持生存和幸福所需的东西，无论是衣食或甚至是奇巧与奢侈，在这个王国的境内都有丰富的出产……实际上凡在欧洲生长的一切都照样可以在中国找到。否则的话，所缺的东西也有大量其他为欧洲人闻所未闻的各种各样的产品来代替。①

接着，利玛窦详细介绍了中国的各种物产，如粮食、蔬菜、水果、矿产，

---

① ［意］利玛窦、［法］金尼阁：《利玛窦中国札记》，何高济、王遵仲、李申译，何兆武校，北京：中华书局1983年版，第7页。

西方典籍里的中国

介绍了中国的服饰、建筑、瓷器、船只,特别提到当时欧洲人还不曾了解的茶和漆;还介绍了中国的火药和焰火表演、戏曲、音乐和乐器、造纸和印刷术、浮雕和绘画、制印和制墨、制扇技艺,等等。通过对这些方面的介绍,利玛窦得出结论:

> 根据我们自己的经验,大家都知道中国人是最勤劳的人民;……在他们中间大部分机械工艺都很发达。他们有各种各样的原料,他们有天赋,有经商的才能,这两者都是形成机械工艺高度发展的有利因素。只要提一下在这些工艺中中国人的做法看来与我们工匠的做法最为不同的一些方面,就足以说明他们的多才多艺了。①

除了利玛窦,还有许多传教士的作品中都有大篇幅对中国基本国情的概述。庞迪我在给古斯曼主教的长信中对中国的地理方位、山川形势、物产、人口、城乡概况、经济与贸易发展水平、政治体制、外交政策和中国人的历史、文化、习俗及宗教信仰乃至宫廷内幕等方面进行了百科全书式的介绍。庞迪我一方面肯定了门多萨著作中具有真实性的那部分内容,另一方面又根据他对中国的实地观察,对门多萨记述有误的地方做出了更正。庞迪我介绍了中国的币制、服饰、贸易、国民财富、知识界、婚姻和礼仪,即介绍了中国的社会生活百态,认为中国是个具有几千年文明的古国,地域辽阔,人口众多,物产丰富,经济发达;城市繁荣,水陆交通四通八达;论及中国的兵制和武器、士气、社会等级、特权和知识界所享有的荣誉,以及中国的书刊、绘画等情况,认为中国军队组建有序,士兵在和平时期消磨的斗志会因战争的到来而重新恢复;概述了中国政府的组成、官职和司法诉讼,说一个庞大的官僚体系有效地治理着整个国家,文人在政府中起重要作用;评论了中国妇女的社会地位并介绍了一些宫廷秘闻,他用了大量篇幅来介绍中国皇宫的总体结构、皇室的生活、太监的社会地位和作用等宫廷内幕。

---

① [意]利玛窦、[法]金尼阁:《利玛窦中国札记》,何高济、王遵仲、李申译,何兆武校,北京:中华书局1983年版,第63页。

庞迪我的这封长信是比较早向欧洲报告中国国情状况的文献，是《利玛窦中国札记》出版前，一位游历了大半个中国的欧洲人写下的最有学术价值的有关中国国情的文献。这份文献基本上代表了16世纪与17世纪之交欧洲人对中国最全面、最客观的认识。由于庞迪我来华后始终追随在利玛窦身边，所以庞迪我致古斯曼主教的长信也融汇了利玛窦的一些基本看法。他对中国国情做了相当可观的报道，在欧洲各国引起重视并受到普遍的欢迎。1604年，这份长信在巴亚多利德出版，没过几年，就先后有西班牙文、法文、意大利文、德文等译本问世。

波兰耶稣会士卜弥格也是较早对中国进行全面介绍的传教士。卜弥格绘制《中国地图册》的文字说明部分对中国做了比较简要但很全面的介绍，可以说是一部关于中国事物的百科全书。这部分文字说明共分10章，内容包括：古代的丝国和大契丹是不是中国；中国这个名称是从哪里来的；中国人的起源，他们最早的人、皇帝们和他们传到今天的谱系；中国的幅员、人口的数目、作为边界的城墙、沙漠、峡谷、省的数目、市、黄河和扬子江、土地的肥力、土地上的果实、贸易、服装、礼仪和居民的品德；中国的政治和军事制度；中国的文字、书籍、文学、高尚的艺术和机械等。德国东方学家基歇尔（Athanasius Kircher，1601—1680）在创作《中国图说》的时候，就大量参考和借用了卜弥格的这部分资料。

多明我会传教士闵明我（Domingo Fernández de Navarrete，1610—1689）于1658年来华传教。1664—1668年，他在广州参加在华传教士关于"礼仪之争"的讨论，会后他返回欧洲。闵明我回到欧洲后，写作了《中华帝国纵览》一书。这部著作于1675年6月完成初稿，送交多明我会审查，第二年6月出版，后来陆续被译成法文、德文和意大利文。而在英国出版的摘译本受到英国读者的欢迎。《中华帝国纵览》共分为7个部分：

（1）中国的起源、国名、地理位置、财富和特点；
（2）历史特征、教派和国家的治理；
（3）孔子的政治和道德格言；
（4）中国人的伦理道德（这部分是《明心宝鉴》的译文，辑录了孔

子、孟子、荀子、老子、朱熹等历代先哲的语录);

(5) 耶稣会士龙华民的《论中国人宗教的几个问题》;

(6) 作者的游记(这部分除了作者本人在中国的见闻外,还包括有关清兵入关和郑成功抗清的记述以及对卫匡国《鞑靼战纪》的评论);

(7) 罗马教廷有关中国"礼仪之争"的若干重要文件。

闵明我长期在中国的省城中生活和进行传教活动,对中国社会现实和民众的情感以及生活习俗有更深入的了解,所以他比此前出版的拉达、门多萨及庞迪我等人的作品对中国的认识更为深刻。他建议欧洲各国政府仿效中国政府,减轻田赋,造福农民,甚至认为可以把中国称作伊甸园。闵明我写作这部著作的目的之一,就是希望把中国作为西班牙的一个榜样,以中国政治上的"清明"促进西班牙的政治革新,以中国的繁荣富强的景象来唤起西班牙民族重振往日辉煌的激情,并最终使西班牙摆脱当时内忧外患的困境。这部著作内容翔实,一经出版,就在欧洲各国广泛传播。到启蒙运动时期,这本书受到高度重视。莱布尼茨、洛克(John Locke,1632—1704)、狄德罗、卢梭(Jean-Jacques Rousseau,1712—1778)、伏尔泰、孟德斯鸠、魁奈、傅尔蒙(Étienne Fourmont,1683—1745)等人都曾提到过这本书,认为它对了解中国大有裨益。闵明我对中国政府的农业和农民政策的介绍,还对法国的重农学派产生了一定的积极影响。

1688年在巴黎出版的安文思的《中国新史》,是一部全面概述中国和中国文化的著作,有研究者认为,与其他早期来华传教士的著作相比,安文思对中国的介绍更为系统和全面。安文思(Gabriel de Magalhaens,1609—1677)是葡萄牙耶稣会传教士,为著名航海家斐迪南·麦哲伦(Fernão de Magalhães,1480—1521)的后裔。他于1640年前来中国传教,撰写《中国新史》时,他在中国已经生活了20多年,对中国已经有较为深入的认识。安文思完成《中国新史》后,手稿由柏应理带到了欧洲。柏应理在罗马期间晋见枢机主教德斯特烈(D'Estrees),主教向柏应理询问了一些有关中国的情况。柏应理就他所知的情况一一回答了主教的提问,同时将安文思的著作手稿交给了主教,说这本书稿完全可以满足他想了解中国的愿望。主教以极大的兴趣阅读之后,将手稿交给了伯农（Brnon），请他将书稿译成法文。这就是1688年最初在巴黎出版的版本。

安文思在《中国新史》中记述了中国的名称、地理位置、历史、语言、物质生活、矿产、航运、船舶、政治制度、国家结构等，特别对中国社会的礼仪风俗、城镇特点、官僚贵族体制和皇城建筑等做了较为详尽的记述，呈现出一幅全景式的中国图画。这部著作的法文版序言中说，这部书具有重大意义，可满足那些想了解那个遥远国度的人的好奇心，因为它一步又一步地如实描述了中国最重要的东西。《中国新史》原来的书名是《中国十二绝》，意即中国的12条优点。按照安文思的说法，这12条优点是：

(1) 中国版图之广大；
(2) 中国历史悠久；
(3) 中国的语言文字优美；
(4) 中国典籍丰富；
(5) 中国人有礼貌和教养；
(6) 中国水运的便捷和公共工程的完善；
(7) 中国工艺制造精美；
(8) 中国物产丰富；
(9) 孔子的崇高地位和巨大影响；
(10) 中国政治发达；
(11) 中国君主之伟大；
(12) 北京之宏伟。

法国耶稣会士李明（Louis Le Comte）的《中国近事报道（1687—1692）》是17世纪末比较全面地概述中国当时国情的著作。《中国近事报道（1687—1692）》是李明在华期间写给要人的通信汇编，共有14封信。李明以自己的亲身经历对在中国的所见所闻做了详尽的报道。第一封信介绍暹罗（今泰国）—北京之行，是对如何来到中国做个交代；第二封信谈的是皇帝召见及京师情况；第三、四封信介绍中国城市、房屋建筑、气候、土地、运河、水道

西方典籍里的中国

及物产；然后，进而言及中华民族的特点，其悠久、杰出之处；有关中国人生活的清洁卫生和雅致奢华；中国人的语言、文字、书籍和道德；关于中国人思想的特点等。后面几封信谈的则是更深层的问题，如政府和政治、中国人的宗

图2-3-1 利玛窦和汤若望正在展示中国地图

教信仰、基督教在中国的立足和发展。《中国近事报道（1687—1692）》1696 年于巴黎出版。首版为两卷本，出版获得巨大成功，短短 4 年间法文重版 5 次，并有英文、意大利文及德文译本。然而，这本书深深地卷入"礼仪之争"中，索邦神学院用了两个月的时间召开了 30 多次会议，对这本书进行审查，有 160 多位神学家参加会议并发表意见。虽然其中的大多数人赞成此书的出版，但最后，1700 年巴黎索尔邦神学院仍以"有悖于神学原则"为由而下禁令将其尘封。直到 200 多年后的 1990 年，这本书才在巴黎再版。

经过传教士们的介绍和研究，以及其他旅行家的著述，17 世纪的西方人已对中国有了一种明确的概念，并形成了西方对中国认识的最早总结。在此之后，传教士们的书信、报告和著作中，也有许多对中国国情进行概括性介绍的内容，但随着研究的逐渐深入，他们更多是转向更为具体的专门领域的研究，并在这些研究中取得很多重要的成果。

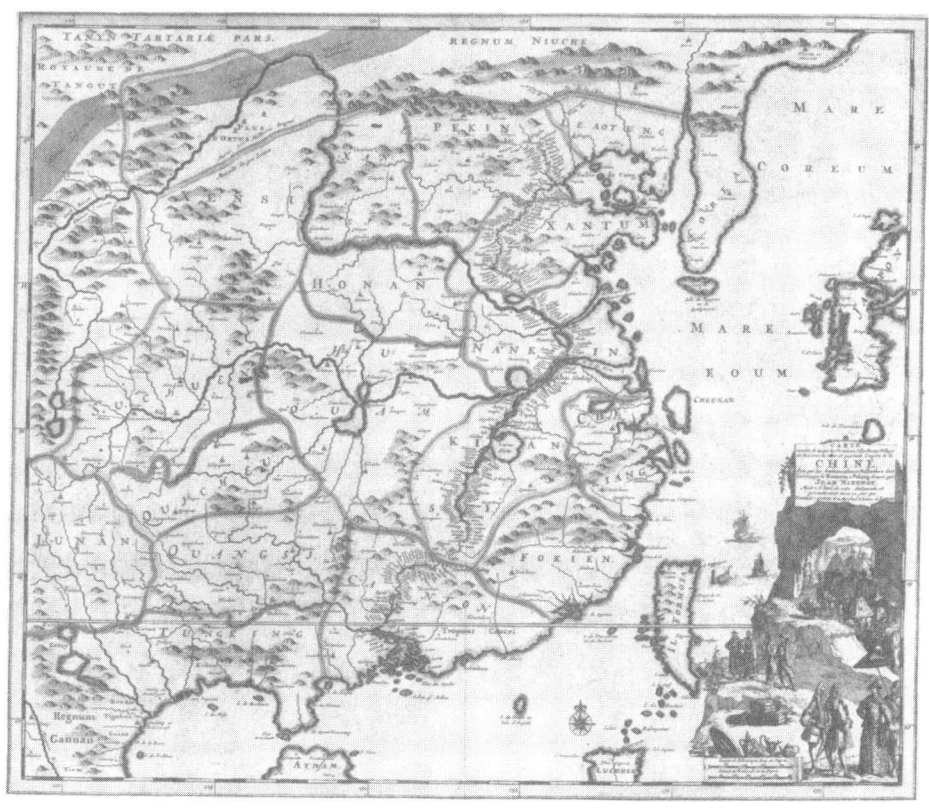

图 2-3-2　17 世纪晚期荷兰人纽霍夫绘制的中国地图

图2-3-3 《乔里奥中国地图》，载于1584年荷兰安特卫普出版的《世界概观》。这是西方世界绘制的首幅单张中国地图

四 富庶的国家，丰饶的物产

初来中国的欧洲人，对中国的地大物博、物产丰富留下了深刻的印象。在这个时候西方文献对中国的记载中，最重要和最直接的，是旅行家们首先看到的中国物质丰富，财富充盈。他们向人们表述的主要中国印象就是中国的地域广大，人口繁盛，财富充裕，生活舒适，物产丰富，交通便利，工商业发达。如柏朗嘉宾、鲁布鲁克和鄂多立克三人的游记，都提到了中国是世界上一个人口最多、最为繁盛的地区，那里有众多的城市，货物之多不胜枚举，船舶不计其数，航运业发达。在马可·波罗的记载中，也多次描写和赞叹各个城市里的

繁荣、奢华、富庶。在欧洲人的传说中,"契丹"是世界上最富有的王国,它的皇帝也就是大汗,是世界上最有权力的统治者,是传说中的三大巨富之一。

马可·波罗是个商人,所以他特别瞩目于商业和贸易,以极大的兴趣记录了各地区的物产、贸易、集市、交通、货币、税收等情况。马可·波罗记述了大都贸易发达,商业繁荣的情况,说大都是"商业繁盛之城",凡是世界上最为稀奇珍贵的东西,都能在这座城市找到,特别是印度的商品,如宝石、珍珠、药材和香料。中国北方地区和其他地区,凡有贵重值钱的东西都运到大都来。外国高价珍稀商品及各种商品输入大都城之多,是世界上其他城市所不能相比的。这里"百物输入之众,有如川流之不息,仅丝一项,每月入城者计有千车"。他记录了扬州、杭州、福州、泉州等商业名城的商务和物产,还细心地观察了途经中等城市的工商业状况。其中关于地方特产、商店市场、贸易方式、物价税率、货币折算及金银比价等记事,甚至比当时中国一些文人的记述更为详细和具体。比如,他说到成都的蜀锦,云南大理的黄金交换价格,扬州居民"恃工商而活",开封的绢绸生产,镇江居民"恃工商而活,产丝多,以织数种金锦丝绢",以及苏州、杭州的工商业,福州、泉州的海外贸易等。马可·波罗对在元朝流行的纸币做了比较详细的介绍,而欧洲人从他那里第一次听说的纸币还引发了整个欧洲金融界和商界的一场巨大变革。

大航海之后来到中国的欧洲人,都对中国的繁荣富庶极为赞叹。从16世纪开始,欧洲各国陆续建立东印度公司,开展大规模的东方贸易,将大量的中国商品运往欧洲各国。持续将近3个世纪的大帆船贸易,航行在大海上的大帆船成百上千,千帆竞发,浩浩荡荡,它们都是为中国的财富而来,为贸易而来。中国出口的商品门类齐全,数量巨大,品种繁多。其中,除了一定数量的农副产品和初级工业原料产品,大部分是具有高度工艺水平的手工业产品,包括丝绸、棉、麻、毛纺织品、服装衣物、食品香料、家具漆器、珠宝首饰、生活日用品、工艺美术品、药品和中草药等,几乎涵盖了日常生活领域的各个方面。这些商品都是具有古老传统的产品或手工艺品,不但是人们生活的必需品,而且凝聚着数千年的文化积淀,既体现着复杂的工艺技术,又具有丰富的文化内涵。中国丰饶的、数量巨大的商品支撑着整个中西贸易网络。法国汉学家亨利·柯蒂埃(Henri Cordier,1849—1925)说道:

西方典籍里的中国

我们通过欧洲的旅行者认识了从广东出口的商品：除了绿茶、红茶和丝织物，充斥着外国人住宅的主要产品是南京的黄色丝织品（云锦）、瓷器、粉状糖和冰糖、樟脑、桂皮、中国红皮萝卜、中药、大黄、木制工艺品、烟火等等。还要加上广东的象牙、在宁波雕刻的工艺、福州的棕色和金色漆、北京的红色漆、滑石做成的小摆设、玉做成的花瓶和神像，以及其他的货物都装满了那些从广东到洛里昂的船只。①

所以，这时候西方文献对于中国的财富给予了极大的关注。皮列士在《东方志》中就详细地介绍了中国的出口商品，他写道：

从中国输出的主要商品是大量白色的生丝、有色散丝，数量很多，各色缎子、各色带格卷缎、线缎及另一种叫作"纱"的细绸料，尚有其他各种色彩的品种；大量各种形状的小珠，大多不圆；他们也有一些大而圆的珠子——据我看这是中国的一种和丝绸一样重要的商品，尽管他们把丝绸作为主要商品——粉状和囊状的麝香，很丰富，而且肯定不错，……大量药房用的樟脑、明矾、硝石、硫黄、铜、铁、大黄……铜和甫舍莱拉的器皿、铸铁锅、碗、盆、大量这类东西、箱子、扇子、许多上百不同品种的针，其中一些很精细并且样子好看。……还有他们样式的花缎及无数的瓷器。……你可以花钱买到你想要的任何这类商品。②

克路士在《中国志》中也详细地介绍了中国丰饶的物产。他说，中国的土地都得到充分耕种，"那土地的出产富庶，食物及维持生活的各种必需品都极其充足"。中国的主要粮食是大米和麦子，产量极丰。鱼、肉、禽类也十分丰富。菜园里有很多蔬菜，如大头菜、萝卜、白菜、蒜、葱等，也有很多水果，如桃、李子、甜橙、无花果、苹果和荔枝等。他还说，中国人是十分勤劳

---

① [法] 亨利·柯蒂埃：《18 世纪法国视野里的中国》，唐玉清译，上海：上海书店出版社 2006 年版，第 107 页。

② [葡] 多默·皮列士：《东方志——从红海到中国》，何高济译，南京：江苏教育出版社 2005 年版，第 100 页。

的,"人人都劳动谋生""这个国家中懒人受憎恶,人人讨厌,不劳动者不得食"。同时,中国人也十分节俭。"这个国家不丢弃任何不管怎样破旧的东西。狗骨头和其他动物的骨头,他们用来制作玩具,代替象牙在上面雕刻,镶嵌在桌子、卧榻及别的漂亮家具里。他们不丢掉任何品种的破布,凡是用羊毛织成的粗细破布,他们就制成细纸。他们用树皮、根茎和破丝绸造纸,在丝绸纸上写字,余下的则用来卷在丝绸幅中。"①

德·拉达也说,中国人的食物很好,主要食物是大米,用大米酿的酒可以跟很好的葡萄酒相媲美。"我们看见的类似我们的东西……是:鱼、小麦、大麦、米、豆、玉米……还有母牛、水牛,他们说内陆地区也有羊,我们也看见猪、山羊,以及像我们有的一种鸡,另一种鸡肉是黑的,很好吃,再有阉鸡和黑尾鹆。……水果有黑白葡萄……也有许多品种的橘子和柠檬、大佛手柑、梨、苹果、野梨、桃、李、桑、坚果、栗、枣、南瓜、黄瓜、西瓜、白菜、小白菜、大头菜、萝卜、大蒜、葱,以及该国特产的其他很多蔬菜和水果。他们有大量的糖,而且他们制造很多上等蜜饯。"② 拉达还详细记述了官府为他们举办的欢迎宴会,其排场和阔气令他们惊叹不已,各种美味佳肴使他们大饱口福。

门多萨在《中华大帝国史》中指出,中国物产丰富,蔬菜种类比西班牙多。仅橘子就有三个品种,即甜的、酸的和甜酸适度的。糖质地很好,非常洁白,价格也低廉。"他们还有一种叫荔枝的果子,十分好吃,尽管大量地吃,却从不伤身体。"③ 蚕丝色泽艳亮,质量超过西班牙格拉纳达的产品。这是世界上最富饶而物价又十分低廉的国家。"那里生产地绒、绸、缎及别的织品,价钱那样贱,说来令人惊异。特别跟已知的在西班牙和意大利的价钱相比。"④中国人普遍穿着丝绸服装。中国农田管理得很好。没有一块荒弃的土地。一块块耕田错落有致,有如花园。矿产也很丰富。中国货币种类繁多,金、银凭重量使用,而没有一定式样的金币或银币。中国商业发达,买卖兴盛。每条大街

---

① [葡]克路士:《中国志》,博克舍编注:《16世纪中国南部行纪》,何高济译,北京:中华书局1990年版,第83、85页。
② [西]德·拉达:《记大明的中国事情》,[英]博克舍编注:《16世纪中国南部行纪》,何高济译,北京:中华书局1990年版,第206、199—200页。
③ [西]门多萨:《中华大帝国史》,何高济译,北京:中华书局1998年版,第9页。
④ [西]门多萨:《中华大帝国史》,何高济译,北京:中华书局1998年版,第10页。

西方典籍里的中国

往往只经营一种行业，看到第一家商店就知道这一条街是卖什么商品的。中国匠人的手艺都是祖辈相传。中国出产的手工艺品极为精致。1582年西班牙国王喜获中国床单，对其织法之巧妙惊叹不止，很多西班牙能工巧匠都来观赏、借鉴。中国的瓷器很便宜，最精致的瓷器是贡品，薄如玻璃。

图2-4-1 法国扇面图案《中国陶瓷店》

图2-4-2 穿越中国南海的英国东印度公司商船

图 2-4-3 瑞典哥德堡号大帆船

图2-4-4 16世纪葡萄牙大帆船,就是这种船往来于中国和葡萄牙之间

图 2-4-5 描绘 18 世纪欧洲上层人士生活的绘画，集中展现了当时的"中国热"，包括中国丝绸、瓷器、茶等

西方典籍里的中国

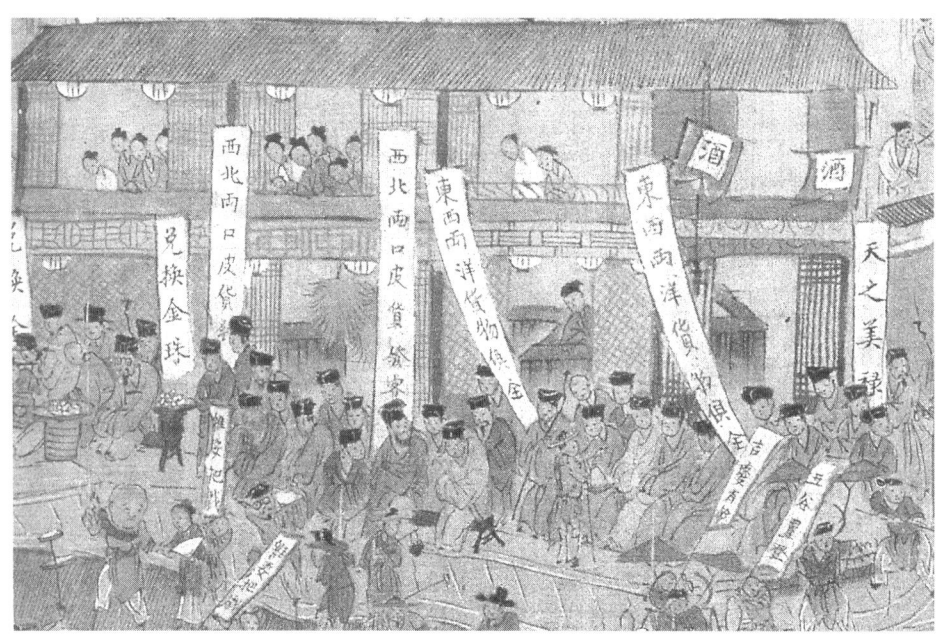

图2-4-6 明《南都繁会图卷》(局部),描绘了明代南京盛况。图中的大标语"东西两洋货物俱全",反映了当时中国与西洋各国的贸易交往

图2-4-7 法布歇绘挂毯《中国集市》

第二章 初识中国

五 世界经济的中心在中国

16世纪以后持续3个世纪的大规模中欧贸易,将大量的中国商品运输到欧洲,极大地丰富和改善了欧洲人的生活。这一时期的中西贸易及其影响,也引起后代学者的普遍关注。

在这一历史时期的明晚期和清前期,中国商品经济正处在蓬勃发展之中。当时只有中国才能为世界市场提供物美价廉的商品。中国精美的丝绸、瓷器及各类工艺品不断涌入欧洲。所以,在这一时期的世界贸易体系,是以欧洲和中国为主要两极的贸易,而且是由欧洲各国主导的远东贸易为主要内容。从葡萄牙、西班牙开始,各国纷纷建立东印度公司,每年都有大批的商船从欧洲远渡重洋,来到中国采购商品,并由此延伸到日本长崎、经过马尼拉到墨西哥的商船航线,以及东南亚、印度洋的航线。一时间,全世界都卷入这个贸易体系中,辐辏相随,络绎不绝。美国历史学家威廉·H. 麦克尼尔(William Hardy McNeill, 1917—2016)指出:

> 在上亿的中国人中增加的新财富开始跨越海洋(很大一部分也沿着商队的路线)外流,并且给予市场有关的活动增添了新的活力和领域。数十艘、数百艘,也许数千艘航船开始在日本海、南中国海、印度尼西亚群岛和印度洋的各个港口之间穿梭航行。大多数航程较短,货物从最初生产者那里通过沿途许多货物集散地分装传输,才到达最终的消费者手里……商品流动的增加意味着更多的人员上下航船,或滞留在集市上,讨价还价。①

英国学者约翰·霍布森(John M. Hobson)指出:"在16世纪上半叶,中

---

① [英] 崔瑞德、[美] 牟复礼编:《剑桥中国明代史》下卷,杨品泉、吕昭义等译,北京:中国社会科学出版社2006年版,第354页。

西方典籍里的中国

国商人遍布具有商业战略地位的南中国海各个地区，从印度支那、马来亚、暹罗、苏门答腊、帝汶岛到菲律宾的整个弧形岛屿圈。直到19世纪，他们都主导着这一贸易网络，而且，他们还向西、向东扩展贸易，并与中国福建联系起来。"[1] 他还说：

> 1434年后的历史时期中，即使不存在以中国为中心的全球经济，那也肯定存在一种中国在其中扮演了重要角色的全球经济。[2]

在16—18世纪的全球贸易体系中，中国商品处于支配的地位，这首先是因为这个时代的中国在全球经济中的领先地位和巨大的生产能力。以法国为例，在18世纪时，农业和手工业与中国相比都处于相当落后的状态。当时中国农业生产率远远高于法国，中国有"一人食力可养十人"的记录。当时的法国财政大臣贝尔丹（Henri Bertin，1720—1792）就曾说过："在中国，耕地的投入与产出在1∶15到1∶20之间，而法国的一般耕地，这个比率只有1比4.5"。[3] 而与英国相比，18世纪末随马嘎尔尼使团来华的巴罗（John Barrow，1764—1848）估计，中国的粮食收获率远远高出英国。"中国麦子的收获率为15∶1，而在欧洲居首位的英国为5∶1"。

20世纪90年代，国际经合组织发展中心的首席经济学家安古斯·麦迪森（Angus Maddison），运用实际购买力的计算方法，对中国从汉代以来的GDP（国内生产总值）作了计算，得出以下结论：1700年时，整个欧洲的GDP和中国的GDP差不多相等，此后，从1700年到1820年，中国4倍于欧洲的经济增长。中国的GDP在世界GDP中所占的比重从23.1%提高到了32.4%，年增长率达0.85%；而整个欧洲的GDP在世界GDP中所占的比重仅从23.3%提高到了26.6%，年增长率为0.21%。因此，直到鸦片战争前不久，中国经济在绝对规模

---

[1] ［英］约翰·霍布森：《西方文明的东方起源》，孙建党译，济南：山东画报出版社2009年版，第58—59页。

[2] ［英］约翰·霍布森：《西方文明的东方起源》，孙建党译，济南：山东画报出版社2009年版，第47页。

[3] 许明龙：《欧洲18世纪中国热》，北京：外语教学与研究出版社2007年版，第5页。

上和增长幅度上，都雄居世界各大经济地区之首。在他之前，美国政治学家保罗·肯尼迪（Paul Kennedy）就做过一个估计，他说乾隆十五年（1750）时，中国的工业产值是法国的8.2倍，是英国的17.3倍。在1830年的时候，中国的工业产值是英国的3倍，法国的5.7倍。一直到第二次鸦片战争，英国的工业产值才刚刚赶上中国，而法国仅为中国的40%。英国汉学家崔瑞德（Denis Twitchett）和美国汉学家牟复礼（Frederick W. Mote）编的《剑桥中国明代史》指出：

在15世纪晚期，中国仍然是全世界最强的经济大国。中国拥有超过1亿的人口，一个具有巨大生产能力的农业、广泛而复杂的国内贸易网络，以及在每一个品种和每一个方面都要优于已知的欧亚大陆的其他地方。例如：15世纪早期，一个欧洲外交使者在访问中亚政治和贸易中心撒马尔罕之后，描述他看到的这个货物，"是（进口到该城的货物）中最丰富、最精致的……因为契丹的手工艺人以其远远高于其他国家的最精湛的技巧而闻名于世"。[①]

《剑桥中国明代史》还说：

1514年至1662年，中国的人民和政府都卷入了"现代世界体系"发展第一阶段之中，并受其影响。这种卷入是通过将除了南极洲、澳洲的所有大陆来进行商品、谷类植物、疾病、人员和思想交流的海上道路来实现的。……中国的商人、工匠、水手热火朝天地参与建设南中国海贸易和居住点的新世界的活动中。长崎和九州的其他海港的兴起，台湾中国人移居地的开拓，海澄和稍后的厦门的突然出现，澳门、马尼拉、万丹、巴达维亚、阿瑜陀耶、满剌加的繁荣，以及许多商业和经济中心的增长，这一切在很大程度上都有赖于中国的这些创业者的活动。[②]

[①] [英] 崔瑞德、[美] 牟复礼编：《剑桥中国明代史》下卷，杨品泉、吕昭义等译，北京：中国社会科学出版社2006年版，第367页。

[②] [英] 崔瑞德、[美] 牟复礼编：《剑桥中国明代史》下卷，杨品泉、吕昭义等译，北京：中国社会科学出版社2006年版，第307页。

西方典籍里的中国

许多西方学者都认为，从地理大发现到工业革命的时代，已经是经济全球化的时代。而德国学者弗兰克（G. Reorient Frank）认为，1500—1800年经济全球化中的东方，是世界经济的中心。他在《白银资本》一书中指出，在1800年以前这一时期"整个世界经济秩序当时名副其实地是以中国为中心的"①，而欧洲则居于这个体系的边缘地位。他说，在18世纪中期以前，西方只不过是在"亚洲经济列车上买了一个三等厢座位，然后包租了整整一节车厢，只是在19世纪才设法取代了亚洲在火车头的位置"。弗兰克说：

> 在1800年以前，欧洲肯定不是世界经济的中心。无论从经济分量看，还是从生产、技术和生产力看，或者从人均消费看，或者从比较"发达的"资本主义机制的发展看，欧洲在结构上和功能上都谈不上称霸。16世纪的葡萄牙、17世纪的尼德兰或18世纪的英国在世界经济中根本没有霸权可言……在所有这些方面，亚洲的经济比欧洲"发达"得多。②

他指出："'中国贸易'造成的经济和金融后果是，中国凭借着在丝绸、瓷器等方面无与匹敌的制造业和出口，与任何国家进行贸易都是顺差。因此，正如印度总是短缺白银，中国则是最重要的白银净进口国，用进口美洲白银来满足它的通货需求。美洲白银或者通过欧洲、西亚、印度、东南亚输入中国，或者用阿卡普尔科出发的马尼拉大帆船直接运往中国"。弗兰克把这种结构性贸易逆差戏称为"商业上的'纳贡'"。他说："因为外国人都不得不为了逐个认为便宜的出口货而倾其所有地支付给逐个大量的珍贵白银，使白银每年源源不断地运往中国。逐个这些支付并没有改变它们的基本职能，但在思想观念上被称作'纳贡'。外国人，包括欧洲人，为了与中国人做生意，不得不向中国人支付白银，这也确实表现为商业上的'纳贡'。"③

---

① [德]弗兰克：《白银资本——重视经济全球化中的东方》，刘北成译，北京：中央编译出版社2000年版，第27页。
② [德]弗兰克：《白银资本——重视经济全球化中的东方》，刘北成译，北京：中央编译出版社2000年版，第166页。
③ [德]弗兰克：《白银资本——重视经济全球化中的东方》，刘北成译，北京：中央编译出版社2000版，第167页。

由于中国社会生产力水平高于同一时代的欧洲,所以中国的商品在世界市场上表现出强劲的竞争力。由于社会生产力的发达,劳动生产率高,商品的价格就相对低廉。物美价廉是中国商品的强大优势。早在16世纪来华的欧洲人中,就对中国商品的价格低廉有深刻的印象。西班牙传教士拉达在他的中国行纪中说,中国市场上的肉类、蔬菜、水果的价格是那么便宜,觉得几乎是"分文不取"一样。利玛窦也说到这种感受,他说:"他们产品所要的价钱,大约是我们在西方所付同类产品的三分之一或四分之一。"[1] 中国商品的低廉价格在国际市场上显得十分突出,无论是在菲律宾,还是在美洲和欧洲的市场上,与欧洲和其他地区的商品相比,中国的商品都具有明显的价格优势。欧洲的商人对中国商品趋之若鹜,无非是因为中国的商品品种多、质量好、价格低廉。这些优势都是当时欧洲各国所不具备的。

中国之所以能够支撑着这样持久和大量的贸易,首先在于中国强大的社会生产力。中国为这个时期的全球贸易贡献了巨大的物质财富。瓷器、丝绸和茶叶这三大中国物产,以及其他珍贵的中国工艺品,是这一时期全球贸易体系中的突出内容。瓷器、丝绸和茶叶在这一时期欧洲生活方式和艺术风格的变化中扮演了重要的角色。所以,这种贸易具有明显的文化后果。18世纪法国启蒙思想家孔多塞指出:"商业活动给工业、给航海,并且由于一种的链索关系,也给所有的科学以及所有的艺术,都装上了新翅膀。"[2] 物质领域的交换和交流,进一步发展成为艺术的、思想的、文化的交流,中华民族创造的精神文化产品也走进了欧洲大陆,成为"公共的财产",成为"世界的文化"。正如约翰·霍布森指出的:

> 在近代的中欧贸易中,东方不仅位于这一贸易网络的另一端,而且在欧洲自身贸易兴起的过程中扮演着重要的角色。因为欧洲贸易只是由于东方商品经过意大利传入欧洲才最终成为可能。其次,各种东方的"资源

---

[1] [意] 利玛窦、[法] 金尼阁:《利玛窦中国札记》,何高济、王遵仲、李申译,何兆武校,北京:中华书局1983年版,第14页。
[2] [法] 孔多塞:《人类精神进步史表纲要》,何兆武等译,北京:生活·读书·新知三联书店1998年版,第107页。

西方典籍里的中国

组合"——思想、制度、技术的流动——主要是沿着全球经济的商业通道,从中东和中国传到意大利和欧洲的(尽管有些是在"十字军"东征时期学到的)。然而,这并不是说,意大利对于欧洲的商业、金融和生产的命运不重要。事实上它非常重要,但这仅仅是因为意大利是东方"资源"(不仅仅是贸易)进入并重塑欧洲的重要渠道之一。①

德国史学家阿诺德·赫林(A. Hereen)也指出当时的东西贸易给欧洲社会生活带来巨大影响,他指出:"世界贸易体系影响越来越大……因此一个必然结果就是殖民地越来越重要,因为殖民地的产品,尤其是咖啡、糖、茶,在欧洲生活中越来越普及。这些商品的重要影响不仅表现在政治上,也表现在社会生活的结构上,影响不可估量。且不说贸易给整个国家带来的巨额资本与政府的高额税收,仅欧洲各首都的那些咖啡店,作为政治、商业、文化的交流中心或策源地,影响就非同小可。总之,没有这些产品,茶、咖啡、糖,西欧国家的文化与社会,就不是现在这个样子。"②

六 大都与北京

中国自古就是礼仪之邦,在城市的营建上也有一套严格的规制。都城作为全国的政治和文化中心,特别注重规模建制,使其显示出皇权的至高无上和神圣不可侵犯。所以,都城往往气势雄伟,规模宏大。唐代诗人骆宾王的名句说:"山河千里国,城阙九重门。不睹皇居壮,安知天子尊。"比如唐代的长安城,恢宏壮观、大气磅礴,成为当时世界上第一大都市。在历史上,凡是到过中国都城的外国旅游者都会为中国都城建设的宏伟壮丽惊叹不已。

元代,忽必烈入主中原后,在原来辽朝南京和金朝中都的所在地即北京建

---

① [英]约翰·霍布森:《西方文明的东方起源》,孙建党译,济南:山东画报出版社2009年版,第106页。
② 周宁:《中国形象:西方的学说与传说》第4卷《鸦片帝国》,北京:学苑出版社2004年版,第23页。

元朝大都。元大都是我国古代最后一座按照预先的整体规划平地兴起的都城,是13—14世纪世界上最宏伟壮丽的城市之一,其严整的规划布局,建筑的技术、艺术水平都是当时世界上罕见的。马可·波罗等欧洲人都为大都的庞大壮丽所震惊,为它的灿烂辉煌赞叹不已。马可·波罗说:"大都是如此美丽,我都不知道用什么语言来形容它。"

马可·波罗用了很大篇幅来描述元朝大都的宏伟和繁荣。他称大都为"汗八里"。"汗八里"是突厥语,意为"帝王之城"。他描写汗八里面积广袤,"周围有二十四英里,其形正方,由是每方各有六英里。环以土墙,墙根十厚,然愈高愈削,墙头仅厚三步,遍筑女墙,女墙色白。墙高十步。全城有十二门,各门之上有一大宫,颇壮丽。四面各有三门五宫,盖每角各有一宫,壮丽相等。"① 他还说到大都的街道布局,说"街道甚直,此端可见彼端,盖其布置,使此可由街道远望彼门也"②。

马可·波罗重点介绍了大都的宫殿和皇家苑囿,对大都的宫殿做了精彩的描述。他说,大都的皇城,宽广各有一英里,周围有高达十步的城垣环绕,皇城四角建有角楼。宫城内部,是君王临朝听政的大殿:"宫之大,向所未见。宫上无楼,建于平地。惟台基高出地面十掌。宫顶甚高,宫墙及房壁满涂金银,并绘龙、兽、鸟、骑士形象及其他数物于其上。屋顶之天花板,亦除金银及绘画外别无他物"。他还写道:"大殿宽广,足容六千人聚食而有余。房屋之多,可谓奇观。此宫壮丽富瞻,世人布置之良,诚无逾于此者。顶上之瓦,皆红黄绿蓝及其他诸色。上涂以釉,光泽灿烂,犹如水晶,致使远处亦见此宫光辉。应知其顶坚固,可以久存不坏。"③ 游记还写道,在宫城与皇城两墙之间还有"一极美草原",种植种种果树,还有许多动物,如鹿、獐、山羊、松鼠等。另外还有一个大湖,景色非常优美。

与马可·波罗同时代的鄂多立克在大都居留的时间很长,对元朝的规章礼仪、宫廷建筑,有不少翔实的记载。他记载大都城有十二门,两门之间的距离是两英里;两城之间也有大量居民,二者的四周加起来超过40英里。大汗在

---

① [法]沙海昂注:《马可·波罗行记》,冯承钧译,北京:中华书局2004年版,第334—335页。
② [法]沙海昂注:《马可·波罗行记》,冯承钧译,北京:中华书局2004年版,第335页。
③ [法]沙海昂注:《马可·波罗行记》,冯承钧译,北京:中华书局2004年版,第324页。

西方典籍里的中国

这里有他的驻地,并有一座大宫殿,城墙周长约 4 英里。其中尚有很多其他的壮丽宫殿。他写道:

> 大宫墙内,堆起一座小山,其上筑有另一宫殿,系全世界之最美者。此山遍植树,故此名为绿山。山旁凿有一池,方圆超过一英里,上跨一极美之桥。池上有无数野鹅、鸭子和天鹅,使人惊叹;所以君王想游乐时无须离家。宫墙内还有布满各种野兽的丛林;因之他能随意行猎,再不要离开该地。
>
> 总之他居住的宫殿雄伟壮丽。其殿基离地约两步,其内有二十四根金柱;墙上均悬挂着红色皮革,据称系世上最佳者。宫中有一大瓮,两步多高,纯用一种叫作密尔答哈(Merdacas)① 的宝石制成,而且是那样精美,以至我听说它的价值超过四座大城。瓮的四周悉绕以金,每角有一龙,作凶猛搏击状。②

这里说的小山即今北海公园内的琼华岛,其上的宫殿即广寒宫。其旁之池即元代太液池,今北海。"极美之桥"应为山前之白玉石桥。

伊本·拔图塔说到汗八里"为大汗宫殿所在"。"观其城郭,实世界之大城""皇宫在城之中央,专为汗居而设,大都雕木而成,布置优雅。周围有七门"。他还解释"汗"乃是"此邦之君主,管理全国者。……所辖版图之广,世界各国,莫之与京"③。《曼德维尔游记》也介绍了大都,说大都的城墙有 20 英里长,城中建有大汗雄伟华丽的宫殿,宫墙长约两英里。内部美景令人目不暇接。宫中的花园内有小山,山顶上有一座大殿,其精巧华美无与伦比。山上山下树木茂盛,果实累累。山顶的大殿有 24 根包金的殿柱,过道铺有昂贵的豹皮。这些兽皮不仅花纹美丽,而且气味宜人,花纹颜色如血一般鲜红,

---

① Merdacas,据有研究者认为波斯语 Mirdāsang 或 Murdāsang,汉译作"密陀僧"或"没有僧",即黄丹(黄色氧化铅)。此物产于波斯,较坚硬,也有白色带纹理如大理石。

② 《海屯行纪·鄂多立克东游录·沙哈鲁遣使中国记》,何高济译,北京:中华书局 1981 年版,第 73 页。

③ 张星烺:《中西交通史料汇编》第 2 册,北京:中华书局 2003 年版,第 655—656 页。

在阳光的照耀下令人不可逼视。这种皮革贵如黄金。皇宫的中央是大汗的殿宇,殿宇中镶有各种宝石,四周悬有美丽的挂件。在殿的四角下方各有一条金龙,水可以从龙口中导出。整个殿宇富丽堂皇,殿尽头的首座是皇帝的龙床,前面的桌子镶有金边、宝石、珍珠。

到了明代,明成祖将都城从南京迁到北京,并进行了大规模营建。至今犹存的宏伟壮丽、金碧辉煌的北京故宫建筑群和庄严奇瑰的天坛、明陵等,显示了当时世界上建筑的最高成就。16世纪以后来华的旅行家、传教士,正值明代的中后期,是明代文化发展的高峰时期。他们都对中国的首都北京有极为深刻的印象,在他们的有关中国的游记和报告中,大部分都提到北京。

皮列士是新航路开辟之后首批到达北京的欧洲人之一。皮列士最先注意到中国的首都北京就是《马可·波罗游记》中提到的"汗八里"。他说:"中国有很多城池和堡垒,都是古建筑。国王居住的城叫作汗八里。""在中国的这座城市,其国王有时在那里,如……汗八里,它叫作北京。这些城市在内陆地区,远离广州。它有很多居民和拥有无数马匹的贵人。"[1] 在《东方志》中,他时称北京为"汗八里"(Kanbura),时称北京为"Peqim"。于是,北京第一次以它应有的读音出现在欧洲人的笔下。并且由于确认北京就是汗八里,欧洲人才对"中国""契丹"有了正确的地理概念。

伯来拉、克路士和平托等人,也都以极为钦慕的语言极力赞美北京的宏伟壮丽。伯来拉在《中国报道》中说到北京:

> 我还听说皇帝定都的北京城是那样大,除开比城市本身还要大的郊区外,从这一头到另一头,骑马按平常的步子要走一整天,而据我所看到的去判断,我完全相信。郊区有很富足的商人,售卖世界上各种商品和货物。他们又告诉我它四周有壕堑,养着大量的鱼,皇帝由此有许多鱼吃。[2]

---

[1] [葡]多默·皮列士:《东方志——从红海到中国》,何高济译,南京:江苏教育出版社2005年版,第97页。

[2] [葡]伯来拉:《中国报道》,[英]博克舍编注:《16世纪中国南部行纪》,何高济译,北京:中华书局1990年版,第19页。

西方典籍里的中国

葡萄牙旅行家平托（Fernao Mendes Pinto，1509—1583）的游记提到北京，说全世界所有的大城市"都无法与大北京最细微的东西相比，更难与北京各方面的宏大规模与气势相提并论，诸如雄伟壮观的建筑，用之不竭的财富，极其充沛的各种必需品，难以计数的人口、交易、船只，司法情况，国家的治理，宫廷的平稳……"[1] 他说：

> 中国的各个城市宏大壮观，人们可以据此推断整个帝国该是多么辽阔。
>
> 我在一些地方看到了数量极大、种类极多的食物，是我们欧洲人望尘莫及的。然而说实话，不要单说每一个地方的东西，就是把所有这些地方的东西都加起来，也不能与中国一地的东西相提并论。大自然赋予中国的其他东西亦都是如此，无论是健康清新的空气，还是社会文明、物质财富以及景物的宏伟壮观，都无可比拟。为了使这一切更加光辉灿烂，这里的人们极其守法，政府的治理又极其公平卓越，令其他所有的国家羡慕不已。[2]

门多萨的《中华大帝国史》对中国的都城做了更详细的描述，他说，它是"全世界最大的城市……仅从一门到一门，就需要一个夏季的白昼和一匹好马才办得到"[3]。"其中人口最多，有市民和朝臣，据说在紧急时可以召集20万人，一半是奇兵。城内东侧是皇帝常住的宏伟皇宫，但他还有另外两座，一座在城中心，另一座在西面。据他们证实说这第一座宫很大，有很多珍奇，要游览一遍至少要四天。……这座宫内有79个殿，构造富丽奇特，有许多女人充作仆役侍从为皇帝服务。"[4]

1656年，荷兰东印度公司使团到达北京，与中国洽谈开展贸易关系的事

---

[1] ［葡］费尔南·门德斯·平托：《葡萄牙人在华见闻录》，王锁英译，海口：海南出版社1998年版，第210—211页。
[2] ［葡］费尔南·门德斯·平托：《葡萄牙人在华见闻录》，王锁英译，海口：海南出版社1998年版，第197—198页。
[3] ［西］门多萨：《中华大帝国史》，何高济译，北京：中华书局1998年版，第25页。
[4] ［西］门多萨：《中华大帝国史》，何高济译，北京：中华书局1998年版，第76页。

宜。使团成员纽霍夫（John Nieuhoff，1618—1672）回国后出版了《荷兰东印度公司出使中国记》。纽霍夫在书中描述了"北京的宫殿或帝国朝廷的平面布局和形状"。皇宫黄色的屋顶"覆盖着明晃晃的涂了彩釉的琉璃瓦，在阳光下

图 2-6-1　明《北京宫城图》

西方典籍里的中国

熠熠生辉，比黄金更加灿烂。……这些琉璃瓦是用黏土制成的，表面上涂上一种人造的黄色彩釉，但是，据我所被告知，每一面这样的瓦片都是钉在屋顶上的，钉子的头是镀金的，这造成了如此辉煌的气派"[1]。

从1598年利玛窦首次入京开始，到1700年成立在华法国耶稣会教区这100多年间，到北京的耶稣会士共有76人，约占同期来华的耶稣会士的三分之一。他们对明清两朝的北京留下了深刻的印象，也写下了大量的文字报道，介绍在北京期间的观感。

图2-6-2 元世祖忽必烈在上都夏宫接见马可·波罗一家

---

[1] ［英］吴芳思：《中国的魅力——趋之若鹜的西方作家与收藏家》，方永德等译，上海：东方出版中心2009年版，第56页。

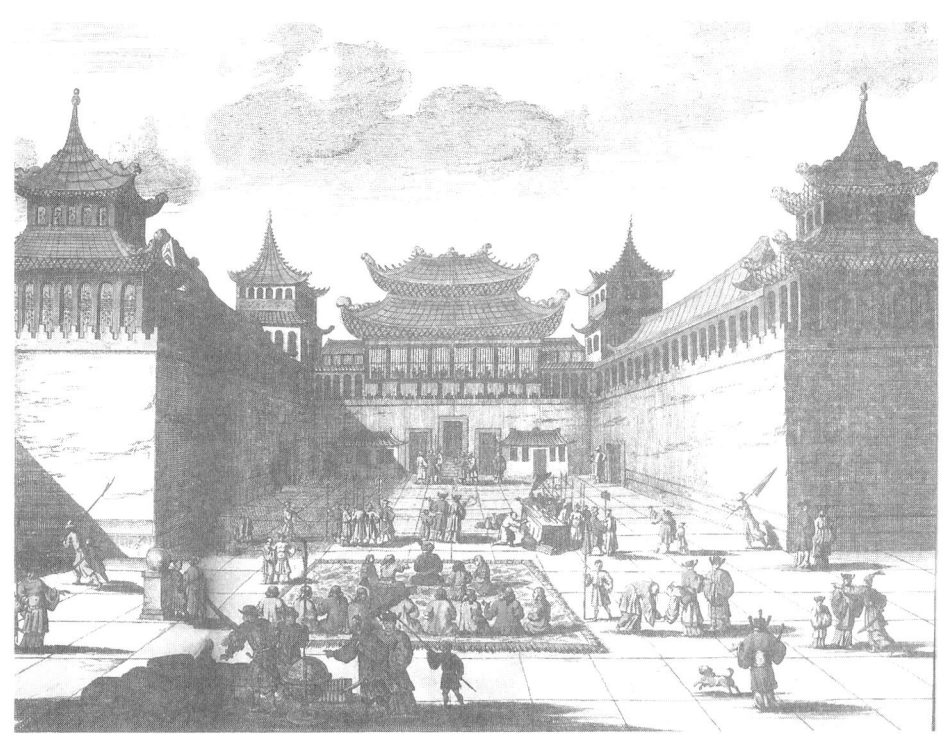

图 2-6-3　1656 年荷兰使团进入北京，准备朝觐顺治皇帝

七　天堂之城与光明之城

除了大都或北京，这些欧洲人还到过许多其他中国城市，这些城市的宏大、富庶都给他们留下了深刻的印象。比如，皮列士的书中涉及的中国地名就有广州、海南、漳州、陕西、西安、福州等。流行于西文中的广州的对应词"Canton"就起源于皮列士。

他们对中国的城市怀有极大的兴趣，在几乎所有重要的游记、报告和书信中，都不厌其烦地描述中国的城市，包括大都（北京）、杭州、刺桐（泉州）、广州，还有福州、苏州、南京等大都市，也包括忽必烈之前的蒙古汗国都城哈剌和林，甚至涉及一些中小城市。他们往往都以赞美和惊叹的口气详细地描述这些规模巨大宏伟的城市，宫殿建筑辉煌壮丽，城市繁华，交通便利，人口众多,物资丰盈。这些旅行家往往对描述这些大城市的文化氛围和繁华富庶乐此不疲,深为其陶醉。

这种现象,不仅反映了他们个人的兴趣与感受,而且与当时欧洲城市文化的兴起有很大关系。城市的兴起并日益成为社会生活的中心,成为政治、经济和文化的中心,是10世纪以后的一种世界性政治、经济和文化现象,是欧洲资本主义前夜的一种历史现象。正因为有这样的背景,所以那些从欧洲来的旅行家,对在中国看到的规模宏大、欣欣向荣的大都市会特别关注,而他们对这些都市的描绘,也引起欧洲读者们的热烈反响。

除了描述大都的宏伟壮丽,马可·波罗在游记中还介绍了西安、太原、成都、大理、昆明、涿州、淮安、高邮、泰州、扬州、瓜州、镇江、苏州、杭州、福州、泉州等数十个城市,尤其对经济发达、人文荟萃的长江中下游地区留有深刻印象。他说苏州"其城之大,周围有六十英里,人烟稠密,至不知其数"。他称杭州为"天城",是"世界最富丽名贵之城""所供给之快乐,世界诸城无有及之者,人处其中,自信为置身天堂"。他特别提到了西湖的美丽景色,说城中有一大湖,湖上有许多画舫划艇,大小都有,专为游览娱乐而设。每条船里都备有漂亮的桌椅和其他必需的器皿,驾船之人手持篙子,插入湖底,用力撑船,想往何处,随心所欲。船顶以下及其四壁,悬挂各色画图;两旁有窗户,可以向外眺望,所有湖边的离宫别墅,院庙寺宇,园林山色,尽在目中。他很感叹地说:"地上的赏心乐事,没有比泛舟西湖更为快乐的了。"

鄂多立克在中国游历极广,对所到地方都有记载。他特别描绘了杭州城,说它是世上最大的城市:

> 我来到杭州城,这个名字意为"天堂之城"①。它是全世界最大的城市,确实大到我简直不敢谈它,若不是我在威尼斯遇见很多曾到过那里的人。它四周足有百英里,其中无寸地不住满人。那里有很多客栈,每栈内

---

① 大概来自"上有天堂,下有苏杭"的谚语。如马可·波罗把杭州称为"天城",把苏州称为"地城"。

设十或十二间房屋。也有大郊区,其人口甚至比该城本身的还多。城开十二座大门,而从每座门,城镇都伸延八英里左右远,每个都较威尼斯或帕都亚为大。所以你可在其中一个郊区一直旅行六七天,而看来仅走了很少一段路。

此城位于静水的礁石上,像威尼斯一样有运河。它有一万两千座桥;每桥都驻有卫士,替大汗防守该城……①

鄂多立克和其他人一样,对中国的物产丰富和生活富裕留下了深刻的印象。他写到杭州时说:"我很奇怪,那么多的人怎么能安排住在一个地方,但那里始终有大量的面食和猪肉,米和酒,酒又称为米酿,享有盛名,那儿确实有大量其他种种食物。"

拔图塔对行在(杭州)的繁华和宏大极为赞叹。他说行在城的宏大,须三日才能穿越全城,游览该城需投宿就餐。行在分有六城,大小相包,城区优美。他还说到在运河乘船游览:

余辈游运河时,见有无数舫船,皆满载游客。船有甚华美之帆,光彩夺目。又有丝篷盖,以蔽日光。船中悬挂无数美画。船稍相离,客掷橘及柠檬作戏。②

旅行者们对杭州之美都有特别深刻的印象,这种印象也传播给没有来过中国的欧洲人。《曼德维尔游记》说杭州是世界上最优美的城市,该城周长50英里,有7座城门供人出入。"离杭州城3英里远的另一座城中有7000座桥梁,每座桥都建有一座坚固的桥头堡供驻军抵御大汗的侵略,因为这里已是边境地带。一条大河沿城而过,河畔居住着基督教徒和其他居民,生活富庶,盛产美酒,该城曾为'蛮子'国王驻跸之处。城中还有一些僧侣。跨过河便可来到一座寺庙。寺庙宛如一个大花园,生长着各种奇花异草,饲养着狒狒、

---

① 《海屯行纪·鄂多立克东游录·沙哈鲁遣使中国记》,何高济译,北京:中华书局1981年版,第67—68页。

② 张星烺:《中西交通史料汇编》第2册,北京:中华书局2003年版,第651页。

西方典籍里的中国

猿、猴等各种动物。"①

自汉唐以来，广州就是中国对外的主要港口城市，许多从海路来华的外国人都是在广州登陆的，所以广州往往是他们见到的第一座中国城市。鄂多立克说广州"是一个比威尼斯大三倍的城市……该城有数量极其庞大的船舶……整个意大利都没有这一城的船只多"②。

克路士曾到过广州，所以他在《中国志》中特别列一章详细地描述了广州这个美丽而诱人的城市。他说，广州是一座雄伟的城池，它四周有坚固的城墙，城门宏伟高大，构筑良好。墙围四周约有12350步，和葡萄牙首都里斯本的城墙相仿，但主要的街道都比里斯本最繁华的街道还要宽阔。"街道都铺得很好，靠近房屋的路面要高些，路中间要低些，便于排水。大街上有横过路面的牌楼，高大又建筑精美，街道因此显得美观，城池变得气派起来。沿街房屋有一间接一间的铺面，铺里和牌楼下售卖多种商品。"出售的商品丰富多彩，有用彩色丝线刺绣包面的绣花鞋、用木精制的舒适华丽的床架、华丽的锦缎和线缎、精美绝伦的瓷器、黄铜器皿和铸铁器皿等。"至于小的涂金盒、大盘、篮、写字台和桌子，数不胜数，再好不过。金匠、银匠、铜匠、铁匠和其他各行各业，既多又完备，各种的东西也十分丰富，应有尽有。"广州的轿子很多，高贵美观，四面密封，每面有一扇小窗，上面用象牙或用骨、木制成漂亮的窗格，坐在里头的人可以观看外面街道上的情景，而自己却不会被外面的人看见。克路士对广州城的雄伟、繁华、富庶充满赞赏之情，但他同时还指出，中国还有很多比广州更雄伟、规模更大的城市，这些城市都有坚固的城墙、高大的城楼、平坦的街道和华美的建筑。③

另一座受到特别关注的城市是泉州。泉州东南濒临大海，沟阔港深，自唐中期海上交通得到迅速发展，外商船舶云集港口，出现了"云山百越路，市井十洲人"的繁荣景象。至晚唐时，泉州在海外交通中的地位日渐重要，遂

---

① 周宁编著：《中国形象：西方的学说与传说》第1卷《契丹传奇》，北京：学苑出版社2004年版，第404页。
② 《海屯行纪·鄂多立克东游录·沙哈鲁遣使中国记》，何高济译，北京：中华书局1981年版，第64—65页。
③ ［葡］克路士：《中国志》，博克舍编注：《16世纪中国南部行纪》，何高济译，北京：中华书局1990年版，第67、88—89、71页。

与广州、交州、扬州并称为东南四大贸易港,宋元时泉州更与广州并列为对外贸易的两大港口之一,是当时世界船舶物资的重要集散地,人们称之为"天下货仓"。外国人称泉州港为"刺桐港",马可·波罗和伊本·拔图塔等人都曾记述此港之繁荣景象。伊本·拔图塔称"刺桐港为世界上各大港之一,由余观之,即谓世界上最大之港亦不虚也。余见港中有大船百余,小船则不可胜数矣"。在他看来,说泉州为世界上最大港口也不过分。鄂多立克说刺桐(泉州)"系世上最好的地方之一,就其对人之生活所需说亦如此"。①

20世纪90年代新发现的一部13世纪犹太人的手稿《光明之城》的主要内容都是描写泉州这座城市,手稿把泉州称为"光明之城"。据说手稿的作者是一位商人,曾在泉州经商和生活过。手稿勾画了泉州当年的一派商业经济繁荣、制造业兴旺、消费奢侈的景象,展现出一个存在着激烈商业竞争的社会场景。手稿说刺桐是一个不同凡响的城市,具有很大规模的贸易,是"蛮子"的主要贸易地区之一。这里有一个很大的港口,每年有几千艘巨船在港口进出。在这个城市里,从中国各地运来的商品十分丰富,一年到头它都像一个巨大的交易市场,有来自世界各地的商人在此从事贸易活动。他还具体说道,在这里有许多外国人的居住区,包括犹太人、法兰克人、萨拉森人、印度人、小亚美尼亚人等,他们都是常年在这里做生意的。这样,一个人走在刺桐城的大街上,仿佛是整个世界的一座城市。城市里的商店数目比世界上任何一个城市的商店都多,商店里有各种各样的商品,如香料、丝绸、珠宝、酒及油膏等。此外,城中"各处都有巨大的作坊,在那里,数以百计的男女在一起工作,生产金属制品、瓷花瓶、丝绸、纸张等物品。这些作坊中,有的甚至有1000人,这真是一个奇迹"②。

手稿所记录的有关刺桐事情,涉及政治、哲学、贸易、城市景观、市井生活、风俗习惯、道德风尚、宗教传播、士大夫与商人阶层之间的冲突等,内容十分丰富。其中对刺桐人的生活习惯、宗教信仰、行为道德及某些文化娱乐的描述,是全书中最令人饶有兴趣的部分。他对过分密集的建筑物,喧闹的街

---

① 《海屯行纪·鄂多立克东游录·沙哈鲁遣使中国记》,何高济译,北京:中华书局1981年版,第65—66页。
② [意]雅各·德安科纳:《光明之城》,杨民等译,上海:上海人民出版社1999年版,第164页。

西方典籍里的中国

市,街道两旁挂着一串串猪内脏的食品摊,公共场所的不卫生和个人的讲究清洁,站在门口向街道撒尿或吐痰,忌讳踢门槛或站、坐在门槛上,"讲古"(即说书)、演戏和喜欢看剧中坏人受惩罚的场面,热衷求神拜佛和驱邪逐怪等,都有具体的描述。刺桐商人的地位很高。作者说他曾到一位大商人的府上做客,对于这座宅邸,他形容说:"真是一座豪华的宫殿,有很多通道,用于宴饮的厅台、花园,连他家中的地板也使用银子镶嵌。"他们的房屋富丽堂皇。他们花费大量的金钱来购买装饰品、字画和家具。此外,他们从印度的商人手中购买了许多名贵的香水、香料和药品等物,对那些高级物品不惜挥金如土,以赢得他人的羡慕。他们希望他们和家眷都像贵族一样地生活,富商的妻子头上也都戴着冠状的珍珠头饰。

雅各是作为商人到泉州来的,他在这里居住了将近半年时间,主要是来进行贸易活动,卖出所带来的东西,采购中国的商品。那么,他都采购了哪些中国货物呢?他在手稿中对这方面也有详细记述。他写道:"……他要给我展示五颜六色的丝绸产品,其中包括绿黄相间的丝绸衣料,这种衣料被视为奇物,这种工艺以前在世界各地从未见过。你若买40磅这种料子,却要不了8个威尼斯格罗特。此外还有缎子,它的名字源自刺桐,世界上还没有见过像那样富丽堂皇、缀满小珍珠的缎子。他们还为我购买了鞑靼的原料织成的丝织品,其技艺如此之精美,恐怕画家用笔也画不出与之媲美的作品来。""我交代他们要买最好的糖、藏红花、生姜、萱姜、桂皮和樟脑,还有靛青和明矾。不过在瓷器方面,他们已买了600个制作精美的碗,却像玻璃酒壶一样精制。这些是世界上最精美的瓷器,我建议他们再为我购买一些。因为这种货物将会让我发财的,上帝保佑。若不是因为要买别的商品,如珍贵的宝石、珍珠、土糖,治肾病和胃病的黑色藏红花以及其他东西,我们真该推迟到周围地区的商旅。光明之城一带是贸易发达、制造业繁荣的地方,也是买卖兴隆的地区,在这里商人可以获得高额的利润。"① 当雅各的同伴从行在回到刺桐时,带来了大量的丝绸、黄金、香水和药膏,这些东西的价值都是难以估量的。在另一处,雅各写道:

---

① [意] 雅各·德安科纳:《光明之城》,杨民等译,上海:上海人民出版社1999年版,第203—204页。

我也发现质量绝佳的瓷器，它们是用来当碗使的，精美得就像玻璃的酒壶，我用200个格罗特购买了600件，因为它们全都是世界上最美丽的瓷器。这里也有很多的食糖，口感很好，这是放在一个黑盘子里的，还有红花、生姜，以及高质量的良姜，我都购买了一大批。他们还有一种红花，是用来治疗肾脏和胃的毛病的，我也买了一批；这里还有治疗牙齿的油膏和治便秘的山扁豆。

我购买了大量的物品，全都是能赚钱的物品。我也发现了许多靛蓝和明矾，也看见了许多香料，这在我们的土地上是从未见过的，其名称我难以说清楚。这儿还有纸张、油漆以及饮用的高级草药。①

泉州的繁荣持续了许多世纪。到16世纪来过泉州的德·拉达，也记录下了泉州城概貌，说"泉州城有五万多人户，不包括那些住在城郊的，城郊多而大。城市四周有石头筑的高墙围绕，还有一座十分出名的桥，六百多步长，整个齐整地铺以石板，每块二十步长，一个半瓦拉厚"②。城内的"大街很宽，都有许多牌坊，有的用石精筑，有的用木。……这些大街是作为市场使用，街上售卖各种肉、鱼、水果及蔬菜；有摆摊的出售书、纸、刀、剪、帽、鞋、草鞋等等。因为这些大街很宽，中间有足够的空地，摊子和屋舍之间有余地可通，尽管摊子从街的一头摆到另一头"③。

这些欧洲作家对其他城市也有详略不同的记载。如鄂多立克对中国各大城市的印象极为深刻，认为中国城市的雄伟壮丽，绝非欧洲诸城可比。他记载金陵府（南京）："其城墙四周为40英里。城中有360座石桥，比全世界上的都要好。'蛮子'国王最初驻扎在此城，他常住在那里。它的人口稠密，有大量使人叹为奇观的船只。城市坐落在交通方便之处，有大量各种好东西。"④

---

① ［意］雅各·德安科纳：《光明之城》，杨民等译，上海：上海人民出版社1999年版，第369页。
② ［西］德·拉达：《出使福建记》，博克舍编注：《16世纪中国南部行纪》，何高济译，北京：中华书局1990年版，第179页。
③ ［西］德·拉达：《记大明的中国事情》，博克舍编注：《16世纪中国南部行纪》，何高济译，北京：中华书局1990年版，第202、208页。
④ 《海屯行纪·鄂多立克东游录·沙哈鲁遣使中国记》，何高济译，北京：中华书局1981年版，第70页。

西方典籍里的中国

伯来拉对他所到过的城市进行了详细的描述,说中国的"城市极壮丽,特别靠近城门,大得出奇。城门用铁包着。门屋和楼塔建在高处,其较低部分用砖和石筑成,和城墙相称。城墙上面的建筑物用木头构造,一层又一层,有许多层。他们的城池坚固,是因为有高大的城墙和壕堑"。城市里的街道"都相当平坦,又大都直,使人看了惊羡"。"道路到处都用四方的石头整铺成,缺乏石头的地方则用砖。"街道上的"牌楼是木结构,雕刻成各式各样,上盖的是细泥烧的瓦"。伯来拉赞赏地说:"(这些情景)使我们认为,全世界都没有比中国更好的建筑工匠了。"①

伯来拉特别详细地描绘了福州城,因为他曾在福州待过一年多的时间,对这座城市有较多的了解。他写道:

> 福州城很大,有内外都用方石筑成的高大城墙,……街道是铺平的。有大批的商贩,各人在他店门挂一块大牌子,写明他出售何种商品。手艺人也写明他的行业。市场不小,售卖的物品极其丰富。城市建在水上,许多条河流经过它,河岸是倾斜的,很宽阔,作为城市的街道用。河流上有各种木桥和石桥,和街道一般高,不妨碍船只来往。……这些河流和船只使该城变得十分高贵,好像它是另一个威尼斯。……我们在这座城看见一些事物,令我们都惊叹……②

门多萨的《中华大帝国史》对中国的城市也有多处记载,他说,中国人富有建筑才能。建筑用材举世无双,一种用"白土"做成的方块(即砖)坚硬无比,只有用锄才能将其砸碎。一座座邸宅有如庄园。门多萨对各省的宫殿般的府邸作了生动的描述:总的说来,一切都是华丽和令人艳羡的,以高超的艺术做成,大得好像一个村庄,其中有大花园、水池,周围树木环绕。中国人的房屋都非常华美,像是罗马式样,通常在门前栽植树木,华丽整齐;树荫浓

---

① [葡] 伯来拉:《中国报道》,博克舍编注:《16 世纪中国南部行纪》,何高济译,北京:中华书局 1990 年版,第 3、4—5 页。

② [葡] 伯来拉:《中国报道》,博克舍编注:《16 世纪中国南部行纪》,何高济译,北京:中华书局 1990 年版,第 17—18 页。

郁，使街道看起来壮观。所有这些房屋内部都像牛乳一样洁白，好像是糊上了发亮的墙纸。地面都用四方石铺成，宽广而光滑；天花板用的是上等木材，装饰和描绘得非常精巧，好像金色的锦缎，极其好看。每一家都三层庭院，花园中满饰各种名花异草，以供消遣。没有一家不修建鱼塘的，虽然很小。①

图 2-7-1　泉州海外交通博物馆伊本·拔图塔塑像

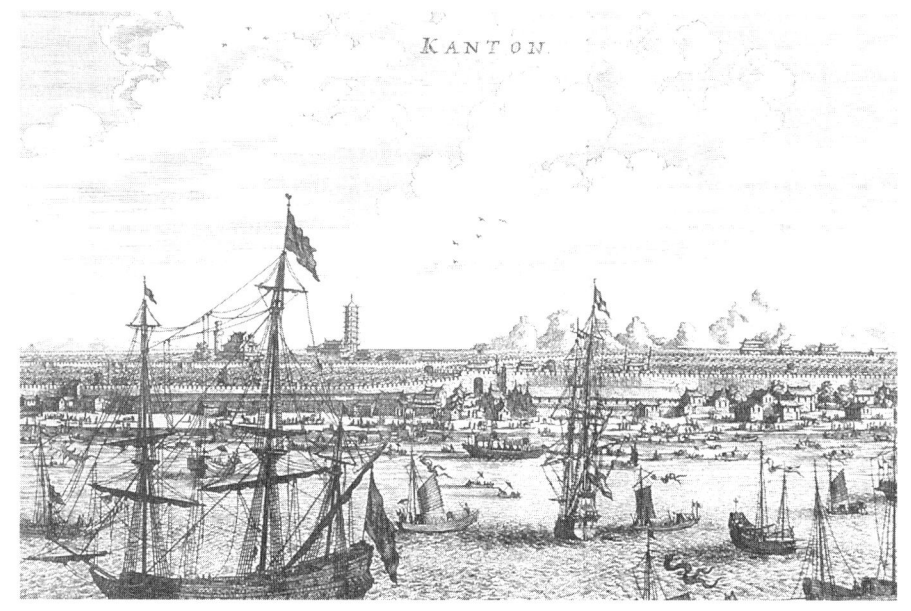

图 2-7-2　纽霍夫的版画《远望广州城》

---

① ［西］门多萨：《中华大帝国史》，何高济译，北京：中华书局 1998 年版，第 26 页。

图 2-7-3 作为灯塔的广州狮塔,是海上商船驶进广州时看到的第一个地标

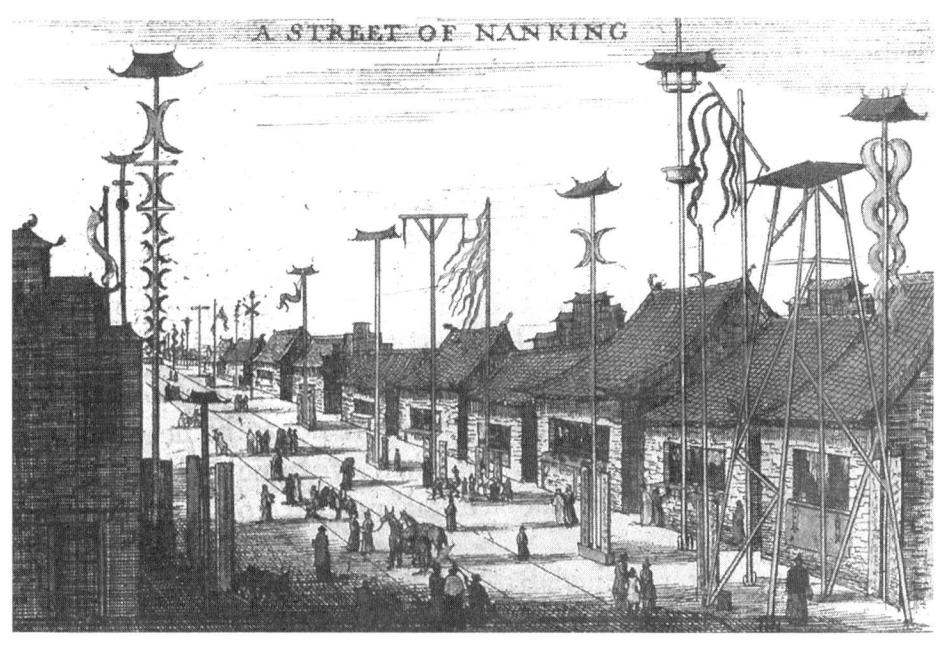

图 2-7-4 纽霍夫《出使中国记》插图,南京城的街道

第二章　初识中国

图 2-7-5　刺桐港

第三章 悠久的历史，发达的文明

一 令人惊艳的古老历史

那些踏上中国土地的西方著作家，不仅为中国的地大物博、繁荣富庶而惊叹，更对中国悠久的历史和发达的文明极为钦佩。因为他们在这里看到了一个与他们不一样的民族，这个民族的历史十分悠久，并且创造了他们不曾想到的高度发达的文明。

许多人都对中国悠久的历史很感兴趣。德·拉达据所掌握的中国文献，在其篇幅并不大的著作中，简述了中国历代王朝的更迭，从盘古开天地说起，依次说到伏羲、神农、有巢、黄帝，继而列举了秦始皇、汉高祖、刘备，以及隋、唐、宋、元诸朝。他指出，从中国悠久的历史"可看到这个国家除短期受鞑靼统治外一直完整地不被外族控制，这确实是件了不起的事。若这个历史是真实的，那他们在洪水后不久就有了皇帝，而且他们从此后始终没有被异族掺杂"[①]。

门多萨的《中华大帝国志》介绍了从黄帝到明朝万历年间的历代帝王称号、在位年限、王位的更迭等，并对有些帝王做了简要的介绍。门多萨认为，

---

① [西] 德·拉达：《记大明的中国事情》，博克舍编注：《16世纪中国南部行纪》，何高济译，北京：中华书局1990年版，第206、199—200页。

第三章 悠久的历史，发达的文明

这个国家是很古老的，据认为最早居住在该国的是挪亚的孙子，但已知中国史上的启蒙时代，则始自黄帝，他是他们的第一位国王，使他们的国家成为一个帝国，并且一直传到现在统治的国王。按正确的计算，迄至今天，合法和僭位的共有243位国王。

在来华传教士们的著作中，有不少是关于中国历史的著述。中华民族和中华文化延续几千年持久不衰、一脉传承的发展史，记述中国悠久文明的丰富的历史著作，一直使传教士们惊叹不已，并因此保持着经久不衰的兴趣和研究、探索的热情。耶稣会士们向欧洲介绍中国和中国文化，最重要的就是中国的古老历史。

在来华传教士中，较早著述中国历史的是葡萄牙耶稣会士曾德昭。曾德昭1613年到达南京，是较早来华的耶稣会士之一。他1636年返回欧洲，在旅途上完成了《大中国志》。《大中国志》于1642年在西班牙首都马德里出版。这部著作和门多萨的《中华大帝国史》一样，一经出版，便被译成多国文字，受到欧洲东方学者们的欢迎。

1643年来中国的耶稣会士卫匡国的10卷本《中国史初编》，于1658年在德国慕尼黑出版。《中国史初编》是欧洲学者撰写的第一部系统地向欧洲介绍中国的历史著作。据卫匡国自己说，依据的是《书经》《春秋》等儒家典籍，以及《史记》《资治通鉴》等，从开天辟地写起，从传说最早的帝王伏羲直到汉哀帝（西历纪元开始时），介绍了历代帝王的事迹，内容包括夏、商、周王朝的兴亡，战国诸侯的合纵与连横，秦始皇修长城和焚书坑儒，汉高祖刘邦和汉武帝刘彻的丰功伟绩，以及与异族的往来和诸子百家的思想等。

卫匡国确认了公元前2952年伏羲即位的史实，并向欧洲读者表明，自那以后中国人有了从未间断的历史。他认为，公元前2925年的伏羲氏时代，是中国史前时期的黄金时代，这时发明了各种技术工艺，人们开始用犁耕地，发现了草木的药性，创造了汉语文字。随着人类的繁衍，盘古神奇般的力量和创始祖的发明已经远远不能满足人们的需要，于是出现了最初的武斗，经过一定时期，武斗导致了以王或帝为首的集团兴起。这个集团的特征是：专制独裁的统治体制和以道德原则为执导的社会关系。由于农业和丝织业发展的需要，人们推进了天文学和数学的研究，创造了历本，多神教将礼仪法制化，最后编纂了法典，建立了法庭。他还列出了历代帝王的在位年代，采用中国的干支纪年法，又列出相应的公元纪年法。

卫匡国的著作激起了欧洲人对中国历史的浓厚兴趣。他关于中国上古史问题的论述，在欧洲学术界引起热烈的争论，核心问题是中国最早产生的历史年代与《圣经》所说的人类祖先的年代是否有矛盾的问题，即所谓"纪年问题"。17世纪以前的欧洲人普遍相信《旧约》是关于人类最初历史唯一可靠的叙述，按照这一说法，挪亚洪水事件就是新人类历史的起点。但挪亚洪水究竟发生在什么时候，《圣经》年代体系究竟是怎样的，17世纪的学者们并没有一致意见。不过，中世纪教父神学家哲罗姆（St. Jerome，约340—420）编定的《通俗拉丁文本圣经》是教廷的钦定版本，其中所包含的年代体系为一般大众所接受和认同。按照这个版本，大洪水发生于公元前2300多年。但是，卫匡国等来华耶稣会士对于中国古代编年史的研究，却对这个说法提出了疑问，以后又成为挑战《圣经》权威的一个重要根据。按照基督宗教的历史观，人类的全部历史都应该包括在《圣经》中了，而且只能以《圣经》纪年作为人类历史的纪年。但中国的历史之悠久程度却要远远地超过了《圣经》中的记载，也就是说在《圣经》中认为是"上帝造人"的时代，中国不仅早就有人类居住了，而且已度过了几个朝代的历史。由此彻底推翻了基督宗教的历史观，形成了一种"前亚当人类"论。所以，欧洲学术界对中国古代编年史及纪年问题特别重视，展开了广泛的讨论。

来华传教士关于中国历史的另一部重要著作是冯秉正（Joseph Franciscus Moyra de Maillac，1669—1748）所著的12卷《中国通史》。冯秉正于1703年来中国，当时康熙皇帝正命将朱熹的《通鉴纲目》译成满文。冯秉正参照满文译本，用法文翻译汉文原本，同时还翻译了明代商辂等人的《续通鉴纲目》，补充了宋末、元、明的史实，又根据其他各书和自己见闻补充了明末清初之事。冯秉正在《中国通史》序言中，介绍了孔子对中国古史的叙述，称孔夫子将中国历史追溯到伏羲，讲述了人们以结绳代替文字记事之前时代的情况，甚至还讲到中国尚处于极端蒙昧的时代。冯秉正从孔子的记述中得出结论，可以将中国第一批聚落的建立追溯得非常古远。

1737年，《中国通史》全书始告完成，冯秉正将书稿寄回法国。不料，由于偶然的变故，此稿竟被人遗忘了数十年。直到 1773 年，这部书的原稿才在里昂大学图书馆被人发现。后来，书稿转到历史学家格鲁贤（Jean Baptiste Abbé Grosier, 1743—1823）的手中，由他主持于 1777 年至 1783 年在巴黎出版。格鲁贤又把自己编的论述清代十五省的人文地理和地形的《中国志》作为第 13 卷，附录其后，于 1785 年在巴黎出版。

冯秉正的《中国通史》首次向欧洲系统地介绍了中国的通史知识，在当时的欧洲产生了一定的影响力，奠定了冯秉正作为"法国汉学家奠基者"的历史地位。后来法国历史学家考狄（Henri Cordier, 1849—1925）的名著《中国通史》中清朝以前的部分多取材于这部著作。

柏应理于 1689 年出版的《中国古代帝王年表》，被认为是"17 世纪欧洲出版的关于中国最重要的作品之一"。《中国古代帝王年表》于 1686 年及 1687 年刻有单行本，1687 年附于《中国哲学家孔子》一书后发表。在此之前，卫匡国已经首先提出了中国的历史纪年问题，但是卫匡国的中国历史纪年结束于耶稣诞生，即中国东汉的汉哀帝时期（约公元前 6—公元前 1 年）。柏应理也是从公元前 2952 年伏羲时代来叙述中国历史的，从黄帝时代的公元前 2697 年开始使用干支纪年的方法，一直记述到了 1683 年。柏应理在编纂时着重注意了两个问题：一是他认识到在欧洲人印象中，中国的历史悠长而复杂，因此他们对中国史的起源远比对其后的细节更感兴趣；二是他注意到由于中西历法不同导致中西年代之间的差异。他把中国历史上的大洪水与《圣经》中的大洪水横向联系起来，认为那是一次世界性的大洪水，从而把中西二历连接起来了。这样，柏应理与卫匡国一起，就给了欧洲人一个中国历史的全貌。同时，也给那些否定《旧约》权威的人更充分的证据。当时就有法国学者指出，倘若他们的纪年表真实可信的话，那就不得不承认，《圣经》的纪年一文不值。

除了上述几部关于中国历史的著作，明清之际来华传教士中还有一些人撰写关于中国历史的著作。在耶稣会士对中国的研究和介绍中，关于中国文明和悠久历史是一个主要的话题。从利玛窦开始，后来的曾德昭、安文思、李明等人的著作，以及卫匡国等人对中国古代史和上古纪年的研究，都在欧洲学术界引起很大的反响。

图 3-1-1 李明《中国近事报道（1687—1692）》1696 年巴黎版

二 "把金苹果交给中国人"

英国科学史家李约瑟说："在 18 世纪时，欧洲人对于中国文明虽然了解得很不全面，但常常把它当作典范。"① 在传教士、商人和旅行家们大量的报道中，中国常常被描绘成这样一个国家：在这个国家中，一片繁荣富庶，安定和平，人民安居乐业，讲究道德，彬彬有礼，充满智慧、文明与和谐的气氛。他们特别赞美中国的制度，认为它是稳定与经久不衰的保证。这是他们传递给欧

---

① ［英］李约瑟：《中国科学技术史》第 1 卷，袁翰青等译，北京：科学出版社 1990 年版，第 2 页。

第三章 悠久的历史，发达的文明

洲的中华文明的基本形象。

在莱布尼茨关于中华文明的评论中，充满了激情的赞誉和仰慕。他在中国发现了一片崭新的文化天地，他漫游其中并且常常流连忘返，情不自禁。莱布尼茨在欧洲文化和中国文化之间进行比较，认为欧洲与中国在许多方面的发展水平是不相上下的。他说，中国这一文明古国在人口数量上早已超过欧洲，在很多方面，他们与欧洲各有千秋，在几乎对等的竞争中，二者各有所长。他在晚年写的关于中国哲学的通信中又这样介绍中国说：

> 中国是一个大国，它在版图上不次于文明的欧洲，并且在人数上和国家的治理上远远胜于文明的欧洲。在中国，在某种意义上，有一个极其令人赞佩的道德，再加上有一个哲学学说，或者有一个自然神论，因其古老而受到尊敬。这种哲学学说或自然神论是从约三千年以来建立的，并且富有权威，远在希腊人的哲学很久很久以前……①

他在《中国近事——为了照亮我们这个时代的历史》中说："在日常生活中应付自然的技能方面，我们与他们是不分伯仲的；在思考的缜密和理性的思辨方面，显然我们要略胜一筹，在数学方面亦比他们出色，但中国人的天文学可以和我们的相媲美。然而，在道德修养方面，中国人则远远高于欧洲人。"莱布尼茨写道：

> 然而，昔日有谁相信，地球上还有这么一个民族存在着，它比我们这个自以为在各方面都有教养的民族过着更具有道德的公民生活呢？但自从我们对中国人的了解加深以后，我们却在他们身上发现了这一点。如果说我们在手工技能上与他们不分上下、在理论科学方面超过他们的话，那么，在实践哲学方面，即在人类生活及日常风俗的伦理道德和政治学说方

---

① ［德］莱布尼茨：《致德雷蒙先生的信：论中国哲学》，清华大学思想文化研究所编：《世界名人论中国文化》，武汉：湖北人民出版社1991年版，第139—140页。

面，我不得不汗颜地承认他们远胜于我们。①

莱布尼茨分析了中国是如何"完美地致力于谋求社会的和平与监理人与人相处的秩序"的。他指出，中国人较之其他国民是具有良好规范的民族，他们对公共安全和共同生活的准则考虑得非常周到。他们极为尊长，尊重老人，彼此之间也都互相尊重，礼貌周全，相敬如宾。在中国，不论邻里之间，还是自家人内部，人们都恪守习惯，保持着一种礼貌。莱布尼茨特别提到了康熙皇帝，说他尽管高高地居于万人之上，却极为遵守道德规范，礼贤下士，具有言行公正、对人民仁爱备至、生活节俭自制等美德。"有谁不对这样一个帝国的君主感到惊讶呢？他的伟大几乎超越了人的可能，他被人们视为人间的上帝，人们对他的旨意奉行无违。尽管如此，他却习惯于如此地培养自身的道德与智慧；位居人极，却认为在遵纪守法、礼贤下士方面超过臣民才是自己的本职。"②

莱布尼茨对中国人的道德生活极为推崇，认为中国人可以对其他民族起到典范作用。"肯定无疑的是，中华帝国之大，本身决定了它的重要性；作为东方最聪明的民族，中华帝国的声望是卓越的，其影响被其他民族视为表率。"③在他看来，中国的道德和政治，是以儒学为中心的仁政德治模式和以"礼"为调和剂的社会关系原则。在他的理性主义眼光的审视中，中国社会正是一个由"理性"创造的和谐王国，正是他孜孜以求而不可得的"大和谐"理想的体现。他认为欧洲社会道德败坏，灾难深重，向中国学习是摆脱现实苦难、建立和谐社会的一条出路。中国儒学仁政德治模式为欧洲社会的现实带来了理想之光。他说："我觉得鉴于我们目前面对空前的道德没落状况，似乎有必要请中国的传教士到欧洲给我们传授如何应用与实践自然神学，就像我们的传教士向他们传授启示神学一样。因此我相信，若不是我们借一个超人的伟大圣德，

---

① [德] 莱布尼茨：《中国近事——为了照亮我们这个时代的历史》，杨宝筠译，郑州：大象出版社 2005 年版，第 2 页。
② [德] 莱布尼茨：《中国近事——为了照亮我们这个时代的历史》，杨宝筠译，郑州：大象出版社 2005 年版，第 3—4 页。
③ [德] 莱布尼茨：《中国近事——为了照亮我们这个时代的历史》，杨宝筠译，郑州：大象出版社 2005 年版，第 13 页。

亦即基督宗教给我们的神圣馈赠而胜过他们，如果推举一位智者来评判哪个民族最杰出，而不是评判哪个女神最美貌，那么他将会把金苹果交给中国人。"①

能够认识中国文化对西方文化发展起到重要作用，莱布尼茨实为第一人。他充分认识到中华文化的传入对欧洲文化发展的重大意义。因此，他主张大力加强和中国文化的交流。莱布尼茨给闵明我的信中说："相隔遥远的民族，相互之间应建立一种交流认识的新型关系"，"交流我们各自的才能，共同点燃我们智慧之灯"。②莱布尼茨认为"东方和西方的关系是具有统一世界的重要性的媒介"③。他也许已经意识到，中国和欧洲两大文明的接触、交流和互相吸收、融合，将对整个世界文化格局的变迁和发展、对全人类文明的历史性进步，都会产生意义深远的重大影响。

莱布尼茨说："我们发现了中华民族，它使我们觉醒了。"

图3-2-1　德国哲学家莱布尼茨

---

①　[德]莱布尼茨：《中国近事——为了照亮我们这个时代的历史》，杨宝筠译，郑州：大象出版社2005年版，第6页。
②　[德]莱布尼茨：《致闵明我的两封信》，夏瑞春编：《德国思想家论中国》，陈爱政等译，南京：江苏人民出版社1989年版，第21—22页。
③　[德]利奇温：《18世纪中国与欧洲文化的接触》，朱杰勤译，北京：商务印书馆1962年版，第74页。

西方典籍里的中国

三　对中国悠久历史的赞誉

伏尔泰对中国悠久的历史文化给予充满激情的赞誉。在他看来，中国人是开化最早的民族。中国这个古老而优秀的文明被欧洲发现，正是对欧洲基督教世界的妄自尊大最有力的对比。在伏尔泰的著作中，曾多次提到中国的历史悠久，并表示出由衷的赞叹。他说："不容置疑，中华帝国是在4000多年前建立的。"① 他写道：

> 中国这个民族，以它真实可靠的历史，以它所经历的、根据推算相继出现过三十六次日蚀这样漫长的岁月，其根源可以上溯到我们通常认为发生过普世洪水的时代以前。……以下这一点是确切无疑的：当高卢、日耳曼、英吉利以及整个北欧沉沦于最野蛮的偶像崇拜之中时，庞大的中华帝国的政府各部正培养良俗美德，制定法律……②
> 跟一个例如中国这样的民族争夺它那些名副其实的名望是何等鲁莽笨拙。我们以欧洲而论没有哪一家名门贵族的古老程度能比得上中国的那些世家。③

按照传教士们的研究和记述，中国这个国家和民族，已经有了几千年的有记载的历史。但如果是这样，就解释不通欧洲人一贯坚持的《圣经》的纪年问题，或者说这个情况对于《圣经》的纪年学的准确性和权威性提出了挑战。所以有不少人对中国具有悠久历史的说法不肯相信。伏尔泰对当时有些欧洲人怀疑中国历史悠久的观点提出批评。他说道：

> 我不知道在我们国土上有什么文人对于中国民族的上古时代表示惊

---

① ［法］伏尔泰：《风俗论》上册，梁守锵译，北京：商务印书馆1997年版，第74页。
② ［法］伏尔泰：《路易十四时代》，王晓东译，北京：商务印书馆1982年版，第597—598页。
③ ［法］伏尔泰：《哲学辞典》上册，王燕生译，北京：商务印书馆1991年版，第319页。

奇，但是这里根本不是什么烦琐哲学问题。任凭中国所有的文人、官吏和皇帝都去相信伏羲氏是大约在我们俗历纪元前二千五六百年在中国制定法律的最早的人之一吧。您应该同意必须先有人民然后有国家。您也应该同意在一个人口众多而又发明了那些生活必需的技艺的人民集合起来选择一位主宰之前，必须先有一个惊人的非凡时代。①

当时有人认为中国人是埃及人或腓尼基人的殖民地，埃及一位传说中的国王就是大禹，以此来否定中国的上古时代。伏尔泰说："那些声称埃及人移民到中国的人，充分发挥了他们自己的和别人的想象力，我们赞赏他们的博学和做出的努力。然而，中国人无论在外貌、风俗上，还是在语言、文字、习惯上，都与古埃及毫无关系。"② 他还引证传教士巴多明（Dominique Parrenin，1665—1741）的论证。巴多明在中国生活过25年，他精通中国语言和艺术，对这种想象之谈提出了驳斥。"所有到过中国的传教士和中国人，凡是听到有人对他们说西方人改变了中国这个帝国，尽都付之一笑。""（巴多明）回答得还较认真一点。他说：'你们说的那些埃及人到中国去势必要路经印度。当时印度是否有人？要是有的话，又怎么能让一支外国军队过境呢？要是印度当时还没有人的话，埃及人岂不就会留在印度了？那么他们本可以在印度河和恒河肥沃的两岸开辟殖民地，还会穿越荒无人烟的沙漠和难以通行的山岳到中国去拓殖吗？'"③

伏尔泰认为，中国古老历史的真实可信首先在中国悠久的编年史记载。伏尔泰赞扬中国的历史记载，他说："世界上最古老的编年史是中国的编年史。中国的这些编年史连贯不断，撰述严谨，没有掺杂任何神奇的成分，而且全都以4152年的天文观察为依据。中国的编年史还上溯到在此之前的若干世纪，虽无确切年代，但接近于翔实可靠。"④ 他还说："中国各朝皇帝的

---

① ［法］伏尔泰：《哲学辞典》上册，王燕生译，北京：商务印书馆1991年版，第320页。
② 许明龙主编：《中西文化交流先驱——从利玛窦到郎世宁》，北京：东方出版社1993年版，第308页。
③ ［法］伏尔泰：《哲学辞典》上册，王燕生译，北京：商务印书馆1991年版，第321页。
④ ［法］伏尔泰：《风俗论》上册，梁守锵译，北京：商务印书馆1997年版，第191页。

治政史都由当代人撰写,其编写方法毫无差别,编年史没有互相矛盾之处。"他写道:

> 当迦勒底人还只是在粗糙的砖坯上刻字的时候,中国人已在轻便的竹简上刻字,他们还保存有这些古代的竹简,外面涂着清漆不至于腐烂,这可能是世界上最古老的文物了。中国人在撰写帝王历史之前,没有任何史书。不像埃及人和希腊人,中国人的历史书中没有任何虚构,没有任何奇迹,没有任何得到神启的自称半神的人物。这个民族一开始写历史,便写得合情合理。
>
> ……中国的史书没有上溯到人类需要有人欺骗他们,以便驾驭他们的那种野蛮时代。其他民族的史书从世界的起源开始:波斯人的《真德经》,印度人的《法典》《吠陀》,桑科尼雅松、玛内通,直至赫希俄德,全部上溯到万物的起源、宇宙的形成。这种狂妄性,中国人一点也没有。他们的史书仅仅是有史时期的历史。①
>
> 这些古籍之所以值得尊重,被公认为优于所有记述其他民族起源的书,就因为这些书中没有任何神迹、预言,甚至丝毫没有别的国家缔造者所采取的政治诈术。也许只有一点不足之处,即人们所指责的,伏羲氏自称看到他的法律写在有翼的蛇的背上。然而这个指责本身表明,在伏羲氏之前,人们便已会书写。总之,不该由我们这些远处西方一隅的人来对这样一个在我们还是野蛮人时便已完全开化的民族的古典文献表示怀疑。②

所以,中国的历史记载是真实可信的。通过这些历史著作的记载,我们可以了解中国民族的历史悠久是确凿无疑的、可靠的和可信的,而且,中国人的历史实际上要比有记载的更早。伏尔泰由此得出结论说:

---

① [法]伏尔泰:《风俗论》上册,梁守锵译,北京:商务印书馆1997年版,第74—75页。
② [法]伏尔泰:《风俗论》上册,梁守锵译,北京:商务印书馆1997年版,第209页。

第三章 悠久的历史,发达的文明

这里有一个对我们来说尤其重要的原则:如果一个民族最早的编年史证明确实存在过一个强大而文明的帝国,那么这个民族一定在多少世纪以前早就集合成一个实体。中国人就是这样一个民族,4000多年来,每天都在写它的编年史。而要掌握人类社会所要求的各种技艺,要做到不仅会写而且写得好,那么所需要的时间势必比中华帝国仅从伏羲氏算起存在的时间更长。这一点如果看不到,岂不又是一件荒唐事?①

伏尔泰还提到中国的天文记载,他说:"中国的历史,就其总的方面来说是无可争议的,是唯一建立在天象观察的基础上的。根据最确凿的年表,远在公元前2155年,中国就已有观测日食的记载。"② "中国人把天上的历史同地上的历史结合起来了。"在世界各民族中,唯有中国人的史籍持续不断地记下了日月食和行星的会合期。我们的天文学家验证他们的计算后惊奇地发现,它们基本上是准确的。"其他民族虚构寓意神话,而中国人则手中拿着毛笔和测天仪撰写他们的历史,其朴实无华,在亚洲其他地方尚无先例。"③

总之,中国历史的悠久是可以肯定的,中国人的历史要比欧洲早得多。"当迦勒底人开始其历时1900年的天文观察,观察结果由卡利斯泰纳送到了希腊,中国已经光辉灿烂地生存于世间。当婆罗门统治着印度的一部分,波斯人已有他们的法律,南方的阿拉伯人、北方的斯基泰人还都住在帐篷里……"④ 伏尔泰还说:

> 当我们还是一小群并在阿登(Ardennes)森林中踯躅流浪之时,中国人的幅员辽阔、人口众多的帝国已经治理得像一个家庭,国君是这个家庭的父亲,40名公卿大夫则被视为兄长。
>
> 当他们已经有单纯、明智、庄严、摆脱了一切迷信和野蛮行为的宗教时,我们的德洛伊祭司把小孩装在大柳筐里作为牺牲来祭祀的托达泰斯还

---

① [法] 伏尔泰:《风俗论》上册,梁守锵译,北京:商务印书馆1997年版,第75页。
② [法] 伏尔泰:《风俗论》上册,梁守锵译,北京:商务印书馆1997年版,第207页。
③ [法] 伏尔泰:《风俗论》上册,梁守锵译,北京:商务印书馆1997年版,第74页。
④ [法] 伏尔泰:《风俗论》上册,梁守锵译,北京:商务印书馆1997年版,第79页。

没有出现哩!①

早在4000年前,我们还不知读书识字的时候,他们就已经知道我们今日拿来自己夸口的那些非常有用的事物了。②

伏尔泰还认为,对中国历史的发现是对基督教神学历史观的一个打击。他指出:从前的历史著作都因荒唐的杜撰而失去本来面目,可是,自发现中国的历史著作之后,进步的人士谁也不会再相信作为惰性权威的《旧约》世界史的谎话了。对于中国历史的发现,是耶稣会士们的功绩。但是,"是伏尔泰使当时的文化大众相信了中国古老历史以及中国在世界史上的地位"③。

四 在东方发现了新世界

在伏尔泰的一生中,有近80部作品、200余封书信中论及中国和中华文明,涉及中国的政治、历史、宗教、哲学、科技、文艺、习俗等各个方面。他把中国人视为"世界上最明智和最开化的文明民族"。伏尔泰有一段著名的话:

欧洲王公及商人们发现东方,追求的只是财富,而哲学家在东方发现了一个新的精神和物质的世界。④

伏尔泰在中国发现了一个"新世界",这个"新世界"具有的新的精神和新的文明,成为他致力于改造法国社会的政治理想,成为他一个极力赞赏和追

---

① [法]伏尔泰:《风俗论》上册,梁守锵译,北京:商务印书馆1997年版,第76页。
② [法]伏尔泰:《哲学辞典》上册,王燕生译,北京:商务印书馆1991年版,第331页。
③ [法]安田朴:《中国文化西传欧洲史》,耿昇译,北京:商务印书馆2000年版,第679—680页。
④ [德]利奇温:《18世纪中国与欧洲文化的接触》,朱杰勤译,北京:商务印书馆1962年版,第84、79页。

捧的文化榜样。

伏尔泰对中国文化的许多方面进行了广泛的评论。他认为人类文明、科学和技术的发展史都是从中国开始的，而且长期遥遥领先。伏尔泰在他的著作中，多次论及中国古代文化，系统地阐述了中国的历史、法律、宗教、道德、科学、哲学和风俗等问题。在谈到中国古代的科技文明时，对中国的造纸术、印刷术和火药等发明，对陶瓷、玻璃、养蚕丝绸等物产，都指出其有很悠久的历史，并且给予了很高的评价。他说万里长城是为人类智慧带来最大声誉的建筑，与万里长城相比，埃及的金字塔不过是一些小石堆。他还说到中国的城市、运河、货币以及财政情况，说到了中国的军队和武器装备等；他还说到中国的天文学与算学，他说中国人发明了周期历法，比我们的历法早2602年。他们深入研究了天文学，他们孜孜不倦地观天，注意一切天象，并将观察的结果传之后代。他甚至提到中国的古代算书《周髀算经》，肯定中国的这部书早在毕达哥拉斯（Pythagoras，约公元前580—约公元前500）之前就提出了勾股定理。他认为中国古代科技文明向世界证明，中国人不是像欧洲人那样装饰着艺术的殿堂，他们是在建筑这一辉煌的艺术殿堂。他们"几乎拥有我们所有的一切，以及我们所缺少的一切"①。他在哲理小说《巴比伦公主》中描绘了中国的首都宏大壮观。"这是一个比巴比伦还大的城市，辉煌无比！"在他看来，中国是"一切可能世界中最美好的世界"。

伏尔泰主张大力加强欧洲与中国的文化交流，两大文明互相学习，取长补短。他说："我们相当了解中国人现在还跟我们大约300年前那时候一样，都是一些推理的外行。最有学问的中国人也就好像我们这里15世纪的一位熟读亚里士多德的学者。但是，人们可以是一位很糟糕的物理学家而同时又是一位杰出的道德学家。所以，中国人在道德和政治经济学、农业、生活必需的技艺等方面已臻完美境地，其余方面的知识，倒是我们传授给他们的；但是在道德、政治、经济、农业、技艺这方面，我们却应该做他们的学生了。"② 他主

---

① ［法］伏尔泰：《风俗论》下册，梁守锵译，北京：商务印书馆1997年版，第15页。
② ［法］伏尔泰：《哲学辞典》上册，王燕生译，北京：商务印书馆1991年版，第323页。

西方典籍里的中国

张欧洲向中国学习。他说:"我们不需要深入研究,也不需要花太大力气承认,中国人及印度人对所有实用技术的掌握,早就走在欧洲的前面。"因此,"我们应当尊敬我们的老师"。① 他说:

> 我们认为应该仿效明智的中国政府。五千年来,它向在思想上和在实际中都尊崇的上帝致以最纯洁的敬意;这个政府允许贱民滚在和尚道士棚的污泥之中,它宽容这些和尚道士,但限制他们;它将他们握在掌心中,使其在汉人和鞑靼人的统治下,都毫无兴风作浪的可能。我们在这块古老的土地上购买陶瓷、漆器、茶叶……我们为何不到那里去买智慧!②

法国启蒙思想家狄德罗在为《百科全书》撰写的"中国"和"中国人的哲学"等条目中,表达了他对中国文化的看法。他说:

> 举世公认,中国人历史悠久,智力发达,艺术上卓有成就,而且讲道理,善政治,酷爱哲学;因而,他们比亚洲其他各民族都优秀。依某些著作家的看法,他们甚至可以同欧洲那些最文明的国家争辉。③

狄德罗对中国的古老表示敬意,认为这是一个举世公认的优点;他毫不怀疑中国人的智慧,一再说到中国人"智力发达""富有才智",创造出很多相当精美的织品和瓷器。他讲到"中国人的优越"时说:"我们是大诗人、大哲学家、大辩士、大建筑家、大地理学者,胜过这善良的人民,却是他们比我们更懂得善意与道德的科学。如果有一天发现这种科学是居一切科学的第一位,

---

① 许明龙主编:《中西文化交流先驱——从利玛窦到郎世宁》,北京:东方出版社1993年版,第234—235页。
② 许明龙主编:《中西文化交流先驱——从利玛窦到郎世宁》,北京:东方出版社1993年版,第313页。
③ 《读书》杂志1992年第6期,第128页。

那么他们将可以确定地说,他们有两只眼,我们只有一只眼,而全世界其余的人都是盲者了。"①

霍尔巴赫是启蒙运动的中心人物之一,他对中国文化进行了比较多的研究。他非常推崇孔子以德治国的主张。他自造了一个法文的"德治"(ethocratie)新词,并写了《德治或以道德为基础的政府》一书,认为建立于真理之永久基础上的圣人孔子的道德,具有不可思议的力量,能使中国的征服者为其所征服。霍尔巴赫认为,国家的繁荣,必须依靠道德,而中国正是政治与伦理道德结合的典范。所以,"欧洲政府必须以中国为榜样"。因为,他指出:人们感到,在这个幅员辽阔的国家,伦理道德是一切具有理性的人的唯一宗教。"因之道德科学之进一步的研究,遂成为获得职位或立身致仕的唯一法门"。中国是世界上唯一将政治和伦理道德相结合的国家。这个帝国的悠久历史使一切统治者都明了,要使国家繁荣,必须仰赖道德。

霍尔巴赫认为中国人都具有信仰自由,因而享受着幸福和安宁。他在《健全的思想》一书中写道:

> 亚洲东部有一个幅员辽阔、经济繁荣、物产丰富的国家,这里的人口十分稠密,这里行使的法律是如此英明,连最野蛮的侵略者也恭恭敬敬地效法他们。这个国家就是中国。除了被当作极其危险的宗教教理而从中国驱逐出去的基督教外,住在这个国家里的所有民族都可以信奉他们所选择的任何一种宗教;早已不再相信民间宗教教理的满大人及其吏佐只是注意不让佛教和尚或神甫们利用宗教来破坏社会安宁。在这种情况下我们不能说,上帝没有把自己的恩典给予其统治者不大关心于崇拜这上帝的人民;恰恰相反,中国人享受的是值得其他许多四分五裂、备受精神痛苦,并且常常为宗教问题而诉诸武力的民族美慕的。②

---

① 朱谦之:《中国哲学对欧洲的影响》,上海:上海人民出版社2006年版,第298页。
② [法]霍尔巴赫:《健全的思想》,王荫庭译,北京:商务印书馆1966年版,第140页。

西方典籍里的中国

图 3-4-1　伏尔泰

第三章 悠久的历史，发达的文明

图3-4-2 法布歇《结伴钓鱼的中国人》

图3-4-3 基歇尔《中国图说》中有关中国渔民利用鱼鹰捕鱼的介绍

西方典籍里的中国

图 3-4-4 西方版画，衣饰华丽的中国人物特写

五 中国"可能处于静止状态"

启蒙思想家们多对中国悠久的历史文化给予高度的评价,事实上是主张以中国为榜样,以中国作为他们的理想王国,抨击当时欧洲的封建社会制度,为进行社会改造提供理想的样板。所以,他们在谈论中国的时候,是充满激情的。在这一时期,也有一些学者对中国社会的繁荣富庶进行比较客观和学术性的分析。

亚当·斯密是18世纪英国杰出的经济学家和哲学家,资产阶级古典经济学的代表。他的主要著作《国民财富的性质和原因的研究》把资产阶级政治经济学发展为一个完整的体系,在西方经济学说史上占有重要地位。

和同时代的许多学者一样,亚当·斯密接触过不少有关中国的文献资料,亚当·斯密对于中国是比较了解的,并且具有一定的中国历史文化知识。他在自己的论著中也常把中国的资料信手拈来,作为说明他的理论观点的证据。他在代表性著作《国民财富的性质和原因的研究》中,直接论及中国经济问题的段落就有30多处,包括诸如中国的财富、消费、人口、土地、所有权、农业、制造业、国内商业、对外贸易、水陆交通、工资、利润、利息、货币、政治法律等许多问题,其中有些问题论述得相当精细。此外,还在多处着眼于整个亚洲或东方世界间接论及中国。有学者注意到,亚当·斯密在1759年出版的《道德情操论》一书,可能受到中国古代道德伦理思想的影响。

和当时许多启蒙思想家一样,亚当·斯密对中国的繁荣富庶和文明发达是充分肯定的。也许是受到重农学派的影响,他注意到中国特别重视农业的政策。他充分估计了中国在农业方面的有利因素,由于中国土地的耕种和劳动的年产物是其他国家难以匹敌的,所以中国不仅比墨西哥和秘鲁等新大陆国家更为富裕,比欧洲也有明显优越之处。但是,亚当·斯密指出,中国是一个特别注重农业的国家,中国政府的政策也是特别爱护农业。中国政府十分重视公路、通航水道等公共设施的建设，即为重视农业的一个例证。因为土地税或地租几乎是中国君主收入的唯一源泉，为了使土地生产物又丰盈又有价值，"必须使国内各地方的交通既极自由，又极方便，极便宜"。

不过，在亚当·斯密看来，农业的发达并不标志着社会的发展。他认为一个国家的产业是按照农业—工业—国外贸易的顺序发展的，所以，他针对重农学派的主张指出，任何一种学说，如果特别鼓励特定产业，违反自然趋势，把社会上过多的一部分资本拉入这种产业，或要特别限制特定产业，强迫一部分原来要投在这种产业上的资本离去这种产业，那实际却和它所要促进的大目的背道而驰。那只能阻碍而不能促进社会走向富强的发展，只能减少而不能增加其土地和劳动年产物的价值。从这种观点出发，亚当·斯密认为中国社会虽然是富裕的，但同时也是停滞的：

> 中国一向是世界上最富的国家，就是说，是土地最肥沃，耕作最精细，人民最多而且最勤勉的国家。然而许久以来，它似乎就停滞于静止状态了。今日旅行家关于中国耕作、勤劳及人口稠密状态的报告，与500年前视察该国的马可·波罗的记述比较，几乎没有什么区别。也许在马可·波罗时代以前好久，中国的财富就已完全达到了该国法律制度所允许的发展程度。
>
> 不过，中国虽可能处于静止状态，但似乎还未曾退步。那里，没有被居民遗弃的都市，也没有听其荒芜的耕地。每年被雇用的劳动，仍是不变，或几乎不变；因此，指定用来维持劳动的资金也没有显然减少。
>
> 中国比欧洲任何国家富裕得多，而中国和欧洲生活资料的价值，大相悬殊。中国的米价比欧洲各地的小麦价格低廉得多。……而就劳动货币价格说，则有更大的差异。这是因为欧洲大部分处于改良进步状态，而中国似乎处于停滞状态。[①]

[①] ［英］亚当·斯密：《国民财富的性质和原因的研究》上卷，郭大力、王亚南译，北京：商务印书馆1974年版，第65—66、182—183页。

亚当·斯密进一步指出，中国对农业特别鼓励，"却归根到底实际上妨害了它们所爱护的农业"。因为中国实行的是一种可变额土地税，"这种地税或地租，像欧洲的什一税一样，包含一定比例的土地生产物（据说是五分之一）……；随各年收获丰歉的不同，租税也一年不同于一年"①。这种税制使君主和政府能够坐享地主和农民改良和精心耕作土地的利益，却抑制和挫伤了土地经营者和耕作者的积极性，所以，这种税制具有破坏性，是一种"恶税"（destructive tax）。亚当·斯密还批评了中国对工业和商业的轻视。他指出，中国东部的几个省，在很早的时候就有了改良的农业和制造业，直到近代，中国的工艺和制造业也远超南美洲国家，与欧洲相比也相差不远。但是，由于中国历来实行重农政策，不重视制造业的发展。"在欧洲，大部分地方的工匠的境遇优于农业劳动者，而在中国，据说农业劳动者的境遇却优于技工。"不仅如此，中国对商业尤其是对国外贸易也没有给予应有的重视，"不给予国外贸易以法律的正当保护"。亚当·斯密针对中国的这种情况指出：

> 制造业的完善，全然依赖分工，而制造业所能实行的分工程度，又必然受市场范围的支配，……中国幅员是那么广大，居民是那么多，气候是各种各样，因此各地方有各种各样的产物，各省间的水运交通，大部分又是极其便利，所以单单这个广大国内市场，就够支持很大的制造业，并且容许很可观的分工程度。就面积而言，中国的国内市场，或许不小于全欧洲各国的市场。假设能在国内市场之外，再加上世界其余各地的国外市场，那么更广大的国外贸易，必能大大增加中国制造品，大大改进其制造力的生产力。如果这种国外贸易，有大部分由中国经营，则尤有这种结果。通过更广泛的航行，中国人自会学得外国所用各种机械的使用术与建造术，以及世界其他各国技术上、产业上其他各种改良。但在今日中国的情况下，他们除了模仿他们的邻国日本以外，却几乎没有机会模仿其他外

---

① ［英］亚当·斯密：《国民财富的性质和原因的研究》下卷，郭大力、王亚南译，北京：商务印书馆1974年版，第249页。

西方典籍里的中国

国的先例，来改良他们自己。①

亚当·斯密认为，由于中国缺乏对外贸易，没有机会学习其他国家的先进技术和产业改良。他认为，重视农业而不重视制造业和国外贸易，实则是有意识地妨碍后一类职业的结果。他认为在中国这样一个重农轻商的国度里充满着富者的垄断，中国是"一个忽视或鄙视国外贸易、只允许外国船舶驶入一二港口的国家，不能经营在不同法制下所可经营的那么多贸易。此外，富者或大资本家在很大程度上享有安全，而贫者或小资本家不但没有安全，而且随时都有可能被下级官吏借口执行法律而强加掠夺，国内所经营的各种行业，都不能按照各种行业的性质和范围所能容纳的程度，投下足够多的资本。在各行业上，压迫贫者，必然使富者的垄断成为制度。富者垄断行业，就能获得极大利润。所以，中国的普通利息率，据说是百分之十二，而资本的普通利润，必须足够担负这样高的利息"②。

亚当·斯密从他的经济学理论出发，从分析中国社会的产业结构和经济政策入手，得出中国社会发展陷于停滞的结论。因为中国的历史进程还停留在那种把农业看作"原始目标"和"原始职业"的状态，后来的政治和法律只不过是强化了这种原始状态，使之畸变，更无法向其他产业做重点转移，因而中国与欧洲和北美的历史过程有巨大的差异。亚当·斯密的这种观点，不同于许多启蒙思想家那种对中国充满激情的赞颂，也不同于卢梭、孟德斯鸠等人略带文化偏见的批评和排斥态度，而是采用近代社会科学的比较方法，深入到对中国经济生活层面的分析。他的这种研究方法和结论，对于我们今天回顾近代以来中国与世界文化发展的大势，仍有一定的启发价值。

亚当·斯密从分析中国社会经济政策角度，认为中国社会发展陷于停滞。这一结论对西方学术界有很大影响，甚至影响了许多学者对中国文明发展的看法。比如，黑格尔关于中国"没有历史"的论述，在一定程度上就受到亚

---

① ［英］亚当·斯密：《国民财富的性质和原因的研究》下卷，郭大力、王亚南译，北京：商务印书馆1974年版，第246—247页。

② ［英］亚当·斯密：《国民财富的性质和原因的研究》下卷，郭大力、王亚南译，北京：商务印书馆1974年版，第87—88页。

当·斯密的影响。

亚当·斯密从中国农业社会的繁荣看到了中国文明发展的停滞和静止，而德国古典哲学家谢林则从这静止中看到了中华文化的强大生命力，看到了中华文明的生生不息。

谢林对中国历史和中国文化的知识是很丰富的。他论述了中华文化的强大生命力和同化力，这是后代学者反复讨论的所谓"征服者被征服"的问题。谢林指出：

> 从纯历史的角度看，作为一个国家，中华帝国似乎是一个历史的奇迹。在世界所有的国家中，中国是最古老的帝国。它一直保持自己的独立，显示了其不可动摇的生活准则。中国虽然两次被征服（一次是13世纪被西部的鞑靼人或蒙古人所征服，另一次被东部的或是满洲的鞑靼人所征服），可是它的宗法制度、道德、习俗、国家机构在本质上没有改变。从其内涵来说，这个国家至今仍然保持着四千年前的面貌，仍然恪守着它原初时作为基础的那些原则……中国两次被征服，但中国总以它的法则和生活方式战胜了征服者。①

谢林认为，保持中国几千年不变和延续的，是根植于其起源的基本原则。"这个国家至今仍然保持着四千年前的面貌，仍然恪守着它原初时作为基础的那些原则。"家长制和皇权绝对至上这一观念与中华民族同样古老，它不是在发展的过程中产生的，而是在这个民族诞生之日起就有的一种观念。它是中华民族的内在本质。既然它和这个民族同时诞生，那么，同样也只能和这个民族一起消亡。从千百年来中国不可摇撼，可以得出这样的结论：一个从一开始就支配这个帝国并贯穿帝国始终，同时在不断出现内部纷扰和外来影响的情况下仍然使帝国恪守它的原则，一定是一个强有力的原则。这一原则是如此的强大，外来的东西只能在自己的教化范围内维持一段时间，很快就被这一原则固

---

① ［德］夏瑞春编：《德国思想家论中国》，陈爱政等译，南京：江苏人民出版社1989年版，第142—143页。

有的同化力量所同化并从属于它。

谢林认为，在中国，国家有至上的威势。千百年来，国家用这种压制力量阻碍和扼杀了一切自由发展。也正因为如此，中国真的变成了看得见的天，因为它确实像天一样静止，一成不变。所有内战、混乱，甚至是外来的征服只是在短暂的时间里使它发生震撼，接着总是一切恢复原样。世界上那些最古老的帝国基本上都消失了，亚述、米底、波斯、希腊和罗马等帝国早已没落。然而中国，却像不知其源头的河流始终在从容地流淌着，在千百年这样漫长的岁月中竟然丝毫没有失去光彩和威严。他写道：

> 从根本上来说，中国直到现在仍然是与世隔绝的，虽然在其北部和西部有英俄势力的存在。很久很久以来，人类的这一部分就生息繁衍在东亚这片遥远偏僻的土地上。和其他远近的民族相比，它实际上成了与众不同的第二人类。全球大约生活着十亿人，其中有三亿生活在中国的土地上。其余的人类在漫长的文化发展道路上向西方和北方迈进时，逐渐分化为各个不同的民族，而在亚洲最东部的中国呈现出一个稳固的整体，它幅员辽阔，不受任何外来影响，它孤傲自赏，与众不同，这使得它成为一个与其他散居的民族迥然不同的第二人类。①

---

① ［德］夏瑞春编：《德国思想家论中国》，陈爱政等译，南京：江苏人民出版社1989年版，第163页。

第四章　中国与现代文明

一　瞩目"中国的文艺复兴"

19世纪来华的新教传教士也对中国的历史文明非常关注。他们基于传教事业，意识到如果对中国历史一无所知就不可能对生活于此的民族有深刻了解，也就无法在他们中间进行传教。美国传教士卫三畏说道："如果我们对中国的丰富历史及其与亚洲其他国家的联系茫然无知，我们就不可能对其人民形成正确的看法。"

早期来华的传教士们就很重视中国历史文化方面的研究。如英国传教士麦都思（Walter Henry Medhurst，1796—1857）除了从事教会和其他文教活动，也积极研究中国的社会文化问题。1838年，麦都思在伦敦出版了一部将近600页的著作《中国的现状与传教展望》，向欧洲人深入、全面地介绍中国的历史和文化。全书包括的各章有：

（1）中国编年史与疆域；（2）中国的人口；（3）中国文明；（4）礼仪、中国的智慧、指南针、印刷术、火药、天文学、植物学、医学、外科学、绘画、雕刻、丝绸、瓷器、造纸术、漆器；（5）中国的政府和法律；（6）中国的语言和文学；（7）中国的宗教；（8）中国的基督教会；（9）中国的耶稣教会。

这部著作秉承了耶稣会士们的遗风，对中国文化的介绍几乎是面面俱到，是一部关于中国历史文化的小型百科全书。

德国传教士郭实腊（Karl Friedrich August Gützlaff，1803—1851）对中国历史也有一些研究。他关于中国的著述多至61种，如《中国简史》《开放的中国》，从横向、纵向介绍中国历史；他写的《道光皇帝传》是道光皇帝的第一本真正意义上的传记，也是道光时期的中国社会史。这三部著作都是由英文所写的。马克思曾引证过郭实腊的材料并加以评论。

法国耶稣会士戴遂良（Léon Wieger，1856—1933）目击了清王朝的垮台及中华民国的建立。他希望帮助西方人了解这一历史巨变，写下了10卷本的《现代中国》。这部著作是一部有关辛亥革命的编年史，是一部"断代史力作"。书中摘译了大量中文报刊文章，主要关注了中国人自己的观点。第一卷的大部分内容针对梁启超《饮冰室合集》中摘抄的28条语录，这些话题包括社会美德、民族主义、异域中国学研究、边沁的功利主义、宗教与哲学等；第二卷涉及当时的解放运动和现代化运动，以及论及女性问题（包括婚姻前途、家庭变革、性教育、终止纳妾制等）。

传教士们大都热情地赞美中国古代的文化，但对中国近代文化的停滞不前持批评态度。马礼逊认为，和欧洲文化相比，16世纪以前优势在中国。但从那个时期以来，欧洲稳步前进了数百年，知识飞速发展，其速度可谓史无前例。艺术、科学、文学和神学，按事物自身要求已经联系起来，随着政治、宗教的多次改革，现在正以前所未有速度向前推进。同样，与过去相比，人的权利、责任得到更深刻的理解，人对精神、物质的需求，得到更多的关注，并正享用着日益增多的精神、物质成果。在马礼逊看来，在中国，在同样的历史时期，人们只是留恋和叹息古老文明的逝去，许多方面不但没有丝毫的进展，反而步步衰退，知识水平大大降低。与1000年前占领历史舞台的先辈相比，当代中国人望尘莫及。

美国传教士丁韪良（William Alexander Parsons Martin，1827—1916）是传教士中对中国文化有深入研究的学者之一，被人誉为"新教利玛窦"。他在中国长达62年的生涯中，与中国社会各阶层，特别是上层知识分子有着广泛的交往，对中国文化有着广泛的了解，阅读过相当多的中国古代典籍，以及许多古代的文学作品,对于中国的历史、哲学、宗教和社会生活都有相当多的知识。在向西方介绍中国文化方面,他有三部著作最为重要。其中,1896年出版的《花甲忆记》主要是对他来华前46年所经历的各种事件和所结识的各类人物,以及亲身感受中国社会外部生活,包括他执掌京师同文馆的回忆。1901年出版的《汉学菁华》是他对中国人的内在精神生活、中华文化的核心与内涵,以及中国教育定位,如科举考试、国子监、翰林院和京师大学堂等问题进一步观察和分析。1907年出版的《中国觉醒》是对前两部书的补充,在回顾中华文明几千年发展的历史进程时,着重描述了作者所亲身经历的1902至1907年清朝所推行的新政和改革,并试图解释推动中国社会变革的潜在力量,以及表达了对中国光明未来的极大期盼。丁韪良认为,只要宪政和改革的势头继续保持下去,中国社会注定会发生翻天覆地的变化,而中国的强盛和融入国际社会的那一天也就必将能够到来。

早在1868年10月,丁韪良就曾在美国远东学会上做过一个著名的演讲,题目就叫作"中国的文艺复兴"。在这个演讲中,他批驳了西方世界长期以来对中国所形成的诸多"傲慢与偏见",并且勇敢地站出来给他朝夕相处已近20年的中华民族进行了辩护:

> 从来也没有一个伟大的民族受到过更大的误解。中国人被指责为缺乏热情,因为我们没有一个足够透明的媒介可以把我们的思想传递给他们,或是把他们的想法传递给我们。中国人还被指责为野蛮透顶,因为我们缺乏广阔的胸襟,无法理解一个与我们截然不同的文明。中国人被描述成毫无独创性的模仿者,尽管他们所借用别人的东西要比任何其他民族都要少。中国人也被说成是缺乏创造力,尽管世界上一系列最有用的发明创造都是受惠于他们。中国人还被认为是死抱住传统观念不放的,尽管在他们的历史中曾经发生过许多次深刻的变革。①

---

① [美]丁韪良:《汉学菁华——中国人的精神世界及其影响力》,沈弘译,北京:世界图书出版公司2010年版,第3页。

西方典籍里的中国

丁韪良对中国历史文化怀着深深的敬意。他在《汉学菁华》中，对中国文化的许多方面都有系统的介绍和阐述。他介绍了中国在科学技术方面的历史性贡献，列举了四大发明、炼金术、占星术、数学和物理学等各方面的贡献。他指出：

> 像他们那么聪明和注重实际的一个民族，在漫长的岁月中不可避免地会积累大量的技艺和科学基础知识。他们并不缺乏原创性。当西方人在历史的发端与他们初次相遇的时候，中国的政治和社会制度显然是土生土长的。甚至在今天，西方旅行家也会对他所看到的一些中国人所特有的方法感到吃惊。
>
> 有许多门科学在中国已经开展的时候，欧洲仍然处于一个蛮荒的状态。①

丁韪良对中国的哲学和宗教进行了深入的研究，特别是当时的西方人普遍没有注意到对中国文学的介绍。丁韪良详细地介绍了中国的诗歌、散文，还介绍了中国的书信形式。他指出："由于西方人平时接触到的那些中国人既功利又平庸，所以中国人善于写诗这件事会令他们感到吃惊。然而，一个受过教育的中国人要比任何其他人种都更热衷诗歌的陶冶。倘若出外旅行遇到了奇峰秀水，他必定会欣然赋诗。新年伊始，他要在门柱上题写新的对联。他的商铺和书房墙壁上往往挂有友人题赠的诗歌卷轴。闲暇居家，他会吟诗作对；携客同游，他也会援笔在墙上或柱子上即兴赋诗一首，以示到此一游。""中国人极其重视对于诗艺的培养，把它作为其教育制度的主要特色，这在其他国家是绝无仅有的。"② 丁韪良进一步指出：

> 建立在象形文字基础上的汉字，其很多特征都富有诗意，那奇诡的美

---

① ［美］丁韪良：《汉学菁华——中国人的精神世界及其影响力》，沈弘译，北京：世界图书出版公司2010年版，第3、7页。
② ［美］丁韪良：《汉学菁华——中国人的精神世界及其影响力》，沈弘译，北京：世界图书出版公司2010年版，第43页。

感随处可见，让人着迷，就像在海上仙女的花园里漫步一般。虽然书面语言已经一般不再适用于口语，但它绝非一门死的语言。因为它包含了"会呼吸的思想和会燃烧的词汇"——研究者们将会很乐意承认，中国作家堪称与古代西方最著名的作家并驾齐驱。①

丁韪良对中国的教育和科举制度有很高的评价，认为它是一种自选式的民主制度，体现了公平的精神。他还把它与美国的选举制比较，认为科举制可以选拔更优秀的人才，而后者更多的是口头煽动家。科举制的缺点是考试的内容太狭窄，扼杀了人们的创新精神，但是如果将现代知识放进考试的内容里去，则科举制就能把只知死记硬背的翰林院变成不断求新的法兰西学院，激励全中国的人终身都努力地学习现代知识，造就一个欣欣向荣的国家。他指出，近期西方国家采用的竞争考试制度是政府选拔雇用合格职员的最有效的方式。

> 如果我们想通过大规模长期而有效的运转以便充分认识到其优点与不足的话，我们必须把目光转向遥远的东方。
> 这套制度的优越性在中国得到充分的体现与证实；如果我们应该汲取他们的经验的话，这不是我们从中国人那里学来的第一条，也绝不是他们能给予我们的最后一条。……如果我们采纳了中国人的考生选官制度，为国家选拔最优秀的人才，它对我国文官政府转变所产生的影响绝不比我前面提到的艺术领域里的发现所带来的影响差。②

丁韪良在中国期间，正是清末社会动乱和社会文化危机十分严重的时期。但他把中国所面临的危机比作黎明前的黑暗，而将中华民族誉为一轮喷薄欲出的朝阳，随时会冲破那死亡般的黑暗，照亮世界的东方：

> 中国人并不像人们一般所认为的那样，在其漫长的民族生活中是停滞

---

① ［美］丁韪良：《汉学菁华——中国人的精神世界及其影响力》，沈弘译，北京：世界图书出版公司2010年版，第79页。
② ［英］罗伯茨：《19世纪西方人眼中的中国》，蒋重跃、刘海林译，北京：中华书局2006年版。

西方典籍里的中国

不前的。中国人的民族心态随着时代的变更也在不断地前进；尽管并不总是直线前进，但我们认为每一个朝代都记录了确凿无疑的进步；就像北极的黎明那样，东方天际的第一抹曙光会消失好几个小时，但随之而来的是更为明亮的曙光，就这样周而复始，在经过几个黑暗的轮回之后，日出的时刻终于来临了。①

二 "最老与最新的帝国"

清末传教士不仅注意到了中国的古典文化，而且也留心那个时代的社会状况，注重调查和研究中国的国情。甚至可以说，他们调查和研究现实中国国情的热情，远远超过了对中国古典文化的研究。中国各地的民俗、人口、地理，以及各阶层的社会生活等都是传教士们调查研究的对象。

第一位来华的新教传教士马礼逊在《华英字典》中，对中国各种宗教哲学及神话传说的介绍，对中国礼仪和风俗习惯的介绍，对著名历史人物的介绍，对中国学校教育及科举制度的评价，对中国天文学、音乐戏剧的介绍，堪称中西文化的百科全书。《华英字典》的内容涉及中国的历史、宗教、哲学、文化、政治、地理、风俗、礼仪等领域，它在词义的解释上触及中国的宗教、神话、哲学、科学、文学、文化、艺术、教育、体制、传统、礼仪和风俗等方面。

马礼逊还著有《中国大观》一书。该书包括年表、地理、政府、节令、节日和宗教神学等部分。在年表中，马礼逊首先介绍了中国历史编年中使用的60年一循环制，又称"花甲子"，接着又详细地解释了干支纪年法。在列表时，马礼逊采取的方案是从当今的王朝开始，向前追溯，所以第一位就是清朝的嘉庆皇帝。每朝都列表，给出历代每位皇帝的庙号、国号、统治时间，以及处于第几循环。在每一朝代，马礼逊都引述一些有趣的和重要的文献来说明中国的政治观点、道德格言、迷信仪式和传奇故事。第二部分是地理，包括清朝

---

① [美] 丁韪良：《汉学菁华——中国人的精神世界及其影响力》，沈弘译，北京：世界图书出版公司2010年版，第4页。

的疆域、省份、地区、地形、税收,以及统计资料等,对每个省份都给出省城、地理沿革、地名的来源变化等。第三部分是政府官吏的名称和职能,包括九品的服饰、颜色、标志、担任的官职,以及对其夫人的称呼,介绍了文职官和武职官,以广东省为例,给出了府、州、县各级官员的名称。随后的节令部分,介绍了中国的二十八宿和二十四节气,节日部分介绍了中国各个节日的来历。在"宗教与神学"这一部分介绍了儒释道三大教派及其礼仪,附带说明了中国人的婚姻、送葬等习俗。最后介绍了八卦并附有八卦图。

美国传教士倪维思(John Livingstone Nevius,1829—1893)的《中国与中国人》也是一部全面论述中国国情的著作。《中国与中国人》共分28章,其内容是:

(1)中华帝国概观;(2)中华帝国概观(续);(3)孔子及其学说;(4)科举考试和学校;(5)中国政府的体制;(6)中国人的宗教;(7)佛教;(8)佛教(续);(9)道教;(10)国家宗教仪式和信仰;(11)中国各种宗教体系的相互关系和影响;(12)关于鬼神的迷信观念和风水学,或称占卜学;(13)五花八门的占卜术;(14)中国的语言;(15)中国的慈善机构;(16)中国的善书;(17)社会风俗;(18)中国的节日、风俗和娱乐;(19)对中国人性格和文明的总体评价;(20)中国和西方国家的交往;(21)在中国的传教生活;(22)各种传教方法和途径;(23)传教士们的工作效果;(24)中国本土基督徒和询问者的特点和经验;(25)罗马天主教在中国的传教活动;(26)太平军叛乱;(27)中华帝国的现状和未来;(28)结论。

倪维思在这部著作的序言中说到他的写作目的在于加强西方人对中国的了解。他说:

中国人对他国几乎一无所知,不过西方人对中国同样也知之甚少。在美国,也常有学者问我:"中国人是否真的是个索然无味、令人生厌的民族?他们懂得表达情感、感恩戴德吗?您是否真的能启蒙其心智、培养其道德感？中国人当中果真有人已成为虔诚可信的基督徒吗？"我们与中国人之间之所以互存误解是因为双方都缺乏关于彼此的可靠信息，而此种局面又是由两国间巨大的隔膜，以及频繁且全面的交流远远不够所造成的。如今，中国这个我们先前认为是位于远东的、中间隔有欧亚诸国的遥远国度已经成了我们美国的近邻，因而，熟悉该民族、彼此双方增进了解、相互尊重就显得尤为重要。今后，中美两个大国的利益与命运定会紧密地联系在一起。加强两国的联系就是我写作此书的主要目的。

1870年美国传教士施惠廉（William Speer, 1822—1904）出版了《最老与最新的帝国——中国与美国》，也是一部全面论述中国国情的著作。这部著作共分23章，包括：

（1）导言；（2）中国人的起源和人种；（3）地理、植物和动物；（4）社会生活、娱乐、节日；（5）早期父系社会；（6）奥古斯都时代的中国；（7）中古时代的中国；（8）元代；（9）明代；（10）清代；（11）康熙与乾隆；（12）道光与鸦片战争；（13）鸦片战争的结果；（14）美国与中华帝国的关系；（15）中国与美洲大陆在古代的联系；（16）中国的移民；（17）中国劳工；（18）中国的政府管理；（19）在加州的中国社群；（20）提交美国国会的谏书；（21）中国移民的宗教信仰；（22）美国的荣耀；（23）中国人的未来。

近代来华的传教士人数众多，来自不同的国家，并且大部分都具有高等教育的学历，其中有不少人拥有神学、医学和哲学的博士学位，具备从事调查和研究的能力和条件。特别是英美传教士较多从历史和社会学、人类学等不同的角度分析现实的中国社会。他们久居中国，散处在中国社会的各个角落，有机会接触中国社会各个阶层，能够对中国社会进行直接的观察和研究。他们探讨中国文化的广度和深度远远超过了明清之际的传教士。他们把有关中国的大量信息，用近代的手段迅速传到了西方，使西方人对中国的认识，在马可·波罗、利玛窦的基础上大大地丰富和提高了一步，成为后来的汉学家们认识中国

第四章 中国与现代文明

的一个出发点。

德国传教士郭实腊是热衷对中国社会进行调查的传教士。1831年、1832年和1833年，郭实腊三次沿中国海岸航行，活动范围从广东沿海到山东半岛、辽东半岛。他详细记录了所到之处的海防、军事、军备状况，为后来的殖民者提供了第一手情报。他在结束这些航行后出版的《中国沿海三次航行记》，在西方引起广泛的兴趣，更激起了西方开辟中国北方沿海传教和通商的欲望。

英国传教士李提摩太（Timothy Richard，1845—1919）曾对中国的农村和土地问题进行了调查。他在考察了山东莱州和直隶武清两地的土地及其相关问题后，制作了一张表格，列出了32个项目：土地平均面积、自耕农所占比率、佃农比率、地主比率、包伙佃农平均年工资、不包伙佃农年工资、包伙佃农日工资、不包伙佃农日工资、收获季节短工工资、租种土地一年者比率、数年者比率、租种最长时间、平均租种年限、货币地租比率、实物地租比率、每亩货币租数、每亩实物租数、最大土地所有者土地数、100亩以上土地所有者人数、1000亩土地所有者人数、10000亩以上土地所有者人数、每亩土地价格、每亩年产量、每亩谷物售价、百斤谷物最高价、百斤谷物最低价、百斤小米价格、百斤玉米价格、每亩地税、地税以外费用、非官盐地区每亩盐税、可供一人生存的亩数。在每一项目里，李提摩太都给出两地具体数据，并逐项进行比较分析。

除了传教士个人对中国国情的调查，还有一些团体组织的调查活动。其中，皇家亚洲文会北中国分会在其存在的60年中，组织了一系列的调查研究活动。他们的考察分为两类：一类是自然考察，一类是社会考察。自然考察主要关注的是中国的土地、森林、水文地理、矿产资源、动植物种类等。社会考察主要集中于中国的交通通信、人文景观、宗教庙宇、民情风俗等。

传教士对中国进行的最大的有组织的调查活动是由中华续行委员会组织的中国传教事业的调查。这项调查从1913年开始，历时10年，到1921年在上海出版了大型调查报告《中华归主》。其中第一部分详细记述中国各省的地理、气象、语言、人口、经济、社会生活、宗教、教育和文化情况。具体内容包括：中国各省详细地图、政区的划分、各地气象状况；中国全境的语言分布区和语言发展状况；中国全境人口、各地区人口分布及密度；中国全境交通状况；中国各地经济生活；中国正在逐渐兴起的工业制度；中国境内除基督教以外的其他宗教势力及其分布。第二部分涉及基督教在中国的情况，还包括中国教育的资料、中国的卫生状况和卫生教育。附录有各省邮政地图，中国城市人口估算表，每一万人口中小学学生平均数等资料。这一调查实际上是对中国现状的全面考察，其报告不仅供教会团体使用，西方国家政府和商业机构也曾加以利用。

图 4-2-1 马礼逊

图 4-2-2 郭实腊

三 马克思、恩格斯论中国

在马克思主义的发展过程中，东方特别是中国，一直在马克思和恩格斯的关注视野之内。大约从19世纪50年代初开始，马克思和恩格斯就把关注的目光投向东方，自此以后，东方文化成了马克思的历史科学的重要对象。马克思和恩格斯对中国和中华文化有着深入了解和研究，具备丰富的中国和东方的知识，中国是他们谈论最多的东方国家之一。在马克思和恩格斯的著作中，有120多篇涉及了中国问题；在马克思的《资本论》中，就有多处提到中国，如果把他们提到的亚洲、亚细亚（主要指印度和中国）都算起来，就更多了。

在马克思的学术研究中，他从文化人类学的角度，深入分析、研究了包括中国在内的东方社会的性质和特征，提出了著名的"亚细亚生产方式"的理论。这一理论汲取了当时人类学、民族学、东方学关于东方的特殊性和原始性，关于亚洲社会作为古典社会的先驱的历史作用，关于东方的专制制度，关于东方的村社、印度的公社，关于亚细亚不存在土地私有制，关于自然因素（特别是水利灌溉）的作用等观念。马克思认为，亚细亚生产方式的国家的基础是孤立的、从事自给自足生产的村社或家庭，而在其顶峰则是一种专制权力，它一方面剥削村社和各个家庭，同时又在不同时期以不同程度的效率发挥公共工程（如水利）管理的职能。他认为中国是典型的亚细亚生产方式的国家。

1859年，马克思在《对华贸易》一文中，通过一个驻广州的英国官员的报告书中提供的数字和情况，对中国人的勤劳、节俭的民族特性进行了深刻的分析。他引用报告书中的材料说：

> 中国人的习惯是这样节俭，这样因循守旧，以致他们穿的衣服正是以前他们祖先所穿过的；这就是说他们除了必不可少的东西外，不论卖给他们的东西多么便宜，他们一概不需要。
>
> 一个靠劳动为生的中国人，一件新衣至少要穿上三年，并且在此期间还要能经得住干极沉重的粗活时的磨损，不然他们是添置不起的。
>
> 当收获完毕后，农家所有的人手，不分老小，都一齐去梳棉、纺纱和织布；他们就用这种家庭自织的料子，即粗重而结实可以经得起两三年粗穿的布料，来缝制自己的衣服，而将余下来的拿到附近城镇去卖，城镇小店老板就把这种土布买来供给城镇居民及河上居民的需要。
>
> 只有节俭的中国人才把全部工作做到底。中国人不但梳棉和纺纱，而且依靠自己的妻女和佣工帮助自己织布；他的生产并不以仅仅供给自己家庭的需要为限，而是以生产一定数量的布匹供附近城镇及河上市民，作为

西方典籍里的中国

他那一季工作的一个主要部分。

他们大部分拥有一块极有限的从皇帝那里缉来的完全私有的土地，每年须缴纳一定的不甚繁重的税金；这些有利情况再加上他们特别刻苦耐劳，就能充分供应他们衣食方面的简单需要。①

马克思以中国和印度为典型的"亚细亚生产方式"社会进行研究，对东方社会和西方社会相异之处进行深入分析，展现了人类文明多元发生的辩证历史图景，丰富了人们对世界历史发展规律的认识，丰富了唯物主义历史观。马克思和恩格斯对中国的评论，远远超出19世纪西方人的欧洲中心主义的立场，具有广阔的世界文明的眼光，从世界文明发展的角度观照中国的历史和现实、经济和政治、社会和文化。因此，马克思和恩格斯的中国观，不仅在其知识水平和分析的深刻程度上远胜于前人和同时代人，而且更具有方法论的意义。

马克思和恩格斯对中国历史上的伟大文明成果和中华文化的西传及其对欧洲社会发展所起到的重要推动作用给予了高度评价。特别是印刷术、火药和指南针在近代欧洲历史上所产生的重大社会影响，马克思和恩格斯都做了详细而精彩的论述。此外，恩格斯在《自然辩证法》一书中讨论中世纪末期欧洲社会的变化，指出：

由中世纪的市民等级所创立的工业生产和商业获得无限高度的发展。一方面，生产更加完备，更加多样化，规模也更大；另一方面，商业交往更加兴盛，航海从撒克逊人、弗里西安人和诺曼人时代起更加无比地大胆。

再一方面，还有大量的发明以及东方发明的输入不仅使希腊文学的输入和传播、海上探险以及资产阶级宗教改革真正成为可能，并且使它们的活动范围大大扩展，进展大为迅速。此外，它们提供了古代从未想到过的、虽然还未系统化的许多科学事实：磁针、印刷、活字、亚麻纸（12世纪以来阿拉伯人和西班牙犹太人所使用的；棉纸自10世纪以来就逐渐

---

① 《马克思恩格斯选集》第2卷，北京：人民出版社1972年版，第59页。

第四章　中国与现代文明

出现,而在13世纪和14世纪已经传布得更广,莎草纸从阿拉伯人占领埃及以后就根本不再使用了)、火药、眼镜、在计时上和力学上是一巨大进步的机械时计。

……

此外,旅行所提供的材料(马可·波罗,1272年左右,等等)。①

恩格斯接着列举了一系列西传的中国发明:

蚕在550年左右从中国输入希腊。

……

棉纸在7世纪从中国传到阿拉伯人那里,在9世纪输入意大利。

……

养蚕业传入意大利,1100年左右。

……

磁针从阿拉伯人传到欧洲人手中,1180年左右。

……

破布造纸,14世纪初叶。

……

德国第一座造纸工场(纽伦堡),1396年。

……

木刻和印刷——同时。②

马克思和恩格斯关于中国的评论,相当一部分集中于当时中国的事变和中西关系。而当时中西关系的主要问题,是自1840年鸦片战争开始西方列强对中国发动的一系列侵略战争,以及迫使中国签订的一系列不平等条约,瓜分中国土地,掠夺中国财富。对此,马克思和恩格斯发表了一系列文章,予以揭露

---

① 《马克思恩格斯全集》第20卷,北京:人民出版社1971年版,第530—531页。
② 《马克思恩格斯全集》第20卷,北京:人民出版社1971年版,第531—532页。

— 147 —

和谴责。

　　1856年10月，英国以"亚罗号"划艇事件为借口发动了第二次鸦片战争。马克思和恩格斯当即在《纽约每日论坛》等报刊上发表文章，追踪第二次鸦片战争的过程，揭露英国殖民主义的残暴侵略罪行。如马克思在1851年1月写的《英中冲突》一文中详细转述了"亚罗号"事件的来龙去脉，明确表示："我们认为，每一个公正无私的人在仔细地研究了香港英国当局同广州中国当局之间往来的公函以后，一定会得出这样的结论：在全部事件过程中，错误是在英国人方面。"① 此后，马克思又继续撰文，谴责英国发动的是一场"极端不义的战争"。在这场战争中，"广州城的无辜居民和安居乐业的商人概遭屠杀，他们的住宅被炮火夷为平地，人权横遭侵犯"。中国人针对英国人提出的每一件控诉，至少可以提出九十九件控诉。②

　　恩格斯也指出，由于在第一次鸦片战争中，"英国人轻而易举地从中国人那里抢走了大宗银两，这很可能引诱英国人再进行一次同样的尝试；英国人虽然非常厌恶我们的海盗本性，然而他们自己却保留了大量的为我们16世纪和17世纪的共同祖先所特有的古老的海盗式掠夺精神"③。恩格斯还指出，与第一次鸦片战争相比，中国的局势已有重大的变化，因此英国人的对华新远征能否得到相同的结果是十分令人怀疑的。马克思则警告英国政府，本来已趋于平息的在鸦片战争时期燃起的仇英火焰，在中国爆发成了愤怒的烈火，一切关于和平和友好的声明都未必能扑灭这股烈火。

　　马克思还从经济学家的立场上分析了当时的中英贸易和不平等条约所造成的恶果。他多次引证中英贸易的资料和统计数据，展示中英贸易消长的情况，说明尽管有过19世纪40年代初和19世纪60年代初的几次增长和回升，尽管到19世纪60年代末，由于中国内部市场不断扩充，中国有可能再一次至少是暂时地挽救英国的纺织业，但总的来说，"从对华贸易中是希望不到什么的"。马克思认为其主要原因是：合法贸易和鸦片贸易、经济的和暴力的榨取异邦资财的方式并存而且尖锐矛盾。马克思指出："在目前条件下，扩大对华贸易，

---

① 《马克思恩格斯全集》第12卷，北京：人民出版社1962年版，第112页。
② 《马克思恩格斯选集》第12卷，北京：人民出版社1962年版，第177页。
③ 《马克思恩格斯全集》第12卷，北京：人民出版社1962年版，第186页。

就是扩大鸦片贸易;而增加鸦片贸易是和发展合法贸易不相容的。""如果兼施并用迦太基式的和罗马式的方法去榨取外国人的金钱,必然会在这两种方法之间引起相互冲突和相互消灭。"①

在近代中英贸易史上,人们主要看到的恰恰就是鸦片贸易和强盗式的征战,这两种情形必然阻滞合法贸易的发展,因为中国人不能购买商品的同时又购买毒品,由于海盗式的战争引起的中国内部的纷乱,又必然会对外货输入造成阻碍。因此,马克思认为,第二次鸦片战争后,英、法当局迫使中国签订了《天津条约》,若以为新条约可以大大扩充贸易,只能是不切实际的幻想。相反,新条约倒有可能加速和加深资本主义市场的危机。他指出:

> 要知道,有一件事是无可置辩的:1843年的条约,不是扩大了美国和英国对中国的出口,而只是加速和加深了1847年的商业危机。现时的这个条约也是这样,它引起人们幻想取之不尽的市场,鼓励投机事业,可能在世界市场刚刚从不久以前的普遍恐慌中逐渐复原的时候,又加速酝酿一次新的危机。除了这个消极后果以外,第一次鸦片战争还刺激了鸦片贸易的增长而使合法贸易受到损失,只要整个文明世界的压力还不能迫使英国不用强制办法在印度种植鸦片和不用武力在中国推销鸦片,那么这第二次鸦片战争将会产生同样的后果。②

马克思和恩格斯对当时中国爆发的太平天国革命给予特别的关注。当马克思和恩格斯最初听到太平天国起义的时候,就称它为"一件值得注意的新奇事情"③。他们以很大的兴趣注意着中国事态的发展,并深入分析了太平天国革命的缘由。马克思指出,不管引起中国革命的社会原因是什么,也不管这些原因是通过什么形式表现出来,"推动了这次大爆炸的毫无疑问是英国的大炮"。因为英国政府把鸦片输入中国和强迫中国支付巨额赔款,使中国白银大量外流,财政面临完全枯竭;外国工业品的大量输入和竞争,破坏了中国的生

---

① 《马克思恩格斯全集》第12卷,北京:人民出版社1962年版,第605页。
② 《马克思恩格斯选集》第2卷,北京:人民出版社1972年版,第23页。
③ 《马克思恩格斯全集》第7卷,北京:人民出版社1959年版,第264页。

西方典籍里的中国

产,加上统治阶级的腐化,这一切都给中国人民造成了严重的灾难,繁重的旧捐税还未缴纳,又加上新捐税。"所有这些破坏性因素,都同时影响着中国的财政、社会风尚、工业和政治结构,而到1840年就在英国大炮的轰击下得到了充分的发展"。这样一来,英国的侵略不仅打破了中国与外界隔绝的状态,而且加深了中国社会的矛盾和危机,促成了中国革命的爆发。

马克思还分析了中国的太平天国革命对欧洲可能产生的影响。马克思认为,尽管英国的经济一时达到了惊人的繁荣程度,但是,经济危机的征兆已经出现。这时,"如果有一个大市场突然缩小,那么危机的来临必然加速"。而太平天国革命的意义在于使一个对英国工业来说至关重要的市场"突然缩小"了。再加上当时英国和西欧农业歉收,农产品价格上涨,也造成工业品市场的缩小。这些因素都加快了英国经济危机的到来,而"欧洲从18世纪初没有一次严重的革命事件,没有商业危机和财政危机"。所以,马克思说:

> 可以大胆预言,中国革命将把火星抛到现代工业体系的即将爆炸的地雷上,使酝酿已久的普遍危机爆发,这个普遍危机一旦扩展到国外,直接随之而来的将是欧洲大陆的政治革命。①

马克思还指出,关于中国革命对欧洲文明世界可能产生的影响是:

> 欧洲各国人民下一次的起义,他们下一阶段争取共和自由和争取比较廉洁的政体的斗争,在更大的程度上恐怕要取决于天朝帝国、(欧洲的直接的对立面)目前所发生的事件。②

马克思关于太平天国革命的论述,有一个基本的特点,就是从东方和西方的联系、从当时世界发展的历史进程来考察、分析,用西方的侵略说明太平天国革命爆发的原因,并进一步探讨这场发生在远方中国的革命对欧洲可能产生

---

① 《马克思恩格斯选集》第2卷,北京:人民出版社1972年版,第1—2、3、6页。
② 《马克思恩格斯选集》第2卷,北京:人民出版社1972年版,第1页。

的影响。

前面提到,马克思认为,英国的侵略加深了中国社会的矛盾和危机而引发了太平天国革命。马克思进一步提出,也正是由于西力东渐,打开了古老中国的大门,促进了中国封建社会的解体。他写道:

> 清王朝的声威一遇到不列颠的枪炮就扫地以尽,天朝帝国万世长存的迷信受到了致命的打击,野蛮的、闭关自守的、与文明世界隔绝的状态被打破了,开始建立起联系……
>
> 英国的大炮破坏了中国皇帝的威权,迫使天朝帝国与地上的世界接触。与外界完全隔绝曾是保存旧中国的首要条件,而当这种隔绝状态在英国的努力之下被暴力所打破的时候,接踵而来的必然是解体的过程,正如小心保存在密闭棺木里的木乃伊一接触新鲜空气便必然要解体一样。[1]

马克思和恩格斯对中国、东方寄予很大的希望。恩格斯曾说,拥有4.5亿人口的"中国和印度,现在是亚洲的举足轻重的国家"[2]。从中国的革命中"我们也会看到整个亚洲新纪元的曙光"[3]。马克思甚至对中国的前景做出很乐观的估计:

> 如果我们欧洲的反动分子不久的将来会逃奔亚洲,最后到达万里长城,到达最反动最保守的堡垒的大门,那么他们说不定就会看到这样的字样:
> REPUBLIQUE CHINOISE
> LIBERTE, EGALITE, FRATERNITE
> 中华共和国
> 自由,平等,博爱 [4]

---

[1] 《马克思恩格斯选集》第2卷,北京:人民出版社1972年版,第2—3页。
[2] 《马克思恩格斯全集》第12卷,北京:人民出版社1962年版,第665页。
[3] 《马克思恩格斯选集》第2卷,北京:人民出版社1972年版,第22页。
[4] 《马克思恩格斯全集》第7卷,北京:人民出版社1959年版,第265页。

马克思还预言了未来太平洋时代的来临,这一预言在今天更有特别的意义。当人们热烈地谈论 21 世纪是太平洋的世纪的时候,倾听马克思在 19 世纪 50 年代的一段论述会更有亲切之感。马克思是这样说的:

> 由于加利福尼亚金矿的开采和美国佬的不断努力,太平洋两岸很快就会像现在从波士顿到新奥尔良的海岸地区那样人口密集、贸易方便、工业发达。这样,太平洋就会像大西洋在现代,地中海在古代和中世纪一样,起着伟大的世界交通航线的作用……①

四 在中国发现文明的曙光

英国历史学家汤因比(Arnold J. Toynbee,1889—1975)以 12 大卷的鸿篇巨制《历史研究》著称于世。

汤因比在《历史研究》中有多处谈到中国历史与文明。他说:"孔子是位保守主义者,他从未梦想过中国会实现有效的政治统一。秦始皇的事业或许让他震惊,汉高祖刘邦修复统一一事也不见得会使他多么高兴。孔夫子如同柏拉图和亚里士多德,视政治分立为正常现象。"② 汤因比说:"在公元前 221 年政治统一之前,中国早已实现了文化统一。在这方面,中国最伟大、最富创造性的思想文化运动发生在兵连祸结的春秋战国时代,即完成政治统一之前。这是包括孔子在内的几乎所有中国哲学学派奠基人所在的时代。"③

汤因比从历史角度将社会分出不同模式,又将这些模式析出要素,并指出其间有许多机制是各文化的生命历程中共同的或相似的。汤因比认为,可以把

---

① 《马克思恩格斯全集》第 7 卷,北京:人民出版社 1959 年版,第 263—264 页。
② [英]阿诺德·汤因比:《历史研究》,刘北成、郭小凌译,上海:上海人民出版社 2000 年版,第 37 页。
③ [英]阿诺德·汤因比:《历史研究》,刘北成、郭小凌译,上海:上海人民出版社 2000 年版,第 37 页。

中国模式的晚期阶段同希腊模式的早期阶段结合在一起，组建成一个改良的模式。这一文明史的组合模式显示这些社会在开始时存在着文化统一，却没有政治统一。这种政治局面有利于社会和文化的进步，但代价是地方各国之间连绵不断的战争。随着这个社会的成长壮大，这种战争变得越来越惨烈，迟早要引起社会的崩溃。在旷日持久的"麻烦时期"过后，混乱局面为一个大一统国家的建立所治愈。这个统一国家周期性地陷入无政府状态，但无论这类中间期长短与否，它们总会被政治统一所克服。在最初的统一过去之后，一定有某种强大的力量维持着这种治乱交替的过程。统一被修复的现象一而再、再而三地发生，甚至在极为漫长混乱以致传统上可能认为无法修复的"中间期"过去之后，仍会恢复统一。

对人类6000年文明史中的各种文明进行"诊断"之后，汤因比认为，在这人类历史上出现过的28个文明中，至少有18个已经死亡和消失了。其余尚存有10个文明，其中大部分都处在被西方文明消灭或同化的威胁当中。他认为历史上文明社会大凡出现大一统的社会现象，该文明就步入衰亡的行列了，其原因正是少数人失去了创造性的行为而滥施权力的结果。照此标准，他认为公元前221年秦统一全国，是"古代中国混乱时代的起讫日"。这里的"混乱"是衰落的特定现象。这种逻辑使他认为中国的历史我们可以说它的衰落的开始发生在公元9世纪的最后25年的唐朝崩溃的时候，其后就出现了正常的解体过程。

汤因比在《历史研究》中认为，中国文明从很早就开始衰落了。但是在晚年，他改变了自己对中国文明的认识，这源于他对人类未来命运强烈的关心和深深的忧虑。他对以西方文明为特征的现代社会给人类带来始料不及的灾难进行了真切的痛思，由此而将探索的目光专注于远东社会——主要是中国古代文明身上，再对其深厚的文明史内涵做了一番评估，从中产生领悟。在1973年写作《人类与大地母亲》一书中他写道："在本书写作的年代，人们已经看到，美国在文明中心的优势，似乎也将是昙花一现……未来是难以预见的，但在文明中心历史的下一个章节中，主导作用可能会从美洲转移到东亚。"①

---

① ［英］阿诺德·汤因比：《人类与大地母亲——一部叙事体世界历史》，徐波等译，马小军校，上海：上海人民出版社2001年版，第31页。

西方典籍里的中国

中国对"处于深浅莫测的人类历史长河关键阶段的全人类来说,都是一项伟业"。① 对中国在未来所要发挥的作用,人们正"拭目以待"。

他认为,西方社会不能解决人类面临的生存困境,因为近200年的历史表明,对技术的盲崇及滥施恰好正是我们曾饮誉而自豪的西方社会根深蒂固的观念。汤因比以"人类与大地母亲"为主题,对西方社会所做的分析,鲜明地表达了他的一个思想:要避免像西方社会那样因技术的滥施给人类带来悲剧,就必须培育起能使精神与自然相协调的人文精神;要消除战争就需要一种制约战争的政治哲学。中国文明独特的性质正可以弥补西方文明的两难症结。他认为道家学说倡导的"天人"和谐一体的哲学是目前挽救生物圈可以信赖的精神思想。他说:"公元前4世纪的这一中国哲学,不仅与它所产生的时代和环境有关,而且与此后所有的时代和地区,尤其是20世纪70年代人类的全球状况有关。"② 他认为道家思想的精神要义有两点对今天特别有意义,那就是鼓励人们的行为要与自然和谐统一;道家明确指出技术和管理方式的进步直接损害人与自然应建立起的平衡关系。当然,汤因比并非称道道家倡导的返归原始,一概反对社会进步的保守政治观。而主要着意在将蛰伏于道家哲学中的那种精神潜能,人和自然的统一与和谐这一内在理念升华为人类普遍的行为道德准则。它的精神实质比起今天西方社会宣扬的精神与自然严重裂变的思想,更有利于使人的行为在生物圈内自行节控,它对改变越来越严重的生态灾难无疑有深刻而积极的启示。基于这种认识,它才能解决20世纪人类面临的危机。下一个世纪,人类的命运寄托在产生上述深邃思想,并且今天还活跃着的中国身上。

汤因比认为,古代中国有一种寻求天下统一的"博天精神之道",它也是我们医治人类面临的困境的一条途径,就是孔子哲学和墨子的道德观念。汤因比认为大一统天下的政治格局是中国文明从古到今的一大特征,维系这一局面的是以孔子学说为核心的儒家思想。儒家学说和以它为理想建立起来的政治伦理转而被想象为一种超人的或非人格的精神或法律。它确立了人们普天之下人

---

① [英]阿诺德·汤因比:《人类与大地母亲——一部叙事体世界历史》,徐波等译,马小军校,上海:上海人民出版社2001年版,第529页。
② [英]阿诺德·汤因比:《人类与大地母亲——一部叙事体世界历史》,徐波等译,马小军校,上海:上海人民出版社2001年版,第198页。

心一致的社会行为规范，其影响之巨大深远至今仍是中国人的思维和行动原则。他又说，墨子学说尽管未能取得官方学说的地位，但他宣扬的"兼爱"思想却培养起一种中国人的道德，即仁者都应该平等地关心他的人类同胞。墨子主张："对于人类同胞的爱应是平等的和没有等级差别的。"[①] 汤因比欣赏儒家天下一家的政治哲学观，赞美墨子爱护关心人类的伦理道德。两者结合一体的政治哲学，与西方力陈的那种以地区性民族主权为政治理想的政治哲学有天壤之别；后者只能促进充满活力的裂变，但不能实现安定和统一。在这个意义上，汤因比对中国文明寄予莫大的希望，认为具备了上述政治哲学和伦理的中国文明，是消除人类战争、维护地区性和平，重建人类与生物圈之间的平衡的最佳道路。

汤因比还认为，中国不仅在理念上为人类奉献了上述普遍的道德观，而且它的历史进程也表现出超常的天下大一统的连贯性。他说当今世界上没有哪一种文明能够分享中国文明这样数千年生生不息的历史，中国文明的不同发展阶段都没能中断这种连续性。他确信，政治上的统一根本上乃是文化的统一。因而他认为，在公元前221年以前，"中国是一个文化上的统一体"[②]。他同样地也肯定在近5000年的文明史上，中国政治上的统一也多次被分裂所破坏，但他指出：迄今为止，中国政治上暂时的分裂总是不断得到修正，中国的统一被证明是永恒的。中国文明史这种罕见的特征，使他将建立世界性政府的希望寄托在中国文明身上。

汤因比正是从中国悠久的文明史中寻找到了他的历史哲学的真正内涵，也正是基于上述分析他才树立起自己新的中国观，他在与池田大作的谈话集《展望二十一世纪》里，做出了明确的表述：

> 将来统一世界的大概不是西欧国家，也不是西欧化的国家，而是中国。并且正因为中国有担任这样的未来政治任务的征兆，所以，今天中国

[①] [英]阿诺德·汤因比：《人类与大地母亲——一部叙事体世界历史》，徐波等译，马小军校，上海：上海人民出版社2001年版，第199页。

[②] [英]阿诺德·汤因比：《人类与大地母亲——一部叙事体世界历史》，徐波等译，马小军校，上海：上海人民出版社2001年版，第218页。

西方典籍里的中国

在世界上才有令人惊叹的感望。……恐怕可以说正是中国肩负着不止给半个世界而且给整个世界带来政治统一与和平的命运。

中国今后在地球人类社会中将要起什么作用呢？由于西欧各民族势力的扩张和暂时的统治所形成的地球人类社会，已经摆脱了这种统治力量，今后仍会按现在的状况继续存在下去。在最近新形成的地球人类社会中，中国仅仅就停留于三大国、五大国或者更多的强国之一员的地位吗？或者成为全世界的"中华王国"，才是今后中国所肩负的使命呢？

因此按我的设想，全人类发展到形成单一社会之时，可能就是实现世界统一之日。在原子能时代的今天，这种统一靠武力征服——过去把地球上的广大部分统一起来的传统方法——已经难以做到。同时，我所预见的和平统一，一定是以地理和文化主轴为中心，不断结晶扩大起来的。我预感到这个主轴不在美国、欧洲和苏联，而是在东亚。

由中国、日本、朝鲜等国家组成的东亚，拥有众多的人口。这些民族的活力、勤奋、勇气、聪明，比世界上任何民族都毫不逊色。无论从地理上看，从具有中国文化和佛教这一共同遗产来看，或者从对来自近代化西欧文明不得不妥协这一共同课题来看，他们都是联结在一条细带上的。并且就中国人来说，几千年来，比世界任何民族都成功地把几亿民众，从政治文化上团结起来。他们显示出这种在政治、文化上统一的本领，具有无与伦比的成功经验。这样的统一正是今天世界的绝对要求。①

同时，他指出了这个推论的八大根据，一是在过去21个世纪里，中国保持了迈向全世界的发展，成为名副其实的地区性国家的榜样，积累了很多经验——用我们中国人自己的方式来说，即保持了中华民族国家统一大势和文化特色没有变。二是中华民族在漫长历史中培育了独特的世界精神。三是儒教的人道主义。四是儒教与佛教所共有的合理主义。五是东亚人对宇宙的神秘性具有敏感，认为人想要支配宇宙就会遭到挫败，汤因比认为这是道教的最宝贵的

---

① ［英］阿诺德·汤因比、［日］池田大作：《展望二十一世纪——汤因比与池田大作对话录》，荀春生、朱继征、陈国梁译，北京：国际文化出版公司1985年版，第289、293—294页。

直感。六是这种直感是佛教、神道与中国哲学的所有流派（除已灭绝的法家）所共有的。人的目的不是支配自然，而是与自然保持协调。七是在过去的军事与科技对抗中，西方虽占了优势，但东方各国可以打败他们。八是日本人具有敢于挑战西方的勇气，汤因比认为要保持这种勇气，但今后要把它用于世界的和平事业。①

汤因比在晚年之所以改变了自己对中国文明的认识，源于他对人类未来命运强烈的关心和深深的忧虑。他看到以西方文明为特征的现代社会给人类带来的始料不及的灾难，由此而将探索的目光专注于远东社会，主要是中国古代文明身上，再对其深厚的文明史内涵做出评估之后从中产生领悟。汤因比在自己的历史哲学中发现：人类文明进步历程伴随着一股可怕的音符，即人类往往过分夸大了精神属性的一面而忽略了自己也是地球生物圈一环的自然属性。精神和自然属性的严重分裂导致人类对赖以生存的自然环境毫无节度地开发，于是带来了今天普遍出现的资源枯竭、生态破坏、环境污染等问题。西方社会不能解决人类面临的生存困境，因为近200年的历史表明，对技术的盲崇及滥施恰好正是我们曾饮誉而自豪的西方社会根深蒂固的观念。而他在中国久远的文明史中，看见了未来人类文明的曙光。

五　所谓"李约瑟问题"

20世纪后半期，英国科学史家李约瑟出版了世界上第一部比较全面、系统地阐述中国科技发展历程的《中国科学技术史》，第一次以令人信服的史料和证据，全面而又系统地阐明了4000年来中国科学技术的发展历史，展示了中国在古代和中世纪科技方面的成就及其对世界文明所做的贡献。这部计有34分册的系列巨著中，以浩瀚的史料、确凿的证据向世界表明："中国文明在科学技术史上曾起过从来没有被认识到的巨大作用""在现代科学技术登场前

---

① ［英］阿诺德·汤因比、［日］池田大作：《展望二十一世纪——汤因比与池田大作对话录》，旬春生、朱继征、陈国梁译，北京：国际文化出版公司1985年版，第287—288页。

10多个世纪,中国在科技和知识方面的积累远胜于西方"。这部巨著被认为是20世纪完成的重大学术成果之一,是欧洲人学术研究的最高成就。李约瑟的中国科技史研究,不但填充了西方汉学中的空白,弥补了世界科学史中的缺项,也促使国际社会对中国科技史给予重视和研究,使其成为重要的国际学术,同时令中国学者对自己的科技史做更加深入广泛的研究。英国历史学家汤因比说:"李约瑟博士著作的实际影响力,正如它的学术价值一样巨大,这是比外交承认更高层次的西方人的'承认'行动。"

《中国科学技术史》是世界上研究中国科技史最完备、最深刻、最具特色的一部里程碑式的著作。《中国科学技术史》是第一部以系统翔实的资料全面介绍中国科学技术发展过程的鸿篇巨制。这部著作对中国的科学思想史、各学科专业史,如数学、天文学、地学、物理学、化学、生物学及相关技术,以及社会背景都做了详细的介绍、论证和分析。李约瑟的《中国科学技术史》不仅对促进东西方文化交流发挥了重大作用,还引起了科技史上思维方式的革命,其中最重要的成就也许是在促进科技史学界认识到科技不是单一文化的产品,而是多种文化的综合产品,这便促进了科技史学界在观念上的变革,从而推动了国际范围内对中国科技文明的研究。李约瑟的《中国科学技术史》把中国古代的科技系统地介绍到西方,改变了一些学者对中国古代科技成就的基本看法,建立并改进了中华科技史在西方研究的水准。

李约瑟的《中国科学技术史》是世界上第一部系统翔实全面介绍中国科学技术发展过程的通史,同时也以他的探索和思考引起全世界科技界乃至思想界的极大兴趣和争议,这就是所谓"李约瑟问题"。

所谓"李约瑟问题",是指《中国科学技术史》中提出的,如果中国人在智力上和欧洲人完全一样,那为什么近代科学和科学革命只产生在欧洲呢?为什么直到中世纪中国还比欧洲先进,后来却会被欧洲人超越呢?怎么会产生这样的转变呢?

其实,这也是李约瑟在写作《中国科学技术史》的过程中,力图解答的问题,也是《中国科学技术史》最具有思想价值的部分。以下问题始终在李约瑟脑海中盘旋:为什么具有系统实验和自然知识假说数学化特征的近代自然科学及随之而来的工业革命首先在西方兴起?为什么在公元后1500年中国科学发展比西方更为有效与领先？中国都有哪些成就，其贡献如何？为什么中国传统科学基本上处于经验阶段或达·芬奇式的水平，而未能自发地出现近代科学或伽利略式的突破及随之而来的工业革命？

为了回答这些问题，李约瑟通观全局地研究中西科技史，理清其发展脉络，找出各自的优缺点和异同点；从科学社会学角度综合分析中西社会体制、经济结构、历史传统、思想体系等各种因素的影响，考察中西商人、科学家和工程师的社会地位。他认为是由以下几个原因造成的：

一是中国没有具备宜于科学成长的自然观。中国多山少地，半干旱气候的生态约束促使中国发展了节省能源、消耗劳力的农业技术，而非扩张资源、节省劳力的牧农技术，导致周期性的生态危机和治乱循环，阻碍了劳动分工的发展。秦汉以来自然灾害的周期不断缩短，农民起义和外敌入侵不断，加上政府货币、财政政策的多变，都不利于劳动分工的保持。总之，中国小农经济的资源限制和保守倾向，阻碍了劳动分工和科学文化的多样发展。中国所处的地理环境也影响了政府的态度。他的结论是，如果中国人有欧美的具体环境，而不是处于一个广大的，西面被沙漠切断、北面是寒冷的雪山、南面是丛林、东面是宽广的海洋的这样一个地区，那情况将会完全不同。那将是中国人，而不是欧洲人发明科学技术和资本主义。如果是那样，将是欧洲人学习中国的象形文字，以便学习科学技术，而不是中国人学习西方的按字母顺序排列的语言。

二是中国的哲学思想，无论是儒家、道家、法家，其主导思想无不是规避风险、明哲保身，造成了中国人太讲究实用，很多发现滞留在了经验阶段。一个国家科学技术要进步，具有反权威的勇气与思想意识是最重要的。但儒家从思想上就提倡和维护等级制度，"罢黜百家，独尊儒术"，中国知识分子深受儒家思想文化的影响，既盲目追求"面子"、等级身份，不愿意承认学术错误，又盲目崇信权威，缺乏反权威的意识，这就是中国人在近代乃至现代科学技术上难以进步的根本原因。

三是中国的科举制度扼杀了人们对自然规律探索的兴趣，思想被束缚在古书和名利上，"学而优则仕"成了读书人的第一追求。科举制度鼓吹和形成了"封建官僚制度"。这种制度产生了两种效应，正面效应是科举制度的选拔，可以使中国非常有效地集中了大批聪明的、受过良好教育的人，他们的管理使得中国井然有序,并使中国发展了以整体理论、实用化研究方法的科技。比如,中国古代天文学取得了很大成就,其数据至今仍有借鉴价值,再比如大运河的修建等。但这种"封建官僚制度"的负面效应是,使得新观念很难被社会接受,新技术开发领域几乎没有竞争。比如,欧洲国家之间的竞争使得欧洲在中国火药的基础上发明并改良火药武器。在这方面,自秦朝以后的中国不但比不上相同时期的欧洲,甚至比不上春秋战国时期的中国。西方的科技发展却能冲破这些阻力,取得现在的成就。

总之,李约瑟认为,中国与西方在科技方面的差距,主要是社会和经济方面的原因造成的。李约瑟本是一位科学家,他的观点亦是以科学的眼光来看待中国的问题。"李约瑟命题"正好证明了这点。"李约瑟命题"是一个颇有启发性和挑战性的问题,他不但引起各国科学家和思想家对中国古代科学与社会的思考,也触发了科学与政治、科学与经济、科学与社会及自然环境,乃至科学的走向和人类社会未来结构等一连串问题的探求和深思。自20世纪80年代以来,对"李约瑟问题"的研究,成为科学史和科学哲学界的一个重要课题。

第五章　对中国制度的研究

一　对中国政治制度的研究

在西方人的著述中，中国不同于西方国家的政治制度也是他们关注的重点。在《马可·波罗游记》中，就涉及元朝的行省制度、驿站制度和漕运等方面的情况。他说元朝共有12个行中书省，他把这些行省的长官称为"男爵"。他说，全国有驿站1万多个，有驿马20多万匹，有陈设豪华的驿站宫殿1万多座。马可·波罗尤其关注元朝的漕运制度。《马可·波罗游记》写道：

> 瓜州此城屯聚谷稻甚多，预备运往汗八里城以作为大汗朝廷之用，盖朝中必需之谷，乃自此地用船由川湖运输，不由海道。大汗曾将内河及湖沼连接，自此城达于汗八里，凡川与川间、湖与湖间，皆掘有大沟，其水宽而且深，如同大河，以为连接之用。由是满载之大船，可从此瓜州城航行至于汗八里大城。①

元朝的驿站十分发达，无论是设置、管理还是功能、建制，都达到了前所

---

① ［法］沙海昂注：《马可·波罗行记》，冯承钧译，北京：中华书局2004年版，第558页。

未有的发展水平。据记载,元朝腹地和各行省的驿站共有 1400 处。在每一驿程上,置一千户,以守卫那些驿站。站赤中有驿令、提领等官。站赤中的各级官吏皆归通政院及中书兵部统一管理。站赤官员要对过往行人进行严格盘查,要根据是否带有文字牌面来决定是否给予马匹,没有牌面的,随便给予马匹,要治罪;有牌面,没给马匹的,也要治罪。鄂多立克较详细地介绍了驿站制度。他写道:

> 因为旅客需要供应,所以他叫在他的国土内遍设屋舍庭院作为客栈,这些屋舍叫作驿站。这些屋舍中有各种生活必需品,对于在那些地区旅行的一切人,无论其境况如何,有旨叫免费供给两餐。当帝国中发生新事时,使者立刻乘马飞奔宫廷;但若事态严重紧迫,他们便乘单峰骆驼出发。他们接近那些驿站——客栈或车站时,吹响一只号角,因此客栈的主人马上让另一名使者做好准备;前来投递情报的骑士把信函交给他,他本人则留下来休息。接过信的另一名使者,赶快到下一驿站,照头一人那样做。这样,皇帝在普通的一天时间中得知 30 天旅程外的新闻。[①]

克路士在《中国志》中详细介绍了中国的行政管理制度、皇帝和皇室的情况、官员的任免和监察以及中国的司法制度。门多萨《中华大帝国志》中简略地提到中国的政治制度,他说,中国皇帝具有统治国家的全权。各级行政官吏有效地行使权力,他们是通过科举产生的。中国有完整的法律。官吏和贵族出门要坐轿,而妇女则从不在外从事社交活动。他还描述了考试制度、官职的等级、任命官吏的方法以及任职流放的规则。

早期来华的旅行家们还关注到中国的司法制度。葡萄牙人伯来拉曾作为一个俘囚,有一段时间是在中国的监狱里度过的,所以他对中国的监狱管理制度比较熟悉。他叙述了中国监狱关押囚犯的情况,叙述了对通奸犯和盗贼的处理方法、对死刑的判决过程、关押死囚的监牢以及死刑的执行,还提到了种种酷

---

① 《海屯行纪·鄂多立克东游录·沙哈鲁遣使中国记》,何高济译,北京:中华书局 1981 年版,第 77 页。

刑。他的一些同伴就是被折磨死的。尽管如此,他还是对中国的司法制度给予了高度赞扬。他介绍说,每个省城里都有布政使、按察使、知府和太守四级官员。这些官员"都可以把罪犯投入监狱或再把犯人释放,罪大恶极的除外,官员不能对这类情况做什么,只有开会加以详细讨论。如果该处死刑,他们都不能做出决定",而是把案件提交更大的官员。官员们审判案子很慎重,往往是让很多人公开听审。"因此他们不可能有伪证,像我们那里常发生的那样,我们那里若落到狡猾的公证人手里,时常有危及人们的财物、生命和面子的事。这里的做法很好,总有很多人到法官那里去听证和作证,诉讼不能作假,不像我们那儿一样常作假。"中国的官员接待人很有耐心,对他们这些外国人也是如此,能仔细倾听他们的陈述。伯来拉感慨地说:"我不知道有比他们尊重我们这个事实,更足以证明他们的司法是值得称赞的,我们不过是俘囚和外国人。因为在基督教国土的任何城镇,无论是哪儿,像我们这样的陌生人受到控告,我可不知道真正无辜者的案件将有什么结果。"伯来拉得出结论说:"中国人在司法方面的措施……是多么超越基督徒,比他们更讲公道和事实。"①

门多萨的《中华大帝国史》中也对中国的政治制度有所介绍。法国人文主义思想家蒙田在晚年读到门多萨的著作,对中国政治制度表示钦佩。他写道:

> 中国的政府管理和艺术与我们从无交流,他们对我们的政府管理和艺术也一无所知,但这个王国在许多方面成效卓著,超过我们的样板。这个国家的历史告诉我们,世界更为宽广,更丰富多彩,无论古人抑或我们自己对世界都知之甚少。在中国,国王派遣到各省巡视的官员可以惩罚利用职权贪赃枉法的官吏,也可以极慷慨地奖励忠于职守为官清廉的官吏,而且奖惩都可以超越一般的方式及官员职责规定的范围。巡视大员去省里不仅为确保令行禁止,也为获得利益,不仅为得到报酬,也为得到奖励。②

---

① [葡]伯来拉:《中国报道》,[英]博克舍编注:《16世纪中国南部行纪》,何高济译,北京:中华书局1990年版,第7、11—13页。
② [法]蒙田:《蒙田随笔全集》第3卷,潘丽珍等译,南京:译林出版社2002年版,第349页。

西方典籍里的中国

蒙田在其著作中数次提到中国的例子,以此鼓励读者用更开放的心态和眼光来看待欧洲的事物,提醒读者反思:"世界的广阔与多种多样,远远超出我们的祖先以及我们自己所知。"

利玛窦在中国生活多年,他详细地考察了当时中国的政治制度。他指出:"从远古以来,君主政体就是中国人民所赞许的唯一政体。贵族政体、民主政体、富豪政体或任何其他的这类形式,他们甚至连名字都没有听说过。"① 利玛窦介绍了中国皇帝的统治方式和传位形式,中央和地方政府的官制和组织形式,认为中国的皇帝和人民都没有征服的野心。"西方国家似乎被最高统治权的念头消耗得精疲力竭,但他们连老祖宗传给他们的东西都保持不住,而中国人却已经保持了达数千年之久。"② 利玛窦特别注意到中国知识阶层参与政府管理的情况,认为这是中国政治"与欧洲人不同"之处。他写道:

> 它的政府的形式与世界上任何别的国家的都不同。虽然帝国并不由知识阶级即"哲人"在进行管理这种说法是正确的,但必须承认他们对帝国的统治者有着广泛的影响。
>
> 标志着与西方一大差别而值得注意的另一重大事实是,他们全国都是由知识阶层,即一般叫作哲学家的人来治理的。井然有序地管理整个国家的责任完全交付给他们来掌握。……凡希望成为有教养的人都不赞成战争,他们宁愿做最低等的哲学家,也不愿做最高的武官,他们知道在博得人民的好意和尊重以及在发财致富方面,文官要远远优于武官。③

利玛窦认为,中国政府的整个性质都与中国人在文学和科学上所取得的进步以及中国实行的科举考试制度有直接关系。因此,他详细地介绍了中国科举考试制度的内容和程序。

---

① [意]利玛窦、[法]金尼阁:《利玛窦中国札记》,何高济、王遵仲、李申译,何兆武校,北京:中华书局1983年版,第44页。

② [意]利玛窦、[法]金尼阁:《利玛窦中国札记》,何高济、王遵仲、李申译,何兆武校,北京:中华书局1983年版,第27页。

③ [意]利玛窦、[法]金尼阁:《利玛窦中国札记》,何高济、王遵仲、李申译,何兆武校,北京:中华书局1983年版,第59—60页。

第五章　对中国制度的研究

图5－1－1　杜赫德描绘的中国官员出行阵势

图5－1－2　荷兰使团在北京郊外受到皇帝特使的迎接

图5-1-3 意大利18世纪壁画《中国官员出行》

二　对开明君主制的赞誉

　　这些来华的西方人特别注意到中国的君主制度，许多启蒙思想家也都大力赞赏中国的政治制度，认为这是一种"开明君主"制度，主张以中国为榜样，在欧洲也实行这样的开明君主制。中国的重农主义经济政策、单一农业税制、教育和科举制度、设置谏官、兴修水利、德治主义等，都受到启蒙思想家们的赞扬和推崇，并希望从中国的政治文化中汲取实际的经验和智慧。

　　伏尔泰在政治上主张开明君主制度或君主立宪制度，认为这是最好的政府形式。他从这种观点来看待中国的政治和法律制度，认为中国的政治制度不是专制政体，而是在法律限制下的君主政体。因为中国自古以来，君主一向受御史谏诤的限制，地方不能任意处死罪犯，必须经上级法庭受审直至京都的裁决。他认为中国人民对于政府的顺从，恰恰是一种美德，因为这种顺从出自皇帝或官员关心民意、体恤下情的敬意。他说："人类肯定想象不出一个比这更好的政府：一切都由一级从属一级的衙门来裁决，官员必须经过好几次严格的考试才被录用。在中国，这些衙门就是治理一切的机构。……在这种行政制度下，皇帝要实行专断是不可能的。一般法令出自皇帝，但是，由于有那样的政府机构，皇帝不向精通法律的、选举出来的有识之士咨询是什么也做不成的。人们在皇帝面前必须向敬拜神明一样下跪，对他稍有不敬就要以冒犯天颜之罪受到惩罚，所有这些，当然都不能说明这是一个专制独裁的政府。独裁政府是这样：君主可以不遵循一定形式，只凭个人意志，毫无理由地剥夺臣民的财产或生命而不触犯法律。所以，如果说曾经有过一个国家，在那里人们的生命、名誉和财产受到法律保护，那就是中国。执行这些法律的机构越多，行政系统就不能专断。尽管有时君主可以滥用职权加害于他所熟悉的少数人，但他无法滥用职权加害他所不认识的、在法律保护下的大多数老百姓。"①

---

① ［法］伏尔泰：《风俗论》下册，梁守锵译，北京：商务印书馆1997年版，第460—461页。

所以，他说：

> 他们的帝国组织确实是世界上最好的，是唯一把一切都建立在父权的基础上的国家；是唯一对于一个在卸任时没有受到万民爱戴的外省巡抚要加以处分的国家；当各国法律只限于惩罚罪行的时代是唯一设置奖金表彰德行的国家；当我们还在被迫接受征服我们的勃艮第人、法兰克人和哥特人的习惯的时代，是唯一使征服者采用它的法律的国家。①

伏尔泰认为，中国道德与政治、法律的结合，即中国式的德治主义，成了公正与仁爱的典范。他主张法国乃至欧洲应该引进中国优良的法律和道德。既然法国能从中国学习制造瓷器，为什么不从中国学习其他优点呢？他说："我们曾把我们的神圣宗教带到中国去，然而没有成功。我们应该把他们的法律拿过来作为交换，但我们也许不懂得做这笔交易。"伏尔泰推崇中国文化，有着直接的现实意义。他以中国为榜样，针砭时弊，要为法国的社会改造提供一条可行的道路。

魁奈在《中华帝国的专制制度》一书中详细考察了中国的经济、政治和法律制度，并对这种制度给予高度的赞扬。这部著作被称为当时欧洲"崇尚中国运动的顶峰之作""是这场运动达于高潮的标志"。有一位法国学者指出："魁奈在他的《中华帝国的专制制度》中浸透着中国文明，使人产生这样一种印象，重农学派的全部理论均是中国哲学的产物。"② 魁奈在这部著作中的许多地方承认他的理论观点是参考了中国的范例，揭示出他的学说所受影响的文化来源。他的一位学生在这部著作的序言中说道：

> 我们让这部有价值的作品尽快地与读者见面，正像我们对他们所许诺的那样。作者将这部作品分成八章，每一章都是同样地令人感兴趣，因为以最大的用心来从事著述是这位作者的习惯。第一章涉及中国的起源、疆

---

① ［法］伏尔泰：《哲学辞典》上册，王燕生译，北京：商务印书馆1991年版，第330页。
② 谈敏：《法国重农学派学说的中国渊源》，上海：上海人民出版社1992年版，第77页。

第五章 对中国制度的研究

域和繁荣;第二章详细考察那个帝国的基本法;第三章分析它的实在法;第四章论述租税制度;第五章论述皇帝的权力;第六章论述行政管理、刑法和中国官吏;第七章论述受到指摘的中国统治的各种缺点。第八章也就是全文最重要的一章,是对前面各章的一个总结,实际上是将国家的良好统治的自然基础,与中国所教导和所实行的作为科学的统治原理,做了一个比较。①

后来,当有人批评魁奈的著作主张效法中国时,这位学生又解释说,魁奈的本意并不认为中国是十全十美的,仅仅认为它与任何其他政府相比,更接近理想模式。

魁奈以"专制"来总结中国的政治体制,并不是要批评中国。相反,他以西方法律传统中的自然法思想为出发点,认为中国的专制是合于法律的,中国的法律是自古便逐步完善的,它以法律、道德、宗教、政权相结合为特点。中国的皇帝是按照自然秩序治国的典范,只有在中国才把自然规律作为立法的基础和人们行为的最高准则,因而中国"由于遵守自然规律而得以年代绵长",是"一个稳定而持久不变的政府的范例"。

对于孟德斯鸠在《论法的精神》中批评中国的专制制度的观点,魁奈非常重视,他在《中华帝国的专制制度》中用了一章的篇幅来逐条进行批驳。他指出:"孟德斯鸠先生在谈到中国政府这个世界上迄今所存在的最古老、最广袤、最仁慈和最繁荣的国家时,竟把这些自相矛盾的说法凑合在一起!为什么在这位著者的心绪里,中国的停止就会引起那么大的困扰?这是因为中国是由专制君主统治,而在他看来,专制主义总是专横和残暴的统治。"② 孟德斯鸠把中国政府看作以棍棒形式的暴力恐吓来维持统治的专制系统。中国政府本质上是用恐惧来引导民众。魁奈指出,孟德斯鸠的这种指控由于生动的描写而得到加强。"但是,在中国实行杖刑就像鞭挞、做苦工等一样,是对犯人的惩罚,这同其他国家的做法所要达到的目的没有什么两样。哪一个国家的统治没

---

① [法]魁奈:《中华帝国的专制制度》,谈敏译,北京:商务印书馆1992年版,第22—23页。
② [法]魁奈:《中华帝国的专制制度》,谈敏译,北京:商务印书馆1992年版,第99页。

有刑法呢？但在这个世界上还有哪一个国家采用那么多的办法来鼓励人们学习榜样和唤起人们的荣誉感呢？对此孟德斯鸠先生只字不提，这正是他夸大其词，以及他极力想把中国人描绘成一群处于专横统治之下的唯命是从之徒和奴隶的一个十分明显的证据。"①

魁奈的政治理想，是主张建立一种"开明君主制"，要求君主受"自然规律"的约束，遵循"自然秩序"，以保证君主利益和人民利益一致。他提供给法国社会的改良药方，就是依靠"开明君主"，实行自上而下的经济改革，把封建君主专制政体同资本主义生产方式的经济秩序结合为一体。

魁奈从他的这种政治理想和自然秩序论出发而特别瞩目于中国的君主专制制度。在魁奈看来，中国"完全可以作为一切国家的范例"，因为"广大的中华帝国的政治制度和道德制度是建立在对于自然法则的认识的基础上，而这种制度也就是认识自然法则的结果"②。中国的法律制度是建立在自然法基础上的，而自然法的存在使君主不敢违法作恶，能够保证他合法地行使职权，保证最高权力人物积德行善。如果君主迈错了步，偏离了正确的道路，忠实的大臣们会立即向他指出来，结果是他得以纠正自己的行为。这就是魁奈理解的中国的"开明的"专制统治。他指出，"用专制一词来称呼中国政府，是因为中国的君主独掌国家大权"。但是，"中国的制度系建立于明智和确定不移的法律之上，皇帝执行这些法律，而他自己也审慎地遵守这些法律"③。这样的统治形式，在魁奈看来，对统治者来说它是一个福音，对臣民来说它也是一个受到崇拜的力量。他指出，由于中国实行的是这样的开明专制制度，所以，"在那个帝国的统治中，一切都像它赖以建立的普遍和基本的法则之不可改变一样，是永远稳定和永远开明的"④。

魁奈还认为，君主或政治家的最高职责，不仅在于研究及遵守自然法，还

---

① [法] 魁奈：《中华帝国的专制制度》，谈敏译，北京：商务印书馆1992年版，第93—94页。
② [法] 魁奈：《中华帝国的专制制度》，谈敏译，北京：商务印书馆1992年版，第111、121、112、111页。
③ [法] 魁奈：《中华帝国的专制制度》，谈敏译，北京：商务印书馆1992年版，第24、72页。
④ [法] 魁奈：《中华帝国的专制制度》，谈敏译，北京：商务印书馆1992年版，第24、72页。

第五章 对中国制度的研究

要用这种自然法则教育人民,政府应该首先设立学校来传授有关自然法则的知识。那么,在中国,对自然法则的研究"已达到尽善尽美的最高程度"。同时,中国也特别重视依据自然法则的教育。魁奈对中国的教育制度备极赞扬,称述中国的官吏,甚至远在穷乡僻壤,都是每月两次,召集所属人民讲学。中国的学校教育,不仅是教学生读书写字,而且同时给予学生获致知识的教育。他认为,如果没有自然法则的知识,便不能明辨是非。而良好的教育使中国成为一个完全符合自然法则的模范国家。然而,除了中国,所有国家都没有把重视教育作为统治基础的必要性。因此,他指出:

> 一个繁荣和持久的政府应当按照中华帝国的榜样,把深刻研究和长期普遍的宣传在很大程度上构成了社会框架的自然法则,当作自己的统治工作的主要目的。①

不仅如此,魁奈还详细研究了中国政治法律制度和行政管理的一些具体方面的问题,如中国的科举制度、谏议制度、文官(学者)内阁、司法程序以及法律法规(实在法)等,并且主张在这些方面也效法中国。他试图通过总结中国的经验,来着手解决法国社会各种迫在眉睫的问题。因为在他的心目中,中国"开明的"君主专制制度,正是欧洲应该致力达到的理想目标。正像他的学生博多说的:

> 我们知道,只有中国人,他们的哲学家,从远古便被最高深的真理所贯彻,他们称之为法则或"天道"。他们的一切措施,都根据这一原则:顺乎天意。②

因此,对于魁奈和重农学派来说,似乎只有从中国古代哲学家那里,才能学到一切社会生活的基本原理。

---

① [法]魁奈:《中华帝国的专制制度》,谈敏译,北京:商务印书馆1992年版,第122页。
② [德]利奇温:《18世纪中国与欧洲文化的接触》,朱杰勤译,北京:商务印书馆1962年版,第97页。

西方典籍里的中国

1730年，德国哲学家沃尔夫（Christian wolff，1679—1754）在马堡大学做了有关中国哲学的讲演，题目是《论哲学王与治国哲人》，把中国展示为一个开明君主专制的杰出实例。这篇演讲当年就被译成英文在伦敦出版，题目为《一个生活于哲人国王统治下的民族的真正的快乐；既合乎事物的性质，也合乎被其创始人伏羲及其杰出的继承人黄帝和神农通知的中国人无可置疑的经验》。沃尔夫在这篇演讲中，将中国古圣王们当作历史人物，认为他们创造出来的教育制度酷似柏拉图《理想国》中的内容，并进一步分析了君主应有的资格与哲学思考对于行政管理的价值。沃尔夫像柏拉图那样断言，当一个团体"或者被哲学家所统治，或者所统治的是哲学家"，那么这个团体将幸福快乐。沃尔夫在谈论中国的治术时写了如下论点：

> 中国最早的三位国王设置了政府的模式，这种模式目前优于世界上其他模式，并且经过以往几千年的昌盛之后，至今依然兴旺，而其他地方的君主和王国都已度过他们最后的时期并分崩离析……我们本应赞成，一名没有忽略一个广大帝国各种事务的统治者不可能推测为是时间的主人、发明事宜所必须之机遇的主人以及哲学理性的主人；然而，那些从不在看似与统治者事务不沾边的所有事情上栽跟头的伟大人物的例子就足以反驳……中国就是这样，中国的国王是哲学家，而哲学家国王……中国的皇帝……身上有着哲学储备，并以哲学的方法塑造政府；而且，他们没有任何现成的模型可供遵循翻版，没有借用任何关于文官或政治哲学的成熟系统，他们是凭借天才把关于公共福利的观念归纳为关于一个家或家族的福利的观念，并置之于一家之长的管理之下……中国人还有一种风俗，就如孔子和孟子的作品中所表现的，面临一件性质艰巨的事情时咨询哲学家，哲学家们是可爱的国王们的议会……因为哲学家在政治知识方面很擅长，也远远超过所有的其他人……哲学本身所激发起的对真理的热爱能够作用于统治者。①

---

① 张国刚、吴莉苇：《启蒙时代欧洲的中国观——一个历史的巡礼与反思》，上海：上海古籍出版社2006年版，第261—262页。

第五章　对中国制度的研究

沃尔夫在讲演中表示对中国道德学和政治学的钦佩。他认为，中国是关于哲学化政府的最有说服力的例子，中国最接近他的理想。

英国哲学家大卫·休谟（David Hume，1711—1776）与许多启蒙时代的思想家一样，主张反对专制制度。但他认为中国的君主制并不是专制的，而是文明的君主制。休谟说中国是一个富裕、文明和人民幸福的国家。他写道："中国政府虽然是纯粹的君主制，但确切地说，并不是专制的。……可以说利剑是始终掌握在人民手中，这对国君可起充分的约束作用。迫使他将大官或各省总督置于普遍推行的法律约束之下，以免发生叛乱。从历史上看，这种叛乱经常发生，危及政府的生存。他们这种纯粹的君主制，假若用于抵御外侮，也许是最好的政府了。既有皇权的安定，民众集会又有自由，并较节制。"① 休谟把中国看作"文明化的君主国"：

> 在文明化的君主国中，唯有国君实施其权威不受约束，唯独他拥有不受任何限制的权力，除了风俗、先例和自我利益意识，不受任何别的限制。而每个大臣和地方官吏，不论地位如何显赫，都须遵循治理整个社会的一般法律，按照规定方式实施委托给他代行的职权。人民仅依靠君主保障自己财产而不依靠别人。君主离人民甚远，对他们没有什么个人嫉妒或利益冲突，因而这种依赖几乎不为人所察觉。于是产生了一种政府，用政治高调来说，仍可以称之为专制政府，但它在公正谨慎的治理之下，却可向人民提供基本的安全，实现政治社会的多数目标。②

在休谟看来，中国这样的"文明化的君主国"，有利于优雅艺术的成长，而不利于科学的发展，唯有民主的共和国才有利于科学的成长。

---

① ［英］休谟：《休谟政治论文选》，张若衡译，北京：商务印书馆1993年版，第71—72页。
② ［英］休谟：《休谟政治论文选》，张若衡译，北京：商务印书馆1993年版，第74页。

西方典籍里的中国

图 5-2-1　西方人想象的中国皇威浩荡的检阅

图 5-2-2　西方人想象的中国皇帝和皇宫

第五章 对中国制度的研究

图5-2-3 法布歇所绘的中国皇帝与臣子,展现了18世纪欧洲人想象的理想化的东方政治图景

三 "开明君主":传教士眼中的康熙皇帝

传教士们在讨论中国君主制度的时候,还热衷对中国皇帝特别是对康熙皇帝形象的描述。耶稣会士们都认为中国皇帝是贤德之君和世人楷模。当时有人从诸多传教士的叙述中积聚出中国皇帝在欧洲的主导印象,即拥有最高程度的治国之道,他本人身上汇集了构成一位正人君子和君主的一切品质。他的风度举止,他的体型,他泰然自若的种种特征,某种高贵气息,再加上温和仁慈的性情,使人刚一见到他就不由得产生出爱戴敬重之情,从一开始就向人表明他是宇宙间最伟大的帝国之一的君主。在当时的欧洲,仁慈的专制主义是人们的最高政治理想。而耶稣会士们处心积虑塑造中国皇帝的形象,在建构开明君主制度典范方面发挥了一定的作用。

耶稣会士们还热衷将康熙皇帝与路易十四相提并论,以康熙的荣耀来映衬

"太阳王"的光辉,以中国集权君主制的成功来证明法国集权君主制的英明,引起法国政府的注意力,让政府在中国的传教事业上给予更多的支持。

法国传教士白晋的《康熙皇帝传》在塑造中国皇帝的这种"英明君主"形象上发挥了重要作用。白晋1688年来华,一直在宫廷中工作,深得康熙皇帝的信任,是在来华传教士中与中国皇帝接触比较多的人之一。他对中国宫廷的情况比较熟悉,对康熙皇帝的性格也多有了解。康熙皇帝任命白晋为特使出使法国,于1697年5月回到巴黎,受到法王路易十四的热情接见。白晋于同年出版了《中国现状》与《康熙皇帝传》两本书。他将康熙皇帝描绘为另一位"太阳王",以此期望博得路易十四对康熙的好感,从而获取其对传教区进一步的财政和人力的支持,派遣更多的耶稣会士去中国。

《康熙皇帝传》原书名为《中国现任皇帝传》,出版后立即引起广泛关注,不久就出版了英、荷、德、意和拉丁文译本,后来又收入莱布尼茨的《中国近事——为了照亮我们这个时代的历史》的第二版中。

白晋的《康熙皇帝传》是西方的第一本康熙皇帝的传记,也是当时包括中国在内的唯一一本康熙皇帝的传记作品。在这部传记中,白晋不仅对康熙的性格、个性特点等有细致入微的描写,也记述了康熙时期的许多重大事件,使欧洲几乎同步地了解到同时期中国的社会政治状况。

白晋在《康熙皇帝传》中,简要叙述了康熙的文治武功,对其品德、性格、生活、爱好等方面都做了详细介绍。他在给路易十四的献词中说:

(康熙皇帝)和陛下一样,智慧精深非凡,兼具帝王胸怀,严于修身治民,备受国内外民众的爱戴。以其宏伟业绩来看,他不仅威名显赫,而且是位实力雄厚、德高望重的帝王。简言之,这位皇帝集英雄美德于一身,即便他的治国之道尚远不如陛下,但至少也可以被称为统治天下的帝王之中最为圣明的君主之一。[①]

[①] [德] 莱布尼茨:《中国近事——为了照亮我们这个时代的历史》,杨保筠译,郑州:大象出版社2005年版,第52页。

第五章　对中国制度的研究

白晋这样描述康熙皇帝，说他天赋极高、博闻强记、智力过人、明察秋毫。他有处理复杂纷繁事务的刚劲毅力，他有制定、指挥、实现宏伟规划的坚强意志。他的嗜好和兴趣高雅不俗，都很适于帝王的身份。他为人公正，伸张正义，倡导德行，爱护臣民。他具有服从真理的性格以及绝对抑制情欲的克己之心。诸如此类高贵品德，不胜枚举。此外，作为一位日理万机的君王，能如此爱好艺术并勤奋学习各门科学，这一点也不能不令人惊讶。

白晋说，康熙皇帝在政治上公正无私，按国法行事；在用人上任人唯贤，并把这些视为施政中严守的信条。因此，从未发生过因徇私情或出于个人利益而反对康熙皇帝的事件。康熙皇帝重视并严格选拔优秀官吏，监督他们的行动，这表明皇上平素对臣民的仁爱之心。此外，当某省发生严重灾荒时，从他内心中表现出来的异常忧虑之情，充分说明他作为一国之主的强烈责任感。康熙皇帝为了了解国民的生活和官吏们的施政状况，时常巡幸各省。视察时，皇上允许卑贱的工匠和农夫接近自己，并以非常亲切慈祥的态度对待他们。皇上温和的问询，使对方甚为感动。康熙皇帝经常向百姓提出各种问题，而且一定要问到他们对当地政府官吏是否满意这类问题。如果百姓倾诉对某个官员不满，他就会失去官职，但是某个官员受到百姓的赞扬，却不一定仅仅因此而得到提升。白晋指出：

> 实际上，中国实行的是不折不扣的君主专制政体，唯独皇帝享有至高无上的权力。下级必须无条件地服从上级。在一个城市里，只有府道一人有权决定这个城市的所有事务；在一个省的范围内，只有督抚有权决定本省的所有事务。这种政治体制本身是十全十美的，但它要求代表君主权力的各城市和省份的最高官员如总督必须是廉洁奉公，不为贿赂收买，拒绝出卖正义的刚直不阿的官员。①

白晋还写道，康熙皇帝过着朴素的生活，就其衣着来说，令人丝毫没有奢

---

① ［德］莱布尼茨：《中国近事——为了照亮我们这个时代的历史》，杨保筠译，郑州：大象出版社2005年版，第64页。

西方典籍里的中国

侈浪费的感觉,这并非由于他爱财和吝啬。他虽然自己力求节俭,但对用于国家的经费却特别慷慨。只要是有利于国家、造福于人民的事业,即使支出数百万两的巨款,他也从不吝惜。这就是其中的一个例证。为了修缮官署,以及为了改善人民生活、促进商业发展,而治理河流、运河,建设桥梁、修造船只及其他类似的事业,他经常拨出巨款。由此不难看出,康熙皇帝的朴素生活,完全是由于他懂得节约的意义,也是由于他希望做一个为臣民所爱戴的君主,所以努力为国家的实际需要积累财富。总之,"康熙皇帝现在不但在其本国享有绝对的尊严,而且作为一个具有超常天赋、过人智慧、丰富经验、渊博知识和出众的廉洁品质的君主,受到邻近各国国民的尊敬和颂扬,并在亚洲的所有地方声名显赫"①。

图 5-3-1　康熙皇帝巡视教堂

---

① [德]莱布尼茨:《中国近事——为了照亮我们这个时代的历史》,杨保筠译,郑州:大象出版社2005年版,第99页。

白晋在《康熙皇帝传》中对他与康熙的密切接触进行了回顾。他说，皇上亲自向我们垂询有关西洋科学、西欧各国的风俗和传闻，以及其他各种问题。我们最愿意对皇上谈起关于路易大王宏伟业绩的话题；同样，可以说康熙皇帝最喜欢听的也是这个话题。这样一来，皇上竟让我们坐在置放御座的凳上，而且一定要坐在御座的两旁。如此殊遇除皇子外从未赐予过任何人。

白晋在书中处心积虑地美化康熙，宣扬自己和耶稣会士们与皇帝的亲密关系，是为了便于在中国开展传教事业。他指出，如果这位君主归信天主教，必将收到人数堪与全欧洲匹敌的辽阔的中国改变信仰的可喜成果。还有可能使向来崇拜中国文化，遵从中国格言与习俗的中国周边各国民众也仿效归信天主教。

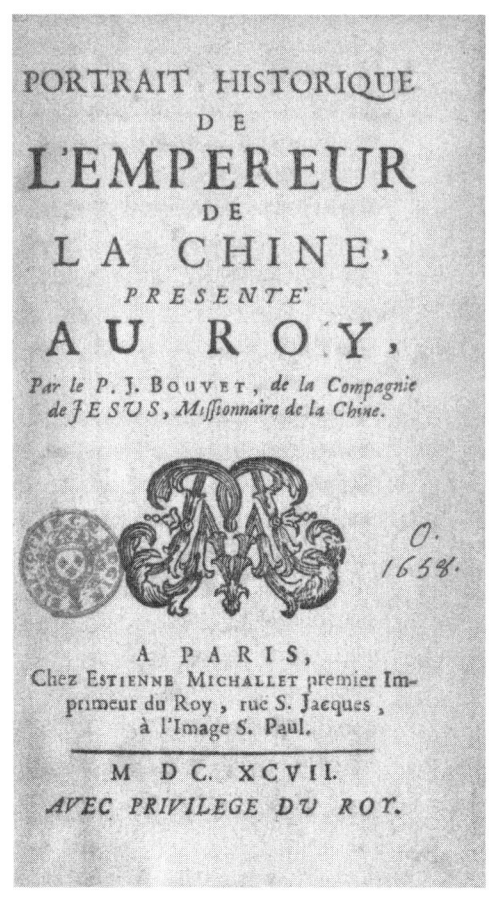

图 5-3-2　白晋《康熙皇帝传》

图 5-3-3 法国挂毯"中国皇帝",中间白胡子的是汤若望,
他正在向皇帝解释天文学

第五章　对中国制度的研究

图 5-3-4　康熙皇帝

四　孟德斯鸠对专制主义的批评

法国启蒙思想家孟德斯鸠最重要的著作是《论法的精神》。这部著作在启蒙运动中意义重大，正是在这部著作中，孟德斯鸠提出了"三权分立"的政治主张。他把世界历史上存在的政体分为三种，即共和政体、君主政体和专制政体。他颂扬英国的君主立宪，认为行政、立法和司法的分权，互相制衡，是公民自由的保障。孟德斯鸠在这部著作中从自己的理论观点出发，考察了中国的历史和文化，涉及中国的地理环境、政治制度、法律、经济、宗教、人口、礼仪、风俗等方面，并且集中批评了中国的封建专制主义。

孟德斯鸠首先明确指出中国政体的专制主义本质特征。他说："中国是一个专制的国家，它的原则是恐怖。"① 专制政体由于毫无法制的约束，君主实行个人独裁统治，必然给国家和人民造成巨大灾难。"在专制政体之下，君主把大权全部交给他所委任的人们。那些有强烈自尊心的人，就有可能在那里进行革命，所以就要用恐怖去压制人们的一切勇气，去窒息一切野心。""对于专制政体，品德是绝不需要的，而荣誉则是危险的东西。"② 在说到中国恐怖的专制主义的残酷性时，他指出：

> 中国的法律规定，任何人对皇帝不敬就要处死刑。因为法律没有明确规定什么叫不敬，所以任何事情都可拿来作借口去剥夺任何人的生命，去灭绝任何家族。
>
> 有两个编辑邸报的人，因为关于某一事件所述情况失实，人们便说在朝廷的邸报上撒谎就是对朝廷的不敬，二人就被处死。有一个亲王由于疏忽，在有朱批的上谕上面记上几个字，人们便断定这是对皇帝不敬，这就使他的家族受到史无前例的恐怖的迫害。
>
> 如果大逆罪含义不明，便足以使一个政府堕落到专制主义中去。
>
> ……人们曾经想使法律和专制主义并行，但是任何东西和专制主义联系起来，便失掉了自己的力量。中国的专制主义，在祸患无穷的压力之下，虽然曾经愿意给自己戴上锁链，但都徒劳无益；它用自己的锁链武装了自己，而变得更为凶暴。③

据此，孟德斯鸠批驳了传教士们关于中国的说法，他们说那个幅员辽阔的

---

① [法] 孟德斯鸠：《论法的精神》上册，张雁深译，北京：商务印书馆1961年版，第129页。
② [法] 孟德斯鸠：《论法的精神》上册，张雁深译，北京：商务印书馆1961年版，第26页。
③ [法] 孟德斯鸠：《论法的精神》上册，张雁深译，北京：商务印书馆1961年版，第194、129页。

中国的政体是可称赞的,它的政体的原则是畏惧、荣誉和品德兼而有之。但是,"一个国家只有使用棍棒才能让人民做些事情,还能有什么荣誉可说呢?"①

孟德斯鸠十分强调地理环境因素对社会历史发展的作用,认为气候、土壤和地域这些自然条件,对一个民族的性格、感情、道德、宗教、风俗和法律,以及国家政体都有直接巨大的影响。他认为由于中国的气候,人们自然地倾向于奴隶性的服从;由于帝国幅员广阔而会发生各种恐怖,所以专制政体是适合中国的。

孟德斯鸠考察了中国历史上王朝的更迭变迁,认为中国的专制主义造成了一批又一批恣睢荒淫的统治者,中国朝代的变更是中国帝王奢侈、腐化的结果。他指出:

> 中国在历史上有过22个相连续的朝代,也就是说,经历了22次一般性的革命——不算无数次特别的革命。……大体上我们可以说,所有的朝代开始时都是相当好的。品德、谨慎、警惕,在中国是必要的;这些东西在朝代之初还能保持,到朝代之末便都没有了。实际上,开国的皇帝是在战争的艰苦中成长起来的,他们推翻了耽于逸乐的皇室,当然是尊崇品德,害怕淫逸;因为他们曾体会到品德的有益,也看到了淫逸的有害。但是在开国初的三四个君主之后,后继的君主便成为腐化、奢侈、懒惰、逸乐的俘虏。②

这样,皇室衰微下去,直到这一朝代被推翻,而新兴起的朝代又走进同一循环之中。孟德斯鸠认为,对于中国来说,奢侈之风是危险的事。

孟德斯鸠指出,中国的专制主义是以"礼教"进行统治的,"礼教"构成了国家的一般精神,而中国的政治则是一种"礼治主义"。他说,中国的立法者们认为政府的主要目的是国家的太平。在他们看来,服从是维持太平最适宜

---

① [法]孟德斯鸠:《论法的精神》上册,张雁深译,北京:商务印书馆1961年版,第127页。
② [法]孟德斯鸠:《论法的精神》上册,张雁深译,北京:商务印书馆1961年版,第103页。

的方法。他们的主要目标，是要使他们的人民能够平静地生活下去。他们要人人互相尊重，要每个人时时刻刻都感到对他人负有许多义务；要每个公民在每个方面都依赖其他公民。因此，他们制定了最广泛的"礼"的规则，用"礼"来约束人的行为和人与人之间的关系。不仅如此，中国还把礼仪与宗教、法律和风俗结合在一起，而在这其中具有主导性和代表性的是道德：

> 中国的立法者们……把宗教、法律、风俗、礼仪都混在一起。所有这些东西都是道德。所有这些东西都是品德。这四者的箴规，就是所谓礼教。中国统治者就是因为严格遵守这种礼教而获得了成功。中国人把整个青年时代用在学习这种礼教上，并把整个一生用在实践这种礼教上。文人用之以施教，官吏用之以宣传；生活上的一切细微的行动都包罗在这些礼教之内，所以当人们找到使他们获得严格遵守的方法的时候，中国便治理得很好了。①

孟德斯鸠认为，中国的"礼教"把法律、风俗、宗教和礼仪结合在一起，隐饰了人的邪恶一面，强化了人与人之间的依赖关系，造成了社会生活的平静和对统治者的服从，而且可以抵御外来征服者的同化。即使国家一时被征服了，人们的礼仪、法律、风俗和宗教也不会改变，反而会改变征服者。法国学者安田朴（Etiemble，1909—2002）指出："孟德斯鸠非常透彻地理解到礼仪在中国文化和政府中的重要地位……他非常精辟地分析了能够'轻而易举地'使之铭刻在中国人思想和心灵中的两种原因：一方面是表意文字的性质以及因懂得这种文字而受到的崇拜，另一方面是这些礼仪丝毫没有宗教的性质，仅限于提出'一种共同行为的准则'。如果这里是指'一种文明行为'，那就很容易向众人灌输这一切了。"②

孟德斯鸠还特别分析了中国礼教中的孝道。他说，中国的统治者制定了无数的礼节和仪式，集中一切力量，使人恪守孝道。他指出，这种表面上似乎无

---

① ［法］孟德斯鸠：《论法的精神》上册，张雁深译，北京：商务印书馆1961年版，第313页。
② ［法］安田朴：《中国文化西传欧洲史》，耿昇译，北京：商务印书馆2000年版，第508页。

关紧要的东西却与中国的基本政制有关，因为这个国家的构成，是以"治家"的思想为基础的。家庭生活中伦理亲情关系的日常习惯不断地唤起一种必须铭刻在人们心中的感情，而正是因为人人都具有这种感情，才构成了这一帝国的统治精神。

所以，"中国人的礼仪是不能毁灭的"。而当中国政体的原则被抛弃，道德沦丧了的时候，国家便将陷入无政府状态，革命便将到来。

在18世纪法国学术界和思想界关于中国的认识和研究中，在弥漫全欧洲社会的"中国热"的气氛中，孟德斯鸠是第一个系统地研究中国政体及其相关的诸多方面问题，并且对中国的专制主义提出了十分尖锐的批评。在当时对中国文化持批评态度的作品中，《论法的精神》是比较全面和系统的。但是，作为一位严肃的学者和正直的思想家，孟德斯鸠的批评态度不是出于片面的激情和偏见，因而也对中国文化有比较中肯的分析和赞扬。孟德斯鸠绝不是纯粹的中国文化的反对者，他虽然看到中国文化的坏处，但也看到中国文化的好处。

在启蒙思想家们对中国文化的评论中，孟德斯鸠对中国专制主义的尖锐批评具有重要意义。同样是谈论中国的专制制度，伏尔泰和魁奈给予了热烈推崇和赞誉，而孟德斯鸠却进行了激烈地抨击和否定，他们之间的区别，不仅在于对西传欧洲的中华文化的两种价值判断，更在于他们不同的理论立场和政治理想，中国的事例都是他们论证自己学说的有用材料。但是，不论对谁来说，中国文化、中国的存在，都是他们理论建构和现实思考的一个巨大参照系。

五 其他启蒙学者对专制主义的批评

虽然狄德罗对中国文化有很多欣赏和赞颂的言论，但他不主张无条件地赞美中国。他对中国的家长式专制制度提出尖锐的批评。他不认为中国以父权为基础建立的政体值得赞扬，因为以这种原则建立的政体只能是专制主义的政体，在这种专制君主的统治下，人们只能缄口不言，忍受一切暴政。家长制是暴政的幌子，他不相信家长之下的中国能有圣洁皇帝这一神话。所以，中国人实际上生活在双重的暴政之下,其一是家庭暴政,其二是皇帝的暴政。受到广泛赞扬的中国人的温顺、矜持和彬彬有礼,其实都是一种奴性。家庭专制主义的后果是对父辈表面的尊敬和内心的仇恨,国家专制主义的后果则是泯灭一切美德。

霍尔巴赫赞赏中国儒家主张的"德治",但在另一方面,他对中国政治体制的专制主义持严厉的批评态度,这一点与狄德罗、孟德斯鸠比较接近。实际上,在他们那里,不论是赞扬中国的开明君主制,还是批评中国的专制主义,根本目的是用来影射批评法国的专制统治。赞扬"中国的",实际上是以此为镜鉴反衬法国专制制度的弊端;批评"中国的",实际上是"指桑骂槐",影射和讥讽法国的专制制度。因此,霍尔巴赫认为,国家的安定长久并非政府高度贤明的标志。

> 亚洲几个幅员辽阔的国家几千年来一直在无理性的专制压迫下呻吟着,尽管政权频繁易手,但这种专制制度始终同样地统治着不幸的奴隶。人民囿于无知和懒惰,更囿于迷信,对压迫习以为常,甘心忍受。他们的生活方式所养成的麻木不仁,使他们不知道世上还有比他们的苦命好得多的幸运的人。
>
> 在亚洲,专制主义在血海中建立起自己的钢铁般的统治已经有许多世纪了,正是亚洲的专制主义最具有典型性。专制制度利用宗教迷信,所以能够在那里实行赤裸裸的残暴统治。[①]

这些批评和他的政治主张是一致的,并且与孟德斯鸠等人对中国的专制主义批评有相同之处。

主要活跃在 18 世纪后半期的法国启蒙思想家马布里(Gabriel Bonnot de Mably, 1709—1785)对中国的批评,主要不是针对中国,而是为了批驳重农学派的观点,特别是针对魁奈对中国专制主义的赞扬。马布里是一位空想社

---

① [法]霍尔巴赫:《自然政治论》,陈太先、眭茂译,北京:商务印书馆 1999 年版,第 63、219 页。

主义者,主张消灭私有制,消除贫富对立。他对专制制度深恶痛绝,因而对重农学派赞扬中国的专制主义表示了毫不客气的批评。他读过一些耶稣会士有关中国的记述,但他认为这些记述往往自相矛盾,而且有许多不可思议的东西。他承认耶稣会士对中国既有赞颂也有揭露,但对于他们揭露的阴暗面,马布里觉得没有意义,对于他们所颂扬的事物则不予置信。对于重农学派所赞扬的中国的繁荣和富庶,马布里认为是言过其实。

马布里对重农学派的批评,不在于中国是不是专制制度,而在于如何评价专制主义。魁奈认为,中国是一个专制主义国家,君主拥有至高无上的权力,但这不是坏事,而是好事。因为最高权力如果掌握在许多人手里,那些人就会因各自的利益而彼此矛盾,以致影响权力的有效行使。如果最高权力仅由君主一人独领,他的个人利益与国家利益融为一体,他必然会兢兢业业地治理自己的国家。马布里对此进行了强烈的批驳。他指出,独领最高权力的君主必须拥有优良的品德和渊博的知识,而品德和知识并非与生俱来的,需要后天的培养和积累。君主既然是世袭的,就难以保证每个君主都具有应有的品德和知识。马布里认为,只要是君主一人掌握政权,那就是专制主义;即使是所谓的"合法的"专制主义,也同样可能转化为暴政,而且没有任何外来力量可以阻止这样的转变。中国的专制主义被说得天花乱坠,其实只是由于自然条件优越和人口众多而显得略有节制而已。所以,他说:"我们欧洲有不少温和的君主制国家,我们应该推荐的典范是这些国家,而不是可笑的中国专制主义。"①

德国哲学家黑格尔也对中国的君主专制制度持批评态度。他认为家长制的东方专制主义将中国人的精神压制在愚昧状态,自由与科学无从发展,历史依旧停留在起点上,或者从未开始。黑格尔认为,中国政府就完全建立在家长制的伦理关系上,客观的家庭孝敬是国家的标志。中国人认为自己既属于他们的家庭,同时又是国家的儿子。在家庭内部,他们不具特性,因为他们所在的实体单位是血缘和自然的单位。在国家内部,他们同样缺乏特性,因为国家内部占统治地位的是家长制。政府的任务仅仅是落实皇帝预先制定的措施。皇帝像父亲一样,掌管一切。中国人的头等大事就是生儿育女,以便死后儿孙们能够

---

① 许明龙:《欧洲18世纪中国热》,北京:外语教学与研究出版社2007年版,第192—195页。

在他们的葬礼上表示最后的敬意，缅怀他们，并祭扫他们的坟墓。这就是中国民族各方面的性格。在中国，奴隶和自由民之间的必要差别并不大，因为在皇帝面前人人平等，就是说，大家一样卑微。由于不存在名誉，在别人面前谁都没有一种特殊的权力，所以自卑意识占统治地位。

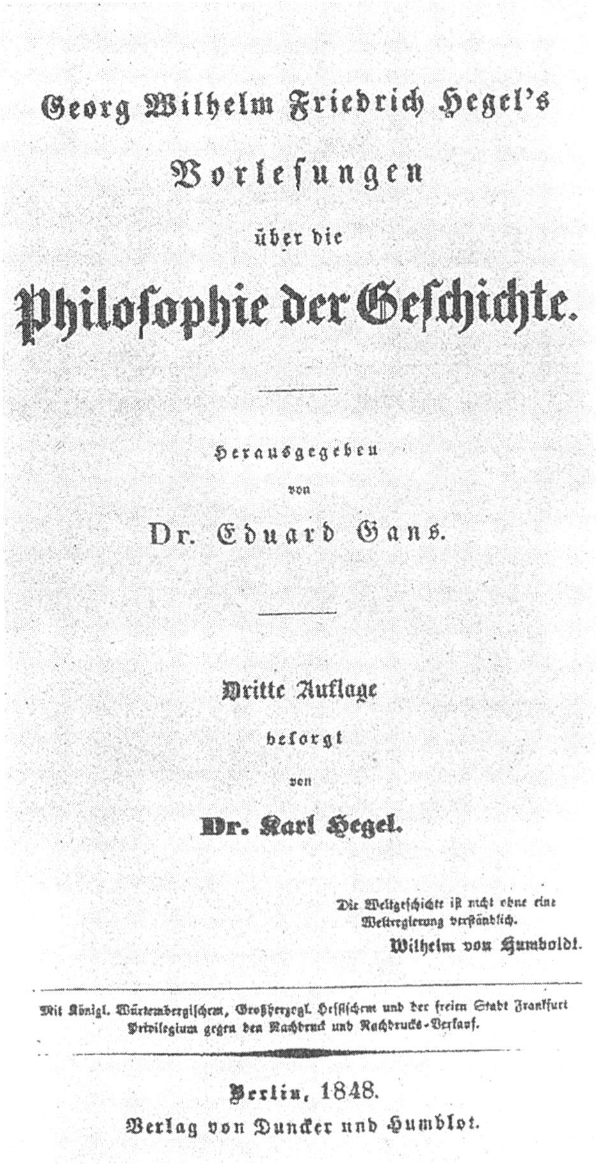
Georg Wilhelm Friedrich Hegel's

Vorlesungen

über die

Philosophie der Geschichte.

Herausgegeben

von

Dr. Eduard Gans.

Dritte Auflage

besorgt

von

Dr. Karl Hegel.

Die Weltgeschichte ist nicht ohne eine Weltregierung verständlich.

Wilhelm von Humboldt.

Mit Königl. Württembergischem, Großherzogl. Hessischem und der freien Stadt Frankfurt Privilegium gegen den Nachdruck und Nachdrucks-Verkauf.

Berlin, 1848.

Verlag von Duncker und Humblot.

图 5－5－1　黑格尔《历史哲学》的书名页

第五章 对中国制度的研究

六 对教育和科举制度的研究

来华传教士们对中国的教育和科举制度很感兴趣。他们注意到，在中国人那里，读书几乎成为终身职业，"由于中国人的命运全部寄托在他们的能力及智力上，因而把毕生的时间用于学习。"曾德昭指出，中国人从小就得入学，初学者有几本小书，内容包括良好的规矩，道德训诫，端正行为，服从长辈等。几个月后，他们让学生读经书，课文和生词全要用心背下来。然后，老师开始授课，学生要背下讲授的课文。他注意到私塾这种教育形式，说有财力的家庭在家里给孩子请老师，这位老师一直跟孩子们一起，不仅教他们识字和知识，还教授有关政治、品行和道德方面的事，以及如何对待各种事件。老师指导学生的礼仪和优良行为，避免危害他们的思想。

安文思主要介绍了中国的国家学院国子监。他说国子监可以称为"全国的公立学院或大学"，学生分为 8 类，包括贡生、监生、官生、恩生等。掌管国子监的是四品官，学校的监管是五品官。

传教士们看到，中国学生们学习的内容主要是儒家学说所阐述的道德、历史、法律和人际关系的原则，是政治和民事的治国之道。中国的教育主要是一种培养道德礼貌的公共教育，在全国各地，学习和教育计划都是完全标准化的。因而，在这样的教育制度下培养出来的知识阶层首先是国家道德的代表。而他们在学习、研究的过程中，把道德的原则从经典的作品及已有的礼仪法则中抽取出来，并长期、缓慢地将其传播于人，从而他们也就成为"民族的灵魂""国家的权威"。在传教士们的描绘中，这种以重申道德原则为主要内容的教育制度，是保证中国社会稳定和谐的主要支柱。

中国通过科举考试来选拔人才、选拔官吏的制度，形成于隋唐时期，到宋代有所发展，至明清时期，制度更加完备，是中国的基本行政管理制度之一，是中国文官政治的重要基础。来华的欧洲人士很早就注意到这种选官任官制度，并且都用了很多笔墨来介绍这种制度。

16 世纪来中国的欧洲人关于中国的游记和报道中，如克路士的《中国

西方典籍里的中国

志》，拉达的《中国纪事》等，都曾记载了中国科举考试的情况。克路士的著作后来被译为英文本，使英国人于16世纪末对中国科举制度有所了解。1596年，英国女王伊丽莎白曾写了一封信给万历皇帝，表示对中国科举制度饶有兴趣。门多萨的《中华大帝国史》中也对科举考试有明确的记载。

但是，由于那个时候来华的欧洲人没有在中国停留多久，甚至没有能够进入内陆地区，只是在沿海地带走马观花地有一些浮光掠影的印象，所以对于像科举制这样制度层面的深层次的问题，他们了解得并不是十分清楚。直到从利玛窦开始，耶稣会士们才开始对科举制有比较深入的了解和研究。

《利玛窦中国札记》对中国科举考试制度介绍得非常详细，对中国科举考试制度及考试内容颇为赞赏。利玛窦认为，中国政府的整个性质都与中国人在文学和科学上所取得的进步，以及中国实行的科举考试制度有直接关系。因此，他详细地介绍了中国科举考试制度的内容和程序。近代西方国家确立文官制度曾受到中国科举制的直接影响，而特别注意到向西方详细地介绍中国的科举制，很可能是从利玛窦开始的。

曾德昭也曾详细描述了中国的科举考试制度。他将秀才、举人和进士分别对应欧洲的学士、硕士和博士。在《大中国志》中，曾德昭用了3章的篇幅介绍中国的考试制度，他从考场开始介绍，说中国有一个"总学府"，宽阔雄伟，装饰华贵，为考官和应试者而设。这些学府设在城镇，特别是在学士会试的省城有雄伟的学府。他写道：

> 他们有三种学位：秀才、举人、进士。我认为，若要对它们认识清楚，可把它们比作我们的学士、硕士和博士，各自有尊荣的标记和徽号。那些仅仅是学生、没有取得任何学位的人，本身没有任何特权，只被人尊为绅士。大家把他们敬为国家之灯，中国人知道应如何尊重确实值得尊重的人物。①

接着，曾德昭详细地介绍了各级考试的时间、考场的状况、考试的方法、

---

① [葡] 曾德昭：《大中国志》，何高济译，上海：上海古籍出版社1998年版，第48页。

考试的内容，以及最后的录取等，还有中了举人之后隆重的庆祝活动。他最后介绍了国家举行的授予"博士"学位的仪式："考官是皇家学院的人物，叫作翰林，其总裁始终是仅次于该国皇帝的最大的官员，即阁老。""考试结束后，他们进入另一座大殿，新博士在那里向皇帝致敬，阁老立即向皇帝引荐其中的头三名，这时皇帝亲自给每一位颁奖。头一位获赏的一直有一个特别的名称，第二名和第三名也一样。头名叫状元，第二名叫榜眼，第三名叫探花。这些名称是如此受到尊崇，以至于考试后几天，全国几乎无人不晓，连他们父亲和家乡的名字都传遍全国。在那样大的国土内，这是件了不起的事。其名之尊贵就如我们的公爵和侯爵。他们在全国得到的尊敬及获得的职位和官称，正如古代之授予大君主者，但与君主的权力有所不同，现在则相当于博士所拥有。"①曾德昭还指出，这些人获得博士学位后，当年就安排工作，甚至安排比较重要的职务；此外，因为这一学位非常崇高，所以还要进行拜会、祝贺、宴请和馈礼等，简直难以想象。

安文思的《中国新史》中介绍中国的科举考试制度时说，每三年在北京将要举行一次全国的考试，考试结束之后，考生中的366名授予博士的等级。"他们在文章写作上表现得最有才能和文采。皇帝从这些年轻的博士中挑选最年轻、最有才华的人，让他们进入叫作翰林院的部门，即富有学识之林园。""这个部门是皇家学院，或者我可以说，始终是准备为国家和皇上效劳的皇家人才知识库。"②

法国传教士巴多明在1730年的一封信中也详细地介绍了中国的科举考试，他说：

> 仕途上的平坦大道则是研究经书、史书、法律和伦理经典。这就是要学会从事他们所说的"文章"，也就是说针对所论述的内容而彬彬有礼地书写，使用精心选择的和适宜的章句。世人正是通过这条道路而高中进士等级。人们一旦获得这一学位后，就会获得荣誉和声望，舒适生活便会接

---

① ［葡］曾德昭：《大中国志》，何高济译，上海：上海古籍出版社1998年版，第56页。
② ［葡］安文思：《中国新史》，何高济译，郑州：大象出版社2004年版，第107页。

踵而至，因为他们很快就会成为官吏。①

巴多明指出："这就是支撑中国人努力研读的原因"。

在其他许多传教士的著述中，也都一再提到或详细论述中国科举考试制度。在当时来华传教士眼中所看到的中国，是一派秩序井然、稳定持久景象的中国。在他们看来，在一些古人所制定的政府的模式、方案中，我们或许不会见到有哪个像中国的君主制那样完美、缜密。他们认为，这些优点来自这样一种政治形式，即只有经过多年的学习并通过为数众多的考试，才能当上官员。"此种等级制度的制定肯定是受聪明的政治谋略所支配的，因为除中国人天性爱好自己的文字，这种持续的训练、频繁的考试使他们处于良好的状态之中，给他们提供了一种高尚的竞争，使他们在一生中最美好的时光中全神贯注于此，以免其因无所事事、游手好闲而引发国家政治混乱。他们一到识字年龄就向往做秀才，往往要付出许多艰苦努力方能获得这一头衔；而一旦获得，又几乎毕生都要忙于新的考试才能保住它或是取得更高的功名。有了这些功名，他们官职步步晋升，还可带给他们贵族头衔。"②

这种经过竞争性的考试选拔官员，并用以治理社会的做法，在当时的欧洲还是不能想象的。但是，耶稣会教士中有许多人本身就是教育家，是一些学校的创办者，他们也积极地参与国家事务。所以，中国人对教育的重视，学者在中国社会中的作用，以及经过竞争性的考试招募优秀人物为官员的制度所具有的道德、社会和政治效果，都是他们特别感兴趣的。

和利玛窦一样，有许多传教士首先注意到科举考试的过程和在中国社会生活中的重要性。国家的贡院宽敞、宏伟，监考执行得一丝不苟，试卷的批改十分小心，录取的筛选十分严格，发榜后还要举行纪念孔子的宴会和典礼，皇帝亲自殿试，颁授最高级别的学位，围绕国家考试的那一切威严庄重的景象，都使耶稣会教士们看到"学而优则仕"的美妙画面。

---

① ［法］杜赫德编：《耶稣会士书简集——中国回忆录》第4卷，耿昇译，郑州：大象出版社2005年版，第42—43页。

② ［法］杜赫德编：《耶稣会士书简集——中国回忆录》第5卷，吕一民等译，郑州：大象出版社2005年版，第219—220页。

传教士们还注意科举考试制度对社会选拔优秀人才、促进合理的社会流动的重要性。通过考试而选拔出来的学者是一种贵族，但他们的职位和声望不是得自世袭，而是凭借其自身的价值才得到的。他们希望这种"真正的贵族"和选拔贵族的方式能够成为欧洲的典范。

总之，传教士们对中国的科举考试制度十分重视，正如李明的研究中所概括的，他们认为科举考试制度有4项好处：一是国家通过考试选用有为的青年，不管其出身如何，只看其专研学问的结果，驱使他们奋进。二是磨炼人们精进学问的精神，使社会上尊重知识。中国青年热衷在国家考试中及第，使其提高文化修养。三是防止贪欲和精神堕落，防止发生空虚和放纵行为。四是皇帝将天下的人才集合在一起，解除有不良行为的官员的职务，物色更适合的继任者。

图5-6-1　宋《科举赶考图》

西方典籍里的中国

传教士们对中国科举考试制度的研究和介绍，在欧洲各国特别是在英国和法国引起高度重视，许多启蒙思想家和其他方面的学者，纷纷赞扬这种考试制度。在法国，伏尔泰推崇中国的文官制度，认为中国官僚奉行儒家信条，恪尽职守，唯命是从，他们构成一个各部门职能相互制约的和自我调节的好政府，而能够进入这样的衙门工作的官员，都是经过层层的严格考试才被选拔上来的。魁奈在《中华帝国的专制制度》中也有一节专门讨论科举制度，详细地介绍了三级学位的划分和考试程序。魁奈非常欣赏这种制度，希望欧洲也有类似的东西。传教士们的介绍和欧洲各国启蒙思想家们的大力宣传，对以后欧洲各国建立文官考试制度有直接的影响。

图5-6-2 明仇英《观榜图》（局部），台北"故宫博物院"藏，表现参加科举考试的举子们在张榜的墙前

第六章　风俗与性格

一　独特奇异的民俗风情

不同的民族有不同的文化、不同的民俗风情，这是表现民族差异最直接的地方，也是最容易引起外来访问者注意的地方。在鄂多立克对中国的记录中，他强调中国的广大，全国分为十二个部分，每个部分叫作一个"省"。鄂多立克特别记述了"蛮子省"即中国南方的情况，以及南方人的生活习俗。他说：

> 我来到吾人称之为上印度的著名蛮子省。……蛮子省有两千大城……该邦人口确系如此之多，以至于在我们这里认为不足信；在很多地区，我发现人口稠过基督升天节你在威尼斯所见的群众。该地盛产面包、酒、米、肉，各种鱼、各种人类使用的粮食。此邦的百姓都是商人和工匠，而且，不管怎么穷，只要还能靠双手为生，就没有人行乞。但那些沦为贫乏穷困者受到很好的照顾，得到必要的供给。就其体态说，男子够英俊，但系苍白色，有长而稀疏的须胡……至于女人，她们是世上最美者！[1]

---

[1] 《海屯行纪·鄂多立克东游录·沙哈鲁遣使中国记》，何高济译，北京：中华书局1981年版，第63—64、83页。

西方典籍里的中国

对于中国人的风俗习惯,鄂多立克有颇为生动的描绘。他说广州人以蛇肉为佳肴,若有人宴请客人而桌上无蛇,则赴宴者认为一无所得。妇女缠足的陋习,鄂多立克是第一个予以报道的西方人。他写道:"对女人来说,最美是留小脚;因这个缘故,做母亲的在女儿生下来就给她紧紧裹脚,以致脚再也不长。"① 他还讲到扬州的待客风俗:"倘若有人想要以丰盛筵席款待他的友人,他就去找一家专为此目的而开设的旅舍,对它的老板说:'给我的若干友人准备一桌筵席,我打算为它花多少钱。'然后老板一如他吩咐的那样做,客人们受到的招待比在主人自己家里还要好。"②

克路士在《中国志》中详细介绍了中国的服饰、饮食、节日、娱乐、丧葬、待客等日常生活风俗。他说"中国人是很讲礼节的百姓"。中国人的彬彬有礼给他留下了深刻印象。克路士对广州的社会生活十分着迷,特地在广州买了三只笼中养的夜莺,"它们在十二月唱歌,好像那是四月",这给他的旅途生活带来愉悦。克路士说中国是一个聪明智慧的民族,"他们各行业的人都心灵手巧,因为他们天赋聪明能干"。他提到中国的长城,同时发现中国的农耕和航行等多方面优于欧洲。

1656年作为荷兰东印度公司使团成员来华的纽霍夫在《荷兰东印度公司出使中国记》中对中国及其文化习俗有多方面的记述,包括婚姻、葬礼、哲学、佛教、庙宇,以及中国的植物(包括人参和茶)和动物(包括难以见到的犀牛和河马)等内容。他描写了在中国官员款待他们时的饮茶方式和使用筷子吃饭。他对中国人的礼仪和强调"互相尊敬"非常欣赏。他说:"在中国人中间,摘帽子,或两腿交叉屈膝——这些欧洲人经常使用的做法——完全算不上礼貌,他们更不会拥抱别人,或吻他人的手,也不会做出任何其他身体行为来表示赞赏。他们显示有教养的方式,最普通、最经常的做法如下:在行走时(除非要打扇或者用手干其他事情),总是将双手笼在上衣的袖子里,他们的袖子为了这个目的而做得很宽大,这样当他们相遇时,毕恭毕敬地将笼在袖

---

① 《海屯行纪·鄂多立克东游录·沙哈鲁遣使中国记》,何高济译,北京:中华书局1981年版,第84页。

② 《海屯行纪·鄂多立克东游录·沙哈鲁遣使中国记》,何高济译,北京:中华书局1981年版,第71页。

子里的双手高高举起,然后再用同样的方式落下,再口称'请'互相问候两次,这个'请'本身并不表达什么意思。""当他们拜访别人时,或者两位友人在街上见面时,他们会弯下整个身子鞠躬(他们的双手自始至终放在衣袖里),三次将脑袋垂到地上……如果双方正好是拜访和迎客的双方,而且很久没有见到对方的话,或者以前从来没有见到过对方,他们总是希望在彼此之间加倍施礼,这时在演示了第一场仪式之后,他们双膝跪倒,前额触地,他们要这样做三遍。"①

19世纪来华的传教士,由于传教规模的扩大和活动地域的广泛,他们比明清之际的传教士们更能深入民间社会,接触到更广泛的社会阶层。他们除了非常关注当时的中国社会文化变迁,注重对中国现实问题的研究,也十分重视对中国民间文化的研究。

德国传教士欧德理(Ernest John Eitel)1862年到岭南内陆地区传教,其间与客家人相处4年,学会了客家语言,对客家的历史也有一定的了解。1870年,他撰写了《客家概况》和《客家历史纲要》,是西方学者对客家研究的最早成果。1873年,他撰写了《风水》一书,对广东人的风水观,做了颇为客观的研究。

法国耶稣会士禄是遒(Henri Doré,1859—1931,又译金葆光)是比较晚近的来华传教士,其作品多出版于20世纪初。他在江南传教30余年,其间参照了"文献研读,田野调查"的人类文化学方法,研读了中国典籍和收集了许多中国民间素材,主要以江苏省和安徽省为调查地区,撰写了16卷的《中国民间迷信指南》,是西方学者早期研究中国民间宗教信仰的集大成之作。此书分为两大部分:第一部分为"民间习俗",介绍了在中国民间盛行流传的婚丧习俗、岁时习俗和符咒、占卜等迷信活动和风俗习惯。如《岁时习俗》介绍了崇拜、招魂等仪式,主要中国节庆习俗及凤凰、麒麟等有象征意义的动植物;《婚丧习俗》介绍了孩童出生时的讲究、红白之事的礼俗及有关器物和迷信说法。第二部分为"中国众神",介绍了佛道两界的神祇和仙话传说。如

---

① [英]吴芳思:《中国的魅力——趋之若鹜的西方作家与收藏家》,方永德等译,上海:东方出版中心2009年版,第53—54页。

《道教仙话》介绍了天宫各部及众天神、医神、掌管各类疾病的神、海河之神及祝融、禹虢、炎帝等；《道教神祇》介绍了各天王、元帅；《中国众神》中写到文昌、魁星等。《中国民间迷信指南》是一部气势浩大的有关中国古代各种宗教和民间信仰活动的通史性研究专著，并附有大量彩图，资料丰富，对佛教、道教及民间信仰的具体表现方式和道具进行了详细的说明。

  法国耶稣会士戴遂良于1887年来华，在直隶东南耶稣会任教职，大部分时间在献县。他对中国风俗文化具有浓厚兴趣，其作品多数涉及中国民间道德、风俗及宗教信仰。天主教传教士在传教过程中，经年累月地生活在中国人当中，与之直接接触，这就要求他们对汉语深入了解。耶稣会士们在街头、田野等地与人交谈时，对民间故事尤其是能叫他们了解日常民俗、方言及社交伦理规范的那些故事有所了解。戴遂良为此编写了《汉语口语教程》，于1894—1898年陆续出版。着重介绍了河间府方言及民间传说，其中包括节日庆典，民间道德与风俗，民间传说等。戴遂良的《近代中国民俗志》是一本河间民间著作的文集，记述唐代开元盛世以后中国的民俗情况，是一本很特别的著作，用222篇文章、民间故事引出各个主题，并以主题为索引，亦可反查主题词在所有相关文章中的解释。他还编写了一部以教科书形式讲述中国上古到中古时期风俗情况的书，名为《历代中国》，作为《近代中国民俗志》的补充，共有9课内容，分为从夏到战国的封建时代、秦朝帝国时代至汉朝，引用了大量历史文献资料，对先秦历代历史事件、政治律法、军事、上古崇拜信仰、宗教、天文、历法、音乐、诗歌、绘画、建筑等各方面以翔实的资料加以介绍。

  英国伦敦教会传教士麦高温（John Macgowan，1835—1922）1860年来华，先后在上海、厦门传教。他在中国生活了50年，与中国社会各阶层有着广泛的接触。他在1909年出版的《中国人生活的明与暗》一书，对中国人社会生活、民间习俗等诸多方面都有比较深入的分析，其中涉及土地制度、文人阶层、教育制度、祖先崇拜、风水、民间信仰、医药卫生和娱乐活动等。他还着重分析了中国人的家庭和家庭观念，他指出，把家庭作为起点是因为这里体现着东方的一整套观念。这种观念认为，个体必须乐于将个性与意志和家庭或家族结合起来，并作为范例推而广之运用到社会其他方面。家庭每个成员都对其他人负有责任。父亲作为家长对各个家庭成员的劣行承担责任。而另一方面，如果父母有过失，儿子则难辞其咎。

在福州传教并在研究中国社会方面颇有成果的美国传教士卢公明（Justus Doolittle, 1824—1880）一直对中国人的性格和精神状况深感兴趣，并进行了研究。卢公明十分重视对中国社会现实生活的观察与研究，他在福州居住了十多年，走遍福州的各个角落，想尽办法和福州的各色人等交往，并因此得以目睹各种社会活动，如日常人家的婚礼、死人的道场、官员操办的国丧、家族祠堂的秋祭、书塾的先生请学生吃饭、泰山庙的离奇案件、贡院内的伙食，街头吵架，闽江上鸬鹚捕鱼的场景，等等。他对福州的概况、农业社会、生活习俗、民间信仰、科举考试、年节习俗等方面都给予充分的关注。从1861年4月开始，卢公明在香港出版的英文报纸《中国通讯》上陆陆续续发表他的"关于中国人的速写"，通过福州这个具体的城市社会，对中国人的社会生活进行了栩栩如生的照相式描画。1865年卢公明回到美国后，卢公明开始按章节结构，对已发表的"关于中国人的速写"进行增删、整理、编排。出版时，书中配发了136幅根据风景照片描绘的图画和福州画家的速写，即《中国人的社会生活——一个美国传教士的晚清福州见闻录》。

《中国人的社会生活——一个美国传教士的晚清福州见闻录》从政治、经济、民间信仰、习俗、宗教、教育、官吏等各种角度，极为翔实细致地对福州社会进行了多方位的观察和描述，为了解晚清福州乃至中国社会的风貌提供了无可比拟的文化视野。卢公明以敏锐犀利的洞察、细致入微的考证，使福州社会生活的大量细节得以真实再现，保存了大量现存的各类福州地方史志、文献典籍中未见的珍贵资料，对观察研究晚清时期福州社会生活、民俗信仰的流变，具有重要的学术研究价值和史料价值。这本书出版后，产生了广泛影响，至今仍被西方汉学界公认为是记录中国人社会生活方面取材最为丰富的一部著作，"提供了大量关于中国人生活和性格的必需信息"，代表着当时西方对中国社会生活最高研究水平，被奉为汉学研究的经典著作。

西方典籍里的中国

图6-1-1 《伦敦新闻画报》的中国速写《新年的礼物》

图6-1-2 杜赫德基于传教士描述绘制的中国人的婚礼场景

第六章 风俗与性格

图 6-1-3 葡萄牙人所绘的中国人形象

图 6-1-4 1800 年亚历山大在伦敦出版的《中国风俗》扉页

西方典籍里的中国

二　对中国茶文化的介绍

早在中世纪来到中国的西方旅行者们，就已经注意到在中国普遍流行饮茶习俗。写于9世纪中叶到10世纪初的阿拉伯文献《中国印度见闻录》中提到中国人的饮茶习俗，他说道：

> 国王本人的主要收入是全国的盐税以及泡开水喝的一种干草税。在各个城市里，这种干草叶售价都很高，中国人称这种草叶叫"茶"。此种干草叶比苜蓿的叶子还多，也略比它香，稍有苦味，用开水冲喝，治百病。盐税和这种植物税就是国王的全部财富。①

在欧洲，最早提到茶这种饮料的是1559年在威尼斯出版的一本名叫《航海与旅行》的书。这本书的作者乔万尼·巴尔迪斯塔·赖麦锡曾与许多旅行家有过交往，其中有一个叫哈吉·穆罕默德（Haji Mahomed）的波斯商人，他告诉了赖麦锡有关"中国茶"的故事。相传最初关于茶叶的知识，就是由他传入欧洲的。书中写道：

> 哈吉·穆罕默德是里海起伦即现在所说的波斯人。他从印度苏迦即现在的萨迦回到威尼斯做了如下口述。他说，大秦国有一种植物，仅有叶片可以饮用，人人都叫它中国茶。中国茶被看作非常珍贵的食品，这种植物生长在中国四川的嘉州府。它的鲜叶或干叶，用水煎沸，空腹饮服，煎汁一二杯，可以去身热、头痛、胃痛、腰痛或关节痛。但是，这种汤汁是越热效果越好。另外，还有一些疾病，用茶治疗也会起到作用。如果暴饮暴食，胃中难受，喝一点茶，不久就能消化。所以，茶一向被人们珍视，是旅行家必备的物品。在当时，有人愿意用一袋大黄交换一两茶叶。所以，

---

① 《中国印度见闻录》，穆根来等译，北京：中华书局1983年版，第17页。

第六章　风俗与性格

大秦国的人们说:"如果波斯和法国等国家知道了茶叶,商人们必然不再去购买大黄了。"①

1569年,葡萄牙传教士克路士在《中国志》中讲到中国人以茶待客的习俗,他说:

如果有几人造访某个体面人家,那习惯的做法是向客人献上一种他们称为茶的热水,装在瓷杯里,放在一个精致的盘上(有多少人就有多少杯),那是带红色的,药味很重,他们常饮用,是一种略带苦味的草调制而成。他们通常用它来招待所有受尊敬的人,不管是不是熟人,他们也好多次请我喝它。②

西班牙传教士拉达在《记大明的中国事情》也提到在中国喝茶的经历,他说:

有人来访时,行过礼和入座后,一名家仆捧着一个盘子,放许多杯热水,和就座的人一般多。这水是用一种略带苦味的草煮的,留一点末在水里。他们吃末喝热水。尽管我们开始不怎么在意那种煮开的水,我们仍然很快习惯喝它,而且渐渐喜欢它,因为它始终是拜问时待客的头一件东西。③

早期欧洲人到中国来的时候,往往是走马观花,所知所闻大部分是浮皮潦草,道听途说,在很多方面都是不甚了了。比如,对于中国茶叶及饮茶习俗,

---

① [美]威廉·乌克斯:《茶叶全书》,侬佳、刘涛、姜海蒂译,北京:东方出版社2011年版,第20页。
② [葡]克路士:《中国志》,[英]博克舍编注:《16世纪中国南部行纪》,何高济译,北京:中华书局1990年版,第98页。
③ [西]拉达:《记大明的中国事情》,[英]博克舍编注:《16世纪中国南部行纪》,何高济译,北京:中华书局1990年版,第203页。

西方典籍里的中国

虽然许多人都提到了，但对茶叶的生产、功效以及相关的民俗文化，却所知不多。17世纪以后，传教士们深入中国内陆地区，有些人甚至在中国居住多年，对中国文化的各方面都有比较深入的了解，比如在对中国茶叶的认识方面，就比早期的有关报道要深入得多、具体得多，也更准确了。而传教士们关于中国茶叶的介绍，对于欧洲的饮茶热潮和茶叶贸易，更起到了推波助澜的作用。

《利玛窦中国札记》首先介绍了中国的茶叶和饮茶习俗。利玛窦是1582年到中国内陆地区的，他在北京去世是1610年。而茶叶第一次进口到欧洲，是在1606年。所以，利玛窦那个时候欧洲人还没有开始出现大规模的饮茶习惯，甚至还不知道中国的茶叶这种饮料。利玛窦介绍说：

> 有一种灌木，它的叶子可以煎成中国人、日本人和他们的邻人叫作茶的那种著名饮料。中国人饮用它为期不会很久，因为在他们的古书中没有表示这种特色饮料的古字，而他们的书写符号都是很古老的。的确，也可能同样的植物会在我们自己的土地上发现。在这里，他们在春天采集这种叶子，放在阴凉处阴干，然后他们用干叶子调制饮料，供吃饭时饮用或朋友来访时待客。在这种场合，只要宾主在一起谈着话，就不停地献茶。这种饮料是要品啜而不要大饮，并且总是趁热喝。它的味道不很好，略带苦涩，但经常饮用却被认为是有益健康的。
>
> 这种灌木叶子分不同的等级，按质量可卖一个或两个甚至三个金锭一磅。在日本，最好的可卖到十个或甚至十二个金锭一磅。日本人用这种叶子调制饮料的方式与中国人略有不同。他们把它磨成粉末，然后放两三汤匙的粉末到一壶滚开的水里，喝这样冲出来的饮料。中国人则把干叶子放入一壶滚水，当叶子里精华被泡出来以后，就把叶子滤出，喝剩下的水。[1]

---

[1] [意]利玛窦、[法]金尼阁：《利玛窦中国札记》，何高济、王遵仲、李申译，何兆武校，北京：中华书局1983年版，第17—18页。

第六章　风俗与性格

在这里，看来利玛窦对中国饮茶习俗的历史还不很了解，他说因为古书中没有"茶"这个字，因而饮茶不会很久，这个说法是不准确的。我们在前面提到，中国人发现和饮用茶叶的历史实际上是很悠久的。但是，他说到的饮茶习惯和茶叶的制作还是比较恰当，也许是因为他在中国居住多年，已经习惯茶这种饮料了。他对中国人和日本人饮茶方式不同之处的观察也很有意思，如果不是有比较深入的接触，是不容易看到这样细微的差别的。另外，利玛窦和许多传教士都提到中国人以茶待客的习俗，看来他们在这方面与中国人的接触中是有切身体会的。关于中国人待客，利玛窦在另一处还写道："仆人先给贵宾上茶，然后顺次给别人上茶，最后才是坐在末座的主人。如果做客为时很长，仆人要再次或甚至三、四次第这样上一圈茶，每次都上一道不同的点心。"①

曾德昭在《大中国志》中对茶叶的生产、中国人的饮茶习俗，以及饮茶的作用和功效，都有了比较详细的记述，他指出：

> 茶是一种树叶，大若山桃，在别的省，大若罗勒，有的则若小石榴。他们把它放在铁筛上烘烤，使它变硬和收卷。茶有好多种类，既因植物不同，也因上等的叶子比别的精细；所有的植物差不多都有这一特性。按质量，1磅的价钱1克朗到4法丁，有若干差别。这种烘干的茶叶放入热水，显出颜色、香味，初尝不好喝，但习惯后就能接受它。中国和日本大量饮茶，不仅通常代替饮料，也用以招待客人，像北方用酒一样。那些国家一般都认为，招待来客，即使生客，只说些客气话，太寒碜小气，至少必须请茶；如果访问时间长，还需招待水果甜品；……据说这种茶叶很有功效，可以肯定它有益健康，无论在中国还是在日本，没有人患结石病，也没有听说此病的名字，可以由此推测，喝这种饮料对这种病是有效的防治；还可以确定，如有人因工作游乐关系，想要熬通宵，那么它有消除困

---

① ［意］利玛窦、［法］金尼阁：《利玛窦中国札记》，何高济、王遵仲、李申译，何兆武校，北京：中华书局1983年版，第68页。

倦之力，因为它浓厚的味道容易使头脑清醒；最后它对学生是有益的帮助。其余功效我不能十分肯定，所以不去谈它。①

曾德昭还注意到不同地区的饮茶习俗是不一样的，他说："在有些省，频频上茶是一种敬意，但在杭州省，如果上第三次茶，那就是通知客人离开的时候了。"②

李明在《中国近事报道（1687—1692）》中也详细地介绍了茶叶的功效、生产和分类等情况。他说人们对茶叶的特性可说是众说纷纭，他主张谈茶叶应该适度，谈好处也谈坏处。他说，审慎地饮用的话，茶是一剂良药，尽管并不是那么有效，也并不那么包医百病。为了有效利用茶叶，最好彻底了解它，因为茶的品种并不单一。他主要介绍了两种茶：一是"松露"，这是采摘这种茶叶的地方的名字。这种茶叶的叶子较长，新鲜时，冲出来的茶水呈绿色，水色清亮，口味很好。第二种茶名叫武夷山茶，小而稍黑的叶片使茶水呈黄色。茶的口味柔和，最弱的胃在任何时候都可适应。冬季要喝得适度，夏季喝多少都不算多。

1714年，利国安（Laureati）在一封信中介绍了中国人的饮茶习俗。他写道："茶这一中国人喜欢的饮料在这里叫作theca（福建音"起大"）。这是长在颇似石榴树的一种小灌木上的叶子，但是气味更好闻，尽管味道更觉苦涩。……如今饮茶在法国已成为一种时尚，无人不知它的沏法。但我发现，虽说中国人从早到晚都要喝茶（他们很少喝冷的清水），但每次只喝一点，而且用很小的杯子饮用。他们把我们看成贪食者，同时声称，如果我们不是少量而是经常饮用，茶对我们就不会发挥全部功效。"③

在这一时期欧洲人有关茶叶的介绍中，首先注意到的是中国人和日本人的这种生活习惯，其中包括饮茶的方式和以茶待客的生活习俗，同时也注意

---

① ［葡］曾德昭：《大中国志》，何高济译，上海：上海古籍出版社1998年版，第22—23页。
② ［葡］曾德昭：《大中国志》，何高济译，上海：上海古籍出版社1998年版，第76页。
③ ［法］杜赫德编：《耶稣会士书简集——中国回忆录》第2卷，吕一民、沈坚、郑德弟译，郑州：大象出版社2001年版，第116页。

到饮茶时所使用的茶具和其他器具的精美、实用。与此同时，许多人都特别注意到了饮茶的治病、保健和养生方面的功能，强调茶叶是一种有益健康的饮料，饮茶是一种健康的生活习俗。还有人说："中国人的健康与长寿，应当归功于茶。中国人得肿胀、神经痛及膀胱结石疾病的很少，而防治这些疾病或许与中国人饮茶习惯有关。"还有人以亲身体验说："每餐之后，饮茶少许，感觉对身体非常有益。"这些对中国饮茶习俗和茶文化的介绍，对于西方人认识和了解中国的茶叶有很大帮助。17世纪以后，中国茶叶大量销往欧洲，在欧洲人中催生了饮茶习俗，在一定程度上改变了欧洲人的生活习惯。茶叶成为持续几个世纪销往欧洲的大宗商品，号称影响世界的"三大贸易"之一。

图 6-2-1　明文徵明《惠山茶会图》(局部)

图6-2-2 英国油画《喝茶的家庭》,约1727年

图6-2-3 外销水粉画《茶叶装箱》

第六章 风俗与性格

图6-2-4 从东方运来茶叶的船只在英国伦敦的码头卸载

三 中国人性格的分析

通过对中国人民俗风情的了解,这些西方人进一步分析和描述中国人的性格。在利玛窦眼中,中国人是勤劳和智慧的民族,也是讲究礼貌和道德的民族。他描写中国人的礼貌说:"中国这个古老的帝国以普遍讲究温文有礼而知名于世,这是他们最为重视的五大美德①之一……对于他们来说,办事要体谅、尊重和恭敬别人,这构成温文有礼的基础。"② 利玛窦详细介绍了中国的各种礼仪,特别提到中国人尊师敬老的传统美德,说在对长辈尽孝道方面,世界上没有别的民族可以和中国人相比;说中国人比欧洲人更尊敬老师,一个人

---

① 指仁、义、礼、智、信。
② [意]利玛窦、[法]金尼阁:《利玛窦中国札记》,何高济、王遵仲、李申译,何兆武校,北京:中华书局1983年版,第63页。

— 209 —

西方典籍里的中国

受教哪怕只有一天,他也会终生都称老师的。

利玛窦还揭示了中国人狭隘的民族自大心态。他指出,中国人把所有外国人都看作没有知识的野蛮人,"他们甚至不屑从外国人的书里学习任何东西,因为他们相信只有他们自己才有真正的科学和知识"。"中国人认为所有各国中只有中国值得称羡。……在他们看来,世界上没有其他地方的国王、朝代或文明是值得夸耀的。"但是,这种民族自大和排外心理"是许多世代以来对外国根深蒂固的恐惧和不信任所形成的",他们不知道地球的大小而又夜郎自大,"这种无知使他们越骄傲,一旦真相大白,他们就越自卑"。[1] 这些论述已涉及对中国人的国民性问题的思考,在当时的历史时代,不能不说是颇为深刻的见解。

孟德斯鸠对中国人的性格进行了分析。他认为某一民族的天性,就是它的精神性格和风俗。孟德斯鸠说:"中国人是温和的、谦虚的、明智的、迷惑人的、贪婪的。"所谓"迷惑人的",也就是"骗人的"的意思,他认为这是中国人的普遍性情。他也强调中国人性格中光明的方面。他说,在中国那样的地方,需要人类的勤劳才可以居住,并且需要同样的勤劳才得以生存。因此,中国是"由人的勤劳建立的国家"。他推崇中国的农耕思想,认为中国历代"禾食为民天""劝农教稼",倡导"一夫不耕,或为之饥;一女不织,或为之寒"的思想,以及灾年时的救荒措施,都是西方君主应当效仿的"仁政"。他还指出:"中国的立法者是比较明智的;他们不是从人类将来可能享受的和平状态去考虑人类,而是从适宜履行生活义务的行动去考虑人类,所以他们使他们的宗教、哲学和法律全都合乎实际。"[2]

到了19世纪,研究和分析中国人的国民性或者说民族性格,是新教传教士们研究中国国情的一个重要方面。在这方面,他们根据自己在中国长期生活的经历,同时进行了大量的调查研究,以现代人类学和社会学的基本理念和方法,发表了许多关于中国国民性的文章和论著。成为这一时期他们研究中国问

---

[1] [意] 利玛窦、[法] 金尼阁:《利玛窦中国札记》,何高济、王遵仲、李申译,何兆武校,北京:中华书局1983年版,第94—95、181页。

[2] [法] 孟德斯鸠:《论法的精神》上册,北京:商务印书馆1961年版,张雁深译,第233、232页。

题的一个特色。

近代西方学者中最早对中国人性格进行具体观察和研究的是英国人亨利·查尔斯·萨尔（Henry Charles Sirr）。他在1849年出版了《中国和中国人宗教性格及其危害》一书，他认为中国人遵循古圣之训，不分贵贱富贫，普遍行孝道。不论贫富贵贱，对中国人来说，最忌讳的就是不孝。中国人还是非常能吃苦的人。与丢失财富相比，中国人更能忍受身体上的苦痛。

美国传教士林乐知（Young John Allen，1836—1907）在对中国的国民性研究方面也有一些见解。林乐知虽然主张"耶儒合流"，将耶稣和孔子等同起来，但总体上认为儒学教化下的中国人，包括知识分子，愚昧、保守、落后，对现代科学文化缺少了解，他们对自然的定律和哲学，以及化学、天文学等一窍不通。为了传教，首先应打破中国知识界的落后状况，让他们具有现代科学知识和现代观念。林乐知在《中东战纪本末》中概括中国社会有八大陋习，即骄傲、愚蠢、胆怯、欺诳、暴虐、贪私、因循、游惰。林乐知还对中国政治、经济、外交和生活习俗等方面的陈腐、弊端提出批评。

庄延龄（Edwarcl Harper Parker，1849—1926）是19世纪后期英国驻华外交官，1869年来华，初在英国驻北京公使馆任翻译，后在天津、汉口、广州等地领事馆供职，担任过上海、福州等地的领事，1894年退休回国，后任利物浦大学汉学教授。庄延龄精于汉学研究，对中国历史、宗教、哲学、文学等都涉猎较深，且都有研究著作行世。

美国传教士柏赐福（James Whilford Bashford，1849—1919）是美国以美教会1904年至1919年派驻中国的驻区会督。他在《中国》一书中说中国人"孝、集约耕作、人力代替畜力、节俭、智慧、适应性、有结合力、实用性、不信任、不精确、讲信用、怀疑主义和无为主义、强韧"，等等。

这些研究都从不同角度、不同层面、不同侧面对中国人的国民性有所评述。他们虽然在揭示中国国民性的特点方面不乏中肯的见地，但总体而论，他们都局限于殖民主义的思维模式和种族优越感，而对中国人和中国文明多有挑剔和指责。不过，他们力图走进中国人的实际日常生活，从中国内部观察中国和中国人，也确实指出了中国国民性的某些特点，为中国人的自我认识提供了一定的借鉴和参照。更有意义的是，他们的研究直接刺激和启发了中国人对自身的认识和思考，启发了中国学者对中国国民性的研究。到20世纪初，国民性研究已成为中国学界的一个热门课题。

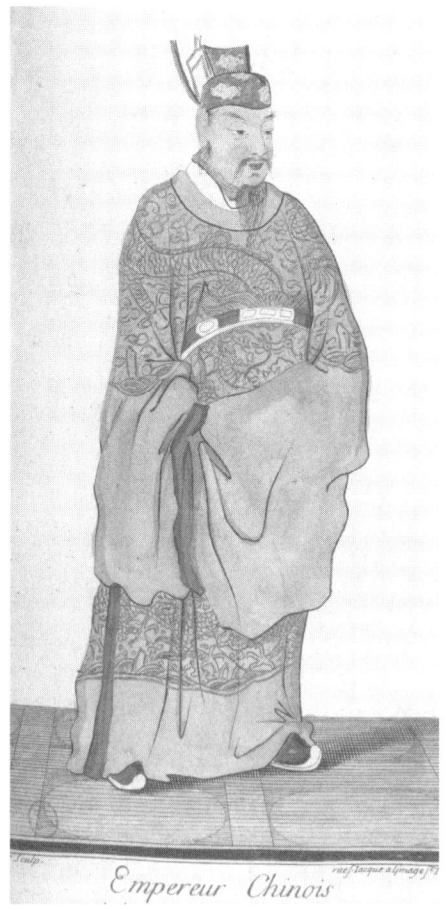

图6-3-1　白晋《中国近况人物》1697年巴黎版插图

图6-3-2 16世纪末欧洲人眼中的中国人物

图6-3-3 19世纪欧洲明信片中的中国女人素描

图6-3-4 17世纪欧洲生产的瓷匾,描绘了当时西方人对中国的想象

四 明恩溥的中国国民性研究

在对中国人的国民性研究方面,最著名和影响最大的,是美国传教士明恩溥的研究。

美国传教士明恩溥(Arthur Hendersow Smith,1845—1932)是美国公理会传教士,1872年来华最初在天津,1877年到鲁西北赈灾传教。明恩溥先后在中国工作了54年,直到1926年81岁时才回国。他深入中国广大腹地,与不同阶层的人打交道,连街头乞丐、苦力也与之交往,尤其熟悉下层农民生活,并结交不少朋友,并学说不同的中国土话方言,对中国的风土民情进行深入的调查。长期的民间生活,使得他对中国的传统、民俗和中国人的性格有了深刻的了解。明恩溥在各类杂志上发表许多有关中国的文章,并用英文出版10余种书。

第六章 风俗与性格

明恩溥一生热衷于讨论中国的国民性问题。他用社会学的方法，有意识地长期观察乡村社会、亲身体验农民生活，力求描述细腻、生动，拿具体的事例和故事说话。在《中国人的气质》一书的"绪论"里，他曾明确宣称：认识中国，通过小说、民谣和戏剧，无疑都有价值，但除此之外，还存在着比以上三个来源加在一起还要有价值的第四个来源，"这个来源，并非对每个研究中国和中国人的作者都敞开，那就是在中国人家中研究他们的家庭生活"。他认为，了解一个民族的特性最好是在农村，"就像在乡村比在城市更容易了解一个地区的地形一样。一个外国人在中国城市居住十年，对中国人内部生活知识的了解，还远远不及在中国的农村居住一年所获为多"。他的《中国乡村生活》一书的副标题是"一个社会学的研究"。该书对乡村的观察和描述细致入微，诸如村庄的结构、名称、道路、渡口、水井、集市，乃至婚丧嫁娶、乡村地痞等，他都有记述和分析，堪称早期中国乡村研究的经典之作。

明恩溥在《中国乡村生活》的前言中说到他从事中国国民性研究的基本出发点，指出："作者在中国有过丰富的生活经历之后，对无数优秀品质的中国人深表尊重，并对大多数中国人怀有强烈的个人敬意。中华民族不仅有着举世无双的过去，也必将有美好的未来。然而，在这个美好的未来实现之前，还存在许多必须克服的缺陷。一个人愈是了解中国，愈会强烈地感受到这一点。"①

《中国人的气质》是明恩溥最有代表性的著作。在这部著作中，他以大量的实际调查材料，详细列举和分析了中国人的民族特性。在论述中国人的国民性方面，《中国人的气质》较之以往西方人的类似议论，更为系统，也更显敏感、更加具体生动。同时在论述过程中，它还总是努力表现出对各种特性内涵之复杂性的理解，尽量显得较为"公允"和温和。因此，明恩溥对中国人国民性特点的概括成为当时乃至以后很长时期西方学术界对于这个问题的代表性看法。

明恩溥在书中对中国农民人文性格观察入微，他在"辛勤劳作"一章中说：

---

① ［美］明恩溥：《中国乡村生活》，陈午晴、唐军译，北京：中华书局2006年版，前言。

中国农民的工作如同一个管家的工作，永远都干不完。北方各省的农民，除了相当短暂的隆冬季节，总有活要干，而且是大量的活。毫无疑问，任何一个地方的农民多多少少都是这样，但中国农民的勤劳是很难超过的。

农民是这样，扛活的人就更是如此了。他们长期勉于饥饱，生活永远是苦差事。农民要殚精竭虑，细心照看每一棵白菜，抓小虫子和毛毛虫，扛活的则要去找寻更琐屑的活计，他要想尽办法弄点吃的养活自己，养活他那一大家子人。有事外出的人，即使那些地方通马车，也常常不得不半夜一过就上路，因为有人告诉他们这是习惯。但不管你几点钟上路，都会有身材矮小的农民在路上拿着叉子，背着筐子，四处巡视，寻找拾粪的机会。如果没有其他非做不可的事，拾粪是件持久不变永远也做不完的事情。①

《中国人的气质》一书将中国人的国民性概括为 26 个特点，这就是：

（1）面子要紧。"面子就是一把钥匙，可以打开中国人许多重要素质这把号码锁。"

（2）省吃俭用。

（3）辛勤劳作。

（4）恪守礼节。

（5）漠视时间。

（6）漠视精确。

（7）天性误解。

（8）拐弯抹角。

（9）柔顺固执。

（10）心智混乱。

（11）麻木不仁。"中国人的本性对最为深奥的精神原理绝对冷漠，

---

① ［美］明恩溥：《中国人的素质》，秦悦译，北京：学林出版社 1999 年版，第 23—24 页。

这是中国人心灵中最悲哀的特点，他们随时乐于接纳一个没有灵魂的肉体，接纳一个没有心智的灵魂，接纳一个没有缘由的秩序和没有上帝的宇宙。"

（12）轻蔑外国人。

（13）缺乏公共精神。中国的道路状况很能说明政府对公共事情的不重视以及百姓缺乏公心。他说中国人随意挤占公共场所，但不负相应的责任。"中国人对属于'公共'的东西不仅不当一回事，或不加爱护，或占用，甚至还偷盗。铺路用的石子被人拿去用了，城墙上的方砖日渐减少。"

（14）因循守旧。"对于中国人而言，风俗习惯和语言一旦固定下来，就像石膏一样，你能撑破它，但不能改变它。"

（15）漠视舒适方便。

（16）生命活力。

（17）遇事忍耐。

（18）知足常乐。

（19）孝行当先。

（20）仁慈行善。

（21）缺乏同情。

（22）社会风暴。

（23）共担责任与尊重律法。"中国人共担责任的理论与实践，往往被视为中国各项制度得以长久保存的重要原因之一，这使得中国社会的每一位成员都被迫戴上了无法挣脱的脚镣。"

（24）互相猜疑。"中国不缺人才，但缺乏相互以真诚目的为基础的信任。""中国的高利率，在百分之二十四到百分之三十六以上，这又是互相缺乏信任的见证。这种过分的榨取，主要不是钱的使用获利高，而是巨大风险的保险金。"

（25）言而无信。"诚信的缺乏，再加上我们自己已经经过的猜疑，就足以解释为什么中国人常常交谈了很久时间，却没有涉及一点实质性内容的原因。"

（26）多神论、泛神论和无神论。"可以说，中国所有的神都是死人，或许还可以从祖先崇拜进一步肯定,在某种意义上,中国所有的死人都是神。""宋代注释家引入的唯物主义,就如同一股强大的水流,注入了中国思想这条小溪,水流已经泛滥了十几个世纪,留一片无神论的不毛之地,根本无法支撑一个民族的精神生活。"

《中国人的气质》这部带有社会人类学性质研究中国的著作一经出版,立刻轰动了各国学术界和外交界,被誉为是对中国人性格的"最深刻、最珍贵的研究"。这本书还被译成德、法、日等多种文字,长期被列为各国在华青年外交官和来华传教士的必读之书。费正清(John King Fairbank,1907—1991)1985年12月在美国历史协会成立100周年纪念大会上的讲话说:"从乡村这个层面来观察中国人的生活方式,《中国人的气质》标志着一个新的阶段,成为后来的社会学分析的基础。"费正清还指出:"在外国公众了解中国的问题上,明恩溥对中国社会的评价具有传奇似的重要性。它是西方的'进步'和中国的'落后'结合而成的幻灭倾向的顶峰。它影响了19世纪末到20世纪初的几代传教士和商人。《中国人的气质》的确具有国际影响。"[①]

《中国人的气质》对于当时中国的国民性改造思潮也有一定的影响力。在民国时期的民族性改造思潮中,许多人士的改造民族性的观点或多或少受到过明恩溥直接或间接的影响。这部著作也曾经引起鲁迅的关注。鲁迅21岁在日本时,便仔细研读了这本书的日译本。从1926年7月到1936年10月,鲁迅曾四次提到明恩溥此书及日本人对其观点的吸纳。他并不完全赞同明氏的观点,甚至认为其错误不少,但多次强调该书对反思中国国民性的价值,希望能够翻译给国人看。1936年10月5日,也就是其逝世前14天,鲁迅又一次以语重心长的笔调写道:"我至今还在希望有人翻出斯密斯的《中国人气质》来。看了这些,而自省,分析,明白哪几点说得对,变革、挣扎,自做工夫,却不求别人的原谅和称赞,来证明究竟怎样的是中国人。"[②]

[①] 陶文钊编选:《费正清集》,天津:天津人民出版社1992年版,林海、符致兴等译,第252页。
[②] 《鲁迅全集》第6卷,北京:人民文学出版社1981年版,第426页。

图6-4-1 欧洲版画表现的中国人家庭生活

图6-4-2 欧洲版画表现的中国姑娘

图6-4-3 欧洲版画表现的广州的一位中医

图6-4-4 刊印于1873年《伦敦新闻画报》的"街头架鸟"

第六章　风俗与性格

五　中国的语言与文字

　　古代时欧洲人对中国的语言文字几乎一无所知。元代来华旅行者如马可·波罗、柏朗嘉宾和鲁布鲁克等人曾在其各自游记中提到中国语言文字，但都语焉不详，闻者渺渺。直到16世纪中西交通开辟之际，欧洲人所著的一些关于中国的著作中才有了对中国语言文字稍详细的介绍。此时，除了知道中国有一种官话和文字可以用作口头与文字交流的媒介，还知道了中国字的书写和形状。但对中国语言文字有较深入的研究，还是从来华传教士开始的。

　　门多萨的《大中华帝国史》是欧洲人著作中首次介绍汉字的书籍。门多萨认为，中国的语言文字是一种书面比口语更容易理解的语言，因为每个不同的字表示的含义不同。他还惊奇地发现，中国人说各种不同的语言，但能通过文字相互理解。这是因为一个图形或字，对中国人来说，就表示一件事物。可见门多萨已经看出中国语言文字的象形特征。门多萨还介绍了中国的纸、毛笔、印刷术，说中国人的书写格式和欧洲人相反，从上到下，从右到左，连印刷物也不例外。①

　　欧洲学术界开始学习和编译中国语文和字典，肇始于卫匡国。他在1653—1657年返欧期间，曾著《中国文法》一书，对欧洲学者深入研究中国，成为必不可少的门径。1681年柏应理回欧洲时，曾对卫匡国的《中国文法》加以增订。另外，卫匡国在《中国史初编》中，也对中国语言文字有所论述。卫匡国认为伏羲是中国文字的创始者，之所以要创造文字，是为了代替结绳记事。所造之字，在利用形态表意方面，与埃及的象形文字很相像，因此，古代中国人的书写原则和埃及人的方式是一个模样，有象形文字的特点。

　　曾德昭在《大中国志》中也对中国语言文字有所论述。曾德昭认为中国语言源远流长，有3700多年的历史。中国人使用的字跟他们民族本身一样古

---

① ［西］门多萨：《中华大帝国史》，何高济译，北京：中华书局1998年版，第113页。

老,文字的创造也有 3700 年之久。"我敢大胆地说,这是中国最了不起的事情。"① 他注意到中国人的书面语言与口语极不相同,他说汉字有 6 万多个,但对于读写来说,有 8000 到 1 万字就够用了。他很欣赏汉语没有复杂的语法、没有形态变化,因而认为中文易懂易学。他概括的这种中文的优点,得到 17 世纪欧洲汉学研究者的赞同,认为中文可以作为一种世界通用语言。曾德昭还介绍了汉字书写的 4 种字体,即"篆""真""隶""草"4 种书写体。他还开创了以构字法来研究汉字的先河,后来引起欧洲汉学家的仿效。

与曾德昭同时期的葡萄牙传教士安文思著有《中国新史》一书,其中有一章对中国的语言文字进行了研究和阐释。他说中国人使用的是 54409 个字,"这些字表达他们要说的事,很优美、生动和有效,以至于你不会把它们看作是字,而是说话的声音和语言,或者更是表示与他们生活有关的图画和形象。"② 他详细考察了中国文字起源于构造规则、词意的表达、发音特点等。最后他说,中国语言比希腊、拉丁或其他欧洲的语言都容易学。"根据我们的看法,它既符合理性,又符合经验。……中国语言是所有语言中最简明的,它由 320 个单音节组成,而希腊语和拉丁语有无数的词、时态、语态、人称,等等。而中国语言只需要用脑子记住区别词义形式的音调,并学会怎样读 300 个单音节字。"③

白晋对中国语言文字也有较深的研究。他在与莱布尼茨的通信中多次讨论到中国的语言文字问题。白晋说,他相信中文一定存在一个"解",掌握了这个"解",中文的学习便不会很困难了。他赞成莱布尼茨关于中国字之间有某种联系的看法,并进一步认为这种"联系",对于了解汉字、熟记汉字都有很大作用,如果字典是建立在这种"联系"上,那么掌握中文对许多人来说就不再是困难重重了。白晋注意到,中国已有字典采用根据部首来排列字的方法,但只限于按笔画多少来排列,还不是用一种更有意义的方法来排列。因此,在实际研究中,这种按笔画排列的只可能是字典,不是用来进行汉字分析的工具。另外,白晋还著有《中法字典》和《中文研究法》两部著作。

---

① [葡] 曾德昭:《大中国志》,何高济译,上海:上海古籍出版社 1998 年版,第 40 页。
② [葡] 安文思:《中国新史》,何高济译,郑州:大象出版社 2004 年版,第 43 页。
③ [葡] 安文思:《中国新史》,何高济译,郑州:大象出版社 2004 年版,第 49 页。

第六章 风俗与性格

法国传教士马若瑟（Joseph de Premare，1666—1736）于 1728 年写成的《汉语札记》一书是西方学者首先研究中国文字学的一部重要著作。此书论述了中国语言的性质和构造，举 13000 多条汉语例句，对中国语文的优美领悟极深。在前言部分，马若瑟先是对中国自古以来的作品做了介绍，列出 49 个题目，范围涉及经史子集，根据年代和写作风格分为 9 级。然后，他讲了学习汉语的路径和方法，词典的情况，关于文字、发音与音调的情况等。前言最后附录"汉语诸音总索引"，列出汉语的 1445 种音节，每一音节列出一个汉字及其解释。马若瑟说他只收入了普通常用的字，入门者须用一两个月牢记这些字，然后通过《汉语札记》，他将展示索引中没有的字，一步步扩大学习者的识字量。马若瑟在书中强调中文语法与西方的语法体系的巨大差异，要想真正学好中文必须认清这一点。马若瑟的《汉语札记》是欧洲研究中国语法的开山之作。

1724 年，马若瑟在一封信中就曾介绍过自己的研究成果，他特别注意到中国的口语与书面语言的区别。他说："这两种语言表达方式，一种是老百姓使用的，他们说话不加斟酌，另一种是官员们和文人们使用的，来自书中，书面语言完全不是白话，运用这种书面语言要经过好几级才能达到所谓经书中精练高超的水平。这里所说的语言已经不是口头上说的了，而只是书写用的了。眼前没有文字相助的话，是不太容易懂的，这种文字读起来很有兴味，因为朗朗上口，抑扬顿挫，很是和谐、柔顺。"他还介绍了《康熙字典》，他说："我想世上没有任何一种语言的词典比它更多的了，世界上没有任何一种语言比中国语言更丰富，没有任何一种语言可以自吹有三四千年历史，而且延续至今的了。"[①]

德国哲学家谢林也深入分析了中国的语言。他指出，他们看到了中国语言中有一股不允许单字具有独立性的力量，它甚至剥夺外来词的独立性，使之服从自己富有音韵的统一体。它犹如一股磁力流组合和控制中国语言的要素，同时把它们置于这样一种关系之中，即一个要素是另外一个要素的必要补充，负

---

① ［法］杜赫德编：《耶稣会士书简集——中国回忆录》第 3 卷，朱静译，郑州：大象出版社 2001 年版，第 283 页。

载并牵扯着另外一个要素。如同受磁力控制的每一个铁屑微机它只能存在于整体之中,一旦脱离整体,马上就不存在了。整体维持着对部分的绝对优先性。中文的单字还没有摆脱约束而取得独立性,所以中国话里不可能有后来摆脱了束缚的语言那种通过技巧和细心才避免的冗长整语,因为在这些语言中单词扩展了自身并且发挥出一种自为的力量。在中国语言中,必须对要素做出严格的安排,因此,"中国语言是世界上最洗练的语言,至少可从它最纯洁和最古老的风格上看出这一点。没有任何一种语言像中国古老典籍中的文字那样简短精练"。按照耶稣会教士的说法,书中的思想好似相互挤压在一起。因为从本质上说,中国话与其说是发音的语言,不如说是音乐语言。所以,可以把一本有关音乐的中文书的内容做必要的改动用来解释中国语言:音乐使各民族达到和谐一致(通过音乐,各族人民可以相互理解),音乐消除了语词的不一致性。

图6-5-1　基歇尔《中国图说》中国人书写方式图

和中国语言一样，中国文字的特点也是独一无二的，它和中国语言是不可分割的。因为中国文字不是中国语言的偶然结果，而是其必然的产物。拼音文字由表示声音和音素的符号所构成；而中国文字不同，构成它的符号本身所表现的就是语词所指的对象。

第七章　论孔子与儒家思想

一　利玛窦发现了孔子

孔子是中国历史上最伟大的思想家。经过历代王朝的推崇和历代儒家学者的阐释发挥，孔子及其所创立的儒家思想，所倡导的伦理精神与礼治秩序，成为一个庞大的思想体系，成为中国传统社会的主流意识形态。在很长的时期内，孔子及其儒家思想，规定了中国人价值观和认知方式，对于中华民族精神世界的建构起到了重大的作用，成为中华民族传统文化精神的核心和象征。

利玛窦等传教士在中国生活时间很长，他们深入中国内陆地区，与中国的官员和文人交往，都被中华文化的博大精深所感染。在这个过程中，他们接触了孔子的儒学思想，了解到孔子在中国社会生活中的重要地位，以及在中国社会文化中的重要影响。

他们是第一批向欧洲介绍孔子及其思想的人。而西方人面对孔子的时候，就不仅仅是孔子一人的思想学说，而是整个中国的精神文化世界。

利玛窦在中国生活多年，熟练地掌握了汉语，对中国文化有着广博的知识，对中国古典学术思想特别是儒家学说有着深入的研究。实际上，可以说，利玛窦是第一位认真而深入研究中国古典学术思想并且有较深刻见解的西方学者。利玛窦最早认识到了孔子的重要地位。在《中国札记》中，他以崇敬的心情提到中国儒家思想的创始者孔子：

第七章 论孔子与儒家思想

中国哲学家之中最有名的叫作孔子。这位博学的伟大人物诞生于基督纪元前551年,享年70余岁,他既以著作和授徒,也以自己的身教来激励他的人民追求道德。他的自制力和有节制的生活方式使他的同胞断言他远比世界各国过去所有被认为是德高望重的人更为神圣。的确,如果我们批判地研究他那些被载入史册中的言行,我们就不得不承认他可以与异教哲学家相媲美,而且还超过他们中的大多数人。①

利玛窦还提到中国儒学的经典"四书""五经":

被称为中国圣哲之师的孔子,把更古的哲学家的著作汇编成四部书,他自己又撰写了五部。他给这五部书题名为"经",内容包括过正当生活的伦理原则、指导政治行为的教诫、习俗、古人的榜样、他们的礼仪和祭祀以及他们的诗歌的样品和其他这类的题材。在这五部书之外,还有一部汇编了这位大哲学家和他的弟子们的教诫,但并没有特殊的编排。它主要是着眼于个人、家庭及整个国家的道德行为,而在人类理性的光芒下对正当的道德活动加以指导。这部书是从前面提到过的那四部书摘录下来的摄要,被称为《四书》。孔子的这九部书构成最古老的中国图书库,它们大部分是用象形文字写成,为国家未来的美好和发展而集道德教诫之大成;别的书都是由其中发展出来的。②

利玛窦多次提到孔子在中国的崇高地位。他说,中国有学问的人对孔子都非常尊敬,以至于不敢对他说的任何一句话稍有异议。在这个国家有一条从古传下来并为习俗所肯定的法律,规定凡希望成为或被认为是学者的人,都必须从孔子的几部书中导引出自己的基本学说。他必须背熟整部《四书》,以便成为这方面的公认权威。

---

① [意]利玛窦、[法]金尼阁:《利玛窦中国札记》,何高济、王遵仲、李申译,何兆武校,北京:中华书局1983年版,第31页。
② [意]利玛窦、[法]金尼阁:《利玛窦中国札记》,何高济、王遵仲、李申译,何兆武校,北京:中华书局1983年版,第35页。

西方典籍里的中国

　　利玛窦还注意到，不仅是知识阶层，就是统治者也给予孔子对一个人的最高敬意，他们感激地承认他们都受益于他遗留下来的学说。法律规定在每座城市并且是该城中被认为是文化中心的地点都建造一座中国哲学家之王的庙宇（孔庙）。中国官员和文人到孔庙祭拜，只是表达他们对孔子的崇敬和对他的学说的感激之情。在每个城市，都有一座极为壮观的孔庙，庙中置孔子像及封号；每月初及月圆，及一年的四个节日，文人学子都向他献一种祭祀，向他献香，献大宰，但他们并不认为孔子是神，也不向他求什么恩惠，所以不能说是正式的祭祀。

　　利玛窦指出，中国的儒家学说，办即"中国所熟悉的唯一较高深的哲理科学就是道德哲学"。"儒家这一教派的最终目的和总的意图是国内的太平和秩序。他们也期待家庭的经济安全和个人的道德修养。他们所阐述的箴言确实都是指导人们达到这些目的的，完全符合良心的光明和基督教的真理。他们利用五对不同的组合来构成人与人的全部关系，即父子、夫妇、主仆、兄弟及朋友五种关系。"儒学是一种主张理性的学说，"他们还教导说理性之光来自上天，人的一切活动都须听从理性的命令"。①

　　利玛窦把孔子的儒家学说看作一种宗教。利玛窦说，儒教是中国所固有的，并且是中国最古老的一种。中国人以儒教治国，有着大量的文献，远比其他教派更为著名。不过，利玛窦不承认儒教是正式的宗教。他认为儒教不过是一个学术团体，其目的是在恰当地治理国家和国家的普遍利益。所以，他认为中国人可以同时是儒教成员和天主教教徒。为了进一步揭示天、儒相通，利玛窦还从儒家的伦理和政治实践两方面介绍儒家学说，高度评价儒家的伦理观，说这是中国人对先祖父辈的孝敬，从皇帝到平民，儒教最隆重的事，是在每年的某些季节，给逝去的祖先献供。他们认为这是尽孝道。所谓"事死如事生，事亡如事存，教之致也"。他们以这种方法，来表示对祖先的感恩之情。

　　利玛窦在评论儒家思想的时候，还注意到它的社会功能和政治功能，认为"中国人以儒教治国"，儒家学说在维持社会稳定与和谐方面起了很大作用。

---

　　① ［意］利玛窦、［法］金尼阁：《利玛窦中国札记》，何高济、王遵仲、李申译，何兆武校，北京：中华书局1983年版，第31、104、99页。

在中西文化交流史上,利玛窦首先向欧洲较为详细地介绍了中国的儒家思想学说。从利玛窦开始,传教士们大都把中国的儒家典籍和学术思想作为向欧洲介绍中华文化的一个主要方面的内容,使儒家学说在欧洲思想界得以传播。

利玛窦对于中国典籍的研究,在将天主教神学思想的合儒、补儒、超儒方面做出许多努力。利玛窦用天主教教义去附会儒家的学说,将先秦典籍中的"天""上帝"解释成天主教的"Deus",即"天主",从而证明天主教与儒家在这个根本问题上的立场接近。他还认为儒家经过宋明理学这一发展阶段后,其非人格的"天""理"已远离早期儒家的"天"或"上帝"的原旨,因而要士大夫返璞归真,恢复对上帝其实也就是对天主教之"Deus"的信仰。利玛窦肯定儒家的学说,用儒教思想来论证天主教教义,宣称人们可以既属于儒

图7-1-1 李慕白绘《徐利谈道图》

西方典籍里的中国

家学派，又可以成为天主教教徒。因为在原则上，儒学没有违反天主教之基本道理的地方；而天主教信仰，对儒家所关切的社会安宁与和平之实现，不但无害，反而大有帮助。这一结论既有助利玛窦向士大夫、平民百姓传教，而又不妨碍其生活方式和思想观念，亦成为其调和儒学与天主教的前提。

耶稣会士采取的传教策略之一，就是利用中国儒家思想来论证天主教教义。这就形成了天主教思想与儒家思想的一次直接接触和对话，形成了中西思想的直接碰面与交流。这是天主教与儒家发生的历史上第一次也是唯一的一次实质性的、平等的接触。

图 7-1-2 《利玛窦中国札记》意大利文版，1622 年

二 儒学是传教士的必修课

在利玛窦之后陆续来华的传教士们,也都和利玛窦一样,努力学习中国传统文化,特别是研读儒家经典,对中国的传统礼俗、儒家思想都有比较深入的了解。儒学是传教士们的必修课。

传教士们研读的中国古典文献重点是"四书""五经"。

在中华传统文明中,"四书""五经"具有很崇高的地位,是儒家思想的主要经典。直到清代,"四书""五经"都是中国传统文人的必备经典,是中华传统文化内容的根源。如果不了解"四书""五经",就不能了解中华传统文化的方方面面,也不能把握中华传统文化的理论基础和核心价值观念。"四书""五经"统领了整个中华传统文化,是把握中华传统文化根本精神的必读之书。

从利玛窦开始,入华耶稣会士都把刻苦研习中国儒家文化,学习"四书""五经"作为重要任务。1593年12月,利玛窦在向耶稣会总会长的报告中说:"今年一年,我们都用功读书,我给我的同伴们讲完了一门功课。这门功课称为'四书',是四位很好的哲学家写的。书中有很多合理的伦理思想,中国的学者,人人都读这部'四书'。" 3年之后,利玛窦又向总会长报告说:"在已度过的这几年里,我让一些优秀的先生讲解了'四书'之外的'六经'。我在所有这些书中都做了长段摘录,这是为了支持我们的信仰,如上帝的独一性、灵魂之不死性以及真福者的荣耀性等。"[①]

许多传教士都注意到孔子和儒家思想在中华文化中的重要地位,热心于对中国典籍的翻译和对儒家思想的研究介绍,也在欧洲思想界产生了深远影响。

葡萄牙耶稣会士曾德昭在《大中国志》中说道,孔子在中国具有很高的

---

① 计翔翔:《17世纪中期汉学著作研究——以曾德昭〈大中国志〉和安文思〈中国新志〉为中心》,上海:上海古籍出版社2002年版,第22—23页。

西方典籍里的中国

地位,"孔夫子这位伟人受到中国人极大的崇敬,他撰写的书和他身后留下的格言教导,也极受重视,以至于人们不仅把他当作圣人,同时也把他当作先师和博士,他的话被视为神谕圣言,而且在全国所有城镇修建了纪念他的庙宇,定期在那里举行隆重仪式以表示对他的尊崇"①。他还说,儒家的经典"四书""五经","这9部书在他们当中可说是神圣的。有关的注释需要他们努力学习,背下来,竭力了解困难之处,使他们获得各种辨识力,这样去节制他们的行为,制定治国之方。这都是根据从其中找到的格言警句进行的"②。

西班牙多明我会传教士闵明我在《中华帝国纵览》中介绍了孔子的学说,其中引用了100多句孔子和其他典籍的格言。安文思的《中国新史》概括了中国的12条优点,其中也谈到孔子,有一章的题目就是"孔子的崇高地位和巨大影响"。

法国耶稣会士李明的《中国近事报道(1687—1692)》对孔子和"四书""五经"做了详细的介绍。他在书中撰写了孔子的小传,还辑录了孔子的一部分箴言。他指出:

孔子是中国文学的主要光辉所在……这正是他们理论最清纯的源泉,他们的哲学,他们的立法者,他们的权威人物。尽管孔子从未当过皇帝,却可以说他一生曾经统治了中国大部分疆土,而死后,以他生前宣扬的箴言,以及他所做出的光辉榜样,他在治理国家中所占的位置谁也无法胜过他,他依然是君子中的典范。③

李明介绍了"五经"中每部经典的主要内容,然后指出:"这五本书是非常古老的,所有其他在王朝有一定威望的书不过是这五本书的抄本或评注本。在不计其数的曾为这个著名的原著付出劳动的作者中,没有任何人比孔子更杰出。人们尤其看重他所收集成'四书'的有关古代法律的书,并视其为完美

---

① [葡] 曾德昭:《大中国志》,何高济译,上海:上海古籍出版社1998年版,第59页。
② [葡] 曾德昭:《大中国志》,何高济译,上海:上海古籍出版社1998年版,第60页。
③ [法] 李明:《中国近事报道(1687—1692)》,郭强、龙云、李伟译,郑州:大象出版社2004年版,第177页。

政治的准则。书中论述了治理政府的伟大艺术、道德和不道德的中庸思想、事物的本性以及共同的义务。"①

三 孔子走进欧洲思想的视野

传教士们不仅自己学习、研究孔子的儒家学说并作介绍,还致力于翻译儒家经典,让欧洲人有机会直接阅读和了解儒家学说。他们对儒家经典的翻译介绍,是他们对中华文化西传的一大贡献。

从利玛窦开始,传教士们就陆续翻译出版了"四书""五经"等儒家经典著作。到18世纪初,中国的"四书"已全部译成西文在欧洲刊行流传。据统计,在19世纪之前,在华耶稣会士们的译著在欧洲出版的有19部,另有2部在亚洲出版;没有在译成之世出版的有13部,其中包括一些未完成稿。

在这些译著中,影响最大的是1687年柏应理在巴黎出版的《中国哲学家孔子》一书,它一问世就在欧洲引起巨大反响。

《中国哲学家孔子》是多位传教士合作的成果。《中国哲学家孔子》的内容,首先是一篇导言,主要介绍了中国的儒家、道教、佛教以及宋明理学所重视的《易经》,认为"四书""五经"是中国最古老的经典著作,对翻译的"四书"从思想文化上做了总体性的介绍和铺垫。另一部分是殷铎泽所撰写的孔子传记,开卷是孔子的全身像,图中孔子身穿儒服,头戴儒冠,手持象笏的板子,站在一座庙宇式的书馆之前。书馆上端写有"国学"二字,附拉丁注音和解释,书馆柱子上写有"天下先师"字样。孔子身后的两旁是装满经书的大书架,书架上的书籍均标出书名,自上而下,一边是《书经》《春秋》《大学》《中庸》《论语》;另一边是《礼》《易经》《楚辞》《诗经》《孟子》,都附以拉丁文注音。书架的下面还有孔子弟子们的牌位,上写颜回、子思、子路等,共18名。这是最早传到欧洲的孔子画像。这幅肖像把孔子描绘成在图

---

① [法]李明:《中国近事报道(1687—1692)》,郭强、龙云、李伟译,郑州:大象出版社2004年版,第175页。

西方典籍里的中国

书馆内的学术贤哲而非在庙宇中的神祇先知。在16—18世纪，西方人对中国人的认识多源于孔子的形象。

《中国哲学家孔子》的主体部分是《大学》《中庸》《论语》的译文，并皆附译注疏，总题目为《中国之智慧》。

《中国哲学家孔子》是耶稣会士第一部论述中国人思想的专著，是欧洲17世纪对孔子形象及其著述介绍得最为完备的书籍。该书给《论语》所译的拉丁文标题为 Ratiocinantium Sermones（富有理性者的谈话），书中将孔子描绘成了基督教先知式的人物，把孔子比拟古希腊哲学家爱比克泰德（Epictetus）。他们认为《大学》全书"表现出崇尚理性的精神"。

《中国哲学家孔子》一经出版，立即在欧洲思想界引起轰动，各种译本纷纷问世，各家杂志纷纷撰写文章加以介绍。《中国哲学家孔子》由于原文是拉丁文，不能满足公众的需求，于是在第二年有了一些改写本、节译本问世。

《中国哲学家孔子》代表了17世纪对耶稣会士研究中国的学术成就公开传播的一个高潮。通过《中国哲学家孔子》，孔子的形象第一次被传到欧洲，把儒家以一种哲学姿态呈现在欧洲人面前，充分满足了17—18世纪欧洲人的文化需求。《中国哲学家孔子》的法文编译者、法国学者贝尼埃（Bernier）曾经这样写道：

> 我不再惊奇何以这位道德哲学家或如立法者（孔子）两千年来在中国是如此之享有盛名了。……因为我们必须承认，他是一个伟大的人物。他对人的内心了解是何等深刻，他对于一个国家的君主和政府又抱着何等伟大的见解；他认为唯有当他们有德行时，才会有幸福存在。就我所知，还没有任何一个人有过如此之多的智慧、如此之多的审慎、如此之多的真诚、如此之多的虔诚、如此之多的仁慈；他简直没有一句话、一件事情或故事、一个问题，其目的不是在提倡德行的，而且其中总是包含着某种明智的教导，或者是教导着一种良好的为政，或者是教导着具体的做人的行为。①

---

① 何兆武：《中西文化交流史论》，武汉：湖北人民出版社2007年版，第116页。

第七章 论孔子与儒家思想

英国作家坦普尔（William Temple，1628—1699）对《中国哲学家孔子》一书评论说：

> 孔子的著作，似乎是一部伦理学，讲的是私人道德。公众道德，经济上的道德，政治上的道德，都是自治、治家、治国之道，尤其是治国之道。他的思想和推论，不外乎说：没有好的政府，百姓不得安居乐业，而没有好的百姓，政府也不会使人满意。所以，为了人类的幸福，从王公贵族以至于最微贱的农民，凡属国民，都应端正自己的思想，听取人家的劝告，或遵从国家的法令，努力为善，并发展其智慧与德行。①

坦普尔在《讨论古今的学术》一文中，把孔子的思想与希腊哲学相提并论，他说："希腊人注意个人或家庭的幸福；至于中国人则注重国家的康泰。"

《中国哲学家孔子》被欧洲人广泛阅读。对启蒙时代发生了直接影响。莱布尼茨对《中国哲学家孔子》一书非常重视。他在这部书出版之前就得知了有关消息。1687年1月26日，耶稣会士帕伯洛克（Daniel Papebroch）写信告诉莱布尼茨：孔子的著作和其他中文书籍即将出版拉丁文译本。帕伯洛克神父说，作者是中国教团的代表柏应理神父，据说他是奉路易十四之命出版这本书的。帕伯洛克还告诉莱布尼茨，柏应理正忙于寻找书写汉字的窍门。莱布尼茨在一封很可能写于1687年2月的信中回复说，他希望柏应理能出版一本中文、拉丁文双语版的书，这样有助于解释汉字的结构和揭示"中文之钥"。帕伯洛克在4月1日的回信说，柏应理将在4月中旬完成儒家著作译本的出版工作。他指出：这个巴黎的译本研究的是孔子的道德哲学，并将展示中文原文的样本。1687年12月9日，莱布尼茨在给冯·黑森－莱因菲尔伯爵（the Landgrave, Ernst von Hessen-Rheinfels）的一封信中说，他很久以来一直期望见到一本《中国哲学家孔子》的愿望终于通过法兰克福的书商仲纳尔（Johann David Zunner）实现了。莱布尼茨对这部著作的评价是：

---

① 范存忠：《中国文化在启蒙时期的英国》，上海：上海外语教育出版社1991年版，第14页。

这本书并不是孔子本人写成的,而是由他的弟子编纂的,其中一部分选自孔子自己的言论。这位哲学家的寿命超过了几乎所有希腊哲学家的寿命。书中处处都有接触的思想和格言。他常常使用比喻。例如:他说只有到了冬天才能知道哪些树木能保持常青。同样,人在安宁与幸福时可能看起来都差不多,但是在危险和混乱时,才能发现英勇和有功劳的人。①

莱布尼茨在一封信中还说道:"你的教友柏应理,这个极杰出的人物已经开始向我们介绍一些真实的中国历史了。不过,他这样做使得我们的求知欲望非但没有得到满足,反而进一步地受到了激发。"②

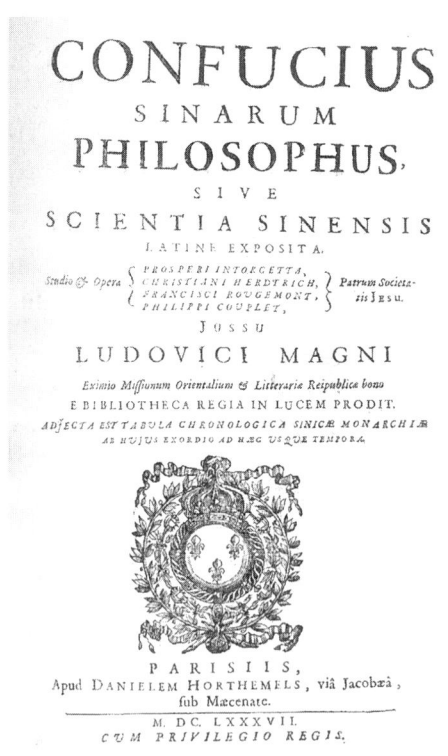

图7-3-1 《中国哲学家孔子》,法国巴黎1687年出版

---

① [美]孟德卫:《奇异的国度:耶稣会适应政策及汉学的起源》,陈怡译,郑州:大象出版社2010年版,第314页。

② [德]莱布尼茨:《致闵明我的两封信》,[德]夏瑞春编:《德国思想家论中国》,陈爱政等译,南京:江苏人民出版社1989年版,第17、23页。

法国哲学家培尔（Pierre Bayle，1647—1706）最早是通过阅读柏应理的著作而洞悉中国的宗教特别是佛教，进而获知中国存在唯物主义思想与无神论。法国思想家弗雷烈（Nicolas Fréret，1688—1747）在阅读柏应理的著作时，也同培尔一样得出了古代中国人存在无神论的看法。法国启蒙思想家也大都读过《中国哲学家孔子》，如伏尔泰在《风俗论》中介绍孔子学说时，就利用了柏应理的这本书。孟德斯鸠怀着极大的兴趣，认真阅读了这部用艰涩的拉丁文撰写的书，并做了详细的笔记。在笔记中，他写下了一些自己的观点，并将书中许多段落译成法文。

图7-3-2　在《中国哲学家孔子》中，孔子被描绘成一个贤明学者的形象。这一形象在当时的欧洲广为流传，代表了17—18世纪欧洲对中国的积极印象

四　孔子与启蒙思想家相遇

孔子走进欧洲哲学的视野，恰逢其时，正好与欧洲轰轰烈烈的启蒙运动相遇。这是一次伟大的文化相遇，是世界文化史上一个重大的文化事件。许多启蒙思想家都熟知有关中国的知识，热情的赞扬中华文明，特别是对孔子的思想，作为他们经常援引发重要思想资源。孔子是他们的理想和典范，或如有的学者所说的，"孔子是启蒙运动的守护神"。

启蒙思想家从实际的需要出发，对中国文化的思想材料有选择地加以利用，援引孔子的思想，并将孔子和中国儒家思想文化理性化和理想化，作为他们批判基督教神学和封建专制主义、论证新文化理想的根据和证明；他们自觉地将中国文化与欧洲文化进行比较研究，以中国文化作为他们反省欧洲传统的参照系，中华文明成为他们一个想象的乌托邦。

启蒙思想家们把目光从基督教神学的天国转向人间，转向现实的社会生活领域，努力建立一个新的"理性"的世界，打开大门迎接"理性"的世界秩序。因而，道德问题成为他们关注的主要问题之一。德国学者利奇温（Adolf Reichwein）分析中国儒家思想在启蒙运动中的影响时指出：启蒙思想家们"根据一种实际的人道主义的理想，想调和文化与宗教，利用基督教的道德（唯非教条），以供他们驱使。这种文化的理想，只以'品德'为伦理的基础，几乎完全抛弃宗教的仪式。这时初次传来孔子著作和中国经书的译本；人们很诧异地发现，名字已经传诵于当时贾人海客之口的两千年前的孔子，具有同样方式的同样思想，进行同样的奋斗。……因此，孔子成了18世纪启蒙时代的保护神；……他们只知孔子教化的中国。对于宗教历史发展，研究中国经典有决定性的推动力。18世纪的前半叶，孔子又成为欧洲的兴趣中心"。"在欧洲人的心里渐渐地形成了一种多少被普遍承认的关于中国的概念，而且继续被人信守作为一种模范。正好比'宽容的'亚洲人，人们对中国人，单纯地视为有道德的人类。他们从中国发现了一个完全新的道德世界。"①

17世纪法国哲学家拉莫特·勒瓦耶（La Mothe le Vayer, 1588—1672）在《论异教徒的美德》一书中大力颂扬孔子及其思想。他说中国人都是"以这样的崇拜方式"来纪念孔子，"他们在庙中建造了孔夫子的像，与其弟子中的某些人的像建在一起"。他介绍了"四书""五经"，说孔子"把他以前的哲学家们的所有最漂亮的至理名言精炼成四部大书"，并"根据他自己的思想写出了第五部"。他强调中国的文官制度的重要性，指出：

> 当然，把皇权置于哲学家之手和使武力和平地服从理智，并不是使孔夫子得到一种微不足道的荣耀。当看到国王像哲学家一样行事或由哲学家来执政时，那该是大家希望的一种什么样的荣幸啊！这位举世罕见的思想家懂得把这两种幸福都集中在中国了，他的道德在那里使得君主本人也不强迫去做与他的格言（孔子的道义）不相吻合的任何事，那里的各级官府以及朝廷中的文武百官都必然属于其弟子之列，大家甚至可以说那里仅由哲学家们治理着一个如此庞大的帝国。②

在这里，勒瓦耶通过孔子和中国表达了一个属于那个时代的政治理想。在西方传统思想中，从柏拉图开始，"理想国"和"哲学王"就一直是哲学家们梦寐以求的理想世界，认为一个国家或者由哲学家当"王"，或者国王成为哲学家，那么这将是世界上最好的统治。在启蒙运动中对中国开明专制制度的颂扬，对中国君主特别是康熙皇帝的颂扬，对中国科举制和文官制度的推崇，以及更重要的，对孔子和儒家学说的倾情赞美，都是这种政治理想的一种反映。

勒瓦耶还著有《对于君主有益的科学》，其中引进了孔子的儒家思想，把治理国家与管理家庭联系起来。他认为道德是有关生活行为的科学，分为三个部分：第一部分成为伦理或纯粹意义上的道德，在其中，我们学习的是用理性的规则来自己管理自己；另两个部分很自然地紧随其后，一个是家政学，另外

---

① ［德］利奇温：《18世纪中国与欧洲文化的接触》，朱杰勤译，北京：商务印书馆1962年版，第68、79页。
② ［法］安田朴：《中国文化西传欧洲史》，耿昇译，北京：商务印书馆2000年版，第282页。

西方典籍里的中国

一个是政治。这个秩序是完全自然的，因为一个人在命令和管理其他人之前要先学会自我管理，无论是作为家庭的父亲——也就是说家政学，还是作为国家的统治者、法官或大臣，这与政治相关。在经历道德学习的前两个阶段，也就是说自我管理，并成为好的家政管理者之后——也就是说按照应当的那样管理家庭，接下来的第三个部分就是政治，或者说良好的治理科学。

勒瓦耶在向欧洲推介孔子时，最重要的一点是他把孔子与苏格拉底相比较。他说孔子和苏格拉底几乎是同一时代的人，他们在世界上的两大古老民族都备受尊重，特别是由于"孔子与苏格拉底一样都使伦理道德具有了威望，使哲学从天上降至人间"，所以人们完全可以把孔子看作"中国的苏格拉底"。勒瓦耶说："在孔子一生的多种情节中，有两三种会使我们感到大家完全可以称他为中国的苏格拉底。孔夫子也和苏格拉底一样，通过他们二人对伦理产生的权威，使哲学从天上降到了人间。"他确信，孔子和苏格拉底是"道德最为高尚的人"。所有伟大的有德之士中的这两个人，完全如同出于偶然一样，都是把伦理和神学简化为几点节制行为的人。能听懂话的人当然会有其好处。他说道：

> 因此，我认为，如果我们不如同纪念我们已经提到的所有伟大哲学家一样崇拜他，如果我们对他的拯救感到失望，认为他未完成如同苏格拉底和毕达哥拉斯（他们似乎还不如孔夫子的道德高尚）那样的拯救事业，那样完全是不公正的和非常冒昧的。由于他在识别非常强大的和非常正确的宇宙最早起源论的统一方面并不比其他那些人逊色多少，所以他只能在对此也表现出了其全部兴趣时才会这样做。在形成教义第二种组成部分对邻居的仁慈问题上，利玛窦神父的回忆录向我们断言，在出自这位哲学家的全部中国伦理中，再没有比"己所不欲，勿施于人"的格言更为明确具体的了。[①]

勒瓦耶对孔子和苏格拉底的比较，其重要性在于，他首次把孔子及其儒家

---

① ［法］安田朴：《中国文化西传欧洲史》，耿昇译，北京：商务印书馆2000年版，第281—284页。

思想作为一种哲学引进了欧洲的哲学界，使孔子走进了欧洲的哲学思想视野，开展了东西方的哲学对话，使孔子及其儒家思想成为世界哲学发展的一个有意义的环节。

伏尔泰称赞中国古代文化取得的优秀成果，说中国是世界上最优美、最古老、最广大、人口最多和治理最好的国家。在伏尔泰对中国的"发现"中，他最为注重的是儒家礼治秩序，是中国人的道德和法律。伏尔泰和启蒙思想家们认为他们从中发现了一个完全新的道德世界。

伏尔泰曾认真研读过各种儒家经典和孔子思想论著的译本，对孔子称赞备至。他说："我钻研过他的著作；我还做了摘要；我在书中只发现他最纯朴的道德思想，丝毫不染江湖色彩。"① 他还在一封信中称："孔子为天地之灵气所钟，他分别真理与迷信，再站在真理一边；他不媚帝王，不好淫色，实为天下唯一的师表。"他对孔子极为推崇和赞颂，指出：

> 这个庞大的帝国的法律和安宁建筑在既最合乎自然而又最神圣的法则，即后辈对长辈的尊敬之上。后辈还把这种尊敬同他们对最早的伦理大师应有的尊敬，特别是对孔夫子应有的尊敬，合为一体。这位孔夫子，我们称为 Confucius，是一位在基督教创立之前约六百年教导后辈谨守美德的先贤古哲。②

伏尔泰把中国皇帝与孔子相提并论，一个是只关心人民幸福的国王，一个是布道者。"我钦佩他们二人，我简直对他们着迷了。"他还说，孔子"根本不做先知；他从不说他有什么灵感；他也绝不宣扬一种新宗教；他更不借助什么威望，他根本不奉承他那时代的当朝皇帝，甚至都不谈论他。总之，他是举世唯一的一位不让妇女追随他的教师"。他还指出："他们的孔子不创新说，不立新礼；他不做受神启者，也不做先知。他是传授古代法律的贤明官吏。我们有时不恰当地把他的学说称为'儒教'，其实他并没有宗教，他的宗教就是

---

① [法] 伏尔泰：《哲学辞典》上册，王燕生译，北京：商务印书馆1991年版，第322页。
② [法] 伏尔泰：《路易十四时代》，王晓东译，北京：商务印书馆1982年版，第594页。

> 西方典籍里的中国

所有皇帝和大臣的宗教，就是先贤的宗教。孔子只是以道德谆谆告诫人，而不是宣扬什么奥义。在他的第一部书中，他说为政之道，在日日新。在第二部书中，他证明上帝亲自把道德铭刻在人的心中；他说人非生而性恶，恶乃由过错所致。第三部书是纯粹的格言集，其中找不到任何鄙俗的言辞，可笑的譬喻。"①

伏尔泰在这里说的孔子的书，应该是柏应理的《中国哲学家孔子》，其中所说的3部书，分别是《大学》《中庸》《论语》。伏尔泰还说道，他认识一位哲学家，在自己的书房里间悬挂了一幅孔子画像，还在这幅画像下边提了4句诗：

> 唯理才能益智能，但凭诚信照人心；
> 圣人言论非先觉，彼土人皆奉大成。②

伏尔泰认为，孔子的哲学乃是一整套完整的伦理学说，教人以德，使普遍的理性抑制人们利己的欲望，从而建立起和平与幸福的社会。伏尔泰从中国的历史发展中看到孔子儒家伦理精神的力量。孔子一整套的伦理道德规范指导着中国人修身治国，使中国两千年来得以国泰民安。

伏尔泰非常推崇中国的道德和法律制度。在他看来，中国在伦理道德和治国理政方面，堪称首屈一指。伏尔泰说中国人具有完备的道德哲学，它居于各科学问的首位。中国人的道德源于中国文化的理性原则。他赞赏中国人的道德与人心、人生相结合的主张，认为中国儒学的"性善"说与基督教的"性恶"说有本质的区别。人类的"性善"，才使他们在"爱神"之外，能够"以深厚的感情，去爱其祖国及其父母妻子"。他说，西方民族的任何格言和教理都无法与此"纯粹道德"相比拟，孔子常说仁义，若使人们实行此种道德，世上就不会有人们互相攻伐了。伏尔泰还称赞孔子的"己所不欲，勿施于人"的说教，认为这就像爱比克泰德的道德观一样纯正、严肃和人道。他还认为，所有中国文化的优越和美好，都可以活生生地实体化，这就是孔子的思想和言行，孔子是中国文化的理性原则衍化为"纯粹道德"的最好体现者。"世界上曾有过的最幸福、

---

① [法] 伏尔泰：《风俗论》上册，梁守锵译，北京：商务印书馆1997年版，第77页。
② [法] 伏尔泰：《哲学辞典》上册，王燕生译，北京：商务印书馆1991年版，第322页。

第七章 论孔子与儒家思想

最可敬的时代,就是奉行孔子的律法的时代。"① 他还援引传教士李明的话说:"中国遵循最纯洁的道德教训时,欧洲正陷于谬误和腐化堕落之中。"②

伏尔泰指出:"中国人最深刻了解、最精心培育、最致力完善的东西是道德法律。儿女孝敬父亲是国家的基础。""一省一县的文官被称为父母官,而帝王则是一国的君父。这种思想在人们心中根深蒂固,把这个幅员广大的国家组成一个大家庭。"中国人很讲究礼节,"然而这些礼节可以在整个民族树立克制和正直的品行,使民风既庄重又文雅"。③

狄德罗认为中国君主的哲学就是道德哲学、政治哲学,古代君主可以认为是哲人帝王,"五经"是中国最初的并且是最神圣的读物,"四书"则是"五经"的注释。他对孔子也给予较高的评价,认为孔子更为潜心研究的是人和风俗,而不是自然及起因,孔子哲学是承上启下正统的中国哲学。狄德罗还专门介绍了35条孔子的"道德警句"。

魁奈把孔子作为他心目中的偶像,景仰备至,钦慕不已。他称述"中国人把孔子看作所有学者中最伟大的人物,是他们国家从其光辉的古代所流传下来的各种法律、道德和宗教的最伟大的革新者";孔子是一位"坚贞不渝,忍受着各种非难和压制的著名哲学家",是一位具有崇高声望,立法明智,要求在人民中树立起公正、坦诚和一切文明风尚的"贤明大师";中国人对这位哲学家表达了"最崇高的敬意",他被尊为帝国的"第一位教育家和学者",他的著述"超凡拔俗",具有极大的权威性;连蒙古皇帝亦"对孔子表达了犹如对国君一般的敬意"。魁奈还将孔子学说与古希腊圣贤加以对比,认为一部《论语》"充满了格言和道德原理,胜过希腊七贤之语"。④ 对孔子的推崇景仰之情,溢于言表。

魁奈对孔子的学说和中国的文化制度极为推崇,而魁奈本人则被他的弟子们视为孔子事业的直接承继人,称他为"欧洲的孔子"。他的忠实信徒米拉波

---

① [法] 伏尔泰:《风俗论》上册,梁守锵译,北京:商务印书馆1997年版,第219页。
② [法] 伏尔泰:《路易十四时代》,王晓东译,北京:商务印务馆1982年版,第595页。
③ [法] 伏尔泰:《风俗论》上册,梁守锵译,北京:商务印书馆1997年版,第216、217页。
④ [法] 魁奈:《中华帝国的专制制度》,谈敏译,北京:商务印书馆1992年版,第37—38、56页。

西方典籍里的中国

在他去世时发表的葬礼演说中,把魁奈与孔子直接联系起来。他说:

> 孔子的整个教义,在于恢复人受之于天、而为无知和私欲所掩蔽的本性的光辉和美丽。因此,他劝国人信事上帝,存敬奉戒惧之心,爱邻如己,克己复礼,以理制欲。非礼勿为,非礼勿念,非礼勿言。对这种宗教道德的伟大教言,似乎不可能再有所增补;但最主要的部分还未做到,即行之于大地;这就是我们老师的工作,他以特别聪睿的耳朵,亲从我们共同的大自然母亲的口中,听到了"纯产品"的秘理。①

米拉波的魁奈葬礼演说,以信奉孔子学说作为魁奈的盖棺之论,反映了魁奈理论与中国古代学术思想之间的密切关系,而这一点正是魁奈以及整个重农学派的重要理论特征。

图 7-4-1　巴黎咖啡馆里的哲学家们

---

① [德] 利奇温:《18世纪中国与欧洲文化的接触》,朱杰勤译,北京:商务印书馆1962年版,第92—93页。

第七章 论孔子与儒家思想

图7-4-2 《中华帝国全志》1736年法文版孔子像，
旧金山大学利玛窦中西文化历史研究所图书馆藏

五　沃尔夫论孔子的道德哲学

莱布尼茨的学生、德国哲学家沃尔夫继承了莱布尼茨对中国文化和中国哲学的浓厚兴趣，并对中国哲学有较多了解。

1721年7月12日，沃尔夫在哈雷大学发表了《关于中国人道德学的演讲》，盛赞孔子的道德学说。沃尔夫首先论述了中国的政治道德，认为中国人具有令人钦佩的智慧和治国才智，柏拉图理想国中所设想的"哲学王"在中国上古社会已经出现过。中国古代帝王本身就都是智者，而智者当道的国家，世道必盛。孔子的学说即发端于古代的君主。沃尔夫盛赞孔子说：

> 即使不能把孔子看作中国智慧的创始者，那么也应当把他视为中国智慧的复兴者。孔子的所作所为并非为了沽名钓誉，而是出于希望百姓幸福安康的爱。……他以其深邃的哲理自古至今都享有崇高的威望。……如果我们把他看作上帝派给我们的一位先知和先生的话，那么中国人崇尚他的程度不亚于犹太人之于摩西，土耳其人之于穆罕默德，我们之于耶稣基督。①

沃尔夫进一步探讨了中国道德学说的基础。他认为，哲学的真正基础就是与人类理性的自然性相一致的东西。那么，从这种观点来看，中国哲学便具有真实的基础，因为中国人认为，对于培养道德风尚，至关重要的因素是与人的理性相吻合，他们所做的每一件事情，其根据都在人的自然性中。中国人总是注意理性的完善的一面，这样他们就可以认识自身自然的力量，从而达到自然力量所能让他们达到的高度。他们效法以理智为本的大彻大悟的前师，前师们很少过问如何避免偏见，而是崇尚理性的力量，研究如何将这种力量运用

---

① ［德］沃尔夫：《关于中国道德学的演讲》，［德］夏瑞春编：《德国思想家论中国》，陈爱政等译，南京：江苏人民出版社1989年版，第31页。

到对真理的探求上。"圣人的主要任务在于使理性日趋完善"。而一个人"出于他个人的自由意志,乐意致力于道德,那么他首先必须从改善自己的理性入手"。①

沃尔夫认为,中国人是一个永远追求道德完善的民族。中国人时刻铭记着,在改造自身和他人的过程中,不达到至高的完善决不停步,可是最高的完善却又是一个永远不可抵达的目标。因此,人永远不应当停下脚步。要坚持不懈地努力奋进,只有这样,才能达到较高程度的完善。"中国人所有的行为都以自身的和他人的最高的完善为最终目的"。沃尔夫指出:

> 人类最崇高的善,在于坚持不懈地朝着更高一级的完善奋进。中国人清楚地认识到,在道德的大路上,人应当不断奋进,不达到最高的完善程度决不停步,可是最高的完善又是一个永远不可抵达的境地。因此,我认为,中国哲学家的看法也是如此,如果不坚持不懈地天天向上地追求更高的完善,人就没有幸福可言。②

沃尔夫还注意到,中国人有一种激励人、促进人以日益高涨的热情不懈地追求崇高目标的方法,这就是做好事能带来荣誉。强烈的荣誉感激励人们不断地努力进取。

沃尔夫认为,在中国人那里,品德的知识本身就导致道德的行为,道德的学习和道德的实践是一致的。学习道德的人可以通过努力学习道德来克服恶习,因为恶习是不道德的东西,二者不可能同生共存。"中国人还有一个值得称赞的地方是:他们不仅制定道德规范,还培养学生养成道德习惯,使他们的品德合乎规范"③。因此,沃尔夫赞扬中国的教育制度。他说,中国实行一种分级教育,小学收8岁到15岁的儿童,因为他们还不能运用自己的理性,还

---

① [德]沃尔夫:《关于中国道德学的演讲》,[德]夏瑞春编:《德国思想家论中国》,陈爱政等译,南京:江苏人民出版社1989年版,第39、40页。
② [德]沃尔夫:《关于中国道德学的演讲》,[德]夏瑞春编:《德国思想家论中国》,陈爱政等译,南京:江苏人民出版社1989年版,第42—43、39页。
③ [德]沃尔夫:《关于中国道德学的演讲》,[德]夏瑞春编:《德国思想家论中国》,陈爱政等译,南京:江苏人民出版社1989年版,第42—43、39页。

必须由感性的观念引导和管理；大学只收经过挑选的天资优异的学子，教以治国治民的方法。在沃尔夫看来，这是理想的教育制度，因为它本于人类精神的自然规律，也因为按照这种制度，理性的一切活动都可以有一个确定的目标。凡所研求的，无一不是以智慧——快乐幸福为目标。

沃尔夫还在演讲中比较了中国人的道德和基督教的道德，认为基督教的道德来自神灵的启示，归于上帝恩惠的力量，而中国人的道德只是出于自然理性的力量。但他认为这二者并不相冲突，可以互相调和。沃尔夫认为中国道德学说中的理性主义与他的哲学主张是一致的。他在这篇演讲的最后说：

> 亲爱的听众，我已经把古代中国人的哲学基础展现在你们眼前。不论是在其他的公开场合，还是在这个庄严的会场上，我都要讲，中国人的哲学基础同我个人的哲学基础是完全一致的。①

沃尔夫认为孔子的学说与基督教的道德并无冲突。这种看法并说不上是独创，因为当时有不少耶稣会士都持有相同或相似的看法。不过，沃尔夫所在的哈雷大学是新教的势力范围，还不能接受和容忍他的这种观点。于是，在沃尔夫发表演讲之后，哈雷大学神学部的教授们立即开会，对沃尔夫演讲指出27条谬误之处，并当面进行质询。学校当局还报告给普鲁士国王腓特烈·威廉一世。1723年11月8日，国王下令解除沃尔夫哈雷大学教授的职务，并勒令他在48小时之内离开哈雷大学和普鲁士。这个处罚决定超出了沃尔夫和他的反对者们的设想，他们只是想阻止沃尔夫的教学活动，不准许他教数学以外的课程。哈雷大学的校董会立即表示不服，但已经没有能力更改国王的决定，从而演出了18世纪西方哲学史上颇不光彩的一幕。然而，迫害和放逐反而使沃尔夫声誉鹊起，名声大振。欧洲学术界一时沸沸扬扬，出版了200多种著作讨论沃尔夫的学说，争论竟然持续了20年之久。瑞典国王、俄国沙皇等纷纷向沃

---

① [德]沃尔夫：《关于中国道德学的演讲》，[德]夏瑞春编：《德国思想家论中国》，陈爱政等译，南京：江苏人民出版社1989年版，第45页。

尔夫发来邀请，法国的启蒙思想家们则把他作为孔子及基督同列的殉道者。沃尔夫离开哈雷大学之后，即被聘为马堡大学教授，在那里工作了17年。他在马堡大学期间，被认为是马堡大学的"最光荣的时代"。

六　孔子是"一个真正的伟人"

19世纪以后，又有新教传教士到中国来。他们和他们的前辈一样，也对孔子及其思想极为重视。所不同的是，他们把中国儒教的典籍比较完整地翻译成西文，使人们对于了解孔子及其思想有了比较准确的文本。这样，再次被新教传教士介绍、传播的孔子及其思想，就不仅仅是一个想象的"他者"，而是进入哲学的视阈，作为哲学对话的思想的存在。这样，就进入文明对话的最高层，进入哲学的层面。

第一位来华的英国新教传教士马礼逊在《华英字典》对孔子即有详细的评述。他说，在中国的每个县，都有一座庙来奉祭孔子。皇帝、王公、贵族和读书人都向他礼拜——给他一种无神论的崇拜。因为孔子不相信来世，也不相信任何神、天使和神灵，所以对他的礼拜不能称为宗教性礼拜。"孔子的一生没有惊天动地的事迹，他的箴言被历朝帝王奉为'万世真理'，公正、仁慈、社会秩序，这三个术语几乎能理解他的全部教诲。"

英国传教士理雅各于1839年受伦敦会的派遣来东方传教。理雅各是一位学者型的传教士，他在办学和从事传教活动的同时，十分注意研究中国传统文化，特别是注重研究孔子的儒家思想。他认为中国文明虽与西方文明有很大区别，但绝非野蛮文明，因为几千年来，中国人民在那块土地上生活、繁荣，不断生长、壮大；当诸多的优秀文明经历了兴旺、鼎盛和衰亡后，中国仍然存在，所以中华民族必定有些颇具力量的美德和社会规范。在他看来，这种原则在很大程度上可以归结为世界上罕见的"对学问的高度尊重""他们拥有宝贵的文化遗产""他们很突出地是一个有学问的或者更恰当地说是善于阅读的民族"。理雅各曾说，孔子是"一个真正的伟人"，因为"对他的品格和观点研究得越深入，我就越尊重他"。理雅各把铸造了中华民族精神特性和思想文化

西方典籍里的中国

根基的儒家经典,作为自己开启中华民族思想文化的钥匙。他告诫在华活动的传教士:"只有透彻地掌握中国人的经书,亲自考察中国圣贤所建立的道德、社会和政治生活基础的整个思想领域,才能被认为与自己所处的地位和承担的职责相称。"① 理雅各认为,基督教与儒家思想有许多共同点,可以在某些方面做出妥协。他很推崇孔子,说:"我越研究他的为人和学说,对他的评价就越高。"他称颂孔子:

> 孔子是古代著作事迹的保存者,中国黄金时代箴言的诠注者、解释者。过去他是中国人中的中国人,现在正如所有的人相信他那样,又以最好的和最崇高的身份代表着人类最美的理想。②

理雅各在中西文化交流上的主要贡献在于翻译中国古代典籍。从1861年起,他的翻译著作陆续出版,总名为《中国经典》。《中国经典》的翻译是理雅各倾注几十年心血才得以完成的一项宏大工程。他明确意识到,只有透彻地掌握中国人的经书,亲自考察中国圣贤所建立的道德、社会和政治生活基础的整个思想领域,才能被认为与自己所处的地位和承担的职责相称。18世纪90年代,理雅各再次对他的系列译作《中国经典》进行修订,作为他在牛津大学的教学材料。修订后的《中国经典》于1893年至1895年在牛津大学再版。理雅各的译本迄今已逾百年,仍被认为是中国经典的标准译本。

在19世纪来华传教士中,对传播中华文化和孔子儒家思想贡献最大、影响最大的,是德国传教士卫礼贤(Richard Wilhelm,1873—1930)。卫礼贤前后在中国生活了25年,在许多方面都与中国文化融合在一起,在思想感情上,似乎找到了心灵的故乡的感觉。他在青岛建了一所"尊孔文社",与许多中国学者探讨中国传统文化。1920年他在北京大学任教期间,又与罗振玉、王国

---

① [英]理雅各:《中国经典》,顾长声:《从马礼逊到司徒雷登——来华新教传教士评传》,上海:上海人民出版社1985年版,第126页。

② [英]理雅各:《中国经典》"绪论",顾长声:《传教士与近代中国》,上海:上海人民出版社1991年版,第187页。

第七章 论孔子与儒家思想

维、辜鸿铭等人筹建了"东方学社",以促进东西方之间的文化交流。通过尊孔文社和东方学社,卫礼贤与中国的知识分子建立了广泛的交往。而与这些中国文人的交往,对卫礼贤的中国观产生了积极的影响。

在中国生活期间,卫礼贤就致力于儒家经典的翻译工作,陆续完成和出版了一系列对中国古典作品的翻译。卫礼贤潜心学习研究中国文化历史30多年,出版了十余种专著,其中《中国心灵》一书是他最重要的研究著作,一出版就被译成英文和法文,在其他欧美国家也很有影响力。这部著作内容丰富,涉及中国的地理、民俗、政治、文化、艺术、教育、哲学、宗教及社会变迁等方面。

卫礼贤对孔子的学说推崇备至,认为"凡所谓经济学说、社会学说,皆不如孔教"。西方人只知道爱国,其"国之下缺家,国之上缺天下,非孔教无以弥补之"。在《中国心灵》一书中,卫礼贤表达了他对儒家文化的深刻理解。他说:

> 孔子建立了一个世纪又一个世纪以来支撑和包含中国文化的精神力量的大厦。他的最精深的思想是阴、阳之力的最终和谐。和谐是某种永恒的东西,仅存在于先验世界的本性之中。
>
> 文化不是为了违背或扭曲人性,而是使人性美化、纯洁。因此,他视家庭为社会的基础。家庭之内存有一种具有自然倾向的情感。父亲之爱与夫妻、兄弟姊妹之爱一样完全出于本能。……这样,家庭关系便趋于和谐,通过文雅的方式去传递爱。家庭的教化很轻易转化为国礼。尊崇父亲,服从兄长反过来转化为忠君和顺从上级。因此,责任变成爱的延伸,国家变成一个扩大的家庭。①

他还认为,在人类历史上众多的伟大人物中间,恐怕没有第二个人能像孔子一样,如此成功地让自己的思想精髓得到大众的认可。卫礼贤认为,开展的

---

① [德]卫礼贤:《中国心灵》,王宇杰等译,北京:国际文化出版公司1998年版,第284—285页。

西方典籍里的中国

学说理应属于全世界，而不应当仅仅属于中国的某一个时代。

卫礼贤创办的尊孔文社的声明中说：

> 东西方的伟大学说必然都不能作为单个国家的特别财产所拥有，这一时代已经到来。儒家学说有很多方面对于西方社会同样具有极大价值。因此，对孔子的尊崇最好的路径是使他的学说能在全世界广为人知。

但是，卫礼贤也看到了在现代社会生活中儒家体系日益没落的现实。他认为，在现代西方文明的冲击下，儒家体系的教诲已经到了尽头。就像母乳一样向成长中的孩子灌输知识、道德观的儒家圣典已经不再是小学生的学习内容了，它成为大学里学术研究的对象。这一切并非偶然。也许在新的世界里，孔子思想中的某些东西注定要消亡。可是，其中永恒的东西——自然与文化的和谐这样伟大的真理依然会存在。它将是新哲学和人类新发展的巨大的推动力。

图 7-6-1　里雅各和他的学生

第七章 论孔子与儒家思想

图7-6-2 卫礼贤

七 "孔子加耶稣"

近代来华传教士不仅翻译和介绍了大量儒家典籍，而且有一些人对儒家思想也进行了比较深入的研究。通过这些研究以及他们在中国实际生活的体验，他们对于儒学在中国政治统治和日常生活中的地位有比较深刻的认识。德国传教士花之安（Ernst Faber，1839—1899）就曾说："儒学包含了中国所有的教义和实践，它已经成为中国人宗教、社会和政治生活的特色。因此，儒学是理解中国和中国人的钥匙。"

这些致力于研究中国儒家文化的传教士大部分对孔子十分推崇和敬仰，认为孔子是一位伟大的道德家，在思想深度和影响力上可与苏格拉底、柏拉图媲美。马礼逊认为，孔子的一生虽没有惊天动地的事迹，但他的箴言被历朝帝王奉为"万世真理"。花之安认为，孔子是他那个时代"最有学问的学者"，是一个具有政治本能和社会感情的人。

传教士们都很推崇儒教的道德思想，认为儒家思想是最完美的道德体系，而孔子比任何一位古代圣贤对善良行为的形成和发展都发挥了更大的作用。美国传教士丁韪良明确指出，孔子是一个伦理道德教师，他提出的格言如同"金科玉律"，是儒学思想的首要原则，他倡导的仁爱与谦恭是所有美德中的重中之重。

丁韪良注意到，在中国，"佛教和道教已陷入不可挽回的衰退状态，但纪念孔子的影响力，依然像遮蔽着他的墓地的松柏一样，充满活力。在23个世纪之后，每个城市都有他的庙宇，每个学堂都有他的画像。他被所有识文断字的人尊崇为智慧的源泉，被这个王国的文人奉为国法的创立者"。孔子是"中华民族的道德家"，其道德说教"依然维系着社会的秩序"。

与他同时代的传教士一样，丁韪良也非常赞赏孔子的道德古训，尤其是"五伦""五常""孝悌"和"己所不欲，勿施于人"。他认为，"五伦"构成了"社会结构的整个框架"，而"五常"是"社会安泰之本"。他论证说，孔子的学说与基督教的伦理十分一致，"己所不欲，勿施于人"是儒家的头等大法，仁爱与谦逊是其主要美德，然而儒教"缺乏灵性生活"，它的五伦也忽视了神的层面。基督教认为人是按照神的形象受造的，因而人首先是对上帝负责，基督教的信仰包含的不是五种而是六种关系。丁韪良认为，"这种在上帝的意志与恩典中的坚强的根基，是人的德行变化的前提"。

丁韪良对中国文化有着广泛的了解，阅读过相当多的中国古代典籍，对于中国的历史、哲学、宗教和社会生活都有相当多的认识。丁韪良肯定儒家传统是中华文明的根基，对维系社会秩序、建立国家制度影响很大；另一方面，他又批评儒家为无神论和拜偶像开辟了道路，在中国人无理性的习惯方面留下了印记。孔子所宣扬的是一种哲学，而不是一种宗教，孔子总是有意地回避所有关于本体论和超自然的问题，因此可以比较肯定地说，儒教是主张无神论的。他依照基督教的标准，断言孔子并没有被奉为神，对他的敬拜纯粹是纪念性的。他由此得出结论，儒教不是中国人接受基督教的障碍。于是，他提出"孔子加基督"而非"孔子或基督"应当成为传教士向中国人宣教应当遵循的公式。这跟利玛窦合儒、补儒终至超儒的路线一致，在祭祖、拜孔问题上态度开明。

丁韪良认为，儒教是中华文明整个结构的基础，其经典就是中国的经典。大多数传教士在肯定以儒学为核心的中国传统文化有一定价值的前提下，主张

"孔子加耶稣",或称"耶儒合流",即把儒家学说与基督教相结合,以便更好地传教。

"孔子加耶稣"的思想是1830年以后西方传教士所着力提倡的一种在中国的文化策略,是融合中西文化的一条道路。他们强调儒学不是宗教,但又有某些宗教性,就可以论证他们的"耶儒合流"的主张。他们认为,完全否定儒家文化既不合情理,也不现实,最好的办法是把二者结合起来,并以基督教弥补儒学之不足。这样,既可以吸引一批士大夫容忍甚至接受基督教,也可以使中国基督教徒感受到基督教教义是更为完善的体系。

美国传教士卫三畏在《中国总论》中通过对中国历史的研究,充分认识到儒家思想在中国社会中的重要地位,认识到儒家思想对中国人的心理和行为的巨大影响。他认为儒家思想的许多精华,如中国人伦理道德观,人格品性等都是可以乐以称道的。他在《中国总论》中首次将孔子的儒家学说和佛教、基督教以及伊斯兰教相提并论,认为"它们同样具有永恒的价值"。他认为中国需要基督教教义并不意味要摧毁中国传统文明,而是要进一步完善它,使它更具有价值。他认为,孔子哲学最大的特点是对尊长的服从,以及温和正直地和同辈人交往。他的哲学要求人们在现实世界中,而不是从一个看不见的神灵那里寻找约束力,而君主也只需要在非常有限的范围内服从一个更高的裁判。从子女对父母的责任、荣誉和服从出发,孔子进而向人们灌输妻子对丈夫、臣民对君主、大臣对国王的责任,以及其他社会责任。他的许多思想是值得赞扬的。就是与希腊和罗马圣人的学说相比,他的作品也毫不逊色。他对中国儒家文化具有"信义"的价值内涵极为推崇,称"世界上很少有国家能与中国相比"。他指出,中国的社会构成,关键在于确立一种恰当的关系,使人们找准自己的位置,从而使得教化成而天下治。儒家的哲学向内用功,也就是通过认识自己,进而认识和掌握整个世界,儒家的哲学又是一种实践哲学,注重在实际生活中的认知,注重实践层面的操作,而不把重点放在纯理性的思辨上。不过,尽管他指出了在儒家思想的影响下有不少长处,但仍然认为中华民族需要拯救。《中国总论》反复强调的一个论点就是:"中国人不仅需要标志西方文明的技术,还需要耶稣基督的教义"。他站在传教士立场上的西方文化本体论,希望建构出"孔子加耶稣"的思维模式。

八　不断被发现的孔子

20世纪70年代以后，由于新技术革命和工业化发展，也由于东亚地区特别是中国经济的稳定和高速发展，不少西方学者再次把目光转向东方，试图从中国古代文明中汲取适用于当代和未来的文化价值，甚至认为自近代世界体系产生后一直占据支配地位的西方，它的中心地位行将终结，代之而起的则是东方文明的兴盛。他们寄希望于东方文化、中华文化，从东方的复兴中看到人类未来的前景。

在这样的背景下，西方学术界对古代东方思想表现出浓厚的兴趣，对中国古代的老庄哲学、《易经》、禅宗佛教乃至《孙子兵法》，都进行了广泛深入的研究。尤其是对孔子的儒家思想，投入了很大兴趣和精力。在这些研究中，或者从东方思想中寻求与现代科学的契合之处，或者在探求摆脱现代西方文化危机出路中借助于东方智慧，或者把它们应用于现代的经济生活和政治生活。中国古代的思想文化遗产，都在现代西方人的思维框架中获得新的考察、新的理解、新的解释和新的接受。在现代人的解读中，这些古代的思想遗产获得了新的价值和意义。

在中华传统文化中，孔子创立并为历代诸儒弘扬的儒家学说一直处于主导地位，是中华传统文化的核心内容。在中华文化向海外传播的过程中，儒家学说也受到特别的重视，并对东西方许多国家的文明进步和历史发展产生过不同程度的影响力。在东亚各国中，传播和奉行儒家学说，是参与中华文化圈的主要标志之一。在中华文化圈之外，儒家学说也流传广泛，泽被四方，受到很高的推崇和赞誉。在18世纪欧洲的启蒙运动中，儒家的一些思想很受重视，并在知识界引起强烈的反响，孔子在那里也有"孔圣人"之称。到了20世纪，许多国家的知识界加强了对孔子儒学的学理性研究，发表了大量的研究成果，孔子作为人类历史上一位有独创性的思想家仍然受到广泛的尊重。

在20世纪上半叶，主导西方对中国思想文化研究趋向的是马克斯·韦伯的理论。然而，20世纪后半期几十年东亚地区迅速崛起，使韦伯的这个理论受到了挑战。国际学术界开始重新检讨韦伯的理论,认为儒家伦理未必与工业文明的发展毫不相容。

许多学者在研究中指出,东亚经济增长的动因除了对经济自变量考察,也不应忽视对东亚地区特殊文化因素的考察。东亚经济与东亚文化之间有一种明显的互动关系。东亚文化对东亚经济发展有一种精神动力的巨大支持。东亚的社会、经济、市场、制度及政策,都弥漫和渗透着东亚文化无孔不入的影响力。尤其是作为东亚经济或市场的行为体的东亚人,在市场的游戏规则和运行环境方面,主要体现为制度规范性和文化规范性两方面,深刻地受到东亚地区文化因素的制约。作为传统的文化已经成为东亚人民深层的精神构造,自发和无意地或有意而自觉地对经济增长发挥直接或间接的作用。不同的文化与经济或市场的亲和力是明显不同的,任何经济或市场都有其内在的人文气象。发展伦理学之所以追问"什么是真正发展",就源于对文化因素的考量。文化因素论并非文化决定论,也非因果链条的单因素论,他们并不否认经济因素自身的作用,但认为也不应该否认经济因素之外的其他因素的作用,与生产力密切相关的生产关系就与文化传统有关联,经济学家的目光应该看得更远。

现代西方学术界对儒家思想的现代意义的探讨,最引人注目的是美国著名社会学家和经济学家,曾长期担任被称为"美国最多产的思想库"的赫德森研究所所长的赫尔曼·卡恩(Herman Kahn, 1922—1983)。1979年,他出版了两部有很大影响力的著作。一部是与其同事托马斯·佩拍(Thomas Pepper)共同撰写的《日本的挑战》,书中把日本传统中促进经济增长的内容称为"儒家文化"。认为日本的模式虽然难以移植到西方,却在东亚地区有很大影响。另一部是《世界经济的发展:1979年及以后》。这本书分析了世界各国经济发展的几种类型以及它们的经验和问题,其中详细总结了日本和"亚洲四小龙"的共同特点,分别考察了它们各自实行的经济发展战略和政策,以及它们现代化的实际过程。卡恩认为,日本和"亚洲四小龙"创造了不同于欧美、苏联的现代化新模式、新道路,具有典型性和普遍意义。

卡恩认为,东亚的成就,主要原因在于"有利于发展的文化因素、对经济的卓越管理、对于增长有利的国际环境和技术条件、外援,以及简单地说辛勤的工作和奉献"①。而在所有这些因素中，他认为文化上的有利条件是取得成功的主要原因，其他因素或是作用有限，或是由文化因素决定的。东亚经济发展是由相同的文化因素促成的，这就是共同的文化传统，卡恩称之为"新儒家文化"，并把日本和"亚洲四小龙"称为"新儒家社会"。在卡恩看来，孔子的儒家伦理学始终如一地提倡个人和家庭的节制，对各种技艺（特别是学术和文化）精益求精，对各种使命、职责、家庭和义务的严肃态度。一个受过严格训练的儒家文化的信奉者，不但是勤奋的、具有责任感的和学有专长的人，而且助人为乐，想方设法帮助团体即扩大了的家庭、群体或伙伴。他们很少强调追求个人私利。在某些情况下，从事有目的的和富有成效的共同的组织活动的能力，在现代世界中甚至比个人品质更重要，虽然两者是不可缺少的。在一个组织中保持稳定平静与和谐的人与人之间的关系，这是大多数新儒家社会大力提倡的。其原因一方面固然由于部分地保持着某种宗法等级的传统，另一方面更主要的是由于儒家比西方社会更着重强调人与人关系的相互补充。卡恩相信，儒家伦理学的培养具有献身和进取精神、责任感强和有教养的个人，以及增强义务感、与组织的一致性和对各种体制的忠诚，将促使新儒家社会比其他文化的社会具有潜在的增长率。

卡恩的理论受到国际学术界的高度重视，讨论"儒家伦理与工业东亚的现代化"成为海外中国文化研究的热门课题，有许多学者和研究机构都投入很大的热情和精力参与这一课题的研究。1980 年，前英国国会议员、政治学家，后任美国哈佛大学教授的罗德里克·麦克法夸尔（Roderick MacFarquhar）发表了《后儒家的挑战》一文，指出自工业革命开始以来的 200 年中，东亚的儒家继承者更加根本地从经济、政治和军事上向欧美文化提出了唯一真正的挑战。麦克法夸尔进而提出了"后儒家假设"。所谓"后儒家"，是指同时具有明显的工业主义和儒家特征的社会。他认为，东西地区的政治形式各不相同，但是它们却有一个共同点，即拥有相同的文化遗产——儒家传统。这具有特别重大的意义。在他看来，儒家传统对于东亚经济发展的作用就像新教与资

---

① ［美］卡恩：《世界经济的发展：1979 年及以后》，施忠连：《现代新儒学在美国》，沈阳：辽宁大学出版社 1994 年版，第 16 页。

本主义在西方兴起的关系一样。在20世纪后期的"后儒家时代",儒家的价值已成为东亚各国人民的"内在准矩"。"儒家原则在后儒家时代对大部分东亚人仍能提供精神指南,就像山上布道的告诫在后宗教时代对西方人仍然是一种准则。""如果西方的个人主义适合工业化的初期发展,儒家的'群体主义'或许更适合大量工业化的时代。"

美国社会学家彼得·伯格(Peter Berger)在1983年提出了"两型现代化"的理论。他认为,在今天的世界上已经出现了两种类型的现代化,除了西方的现代化,东亚社会也已经发展出新的、具有特殊性格的现代化。现在,东亚地区对于研究现代化的经验、探索现代化与传统关系的人特别有吸引力。"一个艺术收藏家自然会心向意大利的佛罗伦萨,一个登山者也一定会向往喜马拉雅山。同样的理由,研究现代化的社会科学家自然会将注意力放在东亚。"伯格认为,对于东亚经济的迅速发展以及它的现代化的主要特征,只能用东亚社会和文化特征来说明。他赞同卡恩和麦克法夸尔的观点,认为儒家传统对东亚经济的飞速发展做出了贡献。但他更重视在经济层面上探讨儒家价值在一般大众日常生活中的影响力,认为促进东亚经济发展的儒家传统,并不是作为国家意识形态的儒学和儒家学者、文人官吏,而是"庸俗的儒家精神",即一套指导市井小民的思想、行动的信仰与价值,是属于"百姓日用而不知"的世俗儒家传统。据伯格的分析,所谓"庸俗的儒家精神"主要包括:重视上下之别,对稳定家庭生活的强烈关切,对家庭的献身,整套的个人纪律、节俭、美德的规范,对人世间的积极态度,自求多福等。伯格认为,和西方的新教伦理一样,"庸俗的儒家精神"渗透到东亚地区普通人的灵魂,表现在他们的日常生活中,特别是经济生活中,并且也培养了普通人的纪律、节俭和自我牺牲的伦理精神。不仅如此,东方的精神传统还具有自己独有的特点,它们给东亚的经济发展以强大的推动力,使东亚现代化形成不同于西方的模式。伯格更进一步推论,东亚成功地实践了资本主义现代化的非个人主义形式,这些国家可以被称为现代资本主义的"第二例"。这些学者都不同程度地把文化因素看作推动东亚国家政治变革、经济变迁的重要动力。正如美国学者墨子刻(Thomas A. Metzger)所言:"韦伯在他的文化时代要说明儒家文化的失败,而我们则必须说明它的成功。"

美国环太平洋研究所所长弗兰克·吉布尼（Frank Gibney）在研究儒家文化与东亚现代化关系中，提出了"儒家资本主义"说。吉布尼认为，日本取得经济成功的真正原因，乃是将古老的儒家伦理与战后由美国引入的现代经济民主主义两者糅合在一起，并加以巧妙运用；日本是东西合璧的"儒家资本主义"；以人为中心的"人力资本思想"，"和谐高于一切"的人际关系，"高产乃是为善"的劳动道德观，是日本经济发展的不容忽视的因素。

在西方学术界，由儒家伦理与东亚现代化的讨论，进而刺激对儒家思想乃至传统中国哲学的新的兴趣，在东西方文化的对话中探讨儒家思想的现代价值

图7-8-1　1989年美国《新闻周刊》封面孔子像

和普遍意义。例如：在美国学术界，中国哲学研究出现了极为活跃的态势，不仅时时有新著问世，而且经常出现新见解，不断把对中国哲学的研究引向深处。美国有不少学术组织、团体、大学、研究中心发起召开讨论中国文化与思想的学术会议，或举办讲座、讲习会、专题讨论会等。一批对中国儒家哲学思想体系颇有研究的专家学者活跃在舞台上。他们已不再局限于对儒学进行一般性的了解和介绍，或对儒学与基督教进行比较研究，而是力图通过对儒家文化几千年发展史的分析研究，探讨儒学的本体论和认识论思想。而且，其眼光也不再局限于对儒学现代性阐述问题上，而是要对传统儒学进行超越性研究以探求儒学的未来发展之路。对儒学的宗教性进行研究和阐发的取向也越来越明显；认为"儒学在东亚更新的历史，将为21世纪提供多项学术研究的课题"。

图 7 - 8 - 2　美国世界孔子学会印的孔子像

第八章 东方智慧：老子、《易经》与禅宗

一 《老子》的西译与研究

老子是中国伟大的思想家，其五千言的《道德经》文约意丰，意蕴深邃，不但在中国有着重要的历史地位，而且在世界范围内也产生了广泛的影响。

早在17—18世纪来华的耶稣会士就有对老子思想的研究和《道德经》的翻译与介绍。当时他们对中国思想的研究和翻译介绍只集中在儒家思想方面，但也有一些关于老子思想的介绍，并翻译了《道德经》。据李约瑟的考证，最早的《道德经》译本有3个：一是17世纪末比利时传教士卫方济的拉丁文译本，二是18世纪初法国传教士傅圣泽的法文译本，三是18世纪末德国神父格拉蒙特的拉丁文译本。19世纪后期来华的传教士中，也有人翻译过老子的《道德经》，并对老子思想有一定的研究和介绍。

1842年，法国汉学家儒莲（Stanislas Julien，1797—1873）出版了《道德经》全译法文本，书名为《关于道和德的书》。这是第一个准确把握老子思想的译本，正确地表达了《道德经》的内容，因此，大多数汉学家把儒莲译本视为最佳译本。英国的理雅各1882年为《不列颠百科全书》第九版第十四卷撰写《老子》词条。1891年在牛津出版了他的译著《中国圣书：道教经书》。全书分为两部分，第一部分包括老子的《道德经》和庄子的作品，第二部分收入《太上感应篇》和庄子的作品。德国汉学界很重视对老子和道教的研究，

第八章 东方智慧：老子、《易经》与禅宗

《道德经》翻译研究一直占德国汉学研究之先，被称为是"汉学中的汉学"。德国作家斯特劳斯（Strauss，1808—1899）1870年将《道德经》译成德文在苏黎世出版，这个译本的解释文长达400余页，到1987年止，共出版8次，在德语地区的知识界得到了广泛的传播。德国哲学家卡尔·雅斯贝尔斯（Karl Jaspers，1883—1969）认为他的译本简洁含蓄，最富于表现力，并时常带有玄奥的哲学味道。

在17—18世纪来华传教士的介绍中，以及当时的欧洲思想界，更多关注的是孔子及其儒家思想。而到了20世纪，老子的道家思想引起更多的重视，有西方学者指出，中国道家思想作为极其重要的东方哲学，可以被视为激荡着西方心灵的最后一股浪潮。道家思想开始从遮蔽中走出来，在关于心灵和自然的激进的新概念中起着至关重要的作用。

20世纪西方学术界对老子及道家的思想学说给予的特别的关注，进行了深入的研究和探索。1920年，黑塞指出："老子的智慧完全不同于我们以往反复研究过的印度的'出世'哲学，它像耶稣的教义一样质朴而浅显易懂。"1926年，黑塞又说："中国哲学家老子，在以往的两千年内并不为欧洲所知，但在过去的15年内却被翻译成了所有的欧洲语言，他的《道德经》也成了一本时髦书。"① 1960年，法国出版了一本由马罗斯编写的《警句和格言辞典》，选自中国典籍的有380条，其中选自《道德经》的就有49条。

许多现代哲学家研究老子道家思想，从中引取古老的东方智慧。例如：德国著名宗教哲学家马丁·布伯对以道家为代表的精神文化进行了细致的分析和深入的论断。德国存在主义哲学家海德格尔（Martin Heidegger，1889—1976）对中国的道家学说有过接触和了解。在20世纪二三十年代，海德格尔就比较系统地读过老庄及禅宗的经典，在20世纪30年代就已经熟悉由马丁·布伯（Martin Buber，1878—1965）编选的《庄子》德译本。在1930年10月的一个讲座中，当与人辩论"人是否能将自己放到别人的立场上去看待问题"时，

---

① [德] 马汉茂、汉雅娜等主编：《德国汉学：历史、发展、人物与视角》，郑州：大象出版社2005年版，第476页。

海德格尔当场向人索取德文版的《庄子》。他跟参加者们读了《庄子·秋水》中庄子与惠施"濠梁观鱼"的著名辩论，让大家理解了他所要表达的思想。海德格尔一生中评论过许多哲学家和哲学思想，但他无保留地推崇的"诗性的思想"（dichtenden Denken），只属于前苏格拉底的古希腊哲学家荷尔德林（Johann Christian Friedrich Hölderlin，1770—1843）与老子。另外，《道德经》第15章中的两句话，海德格尔让人用中文给自己写下来，挂在他的工作室的墙上。这两句话是："孰能浊以止，静之徐清？孰能安以久，动之徐生？"可见他对老子的兴趣已达入迷之境。

在20世纪40年代后期，海德格尔还进行了《道德经》的研究和翻译工作。海德格尔不懂汉语，他的研究和翻译是与他的一位中国学生萧师毅合作来进行的。在这一合作中，可能是先由萧师毅用德语把老子著作的含义一句一句地说给海德格尔听，然后由海德格尔斟酌成正式的德语。他们共同翻译了《道德经》的8章。有研究表明，这个翻译的过程对海德格尔的思想发展影响深远。

二　现代科学视野的老子思想

李约瑟对《道德经》及道家思想学说的研究在西方学术界有重要影响。李约瑟在对中国科学技术史的研究中，对道家思想特别重视，晚年时他甚至称自己是"名誉道家"。他在《中国科学技术史》第2卷《科学思想史》中对道家思想做了充分的分析，仅《道家与道家思想》一章就有约15万字。

李约瑟认为，由于这样或那样的原因，道家思想曾几乎完全被大多数欧洲人误解了。道教被人们所忽视，道家方术被视为迷信而被一笔勾销；道家哲学被说成是纯粹的宗教神秘主义和宗教诗歌。道家思想中属于科学和"原始"科学的一面，在很大程度上被忽略了。李约瑟指出："道家思想体系，直到今天还在中国人的思想背景中占有至少和儒家同样重要的地位。它是一种哲学与宗教的出色而极其有趣的结合，同时包含着'原始的'科学和方技。它对于

第八章 东方智慧：老子、《易经》与禅宗

了解全部中国科学技术是极其重要的。"① 李约瑟分析了道家思想在中国文化体系中的重要地位，分析了它对于中国古代科学的重要性，并论述了它在现代科学和现代文化中可能具有的意义。他指出：

> 道家哲学虽然含有政治集体主义、宗教神秘主义以及个人修炼成仙的各种因素，但它却发展了科学态度的许多最重要的特点，因而对中国科学史是有着头等重要性的。此外，道家又根据他们的原理而行动，由此之故，东亚的化学、矿物学、植物学、动物学和药物学都起源于道家。他们同希腊的前苏格拉底的和伊壁鸠鲁派的科学哲学有很多相似之处。
>
> 无论如何，儒家和道家至今仍构成中国思想的背景，并在今后很长的时间内仍将如此。……中国人性格中有许多最吸引人的因素都来源于道家思想。中国如果没有道家思想，就会像是一棵某些深根已经烂掉了的大树。
>
> 这些树根今天仍然生机勃勃。②

现代西方科学界有一些学者注意研究道家思想与现代科学的联系。一位德国科学家说："现代科学的尖端，无非是老子在几千年前写的哲学著作的具体例证而已。"

现代物理学是20世纪自然科学发展的最重要成就之一。量子理论和相对论打破了自牛顿以来经典物理学的机械世界观，提出了与经典物理学不同的物质概念和时间、空间、因果关系的观念。现代物理学不仅深化了人们对物质世界的认识，而且改变了认识世界的方法和观念。而在许多物理学家看来，现代物理学"几乎总是朝着这样一个方向，即趋向一种与东方神秘主义所持观点非常相似的世界观。现代物理学的概念与东方宗教哲学所表现出来的思想具有

---

① ［英］李约瑟：《中国科学技术史》第2卷，何兆武等译，北京：科学出版社1990年版，第35页。

② ［英］李约瑟：《中国科学技术史》第2卷，何兆武等译，北京：科学出版社1990年版，第175、178页。

惊人的平行之处"①。丹麦著名物理学家、量子理论奠基人尼耳斯·玻尔（Niels Bohr）指出：

> 为了与原子理论的教程作一类比……（我必须转向）这样一些方法论的问题，如来佛与老子这样一些思想家早就遇到了这类问题，就是在存在这幕壮观的戏剧中，如何使我们既是观众又是演员的身份能够协调起来。②

玻尔在量子理论中提出了"互补性"概念。玻尔把粒子图像与波的图像看成同一实体的互补性描述，其中每一种都只是部分地正确并有有限的应用范围。要对原子实在做出充分的描述，每一种图像都是需要的，但是应用范围都受到不确定性原理的限制。这种互补性的概念已经成了物理学家思索世界方式的重要组成部分。玻尔常常主张，很可能在物理学领域之外这也是一个有用的概念。实际上，互补性的概念在2500年以前就已经被证明是极其有用的。它在中国思想中起着重要的作用。中国圣贤用阴和阳来表示对立面的互补性，并且把它们之间的相互作用看成所有自然现象和人类情况的本质。玻尔充分认识到他的互补性概念与中国思想之间的平行性。当他在1937年访问中国时，他对量子理论的解释早已精细周到。古代中国关于对立两极的概念使他深受震撼，从此他对东方文化一直保持浓厚的兴趣。当他被封为爵士，需要选择一种盾形纹章的花纹时，他就选中了中国的太极图来表示阴阳的互补关系，同时还加上了"对立即互补"的铭文。玻尔承认，在古代东方智慧与现代西方科学之间有着深刻的协调性。1949年，当他被丹麦王室授以勋章时，他说："我不是理论的创立者，我只是个得道者。"而且，他要求把太极图作为荣誉证书的背景图。他还说："我们在这里面临着人类地位所固有的和令人难忘的表现在中国古代哲学中的一些互补关系。"

关于老子与波粒二象性的关系，美国当代物理学家惠勒也认为："阴阳太

---

① 灌耕编：《现代物理学与东方神秘主义》，成都：四川人民出版社1984年版，第4页。
② 灌耕编：《现代物理学与东方神秘主义》，成都：四川人民出版社1984年版，第5页。

第八章 东方智慧：老子、《易经》与禅宗

极图是并协原理的一个最好标志"。华裔诺贝尔奖获得者李政道教授也认为，老子"道可道，非常道，名可名，非常名"与量子力学中的"测不准定律"具有相通的地方。

美国物理学家卡普拉（Fritjof Capra）在其著名的《物理学之道》一书中，详细讨论了现代物理学与东方思想，特别是与道家、禅宗、《易经》等的"平行性"或联系。卡普拉从对佛教哲学的接触开始对现代科学和东方古典文化进行比较研究。他在《物理学之道》中说："这本书的目的就是要探索现代物理学的概念与东方的哲学和宗教传统中的基本思想之间的联系。"他认为，"20世纪物理学的基础——量子理论与相对论迫使我们观察世界的方式与印度教、佛教或道教信徒观察世界的方式极为相似"，"东方世界观的基本要素和从现代物理学产生的世界观的基本要素是一样的"。它们表明东方思想"为当代科学提供了坚固、合适的哲学基础"。他说："我们越是深入微观世界就越体会到现代物理学与东方神秘主义者多么相似，他们把世界看成由不可分割、相互作用、永远运动的各部分构成的系统，而人则是其中必要的组成部分。"①

卡普拉从多方面对现代物理学与东方神秘主义思想进行了对比，力图揭示现代物理学的主要理论所导致的世界观与东方神秘主义有着内在的统一和完美的协调，试图通过引进东方思想建立一种新物理学。后来，他又把现代物理学与东方古代神秘主义平行的思想发展为东西方文化平衡的世界模式。他认为，现代系统论的观点表现了向古代中国人思想归复的特征，体现着老子伟大的生态智慧。这意味着现代科学观同古代东方思想的平行。在这个意义上，未来的世界文化模式是一个东西方文化平衡的文化，是一个人文文化与科学文化平衡的文化模式。卡普拉高度评价道家生态伦理思想，他说："在伟大的诸传统中，据我看，道家提供了最深刻并且最完善的生态智慧，它强调在自然的循环过程中，个人和社会的一切现象以及两者潜在的一致。"

卡普拉更注意道家思想与现代科学的联系，他指出：

（道家）把注意力完全集中在对自然界的观察和揭示道的特性上。因

---

① 灌耕编：《现代物理学与东方神秘主义》，成都：四川人民出版社1984年版，第6、12—13页。

此，他们所持的态度从本质上讲是科学的，只是因为他们不相信分析的方法才阻碍他们构造正确的科学理论。但是，对于自然的细致观察和强烈的神秘主义直觉结合起来，就使道家的圣贤获得一些深刻的洞察，并为现代科学理论所证实。①

卡普拉很重视道家关于变是自然的本质和对立统一的思想。他说，道家最重要的洞察之一就是认识到变是自然的根本性质。道家看到自然界的万物都表现为阴阳两极之间的相互作用。因此他们相信，任何一组对立面都是能动地相互联系在一起的。他指出，很容易看到变化的概念就是对立面的相互能动作用，它导致赫拉克利特和老子一样发现了所有的对立面都是极性的又是统一的。"但是使人感到惊讶的是，这两位公元前6世纪的圣人在世界观方面惊人的一致性却不太为人所知。人们常常联系现代物理学而谈到赫拉克利特，但是很少和道教联系起来。而按照我的观点，恰恰是这种联系最清楚地表明了他的世界观是神秘主义的。在他的思想和对现代物理学的正确认识之间有着平行关系。"②

当代著名科学家、耗散结构理论的创始人普列高津（Prigogine）认为："中国的思想对于那些想扩大西方科学的范围和意义的哲学家和科学家来说，始终是个启迪的源泉。"他还说："我们正朝着一种新的综合前进，朝着一种新的自然主义前进，为此要把西方的传统（带着它对实验和定量表述的强调）与中国的传统（带着它那自发的、自组织的世界观）结合起来。"③ 普里高津认为，"老庄的道都是'无所为'的，这与'自组织'理论何其相似"。他在《从存在到演化》一书中指出：耗散结构理论"对自然界的描述非常接近中国道家关于自然界中的自组织与和谐的传统观点"。他在《从混沌到有序》中文版序言中说："中国道家对人类、社会和自然之间有着深刻的理解，这对西方哲学家和科学家始终是个启迪的源泉"，新的自然观"将把西方传统连同它对

---

① 灌耕编：《现代物理学与东方神秘主义》，成都：四川人民出版社1984年版，第87页。
② 灌耕编：《现代物理学与东方神秘主义》，成都：四川人民出版社1984年版，第89页。
③ [比] 普列高津：《从混沌到有序》，曾庆宏译，上海：上海译文出版社1987年版，第1、57页。

实验的强调和定量的表达,同以自发组织世界观为中心的中国传统结合起来"。普利高津1986年在他的《探索复杂性》一书中指出,"在开放系统之由无序列到有序的自组织现象是普遍的,它正在走向以中国'自发形成''整体和谐'为理想的新自然主义"。他还在书中引用了老子的论述,说明自然界自发运动机制:"大道泛兮,其可左右。万物恃之而生而不辞,功成而不名有,衣养万物而不为主。常无欲,可名于小;万物归焉而不为主,可名为大。以其终不自为大,故能成其大。"他还引用《庄子》的论述:"天其运乎?地其处乎?日月其争于所乎?孰主张是?孰维纲是?孰居无事推而行是?意者其有机缄而不得已邪?意者其运转而不能自止邪?"

三 老子思想与西方文学艺术

西方的一些文学家、艺术家从审美的角度来思考老子思想的意义和价值。例如:美国评论家白璧德(Irving Babbitt,1865—1933)曾指出,中国道家早就提出"返回自然"的思想,他们主张取消行动,赞同完全的无为。"按照哈佛大学中文系梅光弟教授的观点:'道家反对仁、义、礼、智、信的文明原则,赞赏所有其他原始主义的东西:心、自然、本能、无为、恬静、无意识、自然的善等等。他们试图依靠这些符咒重建他们失去的乐园。'必须承认,东方的原始主义者和西方的华兹华斯(Wordsworth)及其他'聪明的消极主义者'一样,创造了具有很高价值的文学艺术。"[①]

美国教育家诺斯罗普(F. S. C. Northrop)深入进行了东西方文化比较研究。他认为东方文明在其思维形态上更多地依赖于直观表象,因而带有直觉特征;而西方文明则更多依赖于假设性概念,因而显示出合规律的特征。他由此论述中国道家思想对于绘画艺术的影响,指出:"由道教所引发的绘画,其本身所表现的重点并不是主观性、自我中心或过分的人情味。画家将自然作为他

---

① [美]白璧德:《论创造性和其他》,引自清华大学思想文化研究所编:《世界名人论中国文化》,武汉:湖北人民出版社1991年版,第572页。

们的主体对象。而且,正如林语堂和蒋彝所强调的那样,这些画家是以一种和西方的风景画家极不相同的方式去看待自然的。在提起画笔施以丹青以前,他们走向自然,沉浸于自然并消融于自然之中,从而与自然一起构成了一个无所不包的连续统一体,这种无所不包的连续统一体就是在其审美当下性中的自然。……这样,中国画家所表现的东西,与其说是存在于某种臆想的、假设的广阔空间当中的、外在于观察者的外在事物,倒毋宁是其直接领悟的审美的复合体。由于道教引起了具有这种特点的审美意趣,因而有理由假定,道教从事物的本质中所提取出来的最为重要与真实的因素,必定在性质上是审美的。"[①]

诺斯罗普认为,中国人是彻底的经验主义者,他们注意到的是,人们直接领悟的不仅是特定感觉材料的局部复合,而且是存在于无所不包的连续统一体或复合体当中的所有这一切东西。那么,在审美活动中,"道家所做的是对于这种无所不包的、直接经验的、审美生动的、情感动人的审美连续统一体的追求,以及这种审美统一体在直接领悟的自然客体之分化的感觉性质方面的种种表现"。

1938年,德国剧作家布莱希特写了一首诗,标题是《老子在流亡途中著〈道德经〉》,他借用老子被迫出关来比喻自己的法西斯迫害下不得不流亡国外的境遇,并引用《道德经》中弱水能战胜顽石的道理来表达反法西斯斗争必将最终取得胜利的信念。他在诗中写道:

> 柔水起动之后,
> 随着时间推移,将战胜顽石,
> 你知道,强硬的会失败。

美国剧作家,被称为"美国莎士比亚"的尤金·奥尼尔(Eugene O'Neill, 1889—1953)曾深入研究过《道德经》,他在《札记》中记载了老子对唯物质主义和贪婪的谴责,并为老子那种隐士身份所强烈吸引。他曾在20世纪20年

[①] [美]诺斯罗普:《东西方的汇合》,引自清华大学思想文化研究所编:《世界名人论中国文化》,武汉:湖北人民出版社1991年版,第594页。

代来过中国。1936年,他在加利福尼亚建造了一所住宅,命名为"道庐",作为他隐居之地,借以表明他崇尚老子所倡导的生活道路。他把老子的哲学思想作为他创作的源泉。他在自己的剧本中反映了老子的对立统一观,如《马可百万》中不断出现东西方两种不同文明和民族性格的对比,主人公马可与忽必烈汗的孙女阔阔真公主的相爱,又显示出不同质的性格的互相吸引。在《泉》中,泉水的四射喷涌象征着泉水源于大地且又返回与大地"接吻"。在《天外边》,主人公罗伯特·梅约视死亡为"自由的开始——我航行的起点"。

象征主义是19世纪末20世纪初法国文学的一个流派和思潮。象征主义以抒写个人感情为重点,但它抒写的是不可捉摸的内心隐秘,是表现隐藏在普通事物背后的"唯一的真理"。象征主义者反对现实主义和自然主义者如实地描写客观现实。他们认为现实的物质世界是虚幻而痛苦的,只有隐匿在背后的内在世界才是真实的。中国的道家思想对象征主义诗歌有一定影响力。19世纪末20世纪初的法国象征主义诗人,包括马拉美(Stephane Mallarme, 1842—1898)、魏尔伦、克洛岱尔、瓦雷里和亨利·米修等,都对中国文化表现出浓厚兴趣,从道家的灵性、庄子的心灵哲学中受到启迪。有的研究者指出,法国象征诗人是双重的探索者:探索宇宙,以"返回到存在的本质层次";探索自我,以"寻求处于生命的根底层次"。这两者都与中国文化有着千丝万缕的联系。象征诗人坚持唯意志的本能的"直觉""直观",这与老子的直觉美学相通。他们强调自我观照,着力于内心世界的探索,与庄子相似。象征诗人强调在观照客体时要消除偏执自我,要用"纯粹的我"去观照,应和宇宙万物,即达到"无我"境界,这与庄子"忘我"说相通。

四 传教士对《易经》研究

《易经》是中国最古老的经籍之一,在汉代时与《尚书》《诗经》《礼记》《乐记》《春秋》并称"六经"。后由于《乐记》遗失,后人又称"五经"。从本来的意义上说,《易经》是一部关于占筮的典籍,但经过稍后的整理和注述,把它由占卜的范围,进入"天人之际"的学术领域,具有极广阔的思想内涵,号称"群经之首""三玄之冠"。多年来,《易经》对中国哲学、文学、史学、政治、伦理、民俗、宗教乃至天文、历法、数学、乐律等都产生过重大影响,对中国人的思维方式和人生态度也有不可低估的支配作用,因而引起无数学者的景仰、探索和思考。

在"五经"中最早受到传教士们注意的是《易经》。曾德昭在《大中国志》中曾讲到了《易经》,他说这是一部论述自然哲学的著作,通过一些自然原则来预测未来,测算旦夕祸福。

1658 年出版的卫匡国《中国史初编》中已有对《易经》的介绍。卫匡国说《易经》是中国最古老的文献,八卦的发明者是伏羲,中国人的第一门学问是数学,他把《易经》看成数学知识的发源物,是"中国第一部科学数学著作"。《中国史初编》书前还有六十四卦、三百八十四爻的全图,图下有对《易经》六十四卦的简介。这可能是向欧洲最早介绍的六十四卦。1867 年,巴黎出版了柏应理等人译著的《中国哲学家孔子》一书,书中附有《易经》六十四卦及六十四卦的意义,西方世界从此开始有了对《易经》的接触和了解。

到 17 世纪末 18 世纪初,传教士们对《易经》的研究和翻译工作有了很大进展,白晋、刘应(C. de Visderou,1656—1730)、马若瑟和雷孝思(Jean Baptiste Regis)等人曾先后从事对《易经》的研究和翻译。

1697 年,白晋回欧洲期间,曾在巴黎做演讲,向法国听众介绍中国的《易经》。在演讲中,他把《易经》视为与柏拉图、亚里士多德的学说一样合理、完美的哲学,他说:"虽然我这个主张不能被认为是我们耶稣会传教士的观点,这是因为大部分耶稣会士至今认为《易经》这本书充斥着迷信的东西,其学说没有丝毫牢靠的基础。"但是,他说:

> 我相信我有幸发现了一条让众人了解中国哲学正确原理的可靠道路。中国哲学是合理的,至少同柏拉图或亚里士多德的哲学同样完美。我想通过分析《易经》这本书中种种令人迷惑的表象论证(这个主张)的真实性。《易经》这本书蕴含了中国君主政体的第一个创造者和中国的第一位哲学家伏羲的(哲学)原理。再说,除了使中国人了解我们的宗教同他们那古代的合理的哲学是多么一致外(因为我承认其现代哲学不是完美

第八章 东方智慧：老子、《易经》与禅宗

的），我不相信在这个世上还有什么方法更能促使中国人的思想及心灵去理解我们神圣的宗教。所以我要着手誊清几篇关于这个问题的论文。①

白晋在给莱布尼茨的一封信中说，《易经》是中国一切科学和哲学的源头，它高于当时欧洲的科学与哲学。白晋把中国的起源放在18世纪之前三四千年的那个时代，把伏羲称为第一个立法者。他认为，有六十四卦三百八十四爻的先天图，是把中国人的祖先所拥有的算术、音乐、天文学或占星术、医学、物理等科学的完美状态概括进毕达哥拉斯的模式中。他认为，四千多年前中国古人的知识和西方圣贤的知识之间，有着很多的一致。伏羲所创制的八卦，就像西方赫尔墨斯代表极端抽象的图案一样，是相同意图的一般符号。但是，他认为，从伏羲的八卦系统被理解之时起，到现在，包括孔子在内为《易经》写的注释，都只是把八卦原来的含义弄得模糊不清。所以，他另辟蹊径，用数字这个工具进行分析和综合来进行研究。他认为《易经》中的先天卦序图反映了科学的一般方法，把数字序列、几何图形、比例这三样东西与那种为使各门科学有秩序、使上帝的创造合乎理性而设计的静力学定律结合在一起。他还认为，六十四卦三百八十四爻体现了天体运行的和谐，体现了解释万物的性质及其产生、消亡原因的所有必然原理。在他看来，所有这些都恢复了被弃置大约1500—2000年的中国音乐和包括全音阶、半音阶、和声音阶这三种音乐体系的希腊音乐。从发现伏羲的数和毕达哥拉斯、柏拉图的数之间的一致上，白晋认为三者源出同一系统。他注意到了伏羲的数与希伯来哲学中神秘的数的更深一层的一致，因此他把中国古代哲学和柏拉图哲学、古代希伯来哲学联系起来，认为都是造物主的启示。

与白晋同时来华的法国传教士马若瑟对中国经籍有比较深入的研究，对中国文化有广博的知识和深刻的了解。他曾与白晋、傅圣泽共同探讨过《易经》，他向中国教友刘凝学经的故事一时传为佳话。马若瑟著有《经传议论》，为进呈御览之书。此书内容博大，共分12篇，包括：六书论、六经总论、易论、书论、诗论、春秋论、礼乐论、四书论、诸子杂书论、汉儒论、宋儒论、

---

① 吴孟雪：《明清欧人对中国文献的研究和翻译》，载《文史知识》，1993年第9期。

西方典籍里的中国

经学定论等。是西方人士研究中国经籍的一部力作。马若瑟在其自序中说：

> 盖理学也，固由经学而立，而经学也，必由字学而通，舍经斯理缪，舍字斯经郁矣。故凡思知六经者，当造端乎六书，六书明而六经彬彬，此愚所以将许慎说文解字、铉锴兄弟集注、宦光赵氏长笺等书夙夜反复熟读，以求文字之本义。……是故瑟于十三经、二十一史、先儒传集、百家杂书，无所不购，废食忘寝，诵读不辍，已十余年矣。今须发交白，老之冉冉将至而不知之，果何为哉？有能度吾之心者，必其知故也。①

在此序中，充分流露出马若瑟之博学。而其读书之多，并从文字学着手，以读经作基本功夫，实为其他来华西人所不及。马若瑟在《易经入门注释》中对易经做了较详细的介绍，是西方有影响的易学著作。

与白晋同时来华的另一法国传教士刘应亦对中国古典经籍有很深入的研究，据说当时中国皇太子曾邀刘应讨论学问，并对他的博学和才气大加赞赏。刘应对《易经》也做过注释，他的《易经概说》一文曾作为宋君荣《书经》译本的附录刊行。

除上述各家对《易经》的研究和翻译外，以参加测绘康熙舆图而知名的法国传教士雷孝思也有拉丁文译《易经》，共两卷，但直到将近一个世纪后的1834年和1839年，才由莫尔（Mohl）在斯图亚特和蒂宾根两地出版。雷孝思翻译的拉丁文本《易经》原名作《中国最古的书》，是西方第一部完整的《易经》译本。该书第一卷是概述，有一个长篇序言，讨论了《易经》的作者、来源、著《易经》的目的及各种注疏，序之后有8篇文章，前7篇论伏羲所创八卦，各种符号及其变化，第8篇论《易经》与"五经"的关系。第二卷是《易经》原文与注疏的翻译及他本人的注释。第三卷是对《易经》的注释和他本人的评论，其中有一个长篇论文，论述了阴与阳、《易经》的生理学和对未来凶吉的占卜。雷孝思的译本既首次为西方全面认识和研究《易经》提供了原始资料，同时又为以后其他欧洲语种的《易经》翻译提供了参考和借鉴。

---

① 方豪：《中西交通史》下卷，上海：上海人民出版社2008年版，第732—733页。

第八章 东方智慧：老子、《易经》与禅宗

五 莱布尼茨对《易经》的研究

莱布尼茨也是一位伟大的数学家。在他的数学成就中，最重要的发现之一就是"二进制"算术。二进制系统是最简便的可能的数字记数法。我们通常用的十进位制系统中每个位数（个位、十位、百位等）都有10个符号可供选择；在二进制系统中就只有两个符号，一个表示空位，另一个则表示实位。莱布尼茨于1679年写的一篇论文《论二进制算术》中，对这个系统做了最早的描述。在这篇文章中他对二进制数和十进制数做了对比，给出了对二进制数进行四则运算的法则。但这篇论文的手稿一直没有发表。1701年，他把这篇论文提交给巴黎的法国科学院，并做了宣读，但他仍然要求暂不发表，因为他还想从数的理论方面做一步的研究。

从1697年开始，莱布尼茨开始了与白晋长达6年的通信。他们的通信虽然讨论的问题比较广泛，但《易经》问题是主要的话题之一。在1698年的一封信中，白晋最初提到《易经》的传说。白晋认为，伏羲所制的八卦实际上是中国语言和文化最初的文字符号，即基本的语言单位。他让莱布尼茨到柏应理的《孔子与中国哲学》中去查找这些远古文字符号。1700年11月8日，白晋给莱布尼茨的信中比较详细地讨论了《易经》，是他们的通信中比较重要的一封。1701年2月15日，莱布尼茨给白晋写信，详细介绍了自己发明的二进制数学，系统列出了二进制数与十进制数对照表。他还对二进制做了宗教上的解释，把"1"视为完美无缺的"上帝"，把"0"视为空无所有的"无"，二者构成宇宙间的一切。并认为这个发现不仅对基督教十分重要，而且对重视数的科学的中国科学家乃至康熙皇帝都十分重要，建议白晋把二进制及其重要意义介绍给康熙皇帝。

1701年11月4日，白晋给莱布尼茨回信中，对这种二进制算术表示出极大的兴趣，并认为二进制数字与伏羲卦图中的符号有共同或相似之处，他建议莱布尼茨把来信中已写到31的二进制继续写下去，一直写到64。白晋在信中附上了《易经》六十四卦圆图和圆图内包含按八卦配列六十四卦方图。按照这份卦图，如果把阴爻（--）当成二进制中的"0"，把阳爻（—）当成二进制中的"1"，那么这些卦化成二进制的话，从第一卦到第六十四卦，正好与从0到63的二进制相吻合。而其他任何次序的排列，都得不出这一结果。他认为莱布尼茨二进制所依据的原理就是中国古代数的科学所依据的原理。他声称伏羲的八卦是一切智慧的源泉，莱布尼茨不应将他的二进制视为打开了科学大门的新科学，因为中国的伏羲早已发明了。他还说他本人对《易经》进行了多年的研究，从中隐约看到了二进制的结构。他对伏羲的卦爻非常推崇，对莱布尼茨的研究成果深表钦佩，认为二者有不谋而合之处。

莱布尼茨对卦图中卦的数学排列顺序加以仔细研究，发现此图与他发明的二进制吻合无间，它们在思维建构的方式上完全相同：两者都采用了两个符号交错使用的方法，来表示不同的事物和数字；两者都引进了"位"的概念，以增大两个简单符号的容量；两者都用"位"数的增加来表示量的增加，而且是成二倍递增。因此，莱布尼茨自谓第一个能读懂《易经》的德国人。

1703年5月18日，莱布尼茨从柏林给白晋发了一封回信，评述他所发明的二进制算术与伏羲图的配列关系。他详细解释了从0到63的二进制数字与卦图中的六爻排列的一一对应关系。他说，圆图和方图是一回事，都是六十四个六爻排列。他在信中说："人们认为伏羲是世界上所知的最古老的王和哲学家之一，并且还是中国人的帝国和科学的奠基者，因此这张图乃是现今世界上最古老的科学丰碑之一，似乎已有4000年之久，还可能已有几千年不为人们所理解。它与我的二进制算术如此吻合，并且正当您要解释这些线段时，我恰好向您谈到我的二进制算术，这的确令人吃惊。"他还说道：

> 我向您承认，即使我自己，如果未曾建立我的二元算术的话，对伏羲图哪怕研读良久也未必能够理解。早在20年前我脑中就已有这种0和1的算术的想法，从中我看到了将数的科学推向完善所能得到的最好的结果。这些结果超过了所有前人所拥有的。但我保留着我的发现，除非我能同时证明它的巨大用处。……正是在这个时候，您为它找到了像用于解释

第八章 东方智慧：老子、《易经》与禅宗

这座中国的丰碑的用处，真使我万分高兴。①

莱布尼茨在此之前给普鲁士国王的一份备忘录中就曾说道，两千多年前中国人的一些古老符号，现今不能懂得，但其中确实保存着某种"新的数学钥匙"。在白晋的启发下，他终于发现了《易经》的二进制原理。1703年，他发表了《二进制算术的解说》的论文，这篇论文的副标题是："……它只用0和1，并论述其用途以及伏羲氏所使用的古代中国数字的意义"。他将这篇论文提交给法国皇家科学院。这篇文章以简略地介绍他的二进制算术（他称之为"二倍的几何级数"）开始，接着介绍他的二进制与有着4000年历史的伏羲的卦之间的某些共同之处。莱布尼茨的材料几乎全部取自白晋的信，特别是1701年11月4日的信。

莱布尼茨对在《易经》的六十四卦中发现了他为63至0的数字序列而采用的二进制记数法感到十分兴奋，在以后的学术通信中他仍时常提起这个问题。1707年12月15日，他在给布尔凯（D. Bourquet）的信中说："大家不会使我摆脱那种（这次是一种自由的译法）认为我的二进位数学（当我在尚不知道《易经》八卦的时候便制订了其原则）和这些八卦之间具有特别相似内容的思想，我不由自主地将这些八卦视为一种创世的或万物从虚无中起源的奇妙形象，而这种创造又仅仅是通过大家也称之为上帝的最高神之力量而实现的。"一年多以后，他在1709年8月12日写给耶稣会士德·博斯（De Bosse）的信中又写道："我曾经向白晋神父建议，既然从伏羲的图形中看出其中隐含着二进位算术的发明，那就叫传教士们利用这一绝妙的论据，向中国皇帝和学者指出，古籍经典中就已暗示到万物的起源，真元是从乌有中创造出来的。"他指出，在八卦和二进制数学之间的相似性可以变成一种颇受欢迎的论据，以深入研究中国圣贤和皇帝本人的思想。②

直至晚年，莱布尼茨仍然不时提起他和白晋的共同发现。在1716年致德·雷蒙的那封论中国哲学的长信中的第四部分，标题即为"论中华帝国创

---

① 孙小礼：《莱布尼茨与中国文化》，北京：首都师范大学出版社2006年版，第187页。
② [法]安田朴：《中国文化西传欧洲史》，耿昇译，北京：商务印书馆2000年版，第417页。

西方典籍里的中国

始者伏羲氏在其著作中使用的字与二进制算术"。莱布尼茨在这封信中回忆了他和白晋发现《易经》与二进制关系的过程，他说：

> 有很多迹象表明，我们欧洲人如果对于中国文字有足够的知识，那么加上逻辑、评论、数学，以及我们比他们更准确的表达方式，会使我们在如此古老的中国记载中发现比近代中国人甚至以及他们后来的注释家们（人们认为他们的注释也都是经典）知道得更多的东西。就是这样，我和尊敬的白晋神父发现了这个帝国的奠基人伏羲的符号的显然是最正确的意义，这些符号是由一些整线和断线组合而成的，……是最简单的，一共有64个图形，包含在名为《易经》的书中。《易经》，也就是变异之书。在伏羲的许多世纪以后，文王和他的儿子周公以及在文王和周公五个世纪以后的著名的孔子，都曾在这64个图形中寻找过哲学的秘密，……这恰恰是二进制算术。这种算术是这位伟大的创造者所掌握而在几千年之后由我发现的。在这个算术中，只有两个符号：0和1。用这两个符号可以写出一切数字。当我把这个算术告诉尊敬的白晋神父时，他一下子就认出来伏羲的符号，因为二者恰恰相符：阴爻"– –"就是○（零），阳爻"—"就是1。这个算术提供了计算千变万化数目的最简便的方式，因为只有两个……①

莱布尼茨非常重视这一发现，因为在他看来，由此可以证明古代中国人的学说的价值，证明古代中国人不仅在道德方面，而且在科学方面也远远超过了近代人。不仅如此，正如有的学者指出的，莱布尼茨的发现实际上蕴涵着中国人在远古时代就对零和位置有了某些理解。

在科学史上，莱布尼茨发现的二进制算术具有特别重要的意义。正如控制论创始人维纳（N. Wiener）所说，在莱布尼茨心目中，他的二进制"只不过

---

① [德] 莱布尼茨：《致德雷蒙先生的信：论中国哲学》，清华大学思想文化研究所编：《世界名人论中国文化》，武汉：湖北人民出版社1991年版，第151—152页。

是他的全部人造语言这一思想的推广"①。而这种算术已被人发现是对今天的计算机最适用的系统。李约瑟指出:"中国的影响力对他形成代数语言或数学语言的概念至少起了部分作用,正如《易经》中的顺序系统预示了二进制的算术一样。"②

六 西方学者对《易经》的研究

19世纪中期以后,又出现了一些新的《易经》西方译本,使《易经》在西方的传播更为广泛。1876年,英国圣公会传教士麦格基(Rev. Canon Mc-clatchie,1813—1885)第一次把《易经》译成英语,书名作《〈易经〉之译——附注解与附录》,在伦敦出版。英国伦敦会传教士理雅各英译《易经》收入《中国圣书》第二册,1882年在牛津出版。理雅各译本是卫礼贤译本问世之前西方权威的《易经》译本。

卫礼贤的《易经》的译本最享盛誉,"具有特别大的影响力"。这是卫礼贤耗费心血最多的一部作品,从开始着手学习、研究和翻译它,到最后出版,花了十多年的时间。他曾说:

> 中国思想学说的基础在于《易经》,老子的道教和孔子的儒教一样均源于此。这部奇书大概产生于远古时代,至少它的基本概念是如此。历经时代的变迁,三千年最成熟的生活的智慧渐渐集中在围绕着本文的注解和诠释上。而其对东方思想生活的影响一直存在到今天。因此我们可以毫不夸张地说,我们接触的这部书是世界上最重要的一部作品。③

---

① [美]维纳:《人有人的用处——控制论和社会》,陈步译,北京:商务印书馆1978年版,第10页。
② [英]李约瑟:《中国科学技术史》第2卷,何兆武等译,北京:科学出版社1990年版,第371页。
③ 张国刚:《德国的汉学研究》,北京:中华书局1994年版,第47页。

卫礼贤译的《易经》于1924年在耶拿出版，流传很广，一直受到高度评价，是西方公认的"标准译本"。这个译本后来被转译成多种文字，在欧美各国出版，产生了很大的影响力。例如：1950年在纽约出版的由德译英专家贝恩斯（Baynes）翻译的转译本，竟超过所有据汉文原著的英译本，成为当今西方英语国家所通用的"标准译本"。

德国作家黑塞（Hermann Hesse）对卫礼贤翻译的《易经》评论说："除了《道德经》，没有一本中国古典作品像威廉翻译的《易经》那样，迎合了魏玛共和国有教养的德语阶层的中国热。"卫礼贤深入地掌握了《易经》所具有的中国文化渊源、背景，使译本拥有广泛读者，至今已再版20多次，成为西方公认的权威版本，相继被转译成英、法、西、荷、意等多国文字，传遍整个西方世界。

卫礼贤在德国学界发表了多次演讲，宣扬古老的《易经》精神，希望德国民族能借鉴东方文化，重塑他们的民族品格，拯救处于毁灭边沿的世界和动荡不安的魏玛共和国。他认为《易经》的核心精神是对立与协同。受此启发，他认为当时纷乱的世界局势只是一种暂时的状态。只要拥抱世界主义，未来必将走向协同。卫礼贤的易学思想是对《易经》精神的引申，他从心理学的角度对《易经》进行了阐释，使得《易经》为西方大众所理解，为《易经》的传播做出了巨大贡献。

瑞士心理学家荣格（Carl G. Jung，1875—1961）曾为卫礼贤的《易经》译本撰写了长篇序言。荣格称赞卫礼贤译的《易经》是西方"无与伦比的版本"，这本东方最深刻的著作第一次以生动可读的形式被介绍到西方来，"是卫礼贤最重要的成果"。荣格还说："他为理解《易经》原文的象征意义尽力开辟道路。他之所以做到这点，是因为他从德高望重的劳乃宣那里学习《易经》的哲学和方法，并在许多年间一直实践这个问卜的独特方法。他掌握《易经》原文的灵活思想，这就使他的《易经》版本在看法上具有一种深度，那是仅凭对中国哲学的学术知识不可企及的"。①

荣格还指出，西方传统哲学注重因果性，把它放在公理的地位，而忽视偶

---

① ［瑞士］荣格：《〈易经〉英译本前言》，载《周易研究》，1991年第2期，第32页。

第八章 东方智慧：老子、《易经》与禅宗

然性。中国却相反，注重偶然性。《易经》正是研究偶然性产生的各种情形。近代物理学发现了因果性只是统计的正确，宇宙本身是偶然性的。所以，现在一刹那的某种情况可以反映宇宙的情况和历史，正如观察树木的年轮一样。受到这部《易经》的启发，荣格提出了他的重要创见"共时性原则"，并将这种"共时性原则"作为其分析心理学发展的基石，因为建立在共时性原则基础上的思维方式，在《易经》中表现得最为充分。荣格还为卫礼贤另一部有关养生学的译著《太乙金华宗旨》的英译本写了序言，再次盛赞卫礼贤的功绩。

20世纪以来，西方学术界对《易经》进行了很多研究，并试图用现代人的思维方式对《易经》进行破译和新的解释。

李约瑟在《中国科学技术史》第2卷《科学思想史》中曾对《易经》及其传承和解释做了专门的介绍和评论，可以看作一部简明易学史。李约瑟把《易经》看作"中国科学哲学的第三大组成部分"，是一座含蕴万有的概念之库，对中国人的心智和文化精神有巨大影响力。"依靠六十四卦中每一卦所附有的抽象意义，中古时代的中国科学家们有着一个相当于概念库的东西，可以参证几乎任何自然现象。"李约瑟高度评价了从《易经》发端的中国哲学的辩证思维传统，说《易经》的普遍象征系统是欧洲没有任何东西可以与之相比拟。但是，李约瑟对《易经》科学价值的意义评价不高。他认为《易经》那种精致化了的符号体系对于中国科学思想的发展是一种有害的障碍，"它诱使那些对自然界感兴趣的人停留在根本不成其为解释的解释上。《易经》乃是一种把新奇事物搁置起来，然后对之无所事事的系统。它那象征主义的普遍体系构成了一个庞大的归档系统。它导致了概念的格式化，几乎类似于某些时代在艺术形式上所出现的那些格式化，它们最后使得画家根本就不去观看自然界了"[1]。此外，李约瑟还在《中国科学技术史》第3卷的数学分册、天文学分册，第4卷物理学分册，第5卷的论述中国炼丹术和化学部分，第7卷社会背景等篇章中，都对《易经》或易学问题做了详略不同的探讨。

现代学者们多从自然科学的角度来研究《易经》，赋予《易经》以现代科

---

[1] ［英］李约瑟：《中国科学技术史》第2卷，北京：科学出版社1990年版，何兆武等译，第363页。

学的新解释。例如：在物理学方面，著名的物理学家玻尔就认为在《易经》和现代物理学之间存在平行关系。他创立的量子力学中的各种物理量值的量子性转换，物质与光辐射的波粒二象性，测不准原理等提出的物质和超物质及其相互关系的哲学概念，都可以从《易经》中阴阳以及相互作用的理论得到说明，认为物理分析和《易经》的阴阳相通，阴阳即物理的正负能元。华裔物理学家李政道曾指出，玻尔这个原理，与中国《易经》太极图及老子学说有相近似的地方。据一位学者统计，在获得诺贝尔物理学奖的学者中，有6位（李政道、杨振宁、普利高津、汤川秀树、洪森堡、玻尔）都声称自己曾不同程度地受到过《易经》思想的影响。

美国物理学家卡普拉论述现代物理学与《易经》的关系时说：

> 在《易经》中，这些卦象象征着道的各种形式，是由阴阳相互作用而产生的，反映了宇宙和人类的所有情况。但是，这些情况并不是静止的，而是处于不断地流动和变化之中。这也是《易经》书名的含义。
>
> 由于《易经》具有通过变化产生动态模式的观念，因此它在东方思想中大概与S矩阵理论最为接近。在这两个系统中都是强调事件而不是物体，都主张通过变化来把握事物的本质。不应该把这种变化看成强加于物理世界的基本定律，而应该看成一种内在的倾向，它的发展是自然地、自行地发生的。
>
> 强子世界的变化导致了结构和对称的模式，这可以用反应通道的形式来表示。但是，不能把结构和对称性看成强子世界的基本性质，而应该把它们看成粒子的动态性质的结果，也就是它们变化倾向的结果。在《易经》中也是变化造成了卦象的结构。按照中国人的观点，我们周围的所有事物和现象都是由变化的模式产生的，可以用卦象来代表。因而他们不是把物理世界的物体看成静止的、孤立的物体，而是看成只是道的宇宙过程中的暂时阶段。
>
> 按照《易经》，变化产生的结构可以安排成非常对称的形式。这种八卦图与前面提到过的介子八重图粗略相仿。但是，重要的并不是这种偶然的相似性，而是现代物理学与古代中国思想都把变化看成自然界最本质的

东西。而由变化产生的结构及对称性只是第二位的东西。①

在数学方面,有人认为电子计算机的"二进制"是《易经》所固有的,《易经》中的内容可以通过编码输入计算机,根据计算机产生随机数原则通过运算可以得出。美国近年推行一种二进位 Baee2 数学、以二进位法厘定 64 个爻卦的方法,因每卦由六条线组成,用 0 代表"--",用 1 代表"—",从而推算出每卦的次序。

在分子生物学领域,遗传密码似乎也与《易经》有关。1981 年出版的 L. A. 戈林达所著《易经的内部结构》一书,其中提到了斯洪贝尔克论述 20 世纪 60 年代发现的遗传密码与《易经》的关系,他写道:

> 遗传密码是人类历史上一项特别重要的发现。所有动植物生命的形成和繁衍都符合一个奇妙的系统,动植物生命本身的形式亦符合此系统。此系统是由三爻(八个经卦之一)组成的六十四个"字"码,而这些字码写成了核糖核酸(DNA)分子长链。历史长达几千年的中国《易经》系统提出了一个合乎自然哲学顺序的方案。遗传密码中的三个"字"码可用于构成清晰的意思。这可以看成遗传语句中的标点符号。其中,有两个字码的意思是"停止"(遗传语句的结尾),一个字码的意思是"开动"(新语句的开始)。如果把这些语句与新翻译的《易经》结构图表相对照,我们发现这两个"停止"字码在《易经》中可以找到根据。②

除上述之外,线性代数中的八阶矩阵,以及信息、系统、网络理论等,仿佛都同《易经》象数符号推演及思维原则有某些吻合之处。《易经》思维体系中所固有的整体观念、系统思想、序列思想、节律观念、周期循环思想、均衡原则、对称图式、互补原则和模糊原理等,无不引起海外学者的重视。

---

① 灌耕编:《现代物理学与东方神秘主义》,成都:四川人民出版社 1984 年版,第 223—224 页。
② 廖名春等:《周易研究史》,长沙:湖南出版社 1991 年版,第 464 页。

七　禅宗与西方文化

在当代西方社会中，对中国禅宗佛教有广泛的兴趣。甚至可以说，18世纪西方人对中国古代文化最感兴趣的是儒家学说，那么，在20世纪，西方人对中国古代文化最感兴趣的则是禅宗佛教。

禅宗是在中国文化土壤上生长起来的一个佛教派别。它以大乘的般若空观为理论基础，融合了中国儒学的心性论和老庄的自然主义态度，具有鲜明的中国文化风格。禅宗出现在南北朝时期，中唐以后盛极一时，形成风靡士林的禅悦之风。特别是在宋代，禅宗与理学互相映照，在中国文化史上产生了很大的影响。当时大批日本僧人来中国留学求法，使禅宗在日本广泛流传，形成了日本佛教界中一个影响很大的派别。20世纪初，日本人冈仓天心、释宗演、铃木大拙，以及稍后的阿部正雄等人相继把禅宗传到欧美国家，逐渐在西方兴起一股"禅宗热"。中国的禅宗文化通过日本这座"桥"传到了西方，走向世界。

禅宗思想经铃木大拙、阿部正雄等人的介绍，在西方世界引起了很大的兴趣。但是，当代西方世界接受、容纳与西方思想传统完全不同的禅宗思想并形成一股热流，也有其内在的原因。20世纪以来，技术进步与人道主义道德标准之间的矛盾日益增长，到20世纪中叶变得异常明显，许多哲人都为之忧患满怀。寻找摆脱这种矛盾和危机的出路，是西方知识界对禅学产生兴趣的出发点。美国诗人和作家默顿（Tthomas Merton）在谈到禅宗流行于西方的情况时指出：

> 禅宗在某些西方人中的风行顺应了那种精神变革和革新时期相当混乱的形势。它表达了对传统的精神规范和宗教伦理上的形式主义的某种可以理解的不满。它是西方人极度渴望在一个为技术变得僵化、虚假和精神空虚的世界里恢复自发性和深度的表现。但是，与这种恢复真实感觉的要求相关，西方的禅宗变成了一种即兴的和带实验性的东西——一种道德上

第八章 东方智慧：老子、《易经》与禅宗

的无政府状态。①

美国精神分析学家弗洛姆（Erich Fromm，1900—1980）在论述了西方世界面临的深刻文化危机之后说：

> ……道教与佛教的合理性与现实主义态度都超过了西方宗教。他们能够现实地、客观地看到，只有"觉悟"者才能来引导人们，而人们之所以能被引导，是因为每个人自身内部都有觉悟的能力。这正是东方的宗教思想——道教、佛教以及两者在禅宗中的融合——为什么对今日西方具有如此重要性的原因。禅宗帮助人去找到他生存问题的答案，这个答案在根本上与犹太—基督教传统所给予的答案并无不同，然而，它与现代人所珍视的成就——合理性、现实主义和独立——却也并不矛盾。东方的宗教思想原来要比西方的宗教思想同西方的理性思维更为合拍……②

西方知识分子希望从禅学中找到包治社会百病的灵丹妙药不过是一种幻想，但从中也反映了一种正确的意向，即摆脱当代文化危机的出路是多元化和把东西方的文化瑰宝加以综合。苏联学者扎瓦茨卡娅在《现代西方世界的东方文化》一书中指出，禅宗思想包含了西方知识分子所渴望揭示的东西：禅宗的许多特征，实际上同西方现代文化是很接近的。

因此，禅宗思想一经传到西方，便广为流行。禅宗思想对西方文化的影响十分广泛，渗透到西方的哲学、宗教、艺术、医学、心理学、管理学等各个领域。据说，海德格尔晚年阅读铃木大拙的禅学著作时说："如果我对这个人的了解不错的话，他在书中所说的也正是我在自己所有著作中一直想要说的东西。"这句话也许是当他看到一部认为包含自己某些思想的著作时所说的稍带夸张的感情话，但禅宗思想确实与存在主义有许多明显的相似点。禅宗思想中

---

① ［美］默顿：《庄子之道》，引自清华大学思想文化研究所编：《世界名人论中国文化》，武汉：湖北人民出版社1991年版，第645—646页。

② ［日］铃木大拙、［美］弗洛姆等：《禅宗与精神分析》，沈阳：辽宁教育出版社1988年版，洪修平译，第96页。

的死亡哲学和对生的选择的理解强烈地影响了海德格尔的生死观。日本学者中村元指出，在西方人的生活中也往往会无意地表现出禅的思想，最典型的例子是美国战后嬉皮士们所采取的生活方式。他们放歌高吟、饮酒留须，做出一些文雅之士绝不会做出的行为来。他们为了从理论上证明这种行为的正当性，而站在存在主义的立场上宣扬禅宗思想。当时有人曾提出了"虚无缥缈的禅、无处不在的禅"的口号，引起很大的反响。①

在西方对禅宗界想的理解中，还与精神分析学的许多观念联系起来。例如：著名精神分析学家荣格等人就多次将禅宗和精神分析学联系起来加以讨论。1939 年。铃木大拙的《禅学入门》一书在西方出版，荣格曾专门为该书撰写序言介绍评论。荣格对东方的瑜伽、禅、《易经》、炼金术等，有相当深入的研究，撰有《瑜伽、禅宗和易经》《曼荼罗》等专论东方瑜伽禅定的著作。据荣格为伊文斯温兹（Evanswentz）英译藏传佛教密典《中有闻教得度密法》写的《心理注释》自述，他的"集体无意识"观念主要受佛教密法的启迪。荣格还认为，促使西方人向内注意无意识层的心灵力量，来自人内部的本性，自性的充分完善和实现是人格发展的最终指向。这种追求自己实现的本性，使精神分析学与东方的见神论和魔术合而为一，"在我们心中产生了如同释迦如来佛舍弃那两百万诸神时所具有的那种疑惑与毅力"②。荣格甚至肯定人对自性把握的最高途径是宗教体验，而东方宗教中瑜伽、禅定的凝神冥思，使东方人比西方更容易知觉和把握自性。荣格对超感官知觉、心灵致动等特异功能现象的实在性也予以肯定，并以他的"集体无意识"说给予解释。

在禅宗与精神分析学的比较研究方面，最著名的事例是弗洛姆与铃木大拙的合作。1957 年，铃木大拙与弗洛姆在墨西哥共同参加了一个以"禅宗与精神分析"为专题的学术讨论会，参加这次会议的有来自美国和墨西哥的近 50 位精神病学家和心理学家。会上，铃木大拙做了禅宗讲座，并和与会人员进行了一星期的共同讨论和对话。会后，弗洛姆和铃木大拙合著了《禅宗与精神分析》一书。弗洛姆说，这使他的思想"得到一个相当可观的扩大和修正"，

---

① ［日］中村元：《比较思想论》，吴震译，杭州：浙江人民出版社 1987 年版，第 263 页。
② ［瑞士］荣格：《探索心灵奥秘的现代人》，黄奇铭译，北京：社会科学文献出版社 1987 年版，第 208 页。

第八章 东方智慧：老子、《易经》与禅宗

特别是关于"无意识的构成问题、无意识向意识的转化问题以及心理分析的治疗问题"。弗洛姆表示，禅宗思想对他本人有着极大的意义，并且对学精神分析的人都有着重要的意义。他认为，精神分析的核心是科学的方法，而不是宗教的方法。可是，禅在西方带来了所谓宗教的或神秘的体验，尽管如此，禅还是具有一种亲近性。现代西方人的感情经验已丧失目标，他们正处在无法摆脱的精神分裂的病态之中。相反，禅以认识自我存在的本性为目的，那种认识并不是知性的，而是体验性的，是内在的观察。其目的是希望人们按照自己本来的状态来完成精神分析。这是对自身本性的洞察，是自由、幸福及爱的获得，是能量的解放，由此人就能从疯狂或残缺的状态中得到拯救。克服潜在的疯狂的唯一根本的解决方法，是对世界要有丰富的、创造性的反应，其最高形态就是悟。禅以克服人的欲望为目的，这与"力比多"①进化理论是相适应的。禅和精神分析一达到这个目的，伦理关系就会随之发生变化，贪欲就会被克服，爱与慈悲的力量就会产生，邪恶的欲望就会在得到扩大的意识的光芒和温暖之中消融瓦解。尽管以超越伦理为目的，但最终又实现了伦理的变化。禅与精神分析都不依赖于任何权威，两者对既成宗教都有严厉的批判。禅的教育方法是用公案将其弟子逼到无法回答的地步，同样，精神分析学家一点一点地把患者的理由全部驳回，以打破他的架空的内心，使他体验到真正的现实。由此，人们就能摆脱那种压抑，达到对现实全面和明确的体验。两者都向人们指出了一种"生活方式"。因此，弗洛姆指出：

> 可以断言的是，禅宗以及与之有关的知识，能够对精神分析的理论与方法产生非常丰富、非常清楚的影响。尽管禅宗在方法上与精神分析不同，但它可以使病灶更为明显，使洞察的本性更加显露，并进一步提高我们对什么是"见"，什么是创造性，什么是克服感情污染与虚假理智化的辨别力。感情污染与虚假的理智化是主—客体分裂基础上的体验之必然结果。

就其对理智化、权威以及自我之妄想的非常激进的态度而言，就其对

---

① "力比多"是精神分析心理学用语。

康乐目标的强调而言，禅宗的思想将开阔精神分析学家的眼界，深化他的见解，并帮助他达到一个更根本的思想，即对实在的把握作为充分的有意识的觉察之最终目标。①

禅宗思想不仅在西方学术领域引起广泛的注意和研究，而且对现代西方文学、绘画、音乐等艺术领域也产生了深刻的影响。

在当代美国文学中，从20世纪50年代开始就可以感受到禅宗的极其强烈的影响。禅宗所强调的自然而然见素抱朴以及重视个人直接经验的做法与战后美国的文化潮流一拍即合。例如：塞林格（Jerome David Salinger，1919—2010）和凯鲁亚克（Jack Kerouac，1922—1969）的作品就在很大程度上有这种影响。塞林格曾在哥伦比亚大学听过铃木大拙关于大乘佛教和禅宗的讲演课程，兹后，在他的创作中便开始表现出禅宗的思想。据说他经常带着一些禅宗的经文，喜欢对他的所有熟人朗诵其中的一些片段。许多研究者注意到，塞林格最受欢迎的作品《麦田里的守望者》充分地表达了禅宗的某些思想。他的另外一部作品《九个故事》的卷首题词用了一位中国禅宗诗人的两行诗"两掌击有声，孤掌却难鸣"，从而确定了这一组故事的基调是倾听普通听觉不能领悟、隐藏在深处、好像是寂静无声的东西。按照塞林格理解的禅宗，主张沉默是最有效的联系方式。

著名作家凯鲁亚克是美国"垮掉的一代"的精神领袖，他的作品中也体现着某些禅宗的观念。例如：长篇小说《在巴黎的觉悟》中充满禅宗的物象和文献的引文，常常援引《金刚经》和其他的禅宗经典，小说的主人公之一还翻译中国禅宗诗人寒山的诗作。凯鲁亚克这部小说和其他作品《达哈尔马的流浪汉》《在路上》的主人公都力求独居修道、逃离城市、接近大自然，力求浪漫而无规律的生活和无政府主义的"流浪汉的自由"。

禅宗文化在美国诗歌创作中也很有影响力。美国诗人施耐德（Gary Snyder）与凯鲁亚克同属于"垮掉的一代"的代表人物，施耐德早年曾在日本学

---

① ［日］铃木大拙、［美］弗洛姆等：《禅宗与精神分析》，沈阳：辽宁教育出版社1988年版，洪修平译，第166页。

禅。1974年，他在自己的家园建立了一个小型的禅堂，他自己说明，这个道场所研习的不是他在日本所学的临济宗，而是更具包容性的中国禅。他说：我们学的"不是日本禅，而是中国禅。中国禅的意思我指的不是那么拘泥于寺院的、日本式的禅，而是更多'中国式'的东西——更早的、不那么法典化的、更普遍的、更生态的、更嬉戏的。"①

---

① 钟玲：《施耐德与中国文化》，北京：首都师范大学出版社2006年版，第8页。

第九章　西方作家与中国文学

一　17—18世纪欧洲作家的中国知识

在17—18世纪，欧洲的作家们也都不同程度地涉猎有关中国的知识，并且在各自的作品中时常援引中国的事例。

早在16世纪末，英国文学家普坦汉姆（Richard puttenhan，1520？—1601？）在《诗艺论》（*The Arte of English Poesie*）中就曾提到中国文学。普坦汉姆在意大利游历期间，从一位曾到过中国的意大利人那里了解到中国的学术和文艺情况，并对中国和波斯的诗歌产生了兴趣。他说："在意大利期间，熟识了一位绅士，他曾长期在东方各国旅行，看见过中国和鞑靼王子的宫院。我对这些国家的细情，特别是各种学识和民间诗歌很好奇，他就告诉我，他们完全生活在极聪明的创造之中，他们运用诗歌，但不像我们那样，冗长而沉闷地描写，因此他们要表达奇思妙想，就用简洁的诗韵，写成菱形诗或方块诗，或者其他类似的图形，他们还依原样刻在金、银、象牙之上，有时则用五彩宝石巧黏成字，点缀链子、手镯、衣领或腰带，赠送情人，以作怀念之物。这位绅士给我几首这样的诗，我逐字逐词地把它们翻译过来，尽量逼肖原来的句子和形状。这多少有点难以处理，因为要受原来图形的限制，不能走样。"① 据有

---

① 葛桂录：《中英文学关系编年史》，上海：上海三联书店2004年版，第11—12页。

第九章　西方作家与中国文学

的学者研究，普坦汉姆这里所指的大概是中国古代回文织锦诗等文字游戏。

伟大的西班牙作家塞万提斯（Miguel de Cervantes Saavedra，1547—1616）在其著作中多次提到"契丹"和"中国"。他与同时代的大多数欧洲人一样，还没有弄清楚"契丹"与"中国"实际上是一个国家。他把"契丹"和"中国"作为两个遥远而又神秘的东方帝国来看待。他在1613年发表的诗作《幸福的下流坯子》中，在历数这个恶棍所去过的地方中，包括"契丹"和"中国"。在《堂吉诃德》中，更是多次提到"契丹"和"中国"以及一些与它们有关的事件和传说。例如，在上卷第十章中，堂吉诃德说："这回你错了。咱们在这四岔路口耽误不了两个钟头，就能看到很多披甲戴盔的武士，比赶到阿尔布拉卡去夺取美人安杰丽咖的还多。"① 其中，安杰丽咖为传说中的"契丹"公主，阿尔布拉卡是"契丹"皇帝的城堡。《堂吉诃德》下卷第一章引有一首诗，其中写道："至于她怎样接位做了中国女皇，也许别人能用更好的'拨'来弹唱。"据该书译者杨绛考证，这段诗中的第一句是由"她把印度的王位给了梅朵罗"改成的。塞万提斯之所以将"印度女王"改为"中国女皇"，可能是受到当时流行的"中国热"气氛的影响。② 《堂吉诃德》下卷有一《献辞》，虚构了一个中国皇帝请他去办西班牙学院的故事，其中写道：

> 最急着等堂吉诃德去的是中国的大皇帝。他一月前特派专人送来一封中文信，要求我——或者竟可说是恳求我把堂吉诃德送到中国去，他要建立一所西班牙文学院，打算用堂吉诃德的故事做课本；还说请我去做院长。我问那钦差，中国皇帝陛下有没有托他送我盘缠费。他说压根没想到这层。
>
> 我说："那么，老哥，你还是一天走一二十哩瓦，或者还照你奉使前来的行程回你的中国去吧。我身体不好，没力气走那么迢迢长路。况且我不但是病人，还是个穷人。他做他的帝王，我自有伟大的雷莫斯伯爵在拿坡黎斯，他老人家不用给我区区学院头衔或院长职位，也在赡养我，庇护

---

① ［西］塞万提斯：《堂吉诃德》上卷，杨绛译，北京：人民文学出版社1979年版，第70页。
② ［西］塞万提斯：《堂吉诃德》下卷，杨绛译，北京：人民文学出版社1979年版，第17页。

— 291 —

西方典籍里的中国

我，给我以始愿不及的恩赐。"

我这样打发了他，现在也就向您告辞。①

英国作家伯尔顿（Robert Burton，1577—1640）的著作中曾大量提到中国的知识。伯尔顿在牛津大学做了30年学问，自况为"一条闲游的狗，看见鸟儿就要向它汪汪叫"。他的主要著作之一是《忧郁症的解剖》。这本书原意是一本医书，分析忧郁症的病原、征象、治法，还讨论了爱情忧郁症和宗教忧郁症。但并不止于此，作者几乎谈到了人生各方面的问题。在他看来，世上所有政治、宗教、社会，以及个人内心的种种矛盾，可以概括为一种病，这就是"忧郁"。他为诊治这种无处不在的流行病开出了不少"药方"，其中就包括东方的中国文明。这本书中提到中国的地方有30多处，主要来源于《马可·波罗游记》和《利玛窦中国札记》，涉及的内容有宗教、迷信、偶像崇拜、政治制度、经济、法律、科举制度、城市规划、地理、卫生、饮食、医药、心理、幻觉、精神病、嫉妒等。伯尔顿认为繁荣富庶、文人当政、政治开明的中国正是医治欧洲忧郁症的灵丹妙药。他以人文主义精神赞扬了中国的科举制，因为科举制表明重才而不重身世。他在赞扬中国的同时，对英国的贵族大为讽刺，他说：

他们从哲学家和博士中挑选官员，他们政治上的显贵是从德行上的显贵中提拔上来的；显贵来自事业上的成就，而不是由于出身上的高尚，古代的以色列就是这样。至于他们官吏的职务，不论在战时或平时，就是保卫和治理他们的国家，而不像许多人那样，光是放鹰打猎，吃喝玩耍。他们的老爷、高官、学生、硕士以及由于自己的德才而升上来的人——只有这些人才是显贵，也就是被认为可以治理国家的人。②

伯尔顿赞扬中国规划完善的城市，其中包括元代的大都；赞扬中国人民的

---

① ［西］塞万提斯：《堂吉诃德》下卷，杨绛译，北京：人民文学出版社1979年版，第174页。
② 范存忠：《中国文化在启蒙时期的英国》，上海：上海外语教育出版社1991年版，第8页。

第九章　西方作家与中国文学

勤劳和国家的繁荣。他在设计他的理想国时,以墨西哥和中国为借鉴,他说:

> 耶稣会士利玛窦等人笔下的中国人十分勤劳,土地富庶,国中没有一个乞丐或游手好闲的人,因此他们兴旺发达。我们的条件也一样,我们的人民体魄强健,思想活泼,物产应有尽有,如羊毛、亚麻、铁、锡、铅、木材等,也有优秀的工匠来制造产品,但我们缺少勤奋。我们把最好的商品运往海外,他们能很好地利用,满足需要,把我们的货物分别加工,又运回我国,高价出售,有时用零碎原料制成一些廉价品,反回来卖给我们,价钱比成批原料还贵。①

17 世纪英国还有一位对中国极感兴趣的作家叫托马斯·布朗 (Thomas Browne, 1605—1682),他在其读书笔记、《瓮葬》和《对几个民族未来的预言》等著作中都一再提到中国。在读书笔记中,他提到在他全部读完的书中就有葡萄牙耶稣会士曾德昭的《大中国志》、平托的游记以及英国牧师珀切斯的游记。在《瓮葬》中,布朗根据穆拉修的《航海记》对中国的丧葬风俗进行描绘和评论,并以科学理性精神澄清西方人在中国瓷器制作方面流传的各种谬误。他在《对几个民族未来的预言》中假借一个人送给他的一首诗歌中预言鞑靼人将席卷中国,他在注释中引用了中国人筑长城的故事,并引用了一个"旧的预言":将来的某个时候,中国的旅客会来往通行无阻。

在 17 世纪有不少文学作品写到中国,例如:被誉为"德语诗歌之父"的奥皮茨 (M. Opitz) 的长诗《歌颂上帝的战争》(1628),开德国流浪汉小说先河的格里美尔斯豪森 (H. J. Ch. V. Grimmelshausen) 的《痴儿西木传》(1669)、英国人希德 (Th. Head) 的《扬·彼鲁斯流浪记》(1672) 等模仿《痴儿西木传》的作品,都是较有名的。在这些作品中,对中国的描写大多出自作者的想象,目的仅是满足读者对中国的好奇心。

真正以中国为题材并且有事实为基础的作品,是洛恩施坦 (D. C. V. Lo-

---

① 杨周翰:《弥尔顿〈失乐园〉中的加帆车——17 世纪英国作家与知识的涉猎》,张隆溪、温儒敏编:《比较文学论文集》,北京:北京大学出版社 1984 年版,第 137 页。

henstein）的《阿尔米琉斯》（1689）和哈格道恩（W. Hagdorn）的《艾全》（1670）。这两部卷帙浩繁的小说，都主要取材于卫匡国的《鞑靼战纪》，写的是明末清军入关前后的事。如在《艾全》中，就具体写到了李自成起义、吴三桂勾结清兵从北京赶走李自成以及崇祯皇帝之死等。只不过李自成被丑化为残暴的叛贼，吴三桂则被美化为英雄的"骑士"。这两部小说写的尽管好像是中国，实际上仍充满了巴洛克时期的游侠骑士小说的思想和情调，作者追求的只是冒险、艳遇、异国风情等给人以消遣的因素。

17世纪英国著名诗人弥尔顿（John Milton，1608—1674）在不同的诗篇中，多次提及中国，一个传奇般遥远的国度。在《深思的人》一诗中提到他前往遥远的国度朝圣，描述了"神奇的铜马，鞑靼国王就骑在这样的马上"。在其名著《失乐园》中也曾多次提到中国。在《失乐园》的第3卷中，说撒旦来到地球，从喜马拉雅山上飞下，想飞向印度去猎取食物，但"途中，它降落在塞利卡那，那是一片荒原，那里的中国人推着轻便的竹车，靠帆和风力前进"①。

这里的"塞利卡那"，意为"丝绸之国"，也就是中国。弥尔顿所提到的那种"帆车"，李约瑟的《中国科学技术史》中曾详尽追溯了它在西方的报道，可见这是很容易引起西方注意的事。斯威夫特（Dean Swift）也引用过这句话，他写道："中国的车，造得这样轻巧，能行驶过道道山峦。"

《失乐园》第11卷中，撒旦把耶稣带上一座高山，让他眺望人间的宏伟景象：

> 在这里他纵目眺望，看到古今有名的城市，最伟大的帝国的都城，从契丹可汗的都城汗八里的坚固城垣和帖木儿王座所在，奥克塞斯河旁的撒马尔罕，直到西那诸王的北京……②

但是，弥尔顿沿袭了当时人们关于中国的错误的地理知识，不知道汗八里

---

① 范存忠：《中国文化在启蒙时期的英国》，上海：上海外语教育出版社1991年版，第5页。
② 范存忠：《中国文化在启蒙时期的英国》，上海：上海外语教育出版社1991年版，第6页。

和北京实际上是一座城市。

17世纪英国文坛领袖威廉·坦普尔是辉格党著名的政治家和外交家,也是一位散文大师,他的文章"被当作练习与写作的范文"。坦普尔没有到过中国,他的中国印象最早来自葡萄牙旅行家平托。他对中国文化抱有浓厚的兴趣,并且从当时能接触到的各种材料中获得了一定的关于中国的知识。我们前面曾介绍他关于中国造园艺术的介绍和评论,实际上正是由于坦普尔,才改变了英国人对于园林的审美观念,使中国的造园艺术得到推广。坦普尔还在许多文章著作中谈到中国。1683年,他发表了《论英雄的美德》一文,其中用了大量篇幅介绍中国文化的诸多方面的内容。他热情地赞颂中国的历史和政治制度,说中国是世界上已知的最伟大、最富有、人口最多的国家,是拥有比任何国家更优良的政治体制的国家。他认为,中国看来是以最大的力量和智慧,以理性和周密的设计建立并治理的,实际上它胜过其他国家人民和欧洲人以他们的思辨能力和智慧所想象的整体。他甚至说中国的好处是"说之不尽"的,是"超越世界上其他各国的"。他认为中国最大的英雄是伏羲和孔子,特别是孔子具有"突出的天才,浩博的学问,可敬的道德,优越的天性",是"真正的爱国者和爱人类者",是"最有学问、最有智慧、最有道德的中国人","孔子著述的唯一目标,就是教人能过一种好的生活"。他在1692年发表的《论古今学术》中说:"中国好比是一个伟大的蓄水池或湖泊,是知识的总汇。"古代人做学问,也和近代人一样,需要有人引路,而担任引路的人,大概来自印度和中国。因为他们"民性中和,地域清净,气候均匀,而又有长治久安之国"。他把孔子与苏格拉底相提并论,并指出:

> 孔子开始了同样的构思,呼吁人们从无用的与无休止的面对自然的考察转到对道德的思索上来;但分歧在于,希腊人好像看来主要放在私人与家庭的幸福上,而中国人则放在王国与政府的优良品质与善于驾驭上,据悉这样的王国与政府存在已经有数千年,也许可以恰如其分地把它叫作学者政府。①

---

① 葛桂录:《中英文学关系编年史》,上海:上海三联书店2004年版,第27、37—38、41页。

他还赞扬中国的历史政治制度，称中国是世界上已知的最伟大、最富有、人口最多的国家，是拥有比任何别的国家更优良的政治体制的国家。1671年，坦普尔还专门写了篇文章《政府的起源及其性质》，在谈到政府起源时，他不同意当时一些社会学家提出的"社会契约论"，认为政府起源于"父权"，是家庭组织的扩大，这简直是孔子"君君、臣臣、父父、子子"家庭国家观的英国版。

英国讽刺作家斯维夫特（Jonathan Swift, 1667—1745）也多次提到中国。他在《格利弗游记》的"大人国"一章中，说他们和中国人一样，很古的时候就有印刷术。他还知道中国人的书写方式是从上往下。在他的另一篇作品《澡盆的故事》里，他提到希望这本书能被译成东方语言，特别是中文。在《木桶的故事》里，提到中国加帆车，说那些大车造得那么轻巧，好像能飞驰过大山那样。在一篇谈到如何改进英语的文章里，他称赞中文能在常受到鞑靼人的征服时保持不变，并且是有两千年以上历史的古书的语言。

另外，在18世纪的英国作家中，艾迪生、沃尔珀尔、约翰逊等人都曾援引过中国的知识，或在作品中使用所谓中国题材。

18世纪前期，对中国文化推崇的作家是艾迪生（Joseph Addison, 1672—1719）和斯蒂尔（Richard Steele, 1672—1729）。他二人都是18世纪前期英国文坛重要作家，特别是艾迪生，由于他在小品文方面的成就，18世纪上半叶的英国文坛被称为"艾迪生时代"。他俩都醉心于阅读各种关于中国的记载和报道，特别是17世纪末来华的法国耶稣会士李明的《中国近事报道（1687—1692）》。他们对中国文化的赞扬，主要见于斯蒂尔主办的《闲谈者》和二人合办的《旁观者》两份报纸上，涉及中国故事、中国政治制度、孝道、中国长城、瓷器、茶、中国园林等精神文明和物质文明。斯蒂尔所讲的中国故事，少数出于传教士的记载或中国神话故事，但大多是虚构的游戏之作，如《旁观者》第584、585期刊载他写的《一篇洪水以前的故事》，其素材并非取自《山海经》或《淮南子·天文训》之类中国历史神话，完全是由自己编造关于家族、财富和婚姻的荒诞而又诙谐的故事。刊于第545期的《中国故事》更是与中国神话、传说沾不上边。他说的是中国皇帝写给罗马教皇克莱蒙十一世一封信，建议中国与教会建立联盟。斯蒂尔的目的自然是用来攻击英国政体，

第九章 西方作家与中国文学

但这封建议特意用中国皇帝诏书的文体，雅致而幽默，阅读之中，也会激起英国人对中国文化的向往。斯蒂尔的中国故事虽多是虚构的游戏之作，但在英国文学史上却有着重要的地位：18世纪中期以后英国文学中流行一种虚构的书信文学，真真幻幻、诙谐之中夹以讽刺，被称为"伪信体"，始作俑者应该就是这位仰慕中国文化的斯蒂尔。

艾迪生对中国文化的赞扬主要集中在孝道、园林、瓷器和茶饮等方面。他在《旁观者》和《冒险杂志》上讲述了几个故事，内容都是中国瓷器在英国让人入迷到发疯的地步：一位妇女重金购得两件中国瓷器，准备运送到一个中国式小庙内收藏，但在运送的过程中却被车夫打碎了，这位妇女为此而发疯，医生只得让她住在一个摆满中国瓷器的房间之中。艾迪生也十分欣赏中国的孝道，他引用李明在《中国近事报道（1687—1692）》中所举的一个例子：中国官员惩处忤逆案子，不但逆子本人要受到惩处，而且他的家庭、邻里乃至整个村庄都要受到惩处，因为"他们说，这一族或这一村一定风俗败坏，才会产生这种逆子"。由此看来，艾迪生欣赏中国的孝道，是意在提倡一种更为广泛的道德风尚，为18世纪的英国中产阶级提供一种可资参照的道德准则。

18世纪中叶，被视为"文人英雄"的约翰逊（Samuel Johnson，1709—1784）也对中国文化做出肯定性评价。约翰逊不仅是18世纪中叶以后英国文坛领袖人物，而且以后的两百多年里在英语世界一直享有崇高地位。1738年，约翰逊以一个读者的名义给《君子杂志》编辑写信，称赞中国的古代文明，认为中国人的宽宏、权威、智慧以及特有的风俗习惯和美好的政治制度，都毫无疑问值得西方学习。约翰逊的中国印象来自杜赫德的《中华帝国全志》中那些传教士书简，《中华帝国全志》上对中国的监察御史制度也有比较详细的介绍。约翰逊读后认为：中国政府虽然形式上是君主制，但君权却受谏官的制约，因而在精神上可以说体现的是民主共和。约翰逊认为这一点尤其值得英国人注意。但是，约翰逊对中国文化的赞扬还是极有分寸的，他在1757年为钱伯斯《中国房屋、家具、服饰、机械和家庭用具设计图册》写的"序"中说："我完全不希望被说成是中国人优越性的夸大者。我说中国人是伟大的或聪明的，那只是把他们同周围各国人民比较而言；我不想拿他们同我们这里的古人或今人相比。不过，我们必须承认，他们是一个突出和独特的民族。"他也曾

西方典籍里的中国

批评中国的文字简陋,给学术研究带来困难,是落后的表现。

1710—1712年,法国作家拉克鲁瓦(François Pétit de la Croix)仿照阿拉伯的名著《一千零一夜》,写作了《一天零一日》,其中的《王子卡拉夫和中国公主的故事》,讲述了这样一个故事:鞑靼王子卡拉夫爱上了中国皇帝的女儿图兰朵科特。公主要求每一个向她求婚的人回答3个问题,结果许多求婚者因为过不了这一关而被处死。鞑靼王子卡拉夫经受了严峻的考验,成功地回答了公主的3个问题,公主很不情愿地嫁给了他。这个故事具有浓厚的异国情调,获得了很大的成功。10年后,法国著名作家勒萨日(Alain Rene Lesage,1668—1747)于1729年将其改编为小说《中国公主》。意大利作家戈齐(Carlo Gozzi,1720—1806)的剧本"中国悲喜剧童话"《图兰朵》,意大利著名作曲家普契尼(Giacomo Puccini,1858—1924)的歌剧《图兰朵》,都是以这个故事为蓝本写成的。

1723年,法国作家托马斯·西蒙·格莱特(Thomas-Simon Gueulette,1683—1677)出版了两卷本的《达官冯皇的奇遇——中国故事》。格莱特是巴黎的大法官,曾任皇家事务律师,文学创作只不过是他的业余爱好。除了这部《达官冯皇的奇遇》,他还创作了《一千零一刻钟——鞑靼故事》《古扎拉克苏丹后妃或苏醒男人的梦——蒙古故事》《一千零一小时——秘鲁故事》,号称"四大传奇",是当时巴黎畅销的时尚读物。

在《达官冯皇的奇遇》中,格莱特所描写的是嵌入"中国框架"中的一个虚构传奇,他将"天方夜谭""东方传奇"套上"中国服装",杜撰了一系列逸闻趣事。这个故事说,甘南国(Gannan)国王(即书中所说的中国)通格卢克(Tongluck)对落难的格鲁吉亚国(Georgie)公主居尔尚拉兹(Gulchenraz)一见倾心,公主要求中国皇帝先为其惩处叛逆,雪亡国之恨,然后再要求他信奉伊斯兰教,力除中国的偶像崇拜,方肯嫁给他。通格卢克国王在大臣冯皇的奇书帮助下,神奇地飞往格鲁吉亚,铲除篡位的暴君,恢复了老国王的王位,并发誓尊崇伊斯兰教,这样,格鲁吉亚公主就成了中国的新皇后。新皇后请冯皇每天晚上来宫廷畅谈,给她讲述种种奇异的故事。故事中主人公神游世界,从地中海东岸到太平洋西岸的亚洲广大地区,印度、波斯、中国、阿拉伯;从南亚到中亚、波斯湾;从非洲的埃及到欧洲的希腊,甚或远及西半球的加拿大。书中还描写了各式各样的人物，从王公贵族，到平民百姓；从将帅大臣，到郎中优伶；从清真寺长老，到庙堂和尚，所有这一切风情和人物，都在格莱特那出神入化的笔触下，被描绘得栩栩如生。在这部"中国故事"中，谈到最多的是印度、波斯和中亚的故事，直接涉及中国的，大约只占十分之一的篇幅，而且大部分是作者自己的想象，与真实的中国相去甚远。但正是这样的虚构想象，符合当时人们的阅读心理和阅读期待，适应了当时流行的"异国情调"的文化潮流，所以在当时的读者中很受欢迎。

二 《赵氏孤儿》的西译与流传

中国文学在欧洲产生重大影响的事件，首推《赵氏孤儿》的西译和流传。《赵氏孤儿》是元代纪天祥所作的元曲。它是第一个传入欧洲的中国戏剧，是18世纪唯一在欧洲流传的中国戏剧。

《赵氏孤儿》全剧的法文译本是由来华传教士马若瑟于1732年翻译的，取名为《中国悲剧赵氏孤儿》，1734年巴黎《法兰西时报》杂志上刊登了一部分。1734年2月，巴黎的《水星杂志》发表了一篇没有署名的信，说是从法国西北部布雷斯特寄来的。信中有几节法文翻译的中国戏剧。信上说：

> 先生，这就是我答应给你的一件新鲜别致的东西。请你告诉我，你和你的朋友们看了这本中国悲剧觉得怎样。此外，还请你告诉我，我之所以对这本戏发生兴趣，是不是由于这样一种心情，即凡是时代较古或地区较远的东西总能够引起我们的钦慕。①

1735年杜赫德的《中华帝国全志》出版时，将全剧译本收录在其第3卷中。

马若瑟的译本是经过删节的节译本。译者只译对白，不译诗，曲子则都没

---

① 范存忠：《中国文化在启蒙时期的英国》，上海：上海外语教育出版社1991年版，第107页。

有译，只注明谁在歌唱。但基本上保存了原作品的轮廓。从这一点上看来，译文恐怕是从明朝的改写本译出，因为现存元刻本《赵氏孤儿》是只有曲子没有对白的。《赵氏孤儿》较完整的法文译本，是大约一百年后朱利安（S. Julien）的散文韵文译本，于1834年出版。

杜赫德的《中华帝国全志》是18世纪欧洲广为流行的一部巨著，《赵氏孤儿》也借以流传。在《中华帝国全志》出版之后五六年，英国就出版了两个英文译本，这两个英译本中都包括《赵氏孤儿》。另外，在18世纪50年代，以采集、编订英格兰和苏格兰民歌得名的托马斯·帕西（Thomas Percy, 1729—1811）曾从葡萄牙文译本转译了中国小说《好逑传》，并选辑了有关中国语言、礼俗、宗教、诗歌、戏剧、园林等文字，合为一集出版，其中也包括《赵氏孤儿》。这个译本文字雅驯，更适合18世纪中叶英国读者的口味，有助于在英国的流传。

英国评论家理查德·赫德（Richard Hurd，1720—1808）对《赵氏孤儿》进行了较为详细的评论。赫德于1751年发表了他编注的《贺拉斯致奥古斯都的诗篇》，后附《论诗的模仿》一文，其中论及《赵氏孤儿》。赫德主要列举了这本戏与古希腊悲剧相似或相近之处，从而对它的优点加以肯定。赫德说，《赵氏孤儿》的故事与古希腊悲剧家索福克勒斯的《厄勒克特拉》很有相似之处。在《厄勒克特拉》里，阿加门侬被他的妻子和她的情人刺死后，他的孤儿俄瑞斯忒斯被一位老师父拯救，得以脱险，并被他带到另一个地方掩藏起来、抚养成人，俄瑞斯忒斯长大后便回来替父亲报仇。这一故事的轮廓与《赵氏孤儿》是相似的。《赵氏孤儿》的主题是"怨报怨"，《厄勒克特拉》的主题也是"怨报怨"。关于复仇的动机，在《厄勒克特拉》里来自神座的谕旨，在《赵氏孤儿》里则来自父亲临死时的遗命。赫德指出，《赵氏孤儿》里有许多表达愁苦的词句、格言式的话语、道德性的情绪，很像《厄勒克特拉》。此外，在情感激扬的部分，"掺杂着歌曲，提炼而为壮丽的诗句，有些像古代希腊悲剧里的和歌"。赫德说，《赵氏孤儿》就它的布局或结构而谈，也与希腊悲剧很相近。他指出这本戏的"特殊的单纯性，通体没有动作"，特别表现在人物介绍方面，"演员上场，开口就把姓名、角色、任务等一一交代清楚"。他认为，就这本戏的前三折来说，动作是完整的、统一的，就是要诛灭赵氏，而且这动作"进展得差不多达到亚里士多德所要求的那种速度"。在做了这样的比较分析后，赫德论述了为什么中国戏剧会与古希腊悲剧有相近或相似之处。他认为，中国作家和希腊作家一样，都是自然的学生，而好的作品，就是成功地模仿自然的作品。他说，《赵氏孤儿》是模仿自然的成功之作，是中国人民智慧的产物，足可以与古希腊的悲剧相比。赫德写道：

> 这一个国家，在地理上与我们隔得很远。由于各种条件的关系，也由于他们人民的自尊心理和自足习惯，它与别的国家没有什么来往，因此，他们的戏剧写作的观念不可能是从外面借过来的；我们可以肯定地说，在这些地方，他们只是依靠了他们自己的智慧。因此，如果他们的戏剧与我们的戏剧还有相互一致之处，那就是一个再好也没有的事实，说明了一般通行的原理原则可以产生写作方法的相似。①

《赵氏孤儿》传入欧洲后，不仅引起评论家的注意，同时也引起了剧作家们的兴趣。在18世纪40年代到80年代，就出现了四五种改编的剧本。最早的是英国威廉·哈切特（William hatchett）的改编本，于1741年出版。这个改编本基本保持了元剧的轮廓和元剧的主要段落，但剧中人物有了很大改变，把老子、吴三桂、康熙都用上了。哈切特在卷首的献词中写道：

> 异国的产品，地上长的也好，脑子里来的也好，只要有益或有趣，总能够得到人们的欣赏。多少年来，中国把它的农产品供给我们，把它的工艺品供给我们；这一次，中国诗歌也进口了，我相信，大家一定会感到兴奋。
>
> 我们必须承认，杜赫德给我们的那个中国悲剧（也就是我们这本戏的根据）是很粗糙、很不完善的，可是我觉得这里有些合情合理的东西，连欧洲最有名的戏剧也赶不上。中国人是一个聪明而有见识的民族，在行政管理方面是非常有名的。因此，毫不奇怪，这戏的情节是政治性的。戏

---

① 范存忠：《中国文化在启蒙时期的英国》，上海：上海外语教育出版社1991年版，第117页。

里揭露了一系列行政腐败,而中国那位作家又把它描写为使人深恶痛绝的东西,好像他在这方面熟悉了您的坚贞不屈的性格似的。当然,中国作者也未免过分了,他把一个人描写得不像人而很像魔鬼。不过,这也许是中国诗人的习惯,有意把首相写成魔鬼,免得老实人受骗。①

哈切特着意指出这部剧的政治性,实际上他改编这个剧本也有政治讽刺的意义。因为18世纪20年代到40年代初,英国首相沃尔波尔(Sir Robert Walpole,1676—1745)专权,而哈切特将剧本献给那位阿吉尔公爵,恰恰是瓦尔帕尔在政治上的对手。

伏尔泰在读到传教士马若瑟的法译本《赵氏孤儿》后,给予了较高的评价。他说:"在一段时间之前,当我阅读由马诺瑟神父翻译的、大家可以在杜赫德神父为大众提供的文集中发现中国悲剧《赵氏孤儿》时,这种悲剧思想又在我的脑海中出现了。"他指出,《赵氏孤儿》是中国14世纪的作品,若与法国或其他欧洲国家14世纪的戏剧相比,不知高明了多少倍,简直可以算是杰作了。13—14世纪的中国是蒙古族统治的时期,居然还有这样的作品,这说明征服者不但没有改变被征服者的风土习俗,而且正相反,保护了中国原有的艺术文化,采用了中国原有的法制。这也就证明了,"理性与智慧,与盲目的蛮力相比,是有天然的优越性的"。他把《赵氏孤儿》与《一千零一夜》相提并论,说:

> 大家会认为它是在阅读既有活动而又具有场面的《一千零一夜》。尽管这是令人难以置信的,但这也是颇有意义的;尽管有一大批事件,但全部都是非常明确而清楚的。这就是在任何时代和任何民族中都具有的两大优点,而这种优点均不存在于我们的许多现代戏中。中国的戏剧确实没有其他的美,时间和活动的统一、感情的发展、风俗习惯的真实写照、表情和口才、理智、激情都是它所缺乏的。但正如我已经指出过的那样,其作

---

① 范存忠:《中国文化在启蒙时期的英国》,上海:上海外语教育出版社1991年版,第121页。

品要优于我们当时所创作的一切。①

伏尔泰还指出:

《赵氏孤儿》是一部不朽的历史著作,它主要被用于比大家过去已做过而且将来很可能还会做的有关这一疆域辽阔帝国的记述更好地介绍中国的思想。与我们今天的那些优秀作品相比较,这出戏确实非常粗俗,没有多少艺术魅力。但如果大家把它与我们14世纪的戏剧做一番比较,则它毕竟还是一部代表作。当然,我们的行吟诗人、我们的司法界、我们那无忧无虑的孩子和愚蠢母亲的社会,与这位中国作者的生活背景并不相近。我们还应该指出,这出戏是用官话写成的,这种语言基本未发生变化,而我们却只能勉强听懂在路易十二和查尔斯八世时代的人所讲的语言了。②

于是,伏尔泰以《赵氏孤儿》为摹本,创作了《中国孤儿》。伏尔泰的《中国孤儿》对原作进行了较大的改编。他把这个故事从公元前5世纪的春秋时期往后移了一千七八百年,把一个诸侯国内部的"文武不和"故事改为两个民族的文明与野蛮之争,把在西方人心目中最能代表落后民族的征服者的成吉思汗作为剧中的一个重要角色。在技术方面,他遵照新古典主义的戏剧规律,把《赵氏孤儿》剧情的时间跨度从20多年缩短到一个昼夜。情节也简单化了,原剧包括弄权、作难、搜孤、救孤、除奸、报仇等段落,伏尔泰只采用了搜孤救孤。同时,依照当时"英雄剧"的做法,加入了一个恋爱的故事。他的《中国孤儿》原来写了三幕,后来采纳了朋友的意见,扩大为五幕,目的在于描绘风土习俗,从而激发人们的荣誉感与道德感。

伏尔泰改编的《中国孤儿》1755年在巴黎法兰西剧院公演,盛极一时。《中国孤儿》剧中有战争,有爱情,有道德,但主要的是道德。所以,伏尔泰

---

① [法] 安田朴:《中国文化西传欧洲史》,耿昇译,北京:商务印书馆2000年版,第606页。
② [法] 安田朴:《中国文化西传欧洲史》,耿昇译,北京:商务印书馆2000年版,第607—608页。

西方典籍里的中国

在《中国孤儿》剧名下又加了一个副题:"五幕孔子的伦理"。他着重于臧棣这一角色,他说:"臧棣应当像是孔子的后裔,他的仪表应当跟孔子一个模样。"伏尔泰以《中国孤儿》来表达他对中国文化的观念,力图证明中国文明的伟大力量和它的巨大价值。这部剧以形象的方式说明,统治中国的王朝虽然会灭亡,但中国古老的文明却将永久地存在,它深深地扎根于人民之中,成为他们为民族献身的美德。剧本中借用伊达梅之口说:"我们中华民族从古以来,有的是高尚的艺术,有的是威严的法律,还有清静的宗教。这些都是世世代代可以夸耀世界的立国之宝。"又说:"我们的国朝是建立在父权上,伦常的忠信上,正义上,荣誉上,和守约的信义上,换一句话,孝悌忠信礼义廉耻就是我们立国的大本。我们大宋朝虽已被推倒,但是中国民族的精神是永不会亡的。"因此,在中国大地上,真正的被征服者,并不是中国人民,而是成吉思汗和鞑靼族。在剧的结尾,成吉思汗表示要释放臧棣夫妇和孤儿王子,伊达梅听了不相信,问他:"是什么东西使你改变了主意?"成吉思汗回答说:"你们的道德。"成吉思汗为中国文化所感化,他对伊达梅表示:

> 你把大宋朝的法律、风俗、正义和真理都在你一个人身上完全表示出来了。你可以把这些宝贵的教训宣讲给我的人民听……忠勇双全的人是值得人类尊敬的。我要以身作则,从今起我要改用你们的法律。①

伏尔泰把中国文化看成最合乎理性和人道的文化,他在《中国孤儿》中表达的中国文化的力量和价值,同时也表达了他对中国文化的推崇和向往之情。这也是当时许多启蒙思想家共同的文化趣味和理性激情。

伏尔泰并不是欣赏中国的戏剧艺术,也不是关注中国文学的表现形式,他所强调的就是用这部戏剧来宣扬中国人的道德观,宣扬孔子学说的伦理思想。实际上,在那个时候,欧洲人并不是真正对中国文学感兴趣,无论是在中国生活过的耶稣会士还是通过耶稣会士了解中国的本土欧洲人,对中国的戏剧和诗歌通常评价不高。然而,中国文学作品中的道德训诫色彩却吸引了许多欧洲人

---

① 严绍璗:《日本中国学史》第 1 卷,江西人民出版社 1991 年版,第 223 页。

的心,一如孔子哲学。中国的小说和戏剧对18世纪的欧洲人来说不是文学作品而是道德手册,正好又被他们用来讽谏欧洲社会道德凋敝的现状。《赵氏孤儿》和《好逑传》对欧洲人而言实为孔子道德哲学的具象化,通过这些故事,欧洲人看到也相信孔子的说教贯彻到中国社会之中,更巩固了他们以中国人是有道德的民族、中国社会是个值得效法的道德世界的观念。

伏尔泰把《赵氏孤儿》改编为五幕道德剧《中国孤儿》上演,进一步刺激了戏剧家们对这部中国戏剧的兴趣。1759年,英国演员和剧作家墨菲

图9-2-1 伏尔泰的《中国孤儿》1755年8月20日在法国大剧院上演时,演员勒干扮演的成吉思汗

（Arthur Murphy，1727—1805）依据伏尔泰的改编本再做改编，完成了英语的改写本，也叫《中国孤儿》。和伏尔泰一样，墨菲也把这部中国剧首先看作一种道德剧。许多评论家认为，墨菲改编的《中国孤儿》在许多方面借鉴了伏尔泰的版本。

墨菲改编的《中国孤儿》于1759年4月在伦敦德如瑞兰剧院上演，颇获成功，从而使墨菲成为当时有名的悲剧作家。在18世纪后期，墨菲的这个剧本仍在英国的舞台上上演，同时还曾到爱尔兰和美国演出。

三 《好逑传》的西译与流传

在18世纪译成西文并广泛流传的中国文学作品，还有几部短篇故事。在1735年出版的《中华帝国全志》中，收录了耶稣会士殷宏绪翻译的3篇小说：《吕大娘还金完骨肉》《庄子休鼓盆成大道》《怀私怨狠仆告主》。这是迄今所知最早译成西方文字的中国古典小说。学术界最初认为这3篇小说是从"三言二拍"中选译的，但现在学者们多认为其底本应为《古今奇观》。这3篇小说的译本在当时也有一定的流传和影响，如伏尔泰在其小说《查第格》中，吸收并模仿了《庄子休鼓盆成大道》的情节。1762年，英国作家哥德斯密的《世界公民》中第18封信，也搬用了庄子夫妻的故事。

中国古典第二才子书《好逑传》在欧洲的翻译和流传，是中国文学走进欧洲的一个重要标志。

《好逑传》为第一部译为西文的中国文学作品。曾在广州居住多年的英国商人威金森（James Wilkinson）于1719年将《好逑传》译成英文，但译本中有四分之一的内容是葡萄牙语译文。1761年，英国文学家托马斯·帕西发现了威金森的译稿，将葡萄牙文部分改译成英文，又把整个译稿做了调整，然后付印。这个刊印本的封面有这样的题字："《好逑传》，或《快乐的故事》，从中文译出，书末附有《中国戏提要》《中文谚语集》《中国诗选》，共四册，附加注解。"这是《好逑传》在欧洲最早的译本。据不完全统计，从18世纪到20世纪初，《好逑传》在欧洲有十多个译本。

珀西是欧洲第一个对中国的纯文学有比较深刻的认识的人，他曾多方面注意中国文化，对中国文化的了解程度高于他的同时代的英国人。在珀西的《好逑传》译本的扉页上，他引了杜赫德《中华帝国全志》上的一句话："如果要了解中国，那么除了通过中国而外没有更好的办法了，因为这样做，在认识该国的精神和各种习俗时肯定不致失误的。"珀西在出版序言中说："正当诲淫诲盗小说故事充斥国内市场的时候，这本来自中国的小说，作为一本讲究道德的书，还有劝善惩恶的作用。"他指出："一个民族自己创造的东西最能说明该民族的风俗人情……它不是对每个细节巨细无遗地描摹，而是通过人物自己的行动来表现他的思想、感情等。"珀西认为，根据欧洲人批评的标准，《好逑传》存在诸多不足，如事件不够充分，布局不够精细，想象不够准确生动，叙述过于琐碎，且枯燥冗长。他还认为这类才子佳人小说"奴化了中国人的心灵，很容易导致奴隶般的顺从和对新鲜事物的惧怕。当这种心态巩固着帝国的平静和安定时，中国人的精神变得迟钝，他们的想象力受到摧残"。但是，"值得肯定的是，如果说中国小说缺乏其他东方国家小说中大胆的想象，却也没有其他作品中随处可见的荒谬。中国人十分重视文学，所以他们比其他亚洲国家更注重小说叙事的真实自然。《好逑传》与东方其他作品相比，叙事巧妙井然，缺少奇异非凡的描述，却更加真实合理。故事情节有全局整体的规划，每一个事件都指向同一个终点，情节流畅连续，叙事自然真实"[①]。

除了《好逑传》的正文，珀西还加了大量的注释，珀西收集了大量有关中国的资料，使英国的读者对小说的情节能有更深的体会，也使他们更多地了解中国的思想文物。珀西的这些注释很有特色，大多数注释比较短，但也有一些长篇大论。比如，关于瓷器、陶器、宝塔、宗教和道德、人参、茶、酒和烈性酒、灌木和草药、孔子、文官制度和科举考试、妇女和家庭生活，如此等等，实际上成为一部关于中国的小型百科全书。他在序言中就说，他的愿望是，"这部中国小说和它的注释合在一起，可以成为阐述中国人的一本简明扼要而又不是破绽百出的书，就是一方面使绝大多数读者的好奇心得到满足，而

[①] 宋丽娟、孙逊：《"西学东传"与中国古典小说的早期翻译（1735—1911）》，载《中国社会科学》，2009年第6期。

同时又使其他读者能重新温理他们的记忆"①。

在珀西这个《好逑传》的编译本后面,他还加了3个附录,一个是《中国戏提要》,也是从威金森的旧稿纸里找出来的,是一出中国戏剧故事。第二个附录是选编了一些中国的谚语。第三个附录是《中国诗选》,选译了20首中国诗,大部分是从杜赫德《中华帝国全志》中摘译出来的。珀西还专门译著了一本《关于中国人的杂著》,这是个德、英、法作家和学者关于中国的合集,其中包括伏尔泰的《中国孤儿》,英国学者钱伯斯关于中国园艺的一篇论文和珀西自己的一篇关于中国语言文学的一篇论文。珀西在"前言"中说,中国人的判断力和想象力在许多方面评价都很低,但在园林和文学方面尚足资借鉴。珀西还编译有《夫人的故事:六个短篇小说》,其中的《庄子休鼓盆成大道》出自《古今小说》,也是中国短篇白话小说在英国较早的译本。

珀西的《好逑传》出版后,引起人们的很大兴趣。在1766年,一位署名"M"的法国人将《好逑传》译成法文。在德国,慕尔(Murr)是第一个介绍中国长篇小说的人,他把《好逑传》从英文译成德文。这个德文译本引起了歌德和席勒的注意,1796年,歌德在与席勒的通信中讨论了《好逑传》。席勒以它为蓝本,改编创作了一个哑谜式的中国神话剧本,取名《图兰多特》。后来歌德曾对席勒的这个剧本评论说:"原在种种令人心情沉重的故事后,有这样一个轻松的童话结局:阿尔托姆,神话般的中国皇帝!图兰多,爱打哑谜的公主!"他认为此剧描写"奇异的北京"及"爱好和平、生活随便而忧郁的皇帝",对德国舞台有很大的价值。歌德晚年曾再次阅读《好逑传》,并与艾克曼进行过比较深入的讨论。

四 歌德与中国文学

歌德(Johann Wolfgang von Goethe,1749—1832)生活在18世纪后半期到19世纪前期。他生活的这个时代,洛可可风格的文化意义已经开始减退,但

---

① 范存忠:《中国文化在启蒙时期的英国》,上海:上海外语教育出版社1991年版,第154页。

是，中国趣味和中国风格已经渗透到欧洲大地社会生活的各个角落，成为欧洲人日常生活方式的组成部分。歌德时代的欧洲仍然处于中国强大的文化影响之下。

歌德在魏玛时期开始接触和研读了大量有关中国的文献。杜赫德的《中华帝国全志》在当时魏玛宫廷颇为流行。歌德在1781年时已经读过此书。在这年1月10日的日记中，歌德写下"……读关于神学之通信。啊，文王！"一句话，这是他在读杜赫德的《中华帝国全志》第二卷关于文王的论述时的感叹，表露了他对"以德化民"的"理想君主"的羡慕惊叹。同年8月，歌德动笔将《中华帝国全志》所载的《赵氏孤儿》故事改编成悲剧《哀兰伯诺》，这是一部被歌德的朋友席勒（Friedrich Schiller，1759—1805）称之为可以"引导或敦促人通过作品本身而直探作家心灵的作品之一"。这部悲剧几经修改，时辍时作，一直到1806年还是未能完成，令歌德感到非常遗憾。

1827年是歌德接触中国文学作品最多的一年。歌德不仅再次阅读《好逑传》，并且在与艾克曼（J. P. Eckermann，1792—1854）的谈话中对中国文学的特点做了认真的分析，指出"诗是人类的共同财富"，预言"世界文学的时代已快到来"。他还接连花了好几天时间研究和阅读中国诗体小说《花笺记》，并将附在后面的英译《百美新咏》中的《薛瑶英》和《梅妃》等四首诗转译成德文，发表在他自己出版的《艺术与古代》杂志上。他称《花笺记》为"一部伟大的诗篇"。他还读了中国另一部小说《玉娇梨》的法译本，并在书上写了很多评注。另外，他还在这年读了法国人大卫（M. M. Davis）选译的《中国短篇小说集》，这个集子计收《今古奇观》里的小说10篇，其中4篇原已包括在《中华帝国全志》之内。歌德在晚年大量认真研读中国文学作品，从中获得了许多启示和灵感。在歌德最后几年的创作中，可能在许多方面受到中国文化的影响。歌德在当时就已被人称为"魏玛的孔夫子""魏玛的中国人"。

《威廉·迈斯特的漫游时代》是歌德晚年的一部重要作品，表达了一种改良社会现状的乌托邦理想。书中有一部分对"教育省"的描写。在"教育省"这一理想的人类社会制度下，自觉人格修养的因素得到发展，这种人格修养以集体主义为方向，目的则在于进行共同的有益活动。歌德特别强调教育的优先地位，其最主要之处在于三种敬畏的学说。一是对处于人之上的事物的敬畏，

西方典籍里的中国

另一个是对人之下的事物的敬畏，最后第三种敬畏，它涉及与它相等的一切，而崇敬的这三种要素当然象征性地表示人在自然界和社会中的地位。① 有研究者指出，歌德的这种"三敬畏"学说很可能是受到孔子教育思想的启发。在强调实践和"因材施教"方面，歌德与孔子也多有相似之处。

歌德对儒家伦理说持积极赞赏的态度。他特别推崇儒家提倡孝道。1817年，他读了元杂剧《散家财天赐老生儿》。这部杂剧讲的是财主刘禹年老无子，为了不绝香烟后代，先是向穷人散钱，以求上天赐予子嗣；待到侍妾小梅为他生了儿子后，又将财产分为三份，女儿、侄儿和自己的儿子各得一份，以息财产继承权利之争，所谓"疏财留子"。歌德在读后写给友人的一封信中说："我们一谈到远东，就不能不联想到最近新介绍来的中国戏剧。这里描写一位没有香火后代不久就要死去的老人的感情，最深刻动人。"②

歌德晚年写的组诗《中德四季晨昏杂咏》更明显地受到中国文学的影响。这部组诗包含长短抒情诗和格言诗 14 首，大部分写成于 1827 年的五六月间，是在歌德读《花笺记》和《玉娇梨》这两部小说，以及《百美新咏》中的一些诗歌的同时或稍后。从组诗的题目本身和诗的内容都可看出，他是把自己阅读所得的印象和感受，与自己当时的所见、所闻、所思、所感融合在一起。借景抒情，托物咏志。在组诗中，歌德刻意模仿中国诗歌的格调，以表现中国的精神和情趣。所以，组诗的题名一开始就叫《中国的四季》，直到后来经过修改补充，在 1830 年正式发表时，才更名为《中德四季晨昏杂咏》。在艺术形式上，组诗的所有 14 首诗都简短严整，多为八句一首、四句一阕；使用的语言也都十分精练，耐人寻味，很可能是歌德有意模仿中国诗的格律。这些诗的格调恬淡、明朗、清新。感情的抒发含蓄、委婉，常常采用比兴的手法，寄情于风月花鸟，疏淡清雅，中国味儿十足。另外，歌德还特意使用了一些中国词语，诗中出现了一些中国特有的或从中国传出去的事物，也加强了组诗的中国色彩。有的研究者指出，《中德四季晨昏杂咏》是歌德晚年抒情诗创作的重要成果。"它是歌德多年来孜孜不倦地学习中国文化的结晶。在组诗中，反映出

---

① [德]汉斯-尤尔根·格尔茨：《歌德传》，伊德等译，北京：商务印书馆 1982 年版，第 180 页。
② 杨武能：《歌德与中国》，北京：生活·读书·新知三联书店 1991 年版，第 33 页。

第九章　西方作家与中国文学

中国文学给予歌德的启迪和影响，反映出了歌德对于中国精神的理解、共鸣和接受。"①

1827年1月31日，歌德在与爱克曼的谈话中提到他正在读一部中国传奇即《好逑传》。爱克曼说："中国传奇！那一定显得很奇怪呀。"歌德说：

（中国传奇）并不像人们所猜想的那样奇怪。中国人在思想、行为和情感方面几乎和我们一样，使我们很快就感到他们是我们的同类人，只是在他们那里一切都比我们这里更明朗，更纯洁，也更合乎道德。在他们那里，一切都是可以理解的，平易近人的，没有强烈的情欲和飞腾动荡的诗兴，因此和我写的《赫尔曼与窦绿台》以及英国理查生写的小说有很多类似的地方。他们还有一个特点，人和大自然是生活在一起的。你经常听到金鱼在池子里跳跃，鸟儿在枝头歌唱不停，白天总是阳光灿烂，夜晚也总是月白风清。②

歌德具体分析了中国小说留给他的印象，赞赏中国文化中人与自然的和谐一致。他特别注重中国文化的道德价值，认为"中国的礼节可为其文明的代表"。他把《好逑传》与法国诗人贝朗瑞（Béranger，1780—1857）的作品相比较，认为贝朗瑞的诗歌几乎每一首都根据一种不道德的题材，而中国诗人却彻底坚持道德，有许多典故都涉及道德和礼仪。在另一处，歌德还将当时读到的中国剧本与一部德国作品比较，认为两者很相近，"所不同的，在德国人，家庭及社会环境的空气和新异事物已足够剧中的需要，而在中国人的作品里，除具有这种本事外，还加有宗教的和社会礼仪的点缀。"③ 在中国的文学作品中，歌德看到了如他所描绘的那么一幅明朗、和谐、合乎道德的社会图画，在那儿没有他厌恶的矛盾、斗争和动乱，只有阳光灿烂、花香鸟语、月白风清。歌德认为，在这样"纯洁的东方"，道德发挥了重要的功能，他说："正是这种在一切方

---

① 杨武能：《歌德与中国》，北京：生活·读书·新知三联书店1991年版，第57页。
② ［德］爱克曼辑录：《歌德谈话录》，朱光潜译，北京：人民文学出版社1978年版，第112页。
③ 忻剑飞：《世界的中国观》，北京：学林出版社1991年版，第250页。

面保持严格的节制,使得中国维持到几千年之久,而且还会长存下去。"①

在同一篇谈话中,爱克曼问歌德:"(《好逑传》)这部中国传奇在中国算不算最好的作品呢?"歌德说:"绝对不是,中国人有成千上万这类作品,而且在我们的远祖还生活在野森林的时代就有这类作品了。"② 歌德的这个判断表明了他极高的鉴赏水平和洞察力。歌德阅读过并给予赞赏性评价的《好逑传》《花笺记》《玉娇梨》等几部明清小说,虽然都在所谓"十才子书"之内,实则价值不大,唯有《好逑传》在结构和男女主人公个性的塑造上有某些特点。鲁迅指出:"那些书的文章也没有一部好,而在外国却很有名""远过于其在中国"。《玉娇梨》《好逑传》等之所以在中国文学史上必须提到,原因也大抵因为它们比较早地在国外有了影响。③ 歌德能认识到中国还有比《好逑传》更好的作品,对中国文化有正确的见解,除了其超乎常人的洞察力,更得益于他拥有丰富的关于中国文化的知识。

五 巴尔扎克的中国知识

著名法国文学大师巴尔扎克(Honoré de Balzac,1799—1850)也对中国文化怀有极为浓厚的兴趣。巴尔扎克的父亲就是一位中国文化的爱好者。巴尔扎克曾对阿斯纳尔图书馆的馆长说,他父亲收藏的关于中国的书籍优于该馆的中国藏书。而这家图书馆的中国藏书居于全巴黎各图书馆之首。有研究者认为,巴尔扎克在他的小说《禁治产》中所描写的侯爵夫人的丈夫,很可能是以他父亲为原型的。小说中写道,侯爵夫人为了阻止丈夫集资刊印《插图本中国史》,竟要求法院判处侯爵"禁治产",并写了一份有趣的状子:"近十年来,渠所关心之事仅限于中国事物、中国服装、中国风俗、中国历史,乃至一切均

---

① [德]爱克曼辑录:《歌德谈话录》,朱光潜译,北京:人民文学出版社1978年版,第112、113页。
② [德]爱克曼辑录:《歌德谈话录》,朱光潜译,北京:人民文学出版社1978年版,第112、113页。
③ 《鲁迅全集》第9卷,北京:人民文学出版社1981年版,第189页。

以中国习惯衡量;谈话之间往往以当代之事、隔日之事,与有关中国之事混为一谈,侯爵平日虽拥戴王上,但动辄征引中国政治故事,与我国政府之措施及王上之行为粗比。加以评定。"从小说中描写的这个"中国迷"的形象,不仅使人想到巴尔扎克的父亲,更使人想起18世纪法国沙龙中的"东方情调"。

在这样的家庭文化背景下,巴尔扎克从小就接触到有关中国文化的一些知识。他曾说过:"我从小就在一位亲人身边,受到过这古国文明的熏陶。"他说的"一位亲人",指的就是他父亲。他说:

> 我的童年是在中国和中国人的摇篮里度过的,摇我的是一个非常热爱这个奇特民族的亲人。因而,我从15岁起就读了杜赫德神甫、格鲁贤神甫的著作,后者在夏尔·诺蒂埃之前任阿尔色那尔图书馆馆长。我也读了大部分关于中国情况的、多少有些不可靠的记述;理论上应该知道的关于中国的一切,我都知道。①

巴尔扎克在20多岁的时候,就已经开始研读《天工开物》一类的中国典籍。他自称很早就认识到了这个远在东方的了不起的国家,因为它能把征服者同化,它有比《圣经》或神话更古老的历史,它有宏伟壮观的历史性建筑和完备严谨的政治机构,在许多世界性的文化发明中,中国人多是捷足先登的。巴尔扎克曾写了一篇描述中国元朝人民反抗赋税的杂文《中国人促狭税吏的办法》。在这篇文章中,巴尔扎克称赞中国人都是发明家,他们比法国人还要文明开化得多;中国人发明火药的时候,法国人还在用棍棒厮杀;中国人发明印刷术的时候,而法国人还不曾学会记字。

巴尔扎克有着丰富的中国知识。在《人间喜剧》中,时常可以看到对中国事物的描绘,极其详细具体。例如:在长篇小说《幻灭》中,他大段叙述了中国的造纸和印刷术所用的原料,它的工艺和产品,及其优于法国的同行之处。这些专业知识,足令某些汉学家相形见绌。1842年,巴尔扎克发表了一

---

① [法]博尔热:《奥古斯特·博尔热的广州散记》,钱林森、刘阳译,上海:上海书店出版社2006年版,第116页。

篇长达数万字的论文《中国,中国人》,对中华文化进行了广泛、生动、具体的介绍,涉及中国的自然景色、风土人情、政治制度、经济状况等许多方面的问题,表达了他对中华文化的热忱和向往之情。他说:"虚幻神奇、诙谐有趣的中国对我们来说是永远存在的。""必须承认,这个民族值得认识、研究。""让我们希望地理学界决定到中国探险,并希望我们的国家能明白,必须与这块土地建立更广泛的贸易关系,而不是让我们的商行成为所有商行中最小的一个。"①

巴尔扎克对中国的茶叶贸易十分关注,曾对当时中国与欧洲的茶叶贸易做了详细的考察。他说:"你懂不懂,可以从许多国家进口茶叶,但只有中国人能以其辛勤劳动为你制茶。"② 还有一则轶事说,巴尔扎克嗜爱中国红茶。一次,巴尔扎克在招待朋友时,态度虔诚地端出一只雅致的堪察加木匣,小心翼翼地取出一只绣着汉字的黄绫布包。他一层一层慢慢地打开布包,拿出一小杯呈金黄色的优质红茶来。他神秘地介绍说,此茶是中国某地的特产极品,一年仅产数斤,专供大清皇帝独享,采摘必须在日出前,由一群妙龄少女精心采制加工而成,并一路歌舞送到皇帝御前。大清皇帝舍不得独享,馈赠数两给俄国沙皇,路上为防止劫掠,必须武装护送,好不容易送到沙皇手上后,沙皇再分赐给诸位大臣及外国使节,而巴尔扎克则是通过驻俄使节几经辗转才搞到了一丁点儿,由此可见此茶之名贵。

但巴尔扎克对中国的看法有一部分接受了当时流行的中国发展停滞论的观点。他指出:

> 我怀着矛盾的心情,对一个老人天真地热爱的各种对象,行使着"社会人"身上天生的那种批判意识。在这时候,我总是使他生气,按照中国的礼法,我本该对他尊崇备至,让他几乎不可冒犯,差不多被奉若神明。可是,我却以第二视觉的观察力向他肯定说,中国和中国人就如

---

① [法]博尔热:《奥古斯特·博尔热的广州散记》,钱林森、刘阳译,上海:上海书店出版社2006年版,第118、153—154页。
② [法]博尔热:《奥古斯特·博尔热的广州散记》,钱林森、刘阳译,上海:上海书店出版社2006年版,第139页。

第九章　西方作家与中国文学

同在大屏风、小围屏和小瓷器、大花瓶及绘画中的形象一样。在我看来，这个民族的天分应该使它仅仅表现它所看到的一切，而且就像他所看到的那样，因为，缺乏远景透视无疑是眼睛的结构造成的。中国人有过不少发明，但墨守成规，对五千年来获得的任何事物都采取守旧的态度。①

巴尔扎克有一位朋友，叫奥古斯特·博尔热（Auguste Borget，1808—1877）。1834年10月，奥古斯特·博尔热从法国勒阿弗尔港（Le Havre）起程，开始了长达4年之久的环游世界之旅。他先去美洲，然后穿越太平洋驶向中国，于1838年8月，沿中国海岸和香港岛旅行，8月底至10月20日，在广州停留；10月底至1839年5月，在澳门作画，之后于1840年8月回到了故乡伊苏登。在这极不平常的4年环球游历中，他坚持着一路观察，一路写生作画。他每到一处，都遵循当地的习俗生活，深入社会民众，体察文化风情，记录了他所看到的一切。他从海外归来时，带回了几百幅在旅行途中现场创作的画，还带回了几千份有关当地人的历史、习俗、宗教等纪念物品。回到巴黎后，他创作出了一幅又一幅气象清新、风情别致的作品，充满浓郁的异国情调和东方色彩，为法兰西画苑带来了别样的绘画风情。1842年，他出版了中国主题画集《中国和中国人》。收集在画册里的图画和文字，是博尔热游历中国沿海广州、澳门、香港时的真实记录。巴尔扎克对这本画册十分欣赏，并写了长篇书评推荐这本书。巴尔扎克说："假如我们不是像现在这样，不是旅行经历最少、最自以为是的世界民族，那么，本书在那些负责售书的书商那里肯定会卖得一本不剩的。假如作者不是在巴黎刊行此书，而是用英语写成，并且在伦敦出版的这本书，那么，只要一个上午，它就会从买这本书的书店中消失的。一个法国人在中国！他是个艺术家！一个真正的观察家！"②

---

① ［法］博尔热：《奥古斯特·博尔热的广州散记》，钱林森、刘阳译，上海：上海书店出版社2006年版，第116—117页。

② ［法］博尔热：《奥古斯特·博尔热的广州散记》，钱林森、刘阳译，上海：上海书店出版社2006年版，第115页。

六　英美作家的中国浪漫想象

19世纪是西方的工业文明高歌猛进的时代，是资本主义和现代化大发展的时代。这个时代是理性主义和科学主义占据主流文化的时代。但是，与此同时，也在欧洲各国出现了浪漫主义思潮，并反映在艺术各部门中。浪漫主义的产生有其特殊的历史背景。正如马克思指出的，浪漫主义的产生乃是思想上"对法国革命以及与之相联系的启蒙学派的一种反抗"[①]。即当时社会各阶层对资产阶级的生活和制度所标示的一种否定批判的态度。在政治上，18世纪末法国的大革命，以及随之而来的欧洲各国的民族解放运动和民主革命运动，一方面唤起了人们高涨的政治激情，另一方面也使人们对启蒙主义的理性王国产生幻灭和失望之感。而工业革命的深入则不仅激化了英国的社会阶级矛盾，而且使人们对资本主义都市文明产生普遍的厌恶情绪。在哲学思想上，卢梭"返归自然"的学说和表现自我的主张大大地冲击了理性主义，为浪漫主义诗歌起了开路先锋的作用。德国古典哲学家强调天才、灵感和主观自由，以哲学的思辨唤醒了诗人的主观倾向和幻想活动，为浪漫主义诗歌奠定了理论基础；而空想社会主义思想则不仅使诗人以批判的态度正视现实，更使他们把希望的目光投向未来。

在浪漫主义思潮流行的时候，有些思想家和作家在对西方工业文明的批判中，又在东方情调背景下想象中国。这是一些浪漫主义思想家的一个特征，就是对东方和中国文明的想象和向往。于是，被黑格尔理性主义贬低的中国及其文化又进入他们的视野，在对工业文明厌倦的同时，到东方去寻找田园诗般的乐园。有的学者指出："在18世纪流传着中国贤哲和所说教者的神话，到了19世纪则演变为中国爱情诗人和歌手的神话……19世纪后期，翻译中国诗歌曾一度成风，此时人们还能找到上述神话的痕迹，但常常是采用戏仿手法来处理。""中国只是浪漫主义诗人理想的合适的代名词，一个梦幻的自由空间，在

---

① 《马克思恩格斯全集》第25卷，北京：人民出版社1974年版，第33页。

那里诗歌是合理的行为,远离日常生活的平庸和拘束;而且根据不成文的规矩,这里人们喜爱的美丽要服从新的标准:戈蒂耶在他同样题为《中国热》的诗中肯定地说:'如今我的爱在中国。'"①

在19世纪的英国,人们对中华文化的兴趣和热情已远不及18世纪那个时代了。另一方面,随着西方的传教士、外交官、商人和旅行家成批涌入并深入中国,他们在中国生活时间的延伸,对中国文化和认识的增多,特别是在深入中国腹地的过程中,接触到中国的大好河山和诸多人文景观,使他们感受到中华文化独有的魅力,在震惊、激动之中逐渐对中华文化产生了浓郁的兴趣。所以,在一些诗人和作家当中,对中国还有一种浪漫主义的幻想,把"文化中国"作为他们的审美理想。19世纪初的浪漫派诗人华兹华斯(William Words Worth,1770—1850)在长诗《序曲》中曾提到中国的长城,称之为"雄伟的城墙""中国的惊人堡垒"。著名散文作家兰姆(Charles Lamb,1775—1834)也曾在其《伊利亚随笔》中提到中国故事,其中有一篇"古瓷器",以空灵之笔描述了他对中国瓷器之美的赞赏心情。

英国浪漫主义时代的古典作家兰陀(Walter Savage Landor,1775—1864),对中国制度和文化的态度是欣赏和赞扬,并以此来嘲讽和批判英国和欧洲文明的弊端,这一观点主要体现在《中国皇帝与庆蒂的对话》这篇散文中。在这篇虚构的作品中,他假托中国皇帝与派往英伦的钦差庆蒂之间的谈话,来批判英国社会的混乱和不协调。兰陀首先选择中国的封赏制度来与英国的赏罚不明相对照,借以批评英国的贵族世袭制度和封赏制度,称赞中国的科举制度和监察晋升制度;然后,把中国皇帝和英王的文学修养做比较:英王"睡觉很沉,从来不叫任何人读诗""也没有人在他进餐时为他背诗",中国皇帝对此觉得惊奇和不可理解,因为中国皇帝既是诗人,也是哲学家。兰陀的资料仍是来自李明、卫匡国等传教士的中国书简,是一种理想化的中国印象。

王尔德(Oscar Wilde,1854—1900)是杰出的唯美主义作家,也是中国物质文化的崇拜者。中国瓷器的晶莹剔透征服了王尔德,以至于他觉得自己配不上摆在房间中的两个中国花瓶的清雅。在王尔德的眼中,中国人的生活无不散

---

① 孟华主编:《比较文学形象学》,北京:北京大学出版社2001年版,第244—245页。

发出清雅的气息，他甚至这样来描述旧金山的中国劳工："在那些苦工晚上聚集在一起吃饭的中国餐馆内，我发现他们用玫瑰花瓣一样纤巧的瓷杯喝茶，而那些俗丽的宾馆给我用的陶杯足有一英寸厚。中国人的菜单拿上来时是写在宣纸上的，账目是用墨汁写出来的，漂亮得就像艺术家在扇面上画的小鸟一样"。

作为一位美学家和唯美主义作家，中国文化给他印象最深的是庄子哲学。他在读过翟理思翻译的《庄子》后，以《一位中国哲人》为题，在《言者》杂志上发表书评，对博大精深的庄子哲学表达赞赏和敬佩，并与庄子的"无为"产生强烈共鸣。他认为庄子集中了从赫拉克里特到黑格尔几乎所有欧洲玄学或神秘主义的思想倾向，并"发现在博学的庄子文章中，包含着一段时间以来我阅读过的对现代生活最尖锐的批评"。王尔德还把"无为"作为文学创作和文学批评的最高境界和最高标准，他在重要的批评文章《作为艺术家的批评家》中指出："无为而无不为才是世界上最艰难也是最聪明的事。对热爱智慧的柏拉图而言，这是最高贵的事业形式；对热爱知识的亚里士多德而言，这也是最高贵的事业形式。"在《社会主义制度下人的灵魂》这篇评论文章中，他提出文学创作要遵守"无为而无不为"的原则，最适合艺术家的统治形式就是根本没有统治。不仅作家如此，反对各种法律限制的批评家也应该标举无为精神。

哈罗德·阿克顿（Sir Harold Acton，1904—1994）是英国20世纪著名的艺术史家、作家和诗人，同英国很多仰慕中国文化的作家一样，他最早是通过汉学家们的译著来了解中国的。1932年，他来中国游历，在北京大学讲授英国文学，在北京住了7年，结识了梁宗岱、袁家骅、朱光潜等一大批中国学者。他仰慕中国古典文学和传统文化。他的小说《牡丹和马驹》以20世纪二三十年代的北京为背景，写一位西方学者试图用中国文化救治"一战"以后西方的"精神现代病"。小说一开头就写出主人公对北京的眷恋之情："他发现自己竟那样强烈地想念着北京，就像宠物依恋着它的主人……他在古都北京呼吸到一种宁静的气息，任何事物都让他沉浸在超自然的、泛神论的幻想与惊喜之中"。这位西方学者努力钻研中国传统文化，欲以此来拯救西方的病症："他像做苦力一样，拼命阅读中国的经典著作，有时把冷毛巾敷在头上，好让自己头脑清醒,一读就是读到深夜"。他热爱中国古典诗歌和京剧,先是苦读儒家经典,然后成为道家思想的追随者,最后成为佛教信徒。

卡莱尔(Thomas Carlyle,1795—1881)是苏格兰著名的散文作家和历史学家,他提倡一种英雄史观,特别强调少数杰出人物在历史上的伟大作用。在他的眼中,中国皇帝既是劳力者又是劳心者,他认为,这才是一个尽职的统治者,是真正的伟人。卡莱尔在他的早年著作《旧衣新裁》之中就提到中国,这是一部浪漫主义的带有自传性质的哲理作品,书中提到中国的长城、国子监、商店和白莲教起义,说中国的店铺多挂着"童叟无欺"的招牌,把白莲教起义与意大利的秘密革命团体卡波纳里相提并论。

卡莱尔《英雄与英雄崇拜》一书中,为了挽救道德教育在近代政治中的委顿,他倡议建立一个"有机文士阶级"。他赞扬中国的科举取士制度,用中国的教育与官员选拔的成功经验作为印证,并说:"据我所知,在这个世界上,还没有任何政府、宪法、社会机构能像中国这样,对一个人的求知能给予如此的希望。"他写道:

> 我听说了一个最有趣的关于中国人的事实,这个事实是我们明显地肯定不能达到的,但它也激起了无限的好奇心,即使是朦胧地意识到。这个事实就是,中国力图使他们的文人成为他们的统治者!……这种尝试本身是多么宝贵!似乎在整个中国,到处都在或多或少积极地寻找发现在年轻一代中成长起来的人才。……就我在这个世界上所知道的事情而言,没有任何一种政府、制度、革命、社会机构或设施,如此指望人的这种科学追求。智慧的人位于事务的顶端;如果一切制度和革命有目的的话,这便是它们的目的。因为真正智慧的人,正像我一直断定和相信的那样,是有高尚心灵的人,真实、正义、人道和勇敢的人。①

在美国思想史上,爱默生(Ralph Waldo Emerson,1803—1882)具有特别

---

① [英]卡莱尔:《英雄与英雄崇拜》,清华大学思想文化研究所编:《世界名人论中国文化》,武汉:湖北人民出版社1991年版,第397—398页。

重要的影响，是确立美国文化精神的代表人物。美国前总统林肯称他为"美国的孔子""美国文明之父"。在美国思想家中，爱默生最早表现出对东方思想的兴趣。从19世纪40年代开始，爱默生和他所在的新英格兰文化圈开始对东方文化表现出很高的热情。他们出版的刊物《日晷》在题为《各族圣经》的专栏里连续发表了东方圣哲们的语录，包括《摩奴法典》《论语》《佛陀经》《琐罗亚斯德神谕》《中国四书》等。

爱默生十分敬重孔子，他经常把孔子与基督教中的摩西、耶稣，东方哲学家摩尼、琐罗亚斯德相提并论。他阅读了好几个版本的"四书"，先后摘引了近百条孔孟语录，从中汲取营养，启迪自己的灵感。他在1835年出版的《长生鸟》一书，副标题是"古代精品拾零"，其中论述了8位古代思想家的智慧，介绍孔子的第一章为全书的重点，称赞孔子"作为道德师表，在基督降生前的大批哲学家中堪称第一"。1843年，他得到一本戴维·科利翻译的《中国古典：通称四书》，爱默生亲切地说这本书是"我的中国书"。在同年10月号的《日晷》上，刊载了长达6页的《四书》语录。在1845年的日记中，他写道："孔子，民族的光荣，孔子，绝对东言的圣人，他是个中间人。他是哲学中的华盛顿、仲裁人，现代史中的中庸之道。"爱默生还说，孔子的道德学说"虽然是针对一个与我们完全不同的社会，但我们今天读来仍受益不浅"①。

在以爱默生为首的当地文化圈中，其他作家也都不同程度地表现出对中国文化的兴趣，如梭罗（Henry David Thoreau，1817—1862）也对中国文化有许多了解，并将其融合到自己的作品中。1843年梭罗协助爱默生编辑《日晷》杂志的"伦理典籍"栏目，分两期（4月号和10月号）专门介绍孔子和"四书"，第二次摘录时按内容分为6小节，并附上标题，如《士篇》《道篇》《革新篇》《战争篇》《政治篇》《美德篇》等。他从"四书"中摘录的多数是关于人性本善和教育人修炼自身达到真善美境地的格言。梭罗在其后的作品中，多次引用了《论语》《大学》《中庸》《孟子》的语录。

---

① 钱满素：《爱默生与中国——对个人主义的反思》，北京：生活·读书·新知三联书店1996年版，第141页。

七 西方诗人的中国诗情

在19世纪的法国,有不少杰出的文学艺术家对中华文化抱有浓厚的兴趣,直接或间接地从中国吸取文化思想养料和灵感。法国作家和诗人戈蒂耶(Gauthier,1511—1872)是一位中国文化的爱好者,他从中国艺术品和法国汉学家的译作中得到启示,于1835年写下《中国风》(Chinoiserie)一诗;1846年他又发表了一篇以中国为题材的故事《水上亭》,明显受到汉学家翻译的《玉娇梨》的影响。

戈蒂耶的女儿朱笛特(Judith Gautier,1845—1917)出版了一本中国古今诗选《玉书》,是用散文诗的形式译出的,有人称之为"自由诗"的滥觞。1868年,朱笛特还出版了一部纯粹以中国人为角色的小说《龙的帝国》。"这也许是第一部以中国为背景,有似乎真实的中国情结和中国人物的法文小说。"①

在19世纪中叶及之前,少数中国诗歌的译作是耶稣会教士所译的拉丁文或法文,他们采用了汉学的角度来选材及翻译,故译本的内容比较枯燥,读者也不多。19世纪60年代,法国先后有两部中国诗集问世。一部是汉学家德理文(Marquis Marie Jean Léon d'Hervey de Saint-Denys)翻译的《唐代诗歌》,1862年在巴黎出版。是法国出版史上第一本介绍中国古典诗歌的选集。书中收录的唐代35位诗人的97首诗都是首次被翻译成法语,可谓法译唐诗的开山之作。德理文的译诗以李白、杜甫及其他诗人为序分成四个章节。他选诗的宗旨以展现中国的风土人情为主,基本上译出了原诗的每一个字,又在译文后加了大量注释,以解释原诗中所涉及的各种典故、隐喻、历史故事,使得法国公众第一次领略唐诗瑰丽的文字背后所传达的优美意境。作品附有一篇长达90页、题为《中国人的诗歌艺术和韵律》的引言,文中较详细地介绍了自《诗

---

① [美]马森:《西方的中国及中国人观念(1840—1876)》,杨德山译,北京:中华书局2006年版,第49页。

经》以来中国诗词的发展历史,并阐述了中国古典诗歌的韵律和诗体。这篇引言被法国汉学界公认为最早并具有相当价值的中国古典诗歌研究文献。诗集一经出版就深受当时评论界的好评。

《玉书》是朱笛特从中国诗歌改写的,1867年出版。全书分为八个部分,选译了《诗经》以及李白、杜甫、苏东坡、李清照等诗人的诗作,分别以"月""秋""酒""战争""宫廷""旅人""诗人""情人"等母题作为标题。在1902年再版时又增加了宫廷这一主题,并修饰了一些带有中国特色的图案。这些母题很多都是中国诗歌所独有的。同时,《玉书》中也包含了大量中国诗所独有的意象,譬如"几多秋日的寒风将我的热情打碎""船上的诗人凝望着倒映在水中的云""她骑马漫步在月光下撒满柳叶碎影的小径上"等。这使《玉书》有别于同时代的其他作品,具有浓郁的中国气息。

朱迪特对所选的中国诗歌都进行了极富特色的个性化改写。纯粹以她个人的品位和想象,用一种自然清新又富有诗意的散文式语言重新书写了中国古诗。由于《玉书》既传递了某些中国诗歌独特的韵味,又在诗艺上十分投合法国人的欣赏口味,因而大受欢迎。此译本对欧美文化界的冲击非常大,因为19世纪末20世纪初的欧美知识分子大都能阅读法文。这本书不仅多次再版,扩充内容,还被转译为英、德、意、西、葡、俄等语言。象征派诗人魏尔伦(Paul Verlaine,1844—1896)为《玉书》写下了这样的赞誉之辞:"在我们所有的文学中,除了贝特朗的《加斯帕尔之夜》,我不知道还有什么作品能与此书相比。但假如让我选择,我对《玉书》更加喜爱,这是因为它更具独创性,形式更纯美,诗歌更真实,更紧凑。"在作家们的心目中,遥远的中国是个"诗国",那里遍地才子佳人,人人都能把酒吟诗。

《玉书》引发了许多法国作家对中国诗歌的兴趣。据朱迪特回忆,她父亲在她译诗时就已表现出了极大的兴趣,甚至自己尝试着将其中的多首再次改写。著名的象征派诗人马拉美在一首题为《苦眠之夜》的诗中,想象自己变成了中国诗人,可以不为生活所迫而自由地创作。某些诗人竟由阅读《玉书》而重又返回到德理文枯燥的译文,不仅认真研读,还兴致勃勃地加以模仿。

埃兹拉·庞德(Ezra Pound,1885—1972)是20世纪英美文坛举足轻重的人物之一，他不仅是现代派著名诗人，而且也是著名批评家和翻译家。他所倡导的意象派诗歌运动开启英美现代诗歌之先河。他也是将中国文化介绍到西方的重要人物之一。他深信中国诗歌能为美国新诗"提供具有伟大的价值和实用性的品格"，翻译出版了大量中国古典诗歌，把传统中国诗歌带进了西方现代派文化之中，推动了美国新诗运动的发展。而且，对中国诗歌的翻译也使他自己受益匪浅。他掌握了中国诗人构建意境的技巧，并将其应用于自己的诗歌创作中。

意象派诗歌运动是美国现代主义文学的重要流派之一。庞德是意象派运动的领导人之一，他强调在进行创作时，诗人应运用意象鲜明、准确、含蓄地展现事物，并将诗人的感情融入诗行之中。这种诗观可以说是部分呼应了中国的诗学。庞德与其他意象派诗人于1913年发表了意象派的三点宣言：

> 直接处理无论是主观的还是客观的事物；绝对不用无助于表现的词；至于节奏，应使用音乐性短语，而不按节拍器的节奏来写。

这三点宣言实际上表达了两个意思：一是要求在诗中去掉维多利亚浪漫主义的说教和滥情主义。诗人的感触、思想就必须全部隐藏到具体意象的背后去，这是意象派的反浪漫主义基调。二是要求摒弃英语诗传统的抑扬格音步（即庞德所谓的"节拍器节奏"），而代之以自由诗的短语节奏。这一系列的意象派诗歌创作原则，很大程度上得益于中国古典诗歌美学。中国古典诗歌的"意象美""简洁美"及"韵律美"，成为支撑其意象派理论及创作的主要原动力。

1915年，庞德出版了他翻译的中国古典诗集《中国诗章》，创意地翻译了李白、孟浩然等人的19首古诗，从中国古典诗中为意象派和新诗运动寻找营养。《中国诗章》这部诗集自1915年出版，备受瞩目，很多诗集的编辑、诗人和翻译家则奉之为英文诗的经典，不少美国诗人视之为创作灵感的源泉。

以中国古代诗歌为主要资源，庞德进行西方诗歌革新运动。中国古代诗歌给他输送了全新的观念和技巧，如他特别强调的诗歌的凝练、简洁和及物性等美学特征，都源于中国古典诗歌。他倡导的意象主义诗歌，借鉴了中国古代诗歌美学的核心，即以象立言，以象传意。在他的诗歌中，庞德描述了西方社会的堕落、信仰的危机和文化环境中的腐朽。他试图通过对中国文明的推崇，而抨击西方所谓的文明，最终的目的是要用中国的历史当作西方的镜鉴，让混乱的西方学习东方圣哲的政治智慧，从而建立一个如中国古代文明社会没有战争、没有阶级、没有种族歧视的生态乐园。

由于庞德在西方知识界无与伦比的影响力，经由他的桥梁作用乃至改头换面，中国的诗歌文化在西方得到了传播，并且对西方的现代诗歌创作产生了很大影响。

在美国的诗歌领域，美国诗人盖瑞·施耐德也深受中国文化的影响。1958年秋，施耐德将自己翻译的24首中国唐朝僧人寒山的古诗，在《常春藤》杂志上发表，后被收入布瑞兹编辑的《中国文学选集》之中，成为英译诗歌的经典，从而使寒山诗拥有了更多的读者，形成了美国的"寒山热"，影响了美国"垮掉的一代"运动。

第十章 "四大发明"改变世界

一 造纸术的传播与影响

造纸术、印刷术、火药和指南针这"四大发明",是中国人的伟大技术发明、伟大的文化创造,它们建万古功业于中华古国,播永久芳馨于人类文苑,其光芒直贯史册,其功勋永世不灭。

人类文化的创造和发展得益于积累、传播和交流。没有积累、传播和交流,也就无所谓文化和文明的进化、发展和进步,也就无所谓文化和文明本身。在各民族文化的发展史上,文字的出现是具有重大历史意义的事件。从此,文字记载就成了文化积累和传承、传播经验和知识的主要媒体。文字总是要写刻在一定的材料上。文化积累和传承,首先就是保存这些记录文字的书写材料。在纸未发明时,人们使用过各种各样的书写材料。我国古代曾先后使用过龟甲、兽骨、金石、竹简、木牍、缣帛等材料书写纪事。在国外,古印度人曾用桦皮和棕榈树叶、埃及人用纸草、欧洲人用羊皮做书写材料,如此等等。造纸术的发明,是人类书写纪事材料的一次伟大革命,使人类在此之前使用过的各种书写纪事材料都退出了文明活动的舞台。

美国华裔学者钱存训指出:

> 古代世界的所有产品之中,论意义很少有比得上中国发明的纸张和印

刷术的。两者都对世界文明的形成起过深刻的作用，对各处广大人民的精神和日常生活产生过久远的影响。纸张被证明是表达人类思想的最令人满意的书写材料，而如果再加上印刷术，一个人的思想就能飞越时空的鸿沟传播给大众。总之，印刷出来的信息使人类思想的知识模式产生了变革，而纸张又为传播思想提供了最经济最方便的手段。当然，除了书写、出版，纸张还有别的用途，它已经深入古今社会的各个角落，成了人们日常生活的必需品。[1]

造纸术是影响人类文明历史进程的一项伟大发明。蔡伦改进了造纸术，发明"蔡侯纸"，创造了不可磨灭的历史功绩，并因此受到世人的尊敬和纪念。正如美国学者卡特（Thmoas Francis Carter，1882—1925）所说的那样："无论如何，在中国人的心目中，他（蔡伦）和造纸已成为不可分的。后来他甚至被奉为造纸之神。"[2] 另一位美国学者德克·卜德（Derk Bodde）也指出："发明造纸的人应享有对人类文明做出巨大贡献的伟大发明家的荣誉。""全世界对蔡侯的感激之情应远远超过其他更为人们所熟知的人。"[3] 1990年8月，国际纸史协会（IPH）在比利时马尔梅迪召开第20届代表大会，"与会专家一致认定蔡伦是造纸术的伟大发明家，中国是造纸的发明国"[4]。

造纸术是中国古代科学技术文明的一项辉煌成就。造纸术的发明，是古代中国人聪明智慧的结晶，是中华文化贡献给全人类的一件珍贵礼物。卡特在其著名《中国印刷术的发明和它的西传》一书中指出：

> 造纸之由中国所发明，是最确凿、最完全的。关于其他的发现，别的国家也许可以和中国争长，认为中国仅仅发端，有赖于西方加以发展，供人利用；但是，中国的造纸术在传播到国外时，早已经是一种发

---

[1] [英]李约瑟：《中国科学技术史》第5卷第1分册，北京：科学出版社1990年版，第1页。
[2] [美]卡特：《中国印刷术的发明和它的西传》，吴泽炎译，北京：商务印书馆1957年版，第19页。
[3] [美]德克·卜德：《中国物品传入西方考证》，《中外关系史译丛》第1辑，上海：上海译文出版社1984年版，第218、220页。
[4] 马永春、钟遽：《蔡伦造纸争议的评说》，《光明日报》1992年11月22日。

展完备的工艺了。在西历纪元的最初几世纪内，中国通用的纸，已包括各种原料：破布、兰麻、各种植物纤维和人造纤维；所用的纸，有一定尺寸的便于书写的加料纸，有各种彩色的笺纸，有书写纸，有包装纸，甚至还有擦嘴纸、便纸。8世纪中居住萨末靴（撒马尔罕）的阿拉伯人，从俘获的中国人中，得到制造纸张的秘密，到12世纪、13世纪伊斯兰教徒的摩尔人又再传给西班牙征服者。我们现在所用的纸和当时的纸，其实并没有重大的区别。即使在今日，中国在造纸方面仍继续有改进发展，像我们现在用的薄印刷纸和"韧纸"，都是19世纪由中国传播到西方的。[1]

任何伟大的发明都是属于全人类的，都是人类共享的。中国在造纸术发明之后，就开始了向海外的传播，与全人类共享，成为人类共同的文明成果。

关于纸和造纸术的西传，英国历史学家韦尔斯（Herbert George Wells，1866—1946）在其《世界史纲》中有"纸是怎样解放了人类的思想"一节，做了精彩的概述。他写道：

> 说纸使欧洲的复兴成为可能也并非过分。纸起源于中国，在中国纸张的使用大概可以追溯到公元前2世纪。751年中国人袭击撒马尔罕他们被打退了，被俘获的中国人中有一些熟练的造纸的人，阿拉伯人就从他们那里学会了造纸的技术。现在仍保存有9世纪以来阿拉伯纸写的手稿。造纸术或是通过希腊，或是由于基督徒收复西班牙时夺得了摩尔人的造纸作坊因而传入基督教世界的。但在基督教的西班牙人统治下，纸的产品质量可悲地降低了。直到临近13世纪末，基督教的欧洲还没有造出质量好的纸来，后来意大利在世界上领了先。只是到了14世纪造纸业才传到德国，直到那个世纪之末纸张才丰富和便宜到足以使印刷书籍成为有利可图的事业。于是，印刷业自然地和必然地接踵而来，世人的知识生活进入了一个新的

---

[1] ［美］卡特：《中国印刷术的发明和它的西传》，吴泽炎译，北京：商务印书馆1957年版，第17页。

西方典籍里的中国

和远为活泼有力的时期。它不再是从一个头脑到另一个头脑的涓涓细流，它变成了一股滔滔洪流，不久就有数以千计的头脑加入了这一洪流。①

纸和造纸术发明不久，便开始了它西传的漫长历程。中国的造纸术是通过阿拉伯人传入欧洲的。8世纪末欧洲就已经开始使用纸，但纸和造纸术在欧洲的传播并不是一帆风顺的，它经过了好几百年的时间才成为普遍采用的书写纪事材料。14世纪是纸和造纸术在欧洲的传播取得显著进展的一个世纪。到14世纪末，意大利、法国、西班牙和德国南部都有了纸的生产，除了少数贵族，纸大致已经代替羊皮纸成为通行的书写材料。从15世纪起，造纸术以德国为中心，向东西传播。在17世纪，欧洲各国大都已采用中国式的手工生产和设备进行造纸了。

纸的广泛传播和普遍使用，对于欧洲科学文化的发展起到了相当大的作用。特别是对近代欧洲科学的繁荣和文化的进步，对于知识的传播和理性主义的兴起，乃至对于欧洲走出中世纪的蒙昧主义迷雾，开辟近代文明的新的历史纪元，都发挥了直接或间接的作用。16世纪英国诗人托马斯·丘奇亚德（Thomas Churchyard，1520—1604）写过一首《咏纸》的诗，其中写道：

> 我赞颂第一位造纸者，
> 世间众善，皆源于此。
> 它使新书面世，旧作永传，
> 价值远超尘世。
> 羊皮纸虽传播时空广远，
> 但不能代替纸张的优良，
> 纸张在大众中普遍流传，
> 而羊皮纸仅为少数人所拥有。②

---

① [英] 韦尔斯：《世界史纲——生物和人类的简明史》，吴文藻、谢冰心等译，北京：人民出版社1982年版，第809页。
② [美] 钱存训：《中国纸和印刷文化史》，桂林：广西师范大学出版社2004年版，第247页。

第十章 "四大发明"改变世界

16世纪后期,纸已经在欧洲普及,欧洲人也注意到造纸术从中国起源。葡萄牙多明我会修士加斯帕·德·克路士在《中国志》中介绍了中国的造纸。他说:"这个国家不丢弃任何不管怎样破旧的东西。……他们不丢弃任何品种的破布,凡是用羊毛织成的粗细破布,他们就制成细纸。他们用树皮、根茎和破丝绸造纸,在丝绸纸上写字,余下的则用来卷在丝绸幅中。"他还提到纸在各种场合下的用途,例如:用来盖印证明身份;又或者一张由当局签发的纸,就可以封住宅门和城门。谈到节日用纸时,他说大门口扎上显赫的纸牌楼,架子上悬挂着精巧的纸糊人物、神像或彩车,用蜡烛和灯笼照明。然后他又谈到葬仪用纸,解释如何把纸画的仕女挂在绳索上以帮助死者升入天堂,并且焚烧纸画偶像和纸剪的各种花样作为献给神的祭品。①

西班牙奥斯丁会修士马士·德·拉达在《记大明的中国事情》中说到中国的纸:"谈到他们的纸,他们说是用茎的内心制成。它很薄,你不易在上面书写,因为墨要浸透。他们把墨制成小条出售,用水润湿后拿去写字。他们用小毛刷当笔用。"②拉达回到欧洲时,带回了不少中国书籍。拉达带回欧洲的这批中国书籍,在纸张和印刷方面都会给欧洲人深刻的印象。1851年,蒙田到罗马旅行,曾造访梵蒂冈图书馆,他看到"一部从中国来的书,文字怪异,纸张材料比我们的柔软和透明得多;因为它容易透墨,只在一面书写,纸页都是双层的,在中间对折,叠在一起。他们认为这是用一种树皮膜做的"③。

门多萨的《中华大帝国史》中也专门谈到中国的纸及其用途。他写道:

> 他们有大量的纸,是用树茎皮方便制成,它很便宜。他们印刷的书也用它制作,都只能在一面写,因为它太薄。他们并不像我们那样用羽毛笔写字,而是用竹子制的笔,尖端像细毛刷,类似画笔;尽管他们的方式是这样,他们当中仍有优秀的书手,由此发了大财。当他们给大人物写信

---

① [葡]克路士:《中国志》,[英]C.R.博克舍编注:《十六世纪中国南部行纪》,何高济译,北京:中华书局1990年版,第85、100、102页。
② [西]德·拉达:《记大明的中国事情》,[英]C.R.博克舍编:《十六世纪中国南部行纪》,何高济译注,北京:中华书局1990年版,第210页。
③ [法]蒙田:《蒙田意大利之旅》,马振骋译,上海:上海书店出版社2011年版,第113页。

西方典籍里的中国

时，他们把纸张的四周涂金，修剪整齐，把信放进用同样涂金和有图画的纸袋，封闭和加印，因此信只能留在里面。①

直到17—18世纪，欧洲对中国的纸及其在中国的早期发明才知道得多一些。当时，大批传教士东来，在中西文化之间架起新的交流桥梁。他们曾通过多种形式向欧洲介绍中国文化和丰饶物产。例如，利玛窦曾专门提到中国的纸。他指出：

纸的使用在中国要比别的地方更为普遍，制造方法也更多样化。但这里生产的最好的纸也远不如我们自己的许多产品。它不能在正反两面都印刷或书写，所以我们的一张纸就等于他们的两张。此外，它很容易撕坏，不能耐久。有时他们把纸制成正方形，边长一步或两步。他们用棉纤维制成的纸和西方所能有的最好的纸一样洁白。②

耶稣会士曾德昭在《大中国志》中也曾写道：中国的福建"生产各种好纸，量多质优而且便宜"，"自从他们发明纸，直到现在，已过去1800年，我深信。在这方面，就质量说，中国超过了全世界，没有匹敌。他们用得最多的，是印度称之为Bembù，中国称之为'竹'的树木。但最好最白的是用棉布（布帛）"。③ 1735年，杜赫德在他主编的《中华帝国全志》中也谈到过中国纸和印刷术，指出：

及和帝即位，中常侍蔡伦造意制佳纸，人称"蔡侯纸"。蔡侯煮沸各种树皮及丝渣（？）、破布，制成浆，置薄板上造出不同种类纸……苏易简《纸谱》云，蜀纸麻为之，唐高宗敕命以大麻作高级纸，以写密令；福建以嫩竹造纸，北方以桑皮造纸，浙江以麦、稻秆造纸，江南以木皮造

---

① [西]门多萨：《中华大帝国史》，何高济译，北京：中华书局1998年版，第113页。
② [意]利玛窦、[法]金尼阁：《利玛窦中国札记》，何高济、王遵仲、李申译，何兆武校，北京：中华书局1983年版，第17页。
③ [葡]曾德昭：《大中国志》，上海：上海古籍出版社1998年版，何高济译，第11、42页。

羊皮纸，更有罗纹纸，湖北造者名楮纸。①

以上这些论述虽然都过于简略，并且在细节上也有一些不够准确的地方，但是他们都正确地指出了中国造纸术的古老历史，肯定了这一伟大发明在中华文化中的历史渊源。

造纸术的发明，纸作为一种新型的书写材料得到广泛应用，对于整个人类文明的发展历史来说，具有重大意义。美国学者德克·卜德指出：

> 在后来西方文明发展的整个过程中，纸所产生的影响是不可估量的。没有这种廉价的书写材料，印刷术就未必能被人们普遍利用。例如：古腾堡的《圣经》大概是欧洲第一部用活字版印刷的书籍，它也是世界上印在羊皮纸上为数极少的几部书籍之一。据估计，印制一部《圣经》要用多达三百只羊的皮。如果这种状况长此下去，书籍将永远仅为极少数富人所享有。印刷术也绝不会成功地胜过那古老的、在某种意义上来说更具有艺术性的手抄复制原稿的方法。全世界对蔡侯的感激之情应远远超过其他更为人们所熟知的人。②

"纸写本是传播人类文明的圣火"。书写材料是文化传播和文明传承的重要载体，这个载体由于变得方便和平民化，所以使文化的普及和在普及基础上的大发展成为可能。法国学者布尔努瓦（L. Boulnois）在其著名的《丝绸之路》一书中指出：

> 纸张是从中国为我们传来的另一种重大发明，……其文化意义是无法计算的，纸张引起了拓印术和印刷术的发明。由此而开始了书籍的传播。佛教经典的经书、儒教经典的书、断代史书、科学书、医学书，所欲可以传播的人类知识都能被大量印刷，并使人以相对低廉的价格获得，这就是

---

① 潘吉星：《中国造纸技术史稿》，北京：文物出版社1979年版，第161页。
② ［美］德克·卜德：《中国物品传入西方考证》，《中外关系史译丛》第1辑，上海：上海译文出版社1984年版，第219—220页。

此种发明的最早效益。①

图 10-1-1　约 1391 年德国纽伦堡开办的造纸场

图 10-1-2　欧洲最早的制纸图

---

① ［法］布尔努瓦：《丝绸之路》，耿昇译，济南：山东画报出版社 2001 年版，第 265 页。

第十章 "四大发明"改变世界

二 印刷术的传播与影响

印刷术是中国古代最伟大的发明之一,是中华民族贡献给人类文明的最珍贵的礼物。在中国历史上,雕版印刷术和活字印刷术的发明和发展,使人类科学文化知识的传播获得了一种崭新的形式,即印刷读物的形式。印刷术的发明,大大提高了书籍的复制速度,有力地推动了科学文化知识的广泛传播和普及,对人类生活的各个领域的进步和发展都产生了重大影响。因此,印刷术被誉为"文明之母",印刷术的发明被看作"人类文明史上的一个里程碑"。印刷术在中国发明不久,就传播到海外各地,获得了广泛的推广和应用,在世界各国的文化发展史上,在整个世界文明的发展历程中,都发挥了巨大的推动作用,对世界文明的进步和发展产生了重大影响。

14世纪末15世纪初,欧洲的雕版印刷业已经发展起来了。欧洲早期的雕版书籍与中国的雕版书籍很相似,所用的印刷方法和制作工艺也基本相同。欧洲早期木刻本在版面形制、刻版、上墨、刷印及装订等各工序操作上,完全是按照中国的方法进行的,因而具有元代线装书的面孔,只是文字横行,而不是直行。①

但是,在欧洲出现雕版印刷之时,欧洲人并不清楚它与中国的关系,而以自己发现了号称"神圣艺术"的印刷术颇为自得。直到16世纪,意大利历史学家保卢斯·约维乌斯(Paulus Jovius,1483—1552)首先提到中国的印刷术,他说,印刷术发明于中国并通过俄国传入欧洲。他在1546年出版于威尼斯的《当代史》中写道:

> 当地(广州)有印刷工,按照与我们同样的方法把历史和礼仪书籍印刷在长幅纸张上,然后朝里折成方叶。教皇利奥(Leo)曾经恩准我看

---

① 潘吉星:《中国古代四大发明——源流、外传及世界影响》,合肥:中国科技大学出版社2002年版,第434—435页。

到过一本这样的书。此书是葡萄牙国王和一头象一起进献给教皇的。从这件事中使我确信,早在葡萄牙人去印度以前,像它这样对知识做出无比贡献的印本书籍就已经通过西徐亚人和俄国人传到欧洲了。①

16世纪末,法国著名人文主义思想家蒙田也曾在教廷图书馆见到一册汉文书籍(或许与保卢斯·约维乌斯提到的是同一本书)。他在其《论说集》中惊异地说道:

> 我们对自己发明的大炮和印刷叹为奇迹,殊不知,其他民族,远在世界另一边的中国一千年前便已使用。②

16—17世纪,西方有不少商人、传教士东来,较多地了解到中国的历史文物,对中国的印刷事业做了进一步的报道。例如,1556年访问过中国的葡萄牙修士克路士说:"在中国听说中国人使用印刷术已有900年,他们不仅印书,也印各种图画。"③ 他是第一个指出中国不仅印书最早而且印刷画面和插图也最早的欧洲人。西班牙修士拉达在其报告《出使福建记》及《记大明的中国事情》中谈到了中国的印刷术,并把一些中国书带回了西班牙。他在《出使福建记》中说,他在福州曾与一位中国官员(总督)谈话,这位总督"他很惊讶地得知我们也会印刷,而且用印刷出书,跟他们的一般,因为他们在我们之前许多世纪已有印刷术了"④。拉达他们从这位总督那里"得到各种出版的学术书籍,既有占星学也有天文学的,还有相术、手相术、算学、法律、医学、剑术,各种游戏,以及谈他们神的"⑤。拉达从中国带回的书籍中

---

① [英]李约瑟:《中国科学技术史》第5卷第1分册,北京:科学出版社1990年版,第280页。
② [法]蒙田:《蒙田随笔全集》下卷,潘丽珍等译,南京:译林出版社1996年版,第144页。
③ [葡]克路士:《中国志》,[英]博克舍编注:《16世纪中国南部行纪》,何高济译,北京:中华书局1990年版,第103页。
④ [西]拉达:《出使福建记》,[英]博克舍编注:《十六世纪中国南部行纪》,何高济译,北京:中华书局1990年版,第180页。
⑤ [西]拉达:《记大明的中国事情》,[英]博克舍编注:《十六世纪中国南部行纪》,何高济译,北京:中华书局1990年版,第210页。

第十章 "四大发明"改变世界

有 8 种地方志,他发现这些地方志中有关于金银等贵重金属的记载。

门多萨在《中华大帝国史》中,介绍了拉达神父从中国获得的一批中国图书,在另一章的标题则是:"这个国家的印刷术远早于欧洲"。在这一章中,门多萨论述了印刷术的发明在欧洲是开始于 1458 年,是德意志人约翰·古腾堡完成的,并由此传到意大利,但印刷术确实是由中国人传给欧洲的。他写道:

> 印刷术令人惊叹的发明极其巧妙,其意义在于,若无印刷术,那么在古代幸福岁月中很多优秀人物的业绩及其行为就会被遗忘;同时,我们今天很多人,如果名声不保存在著作中,那么他们就不会那样努力地求学取得荣誉和晋升,或取得战功了。且不谈这个巧妙发明的惊人影响,……一般的意见是,欧洲印刷术的发明是在 1458 年,发明人是叫约翰·古腾堡,他是托斯坎人(Toscan)。而据可靠的说法,最早用来印刷的模子是在马根昔亚(Maguncia)制造,从那里一个叫康拉多(Corado)的德国人把这份发明传入意大利。第一部印刷的书是圣奥古斯丁写的,书名是《上帝之城》,很多作家对此意见一致。但中国人称,最早是他们国家发明,发明者是一个他们把他的名字尊为圣人的人。由此明显的是,在他们使用后很多年,印刷术经罗斯和莫斯科公国传入德国。可以肯定的是,人们是从那里走的陆路,同时有些从那里进入这个国家的商人,经红海,从阿拉伯·菲利克斯(Arabia Felix)携带了几本书,这个约翰·古腾堡,史书称为发明者的人,以此作为他最早的根据。这是真实的,因为他们有同样的记载,显而易见,这项发明是他们传给我们的;而更可信的是,现在他们那里还有很多书,印刷日期早于德国开始发明印刷之前 500 年……①

到了 17—18 世纪,随着欧洲人对中国了解的增多,关于中国的知识的日益丰富,人们对于雕版印刷术的来源已经很清楚了。那个时代来华的传教士有许多人都曾提到中国的印刷术,肯定古腾堡的发明源自中国的启发。利玛窦曾

---

① [西] 门多萨:《中华大帝国史》,何高济译,北京:中华书局 1998 年版,第 120—121 页。

西方典籍里的中国

详细地介绍了中国的印刷术。他首先论证中国人使用印刷术要远远早于欧洲人。他说：

> 中国使用印刷术的日期比人们规定的欧洲印刷术开始的日期，即大约1405年，要略早一些。可以十分肯定，中国人在5个世纪以前就懂得印刷术了，有些人断言他们在基督纪元开始之前，大约公元前50年，就懂得印刷了。他们的印刷方法与欧洲所采用的大不相同，而我们的方法是他们无法使用的，这是因为中国字和符号数量极大的缘故。目前他们把字反过来以简化的形式刻在很小的木版上，多用桃木或苹果木制作，虽然有时枣木也用于这项用途。①

然后，利玛窦详细地介绍了中国印刷术的具体方法。他指出：

> 他们印书的方法十分巧妙。书的正文用很细的毛制成的笔蘸墨写在纸上，然后反过来贴在一块木板上。纸干透之后，熟练迅速地把表面刮去，在木版上只留下一层带有字迹的薄薄的棉纸。然后，工匠用一把钢刻刀按字形把木版表面刻掉，最后只剩下字像薄浮雕似的凸起。用这样的木版，熟练的印刷工人可以惊人的速度印出复本，一天可以印出1500份之多。中国印刷工人刻这类木版的技术非常熟练，制作一个所花的时间并不比我们一个印刷工人排版和做出必要校正所需的时间更多。这种刻制木版的办法极适合中国字既大又复杂的特点，但我不认为它能适用于我们欧洲的字形，我们的字形太小很难刻在木头上。
>
> 他们的印刷方法有一个明确的优点，即一旦制成了木版，就可以保存起来并可以用于随时随意改动正文。也可以增删，因为木版很容易修补。而且用这种方法，印刷者和文章作者都无须此时此地一版印出极大量的书，而能够视当时的需要决定印量的多少。我们从这种中文印刷方法中获

---

① ［意］利玛窦、［法］金尼阁：《利玛窦中国札记》，何高济、王遵仲、李申译，何兆武校，北京：中华书局1983年版，第21页。

益匪浅,因为我们利用自己家中的设备印出了我们从各种原来写作的文字译成中文的有关宗教和科学题材的书籍。老实说,整个方法非常简单,只要看过一次这种印刷过程,人们都会想亲自试试。正是中文印刷的简便,就说明了为什么这里发行那么大量的书籍,而售价又那么出奇地低廉。没有亲眼看到的人是很难相信这类事实的。①

其他传教士也对中国的印刷术很感兴趣,并且有所介绍。比如,曾德昭在《大中国志》中就提道:"他们的印刷术使用方便,(看来)比欧洲的古老,尽管和欧洲的不同;他们印在每页纸上的字,把要印的字刻在木板或图板上,他们的书籍仍整个保存在工场。任何时候如有需要,能够重印任何书籍,无须重新排字。"②

在17—18世纪,传教士们的报道是欧洲人关于中国知识的主要信息来源,所以他们对中国印刷术的介绍在欧洲很有影响,并且逐渐成为大家公认的常识。启蒙思想家伏尔泰在《风俗论》中就曾指出:"印刷术是由于他们(中国人)于同一时代发明的。大家知道,这种印刷术是在木板上雕版印刷的,正如古腾堡于15世纪首次在美因茨所做的那样。"③伏尔泰的这个说法显然来自传教士们提供的信息。魁奈在《中华帝国的专制制度》中也说到中国的印刷术。他写道:"印刷术这种技艺在欧洲是相当晚才出现的,而在中国自远古时代以来一直为人们所熟知。……其印刷方式如下:要复印的著作由字体隽秀的抄写人誊清抄本;镌版匠将这个抄本粘贴在一个精心磨刻的硬木版上;他们用镌刻工具刻出字体的笔画并将木版上的所有空余部分去掉和修平,不留下任何多余的痕迹;这样,要付印的著作抄本有多少页,他就镌刻多少印版;从事这项镌刻工作是如此精细,以至于人们几乎难以分辨刻印本和原抄本。"④

中国发明的印刷术,包括雕版印刷和活字印刷的西传,直接启发和促进了

---

① [意]利玛窦、[法]金尼阁:《利玛窦中国札记》,何高济、王遵仲、李申译,何兆武校,北京:中华书局1983年版,第21—22页。
② [葡]曾德昭:《大中国志》,上海:上海古籍出版社1998年版,何高济译,第11页。
③ [法]伏尔泰:《风俗论》上册,梁守锵译,北京:商务印书馆1997年版,第213—214页。
④ [法]魁奈:《中华帝国的专制制度》,谈敏译,北京:商务印书馆1992年版,第11页。

西方典籍里的中国

欧洲印刷业的产生和发展;而印刷技术在欧洲的推广和应用,则在近代文明的进程中发挥了巨大作用。法国启蒙思想家孔多塞曾精辟地论述了印刷术对于人类文明的影响和贡献,他指出,这种贡献大致表现在三个方面:(1) 由于印刷术可以花费很少而无限地增多同一部著作的印数,这种读书的便利,扩大并传播了进行教育的愿望和手段;(2) 印刷术还是把对人们的教育从一切政治的和宗教的枷锁下解放出来的强有力的工具;(3) 印刷术的发明几乎恰好与其他两件大事的时间相吻合,这就是土耳其人攻占君士坦丁堡和欧洲对美洲大陆和亚洲航线的新发现。前者因为希腊文人来到意大利避难,使希腊的古文献大量完整地印刷出来。这就使过去根据断简残篇而产生的对古希腊的崇拜,进而在全面的著作中寻找它的真谛,并敢于评判和反驳它。这已经是开始摆脱旧思想的羁绊。后者拓宽了欧洲的宇宙边界,向其展示了新的天空并开辟了未知的土地,人们得以更好地认识自己居住的地球,并且通过商业活动给工业、航海、科学和艺术,装上了飞跃的新翅膀。

孔多塞指出,印刷术是反对专制主义和宗教愚昧,解放人们思想的重要手段。他说:"印刷术不是把对人们的教育从一切政治斗争和宗教的枷锁之下解放出来了吗?"[①] 他还指出,在印刷术发明以前,同一本书的手抄本为数极少;为了取得构成一门科学整体的全部著作,就必须费尽心力,往往还要旅行和花费,这些都是富有的人才能做得到。统治者在这方面则很容易销毁那些刺痛了它们的偏见或揭穿了它们的骗局的各种书籍。野蛮人的一场入侵,一天之内就可以一举而永远剥夺整个国土上的种种教育手段。毁掉一份手稿孤本,对于整个国家往往就是一项无可弥补的损失。当时人们仅仅抄录那些由于其著者的大名而为人推崇的著作。所有那些只能是由于互相的结合而获得其重要性的研究,可以用来维持科学在同一个水平上并改进那些孤立的观察和细节,所有各时代所积累的有待天才来运用的那些资料,他们始终注定了会永远湮没无闻。促进科学研究的著作、解说其中疑难的著作、以更简便的各种形式表述真理的著作等,这些著作都不可能找到抄写者和读者。但是,"在发明了印刷术以

---

① [法]孔多塞:《人类精神进步史表纲要》,何兆武等译,北京:生活·读书·新知三联书店1998年版,第104页。

第十章 "四大发明"改变世界

后,基督教就全然无力阻碍科学再度焕发出光辉来"①。印刷术"能够散布出一道独立而纯洁的光明"。由于印刷术的出现,知识变成了一种积极的、普遍的交流的对象。因此,孔多塞指出:"所有这些能使人类精神的进程更加迅速、更加确实和更加便利的手段,也就是印刷术的恩赐。"②

英国著名文学家和历史学家韦尔斯在其名著《世界史纲》中也对印刷术的世界历史意义做了精辟的论述,他指出:

> 自从最初的文字出现以来,在人们心目中开始有了一种新的传统,一种能永存不朽的传统。此后,生命通过人类日益清晰地意识到它的本身和它的世界。这是我们在追溯历史中看到的人类知识发展的一条细纹,最初出现在霭霭无知和混混沌沌的世界里;它又像一丝光线从一扇开着的门缝里射进暗室;但它慢慢扩大,逐渐明亮起来。终于,在欧洲历史上有了这样的时机:在印刷者的推动下,这扇门开始更加迅速地打开了。知识倏然地燃烧起来。它一旦燃烧起来,就不再是少数幸运者的特权。就我们今天来讲,这扇门开得更大了,门后的光更明亮了。③

我们还要特别指出的是,纸和印刷术传入欧洲的时期和时机。这个时期正是欧洲走出中世纪、进入文艺复兴时期的当口。这是欧洲人消除中世纪黑暗、呼唤和发动人的觉醒的时期,是呼唤理性、呼唤文化、运用文化、创造文化的时期,时逢际会,继造纸术之后,又传入了印刷术。也许,不是这个时机,印刷术不会这么受欢迎地便迅速被接受,也许接受之后不会这么迅速地普及,也许普及了也不会发挥这么大的作用。这就是时机所起的巨大作用。恩格斯在《自然辩证法》中论及文艺复兴的兴起,提到它的历史条件时,指出:其中重要的项目就是"东方发明的输入",这里就包含"印刷、活字"。他在"历史

---

① [法]孔多塞:《人类精神进步史表纲要》,何兆武等译,北京:生活·读书·新知三联书店1998年版,第74页。
② [法]孔多塞:《人类精神进步史表纲要》,何兆武等译,北京:生活·读书·新知三联书店1998年版,第103页。
③ [英]韦尔斯:《世界史纲——生物和人类的简明史》,吴文藻、谢冰心等译,北京:人民出版社1982年版,第218页。

西方典籍里的中国

的东西——发明"一节中列出:"棉纸在7世纪从中国传到阿拉伯人那里,在9世纪输入意大利。""木刻和印刷——同时。"正是这些东方发明以及其他诸多条件,"它们不仅使希腊文学的输入和传播、海上探险以及资产阶级宗教改革真正成为可能,并且使它们的活动范围大大扩展、进展大为迅速。"①

恩格斯在论述欧洲"在中世纪的黑夜之后,科学以意想不到的力量一下子重新兴起,并且以神奇的速度发展起来"的原因时,"再次把这个奇迹归功于生产",而"生产"之得以发展起来,他指出了四个原因,其中之一是"印刷机出现了"。并且,他还写道:

> 以前人们夸说的只是生产应归功于科学的那些事;但科学应归功于生产的事却多得无限。②

图 10-2-1 西方人记录的中国人的刻板与印刷

---

① 《马克思恩格斯全集》第20卷,北京:人民出版社1971年版,第532、530页。
② 《马克思恩格斯全集》第20卷,北京:人民出版社1971年版,第524页。

这里，恩格斯一方面将印刷术中的印刷机的出现列为生产，另一方面，同时肯定了生产对科学发展的功劳。而印刷机作为文化工业，对科学发展的作用，则更直接、更有效，更带原创性。按照恩格斯的论证，正是生产的发展，带来了文艺复兴那个科学的时代，这是地球从来没有经历过的最伟大的一次革命。自然科学也就是在这一场革命中诞生和形成起来。而印刷机正是这场地球上从未有过的革命的发动机之一。

三　火药火器的传播与影响

火药和火器制造技术，是中国古代科学技术发展的一项重要成果，李约瑟甚至把火药和火器的发明说成是"中古时期中国社会最伟大的成就之一"。中国的火药和火器制造技术发明之后，陆续传播到海外各国，对各国的文明和历史发展，乃至对世界历史的演变和发展，都产生了重大影响。即使在现代社会生活中，它也仍然发挥着十分重要的作用。现代战争中的常规武器，建筑工程中开山辟路的爆炸物，把各种飞行器乃至人类送上太空的运载火箭，都是以中国古代发明的火药和火器技术原理为基础的。火药和火器制造技术的发明，是中华民族的勇敢精神、创造精神和文化智慧的结晶，是中国人对世界文明的伟大贡献之一。

火药的发明，是古代中国科学技术的重要成就，是中华民族对世界文明的伟大奉献。中国是发明火药的国家，这本就是不可争辩的历史事实。恩格斯指出：

> 现在几乎所有的人都承认，发明火药并用它朝一定方向发射重物的是东方国家。……在中国，还在很早的时期就用硝石和其他引火剂混合制成了烟火剂，并把它使用在军事上和盛大典礼中。[①]

[①] 《马克思恩格斯全集》第47卷，北京：人民出版社1979年版，第427页。

西方典籍里的中国

但是，西方的一些火器研究者由于缺乏对中国科学技术史的深入了解，或没有进行世界史料的比较研究，或由于别的什么原因，否认中国是发明火药的国家，提出别的所谓"火药起源说"。随着对中国和世界科技史研究的深入，中国对火药的发明已经越来越为世人所公认。李约瑟曾经明确地指出：

> 长期以来，中国火药及其发展成各种火器的历史，一直是中国和西方世界比较科技史上争论得最多的问题之一。但是，我们现在则认为，大量无可辩驳的事实证明：中世纪早期的中国人就首先用硝石（硝酸钾）、硫黄和炭源之一（如木炭）制成了这种独特的混合物。
>
> 中国的火药起源于9世纪中叶，从最初发明它的配方到用金属制造手铳和最原始的火炮，中国一直遥遥领先。西方当时对此毫无所闻。①

英国科学史家贝尔纳（J. D. Bernal）在其名著《历史上的科学》中也明确指出：

> 中古时代和流传到西方的所有发明物中，是那最有毁灭性的火药对政治、经济和科学都发生了最大的影响。有人把火药的最初发明归功于阿拉伯人和拜占庭希腊人，但更强有力的证据是说它起源于中国。②

关于火药和火器技术的西传，李约瑟指出：

> 那些在中国花费400年之久所发展起来的东西，在40年内或更短就传入阿拉伯国家和欧洲。在这根火药引信中尤其是引入了两根信管，即中国单独对硝石所做的600年的分离与提纯，以及先在拜占庭后在中亚及南亚诸国和中国所进行的200年的石油蒸馏。所有这些长期的准备以及尝试性的实验工作都是在中国完成的，所有东西传入伊斯兰国家和西方的都是

---

① 潘吉星主编：《李约瑟文集》，陈养正等译，沈阳：辽宁科学技术出版社1986年版，第604、614页。
② ［英］贝尔纳：《历史上的科学》，伍况甫等译，北京：科学出版社1959年版，第194页。

羽毛丰满的，不论是火药、火箭，或是金属筒手铳和臼炮。①

阿拉伯世界在中国火药和火器技术的西传过程中起到了桥梁作用。阿拉伯是火药和火器西传的第一站，经过这一站而后才传到欧洲。正如恩格斯所指出的：

> 法国和欧洲其他各国是从西班牙的阿拉伯人那里得知火药的制造和使用的，而阿拉伯人则是从他们东面的各国人民那里学来的，后者又是从最初的发明者——中国人那里学到的。②

李约瑟对中国的火药和火器传入欧洲的途径，做了大量深入的研究。他认为，火器传到西方世界肯定是在13世纪后半叶的某个时候，即蒙古人西征的时候。马可·波罗等一批旅游商人将中国的火药和火器直接传入欧洲。李约瑟还特别指出，来中国传教的方济各会传教士，他们将中国的火药、火器直接传入了欧洲。③

英国经院哲学家和科学家罗吉尔·培根（Roger Bacon，约1214—1293）是一位百科全书式的学者，对他那个时代东方和西方的文化和科学有着广泛的了解和知识。他在巴黎游学时，与出使中国归来的传教士卢布鲁克相识，从鲁布鲁克那里获知许多有关中国的知识和消息。鲁布鲁克是在马可·波罗时期前后到过蒙古访问的少数几位欧洲人之一。罗吉尔·培根有可能从鲁布鲁克那里了解到有关中国使用火药和火器的情况。李约瑟曾经指出："罗吉尔·培根自公元1267年曾多次提到火药，根据他的描述，我们可以假定，他拥有的大概是曾经在蒙古宫廷里服务过的修道士们赠送给他的一盒中国爆竹。"④ "这也许是有关火药及其威力的知识传播到西方世界的最早渠道。"李约瑟还指出：罗

---

① ［英］李约瑟：《中国科学技术史》第5卷第7分册《军事技术：火药的史诗》，刘晓燕等译，北京：科学出版社2005年版，第492页。
② 《马克思恩格斯全集》第14卷，北京：人民出版社1965年版，第28页。
③ ［英］李约瑟：《中国科学技术史》第5卷第7分册《军事技术：火药的史诗》，刘晓燕等译，北京：科学出版社2005年版，第494—501页。
④ 潘吉星主编：《李约瑟文集》，陈养正等译，沈阳：辽宁科学技术出版社1986年版，第608页。

西方典籍里的中国

吉尔·培根"不仅是西方第一个获得这一知识并在著作中提及的人,而且还是第一个以道家口吻说话的西方人。他说,只要我们掌握更多的化学知识,人类的生命便会无限延长。在这些事例中,中国的影响是确凿无疑的"①。

罗吉尔·培根在他的《大著作》和《书信集》等著作中多次提到硝石、火药和火药爆炸的情况。他记述说:

> 某些发明物使人听起来毛骨悚然,如将其在夜间很熟练地突然点放起来,无论城市和军队都将无法抵挡。没有任何雷声能与其巨响相比。某些这类东西看上去是如此可怕,以至于连乌云中的闪电都相形见绌。想来盖迪安(Gideon Jerubbaal)②也应该把类似这种发明物用在米迪尼特人的兵营。
>
> 我们通过世界上许多地方制成的儿童玩具,看到这类东西的标本,它们像人的拇指那样大。将这种小东西点燃,靠着称为硝石的盐的力量,产生如此可怕的巨响,以至于我们看到它超过强雷的响声,而闪出的光超过最大闪电的光亮。
>
> 由于火的闪光、燃烧及其可怕的巨响,这种新奇物可在我们所希望的任何地方放出,使人难以自卫和招架。有一种发响和发火的儿童玩具,在世界各地用含硝石、硫黄和柳炭的药粉制成。将这种药粉密封在指头大的羊皮纸筒中,就因此能产生出声响,尤其当突然遭遇时,会把人的听觉搅乱。当用大型装置时,可怕的闪光更令人恐慌,没有人能经得起这种巨响和闪光的恐吓。如果装置用结实的材料制成,则爆炸的强度还会更大。③

罗吉尔·培根在这里所说的"拇指大的儿童玩具"可能是指爆仗或纸炮一类的民间娱乐品。那么,如此看来,在罗吉尔·培根所生活的那个时代,中

---

① [英]李约瑟:《中国科学技术史》第5卷第7分册《军事技术:火药的史诗》,刘晓燕等译,北京:科学出版社2005年版,第37、38页。
② 盖迪安是《圣经·士师记》中记载的犹太人的首领,他曾率领300人打败阿拉伯部落米迪尼特人(Midianites),并从其压迫下解救了他的人民。
③ 潘吉星:《中国火箭技术史稿》,北京:科学出版社1987年版,第135—136页。

国的烟火、爆仗已作为娱乐品输入到西方一些地方。如前引李约瑟的推测，罗吉尔·培根本人手里就有这种从中国来的火药制品。罗吉尔·培根曾把他获得的关于硝石、火药和爆仗之类的知识反复写进他的著作里。例如：在他写的《炼金术和人工嬗变中矿物的性质简述》一文中还提到硝石提纯技术。他说，硝石生长在某种石头上，如遇木炭则立即起火。提纯硝石时，将其溶于水中，并通过过滤，形成白色光亮的长针状结晶。他还说，硝石能从土器中渗透出，"因为我从实验中看到"。罗吉尔·培根提到的这种用再结晶法提纯硝石的技术，与中国古代的方法是一致的。

关于火药和火器的发明与中国的关系，门多萨在《中华大帝国史》中，有一小节的标题是"中国先于欧洲许多年就发明并使用了火炮"。他在其中强调，中国"自古就有了火炮，火炮是中国发明的"。他写道：

> 没有比在中国发明火炮一事更令那些最早在广州做生意的葡萄牙人惊讶，也最使我们晚后到菲律宾去的西班牙人觉得惊讶的了。而我们从他们史书摘录的可靠记载发现，他们使用火炮要远早于我们欧洲。……中国人是首创者，从他们那里再把用法传到其他国家，现在尚在使用。
>
> ……可信的是，当这些中国人到达白古（Pergu）国，并且在1500多年前征服东印度的时候，他们携带着类似的战具，帮助他们征服。这次征服后，他们留下几门炮，后来被葡萄牙人发现，上面刻有中国的标记，正与征服的时期一致。
>
> 修士拉达及其同伴在那里时看见的炮，据他们说是古老的，制作极低劣，大多是发射石头的器械，能杀人的；但他们得知，在中国的其他省份，还有制作奇特和优良的炮。这可能是船长阿特列达（Captain Artrada）看到的那种：他在一封致国王菲列普的信中向他报告有关这个国家的秘密，其中说，中国人跟他们一样使用各种武器，中国人的炮特别好。我同意这个说法，因为我看过一些架在船上的这种炮，它制造得比我们的好，更加坚实。
>
> ……我认为，从我在上面谈到的这些，可明显地表明中国炮的古老，

西方典籍里的中国

以及他们怎样最早发明了炮。①

利玛窦也曾以自己的亲身体会介绍过中国的火药。他说，硝石这种东西在中国很多，但并不广泛用于制备黑色火药，因为中国人并不精于使用枪炮，很少用之于作战。然而，"硝石却大量用于制造焰火，供群众性娱乐或节日时燃放。中国人非常喜欢这类表演，并把它当作他们一切庆祝活动的主要节目。他们制作焰火的技术实在出色，几乎没有一样东西他们不能用焰火巧妙地加以模仿。他们尤其擅长再现战争场面以及制作转动的火球、火树、水果等等，在焰火上面，他们似乎花多少钱也在所不惜"②。利玛窦还说，他曾在南京目睹了为庆祝元月而举行的焰火会，他估计在这种场合消耗的火药足够维持一场相当规模的战争长达数年之久。

1667年，德国著名汉学家基歇尔在《中国图说》中说到火药发明起源于中国。他指出：

> 此外，许多发明在中国出现时，我们欧洲人还一无所知。特别要提到的有三项，第一，印刷术，对此我们要加以解释。……
>
> 另一项是火药的发明，毋庸置疑这于许多年以前发生在中国。我们教会教士们证实，他们曾在许多省，特别是在南京看见过大炮，都是在很久以前铸造的，年代已不可考，不过烟火术还不及我们欧洲人目前达到的程度。然而有一点是确凿无疑的，即中国人铸造枪炮的技术已相当出色，这既体现在铸造像和铜像上，也体现在铸造巨型大炮上，而这在其他国家是很少见的。③

到了18世纪，由于中国与欧洲的往来更加频繁了，到过中国的人，特别

---

① [西]门多萨：《中华大帝国史》，何高济译，北京：中华书局1998年版，第118—119页。
② [意]利玛窦、[法]金尼阁：《利玛窦中国札记》，何高济、王遵仲、李申译，何兆武校，北京：中华书局1983年版，第19页。
③ [英]李约瑟：《中国科学技术史》第5卷第7分册《军事技术：火药的史诗》，刘晓燕等译，北京：科学出版社2005年版，第40页。

第十章 "四大发明"改变世界

是那些传教士,在中国居住的时间比较长,与中国人有比较广泛的接触,对中国文化各方面有了更多的和更深入的了解。比如,在火药和火器的发明和使用方面,他们知道的就更全面和准确一些了。18世纪来华的耶稣会传教士宋君荣、冯秉正和钱德明等人,都曾强调过中国是火药和火器的发源地。钱德明曾于1772年发表了《中国兵法论》一书,其中较全面地介绍了中国火器史上的重要著作《武备志》的内容。钱德明指出,火药和火器是中国人"在欧洲应用它们以前很久就已知道了"。他介绍了中国各种火药,包括火箭火药、火炮火药和五色火药的配制方法。钱德明还介绍了逆风火药,认为"这对我们(法国)军队来说是有用的"。在火器中,他谈到喷火筒、天火球、地雷、铅弹—窝蜂(炮)、无敌竹将军,还有单飞火箭、一窝蜂火箭和神机箭等,并转载了《武备志》中的各种火器的插图。

火药和火器的知识和技术经阿拉伯人传入欧洲后,迅速得到推广和应用。大约在14世纪上半叶,中国发明的火药和火器技术已经在欧洲广泛传播,并很快得到推广,应用于军队装备和各种战事。当时,欧洲正处于历史大变革的前夜。火药和火器的传入,对这场历史大变革起到了关键作用,从而对世界历史进程起到了重要的推动作用。启蒙思想家孔多塞指出,火药和火器的发明,改变了作战方式,使战争这种"艺术"发生了一场革命。他说:"有一位化学家把硝石与可燃物混在一起时,发现了那种火药的秘密,它在战争艺术方面造成了一场意想不到的革命。尽管火器有着可怕的效果,但它们扩大了战斗人员的距离,从而使得战争的杀伤力较小,战士也不那么凶暴。军队的远征耗费更大了,而财富就可以平衡武力……开化的民族就不再害怕野蛮国家盲目的勇武了。大规模的征服以及随之而来的革命,已经变得几乎是不可能。"孔多塞还说:

> 铁盔铁甲,几乎是无懈可击的骑术,使用长矛、长枪或刀剑——这种贵族对平民所具有的优势终于全都消逝了;而摧毁对人类的自由的和对他们的真正平等的最后这道障碍的,却是由于最初一眼看去似乎是在威胁着

西方典籍里的中国

要消灭整个人类的这样一种发明。①

对于火药和火器西传的重大历史意义,恩格斯做了更为精准的概括:

> 在14世纪初,火药从阿拉伯人那里传入西欧,它使整个作战方法发生了变革。……火器一开始就是城市和以城市为依靠的新兴君主政体反对封建贵族的武器。以前一直攻不破的贵族城堡的石墙抵不住市民的大炮;市民的枪弹射穿了骑士的盔甲,贵族的统治跟身披铠甲的贵族骑兵队同归于尽了。②

恩格斯还指出:"但是火药和火器的采用绝不是一种暴力行为,而是一种工业的,也就是经济的进步。不管工业是以生产什么东西或破坏什么东西为目的,工业总是工业。火器的采用不仅对作战方法本身,而且对统治和奴役的政治关系起了变革的作用。"③ 恩格斯在这里指出的火药和火器的意义,就不仅仅是在军事装备上的改进和作战方式的改变,而且深入到社会文化的层次,着重指出了它对于经济进步的意义,推动了社会生产力的发展,同时也成为引起社会变革的一个契机。军事的变化,经济的发展,以及社会政治关系的变革,在这一时代的欧洲具有重大历史意义。从中国传去的火药和火器对摧毁欧洲封建制度起到了重要作用,从而给欧洲历史和文明的发展进程以极大的推动力。

另一方面,在资本原始积累过程中,西欧殖民势力向各地进行殖民侵略,也把火器带到非洲沿海地区和三大洋其他地区。15世纪起,葡萄牙的管形射击火器有了很快的发展,并且广泛用于军队装备。在资本主义殖民扩张过程中,火器也成了一种得力的工具。正如英国科学史家贝尔纳所说的:

> 在海上,火药的效用也并非比较不重要。火药用在海军大炮里,大炮

---

① [法]孔多塞:《人类精神进步史表纲要》,北京:生活·读书·新知三联书店1998年版,何兆武等译,第97—98页。
② 《马克思恩格斯选集》第3卷,北京:人民出版社1972年版,第207页。
③ 《马克思恩格斯选集》第3卷,北京:人民出版社1972年版,第207页。

装在船上，船又由新天文学和新罗盘来操纵；这样，从那时起到本世纪中叶，火药就让西欧人在世界海道上称雄。火药又使欧洲人能拿他们的文化型加在其他的文化型上，后者在文化和武功双方，都并不低于前者。火药更直接地使他们能把世界上可以罗致的资财都集中在他们手里，如此他们就有了累积的资本，来资助工业革命。①

火药的用途不仅仅是用于火器的制造和战场上的应用。火药的发明和应用，对于近代科学的进步与发展，也有着重要意义。正如李约瑟所说的：火药的发明不仅仅应用于战场上，更加激动人心的是，"除了开矿、采石及人类交通运输线路建设，所有民用工程项目中应用爆破，火药作为人类所知的最早的化学爆炸物，还在各种热机发展中起着必不可少的作用"②。比如对火药爆炸现象的分析和研究，使得人类发现了氧，并由此为全部现代化学奠定了一个新的起点。炮弹在空中的运动（弹道学）促进了动力学的新研究。爆炸本身所具有的力和炮弹从炮膛里排出的力，证明了有一些是天然力，特别是火，其力量是可供实用的，而这一点促进了蒸汽发动机的发展。在蒸汽机处于全盛期之前，惠更斯（Christiaan Huygens）和帕潘（Denis Papin）在17世纪晚期曾试图制出成功的火药发动机。虽然他们从未能使其运转，但这使他们获得了干脆用水及可冷凝蒸汽的灵感。

关于火药对于近代科学的意义，贝尔纳指出：

> 归根到底，是火药对科学的影响而不是它对战事的影响，将产生最大的影响，使机器时代得以出发。火药和大炮不只爆破了中古时代的经济世界和政治世界；它们更是毁灭中古世界的思想体系的两股主力。……首先，火药和大炮对世界说，是新东西——希腊人就没有一个称呼它们的名词。其次，制造火药、火药的爆炸、炮弹从炮筒放射出去以及出膛后的飞

---

① ［英］贝尔纳：《历史上的科学》，伍况甫等译，北京：科学出版社1959年版，第159、195页。

② ［英］李约瑟：《中国科学技术史》第5卷第7分册《军事技术：火药的史诗》，刘晓燕等译，北京：科学出版社2005年版，第Ⅹ—Ⅻ页。

行，都提出了一些问题，其实际解决引导人们去研求一些属于一个新种类的原因，并创立几门新科学。①

不仅如此，火药和火器的广泛应用，在欧洲社会生活方面也具有重大影响。19世纪的一位英国作家指出，火药和火器的主要影响是使战争职业化。火药技术十分复杂，不易掌握，不可避免地造成军队中的职业分工，最终导致常规军队的建立。在欧洲中世纪那种每个男人都是潜在士兵的情况便不复存在。以战争为业的人在人口中的比例下降，使更多的人转而从事和平的艺术事业、技术工作，或受雇就业。另外，"由于热衷于战争的人数目减少，尚武精神也有所收敛"。这样，便造成了"中间知识阶级"的崛起。"在此之前，欧洲人的智慧不是消磨于战争就是消磨于神学，而现在他们有了一条中间道路可走，创造出那些伟大的学科，而现代文明的发祥正应归功于它们。"②

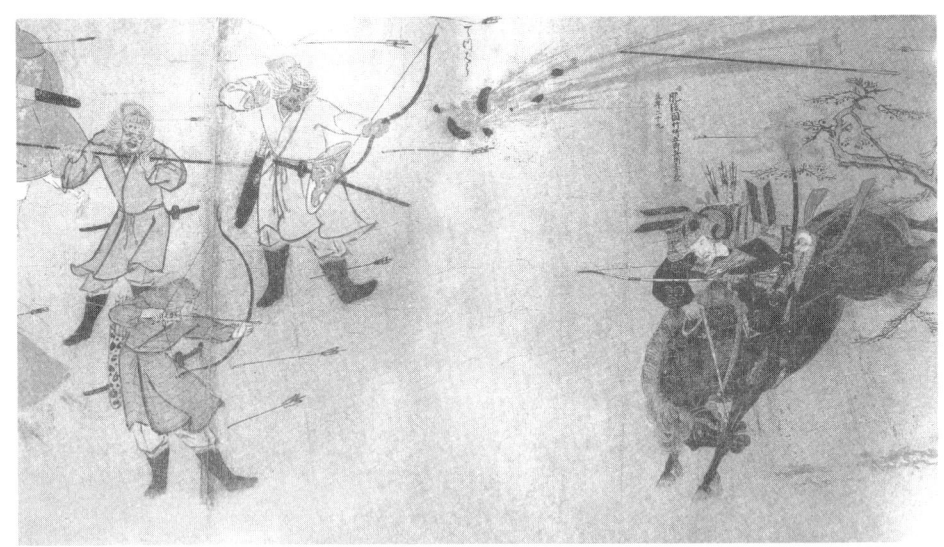

图10-3-1　元代使用火药武器场景图

---

① ［英］贝尔纳：《历史上的科学》，伍况甫等译，北京：科学出版社1959年版，第159、195页。

② ［英］李约瑟：《中国科学技术史》第5卷第7分册《军事技术：火药的史诗》，刘晓燕等译，北京：科学出版社2005年版，第13页。

图 10-3-2　17 世纪欧洲使用火器的战争中挖掘地壕工事图

图 10-3-3　欧洲野战炮,采自大约 1450 年的日耳曼烟火书

四 指南针的发明与航海罗盘的应用

指南针是中国古代"四大发明"之一。指南针是依据磁铁的指极性原理制作的辨别方向的工具。指南针的发明为人类的实践活动提供了极大的便利。特别是磁针罗盘在航海事业上的应用,提高了航路的准确性,为远洋航行提供了很大的便利,从而推动了世界航海事业的巨大变革和发展。在15世纪前后的欧洲大航海时代,罗盘发挥了重要的作用。正是由于罗盘的使用,才使达·伽马发现印度新航路、哥伦布发现美洲大陆和麦哲伦的环球航行成为可能,并由此促进了欧洲商业贸易的扩大和工场手工业的发展,为资本主义的产生和发展提供了必不可少的前提条件。指南针、造纸术、印刷术、火药等中国的伟大发明,对世界文明的发展历史产生了重大影响。

图 10-4-1 欧洲罗盘

指南针发明于11世纪初。或许可以把指南针的发明上溯至10世纪。磁石特性的发现和指南针的发明在世界科学发展史上具有重要意义。英国著名科学史家 J. D. 贝尔纳在《历史上的科学》中指出:

> 观察到地球磁性在一块自然磁铁或自然磁石面上所显现的指向力,此事一定曾为最困难也最重要的科学发现之一。看来几无可疑,早在我们从别处得到有关磁石用途的记录以前数世纪,中国人已知磁石安装在枢轴上就能指出方向。①

李约瑟也曾充分肯定中国在磁现象的认识和指南针的发明在世界上的领先地位,并精湛地概括了这一发明的历史轨迹:

> 在对人类的磁现象认识史做了一个半世纪的历史学、考古学和汉学的研究之后,现在似乎已到了重新考虑论证和总结一下"定局"的时候了。磁体相吸性的认识似乎早就形成,而且在各个古代文明中实在是不相上下的。然而,磁体指向性的认识却是另一种情况了。就我们现在所知道的一切材料,进一步加强了下述的印象:在这种调查研究中,古代中国文化是居于领先地位。大家都一致认为,欧洲人最早提到有关磁石的寻极性以及用磁石感应铁块使之磁化后具有寻极性是在12世纪末。我们可以把类似的东亚的历史划分成三个不同的时期。首先,从10世纪末以来的中国的确凿史料是可以得到的,并且内容远较欧洲最早的材料要丰富得多。它有关于磁偏角的清晰陈述(西方直到15世纪才认识磁偏角),而且还清晰地陈述了热顽磁现象(在西方更晚才发现)。其次,在年代学标尺的另一头,考古学证据表明,至迟从1世纪起,中国的占星术士和方术家已经用磁石做成匙状物放在经高度打磨的青铜制成的式盘板上,轻轻颠动使它旋转,在停下时指着南北方向。在这两个时期之间的近一千年中,虽然我们只有各种类型的间接的陈述和暗示,但是这些材料是如此之多,而又是如此多样的富有特点,以至于可以用这些材料构成一幅不会出差错的图画,勾勒出磁学知识和实践的发展情况。其中最重要的一步,或许就是大约在5世纪时用磁针代替了磁石。最后,清楚的是,中国磁罗盘虽然可能是在用作堪舆(尤其是宅地墓穴定位向用)数世纪后才用于航海,但是中国

---

① [英] 贝尔纳:《历史上的科学》,伍况甫等译,北京:科学出版社1959年版,第192页。

西方典籍里的中国

水手比他们的欧洲同行们使用磁罗盘至少早一个世纪,而且更可能是早两个或三个世纪。①

从应用的角度看,指南针发明最重要的意义在于它在航海事业上的应用。正是由于指南针的应用,使人们获得了全天候航行的能力,人类才第一次获得了在茫茫大海上航行的自由。从此,陆续开辟了许多新航线,缩短了航程,加速了航运,促进了各国之间的文化交流与贸易往来。指南针一经发明,很快就被应用于航海事业。在这方面中国也是领世界之先的。李约瑟指出:

> 中国不但在磁极性、磁感应、磁化、磁偏角等知识方面占优势,而且可以肯定对这方面的研究至少早在10世纪就已开始了。我们拥有中国15世纪初期的海图,以图的形式表示航线,就像是轮船通过海洋的航线那样。途中靠指南针标示出航海方向,并据此给出许多航海方位,改变线路,以便在规定的时间里继续航行。②

罗盘在航海事业上的普遍应用,是当时远洋航海事业发展的需要。另一方面,正是因为罗盘为人们提供了可靠的导航仪器,使人们获得了全天候远洋航行的能力,大大促进了远洋航海事业的发展。宋元时代,中国商船远洋航行空前活跃,与指南针的发明和罗盘的应用有很大关系。

大约在12世纪后期到13世纪初,指南针就传到了阿拉伯人手中。阿拉伯和波斯船上的罗盘都按中国罗盘形式采用四十八分向法。波斯语、阿拉伯语中表示罗经方位的"khann",就是闽南话中罗针的"针"字。

恩格斯在《自然辩证法》中写道:"磁针从阿拉伯人传到欧洲人手中,1180年左右。"③似乎和中国许多的伟大发明一样,指南针也是通过阿拉伯人传播到欧洲的。但是,李约瑟提出了另外一种看法,认为它可能不是通过阿拉

---

① 潘吉星主编:《李约瑟文集》,陈养正等译,沈阳:辽宁科学技术出版社1986年版,第501—502页。
② 潘吉星主编:《李约瑟文集》,陈养正等译,沈阳:辽宁科学技术出版社1986年版,第233页。
③ 《马克思恩格斯全集》第20卷,北京:人民出版社1971年版,第532页。

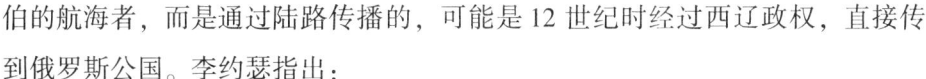

伯的航海者,而是通过陆路传播的,可能是12世纪时经过西辽政权,直接传到俄罗斯公国。李约瑟指出:

> 磁罗盘从中国向外传播可能根本不是经过海路,而是经由陆路,是通过主要对确定子午线感兴趣的测量员和天文学家的手传播的。的确,皮里格里努斯(Petrus Peregrinus,1224—1279)曾细心地描述过两架装有照准仪和罗盘的方位日晷仪(一种是水浮式的,一种是旱悬在一个旋支轴上)。子午线的确定,不仅在制图上确实重要,而且对于当时欧洲人所知道的唯一可以胜任的时计——日晷的正常调整之类的操作也是重要的。令人惊讶的是,晚至17世纪西方测量员和天文学家罗盘用的磁针全都指南(与指北的水手的罗盘正好相反),这与或许是一千年之前以来所有中国磁针的做法完全一致。如果这一概念能为人接受,则我们设想,天文学家的罗盘可能是经由陆路向西传播的,随后它被用于海上……①

无论是哪种情况,指南针传播到欧洲也可能是很早的。大约在12世纪末,欧洲的文献中就有相关的记载。

李约瑟指出磁石的发现和西传在近代科学的发展上产生重大影响,他说:

> 磁学的确是近代科学重要的组成部分。中国人为中世纪最伟大的罗盘学者马里库特的彼得及随后的吉尔伯特(William Gilbert of Colchester)和刻卜勒(W. Kepler)对磁力的宇宙作用的概念的建立做了全部准备。吉尔伯特认为万有引力必然类似磁引力。物体落地的现象被解释为地球像一块巨大的磁体,把物体吸引到它本身。重力和磁力相类似的观点是艾萨克·牛顿(Issac Newton)的理论中极其重要的一个组成部分。在牛顿的理论中,人们几乎可以说,万有引力是不言自明的,它存在于所有的空间,就像磁力在没有明显的介质的情况下,在整个空间起作用一样。中国

---

① 潘吉星主编:《李约瑟文集》,陈养正等译,沈阳:辽宁科学技术出版社1986年版,第511—512页。

西方典籍里的中国

古代关于超距作用的思想通过吉尔伯特和刻卜勒构成了牛顿理论的一个非常重要的部分。再往后,克拉克·麦克斯韦(Clerk Maxwell)以经典方程式形式建立起来的较晚期的场物理学,比希腊原子唯物主义更接近于有机思想,它也可以追溯到相同的根源。①

贝尔纳也曾指出指南针对于近代科学发展的重要意义。他在《历史上的科学》一书中说:

> 罗盘自从最初发明后的缓慢发展,具有传统上和技术上一切改进的标志;不过老早就要求科学来解释它的作用了。西方基督教国家在这方面的最初科学创作是《磁石之信札》(1269),马里库特的朝圣者彼得所作,他与罗吉尔·培根同时,被培根称为当时最伟大、最务实的科学家。这部著作表现出高度的独立思想,以及计划和执行一连串实验的本领。隔了许久,诺尔曼(Robert Norman)和吉尔伯特才从这个著作上做起研究工作,再从那里出了磁学和电学的整部理论和实践。不只这样,磁铁对罗盘的影响,还替以前关于感应的种种纯属玄幻的学说和推论,提供一个真实科学基础。甚至更重要些,它对引力原理提供一种有效模型;这个原理贯彻了全部科学,做了牛顿的重大综合的向导明星。②

13世纪时,欧洲的航海者中似乎已经广泛地知道了指南针。意大利商船首先采用了罗盘,并很快推广到印度洋、地中海航运界,引起了它们巨大的变革和发展。

指南针传入欧洲,在欧洲的大航海时代起到了重要作用。由于指南针表明方向的结果,地图逐渐精确起来,并且地图的绘制也有了普遍性。这使得达·伽马发现印度新航路、哥伦布发现美洲大陆和麦哲伦的环球航行,并由此促进了欧洲商业贸易的扩大和工场手工业的发展,为资本主义的产生和发展提供了

---

① 潘吉星主编:《李约瑟文集》,陈养正等译,沈阳:辽宁科学技术出版社1986年版,第233—234页。

② [英]贝尔纳:《历史上的科学》,伍况甫等译,北京:科学出版社1959年版,第193页。

必不可少的前提条件。美国学者伯恩斯等人所著《世界文明史》中指出，西班牙人和葡萄牙人能进行大航海活动的原因之一，即"地理知识的进步和指南针以及星盘的传入使得航海家们有勇气出海去冒险"。在早期葡萄牙亨利王子培训航海家队伍时，帮助舵手掌舵的有"星相家"，这是一些精通领航业务的专家，他们会看罗盘，能算出罗盘偏差并在地图上标出子午线。在麦哲伦作环球航海时所使用的船只上，备有不可缺少的罗盘，必需的航海仪器也有大量储备，包括罗盘、罗盘针、沙漏计时器、星盘、比重秤和星座一览表等。法国启蒙思想家孔多塞在《人类精神进步史表纲要》中指出："磁针指向天上同一点的这一性质是中国人已知道的，并且甚至被他们用于指导航海；这是它也在欧洲被人观察到了。人们学会了使用罗盘，它的运用扩大了商业活动，改善了航海技术，后来使人知道了新世界的那种航海观念，并使人放眼观看他自己所在的整个广阔的地球。"① 德国学者雅克布（Georg Jacob）在《论东方文化对于西方文化之影响》中说："罗盘针是中国人最重要的发明，它开放了我们的眼界。""我们近代的世界观的形成全靠深入异邦文化的精神，只有罗盘针的发明才能够帮助我们到这种境界。希腊罗马的航行只限于沿海，地中海那样一个小海占据了四周的土地，人文主义者就以为这是世界帝国了。"② 李约瑟也指出：

> 磁罗盘，从广义上来说，也就是磁极和磁引力的知识，在西方世界有着惊人的社会影响。……因为15世纪欧洲航海家手里的罗盘在从13世纪开端的航海科学的整个时期占据着重要的地位，它不但使环绕非洲成为可能，而且也发现了美洲大陆。随着大量白银的涌入，市场上不计其数的新商品的销售以及殖民地和种植园的开拓，这对欧洲生活产生了多么深远的影响。③

---

① ［法］孔多塞：《人类精神进步史表纲要》，何兆武等译，北京：生活·读书·新知三联书店 1998 年版，第 97 页。
② 朱谦之：《中国哲学对于欧洲的影响》，上海：上海人民出版社 2006 年版，第 32 页。
③ 潘吉星主编：《李约瑟文集》，陈养正等译，沈阳：辽宁科学技术出版社 1986 年版，第 234 页。

西方典籍里的中国

英国科学史家贝尔纳也曾说过,罗盘的使用,"破天荒第一次开放了大洋,供人探险、战争和贸易,引起了巨大而迅速的经济和政治的效果"①。

五 "四大发明"对西方文明的重大影响

"四大发明"通过各自的渠道和路线陆续传播到欧洲。它们的传播和接受,本来是各自独立进行的,互相之间并没有必然的联系。但是,它们传播到欧洲的时间却大致发生在同一时期,即在蒙古人通过三次西征而建立起跨欧亚大陆的超级大帝国的时代,是中西文化大流动、大交流的时代,也是欧洲发生文艺复兴运动的前夜。正是在这样一个文化接触的汇合点上,"四大发明"发挥的作用和影响远远超出了其本身的技术性范围,成为刺激文艺复兴运动并为其推波助澜的外来力量。这是一种不可低估、不可替代、更不可否定的来自东方的文化力量。

有许多文化史研究者指出"四大发明"对于欧洲的文艺复兴起到推动作用。美国学者卡特在《中国印刷术的发明和它的西传》一书中指出:

> 欧洲文艺复兴初期四种伟大发明的传入流播,对现代世界的形成,曾起重大的作用。造纸和印刷术,替宗教改革开了先路,并使推广民众教育成为可能。火药的发明,削除了封建制度,创立了国民军制。指南针的发明,促成发现美洲,因而使全世界而不再是欧洲成为历史的舞台。这四种以及其他的发明,中国人都居重要的地位。②

如果没有中国的发明,就没有欧洲的文艺复兴。

当然,毫无疑问,文艺复兴是在西方文化传统内部孕育和发展起来的,是西方文化历史发展过程中矛盾运动的合乎逻辑的结果。在文艺复兴之前,欧洲

---

① [英] 贝尔纳:《历史上的科学》,伍况甫等译,北京:科学出版社1959年版,第193页。
② [美] 卡特:《中国印刷术的发明和它的西传》,吴泽炎译,北京:商务印书馆1957年版,第10页。

经历了大约上千年的"黑暗时代",即世界史的"中世纪"时期。在中世纪,西欧各国的社会特征是复杂的等级制度,占统治地位的意识形态是基督教神学。基督教通过层层教会机构,严密地控制着社会思想,社会的全部上层建筑,政治、法律、道德、哲学、文学等以至整个社会生活,全都浸透了神学精神。欧洲中世纪神学的统治地位,是与当时欧洲文化在世界文化的总体格局中相对落后的状况相适应的,同时也是造成这种落后局面的原因之一。但是,13—14世纪的蒙元帝国为欧洲文化提供了新的刺激因素,从14世纪末开始,欧洲的社会经济状况发生了巨大变化。随着生产力的发展,近代资本主义生产关系发展起来。在纺织、冶金、采矿、造船等重要工业部门生产技术不断革新,社会劳动分工不断扩大,手工业和农业进一步分离,商品生产的增长和国内外市场的形成,都加速了封建生产方式的衰落和解体,给资本主义生产方式的产生和发展创造了条件。社会生产方式这一历史性的变革,需要也必然地引发了思想文化领域的历史性变革,于是出现了具有划时代意义、改变了西方文化历史发展进程并奠定了整个现代文明基础的"文艺复兴"。

  文艺复兴时期在思想文化领域表现出一个明显的特点:先进思想家们在从事新的文化的研究和创作中,广泛地利用古代希腊罗马的思想资料。而在古典文化复兴的过程中,造纸术和印刷术的传入,提供了强有力的武器和推动力量,刺激并推动了欧洲自由讨论风气的形成和文化知识的广泛普及。由于书籍带来文化知识的广泛传播,欧洲人进入了一个新的境界,学术中心由修道院转到各地大学,而在大学中聚集了各种新的思想,进行科学研究与探索,孕育了崭新的近代文明。英国历史学家韦尔斯说,对人类社会各种事物的自由探讨和坦白陈述的精神,即思想自由和良心自由的精神,在这一时期逐渐形成,并发扬光大。这种精神在书籍印成以前虽已开始萌生,"但把它们从朦胧状态中解放出来的却是印刷术"①。法国学者克洛德·德尔马(Claude Delmas)在《欧洲文明》一书中论述文艺复兴时期的历史变革时也讲到印刷术的巨大影响。他指出:

---

① [英]韦尔斯:《世界史纲》,吴文藻、谢冰心等译,北京:人民出版社1982年版,第816页。

西方典籍里的中国

  1450年左右，出现了一种特殊的书本。它们表面看来与以往的手抄本没有很大区别，却是用活字和印刷机"印"出来的。这种新颖的书使得那个时代无论教俗的读书人的习惯和学习、工作条件都发生了深刻的变化。这一变化越出了起初的范围，影响普及全世界。书籍的产生是一系列巨变之一。不久以前，火药和轻便武器的发明引起了震动；几十年后，则发生了托勒密所认识的世界（亦即圣托马斯·阿奎那所认识的世界）的扩大以及最终促成欧洲人从1492年起占有了新大陆大片土地的远洋航行。一种新的透视法逐渐形成，它使得西方人至少享有了五个世纪的空间之便利。而书籍在此之前已经开始发挥它特有的作用。印刷术绝非是一项单纯的技术成就，它标志着西方文明从此掌握了一种威力无比的工具，可以将其代表人物的零散的思想加以集中，使研究者个人的思索能够迅速地传递给其他研究者，以便充分发挥这些思想的效力，达到前所未有的严密性，从而具有极其强大的影响力和传播力。这一影响是从15世纪中期起开始显示出来的，它一直持续到另一个动荡时期，那时，在经济和社会的变动中发生了政治革命，无产阶级意识到了自身的存在，人们开始使用大众社会这一字眼。政治革命最终带来了文艺领域的革命，出现了浪漫主义。于是，报纸应运而生，与书籍并存。①

  造纸术和印刷术加速了欧洲近代文明的到来，而火药和火器的传入，则为打破旧有的统治秩序提供了强有力的物质力量，改变了欧洲的政治格局，宣告了欧洲中世纪的结束。至于指南针，它的直接影响在于开辟了欧洲大航海时代，而"美洲和环绕非洲的航路的发现，给新兴的资产阶级开辟了新的活动场所。东印度和中国的市场，美洲的殖民化，对殖民地的贸易，交换资料和一般商品的增加，给予了商业、航海业和工业未有的空前刺激，因而也就促进了崩溃的封建社会内部所产生的革命因素的迅速发展"②。

  作为西方文化发展史上具有划时代意义的文艺复兴运动，从一开始就受到

---

① [法]克洛德·德尔马：《欧洲文明》，郑鹿年译，上海：上海人民出版社1988年版，第67—68页。

② 《马克思恩格斯全集》第4卷，北京：人民出版社1958年版，第467页。

第十章 "四大发明"改变世界

"四大发明"以及与此相关的其他中国文化因素的刺激和推动,并以此为物质前提。"四大发明"的传入,激励和开发了西方文化系统内部的活跃因素,从而使西方文化的历史大变革成为可能。恩格斯曾经指出:"大量的发明以及东方发明的输入,它们不仅使希腊文学的输入和传播、海上探险以及资产阶级宗教改革真正成为可能,并且使它们的活动范围大大扩展,进展大为迅速。"[1] 李约瑟也指出:"诸如火药的发明,纸、印刷术和磁罗盘的发明,还有许多其他方面……在中国完成的发明和技术发现,改变了西方文明的发展进程,并因而也确实改变了整个世界的发展进程。"[2]

中国的"四大发明"不仅为文艺复兴提供了物质基础,而且成为促进资本主义产生和现代人类精神解放、科学文化昌明的最强大的力量。正如马克思说的:

> 火药、指南针、印刷术——这是预告资产阶级社会到来的三大发明。火药把骑士阶层炸得粉碎,指南针打开世界市场并建立殖民地,而印刷术变成新教的工具。总的来说,变成科学复兴的手段,变成对精神发展创造必要前提的最强大的杠杆。[3]

因此,"四大发明"的伟大历史意义和文化意义受到人们普遍的承认和高度评价。早在17世纪初,英国哲学家、被马克思称为"英国唯物主义和整个现代实验科学的真正始祖"的弗兰西斯·培根(Fransic Bacon,1561—1626)就曾充分肯定了印刷术、火药和指南针等发明的重大意义,虽然他和当时的人们一样,还不知道这些伟大的技术成果来源于中国。他说:

> 我们还该注意到发明的力量、效能和后果。这几点是再明显不过地表现在古人所不知、较近才发现,而起源却还暧昧不彰的三种发明上,那就

---

[1] 《马克思恩格斯全集》第20卷,北京:人民出版社1971年版,第530页。
[2] 潘吉星主编:《李约瑟文集》,陈养正等译,沈阳:辽宁科学技术出版社1986年版,第36—37页。
[3] 《马克思恩格斯全集》第47卷,北京:人民出版社1979年版,第427页。

西方典籍里的中国

是印刷、火药和磁石。这三种发明已经在世界范围内把事物的全部面貌和情况都改变了：第一种是在学术方面，第二种是在战事方面，第三种是在航海方面；并由此又引起难以数计的变化来；竟至任何帝国、任何教派、任何星辰对人类事务的力量和影响都仿佛无过于这些机械性的发现了。①

培根还写道，在发现新大陆，发明印刷术、火药、罗盘以后，继续在旧知识和旧发现基础上前进是可耻的；世界已经发生变化，生活的许多领域中已完成了巨大的变革：印刷术已变成科学，火药已变成军事艺术，人借助于罗盘可以横渡海洋。虽然这些发明是偶然的，它们却在人类发展史上起到重大作用。如果说偶然的发明在人类发展中起了如此巨大的作用，那么不难推测：如果在发明的基础上建立起科学，社会的进步将会多么巨大。要为系统的发现指明道路，必须建立新科学。新发现形成新知识，而新知识乃是人类用来驾驭自然的工具。

在培根以后的几百年中，整个世界都发生了巨大变化。"四大发明"不仅被公认为是中华民族对人类文明做出的重大贡献，而且它们的文化价值和历史影响也越来越充分地显示出来。美国学者德克·卜德指出："如果没有纸和印刷术，我们将仍旧生活在中世纪；没有火药，世界可能少受些苦难，但在另一方面，欧洲中世纪穿戴盔甲的骑士们会仍旧占据着护城河围绕的城堡，居于至高无上的统治地位；我们的社会将仍旧停留在封建农奴状态。巴拿马运河和大石坝的修建也是不可能的。最后，如果没有指南针，地理大发现的年代将永远不会到来，而正是这些发明丰富了欧洲的物质生活和精神生活。没有这些发明，迄今为止整个世界仍然是不可知的，甚至包括我们的国家在内。"②

---

① ［英］培根：《新工具》，许宝骙译，北京：商务印书馆1984年版，第103页。
② ［美］德克·卜德：《中国物品传入西方考证》，《中外关系史译丛》第1辑，上海：上海译文出版社1984年版，第232页。

第十一章 中国园林：别样的风景

一 传教士对中国造园艺术的介绍

中国传统园林和建筑艺术是中国传统文化的重要组成部分，是中国文化精神最为直接、形象和生动的展示。中国的园林艺术在中国传统哲学思想和文化艺术的影响下，形成了特有的风貌，在世界园林史上独树一帜，是世界两大造园体系中东方造园体系的代表。中国园林的主旨是表现大自然的天然山水景色，表现和追求自然美。它长于情景交融的意境表现，运用写意的手法，创造出自然、宁静、淡泊、幽深的境界。人们可以在这样一个人为创造的自然环境中，或游或居，怡然自得，享受林泉之乐，表现一种人与自然和谐统一的宇宙观。与这种"自然式园林"不同，近代欧洲的造园体系是"几何规则园林"。它在总体布局上有强烈的对称轴线，道路多是直线，形成矩形或放射形交叉，草坪和花圃被划分成各种几何形状，处处显示出人对自然的控制与改造，显示人的力量。东西方两大造园体系各自根植于自己的民族文化土壤之中，绽开出神采各异、风姿不同的人类智慧之花，从而使世界园林呈现出丰富多彩、绚丽夺目的景象。

中国的"自然式园林"与欧洲的"几何规则园林"，这两种造园体系各有千秋，形成了强烈的反差和对比。中国的建筑艺术也与欧洲的建筑艺术截然不同，中国皇宫的富丽堂皇、南方民居的典雅清秀、庙宇塔寺的庄严肃穆，都明显具有东方文化的特点。那么，在这样的背景下最先来到中国的欧洲人，看到与他们习惯的园林式样完全不同的中国园林，看到与他们习惯的建筑样式完全不同的中国建筑，一定会留下十分深刻的印象和产生强烈的视觉冲击力。所以，在近代早期来华的传教士、商人等，对中国园林、造园艺术和中国建筑风格都有不同程度的介绍。

最早向西方介绍中国园林艺术的大概是马可·波罗。在他的游记中，提到了在杭州见到过的南宋园林。马可·波罗说杭州有南宋的宫殿，"是为世界最大之宫，周围广有十哩，环以具有雉堞之高墙，内有世界最美丽而最堪娱乐之园囿，世界良果充满其中，并有喷泉及湖沼，湖中充满鱼类。中央有最壮丽之宫室，计有大而美之殿二十所，其中最大者，多人可以会食。……灿烂华丽，至堪娱目"①。

16世纪早期来华的葡萄牙传教士克路士在《中国志》中也提过他所见的广西一个王府的园林。他写道："在官邸内，他有幽美的大花园，果树很多，还有大池塘，养着大量的鱼，既供观赏又供家里食用。他的家里栽种各式各样的小花，石竹和芳草的花坛，还有野树林，里面养着鹿和野猪，以及其他禽兽。"②

最早来中国的传教士利玛窦曾多次提到中国的建筑和园林。1582年（万历十年），利玛窦协助范礼安（A. Valighnano）撰写《圣方济各·沙勿略传》中的《论中国的奇迹》，曾提及皇宫和御花园。利玛窦曾几次到过南京，说南京"到处都是殿、庙、塔、桥，欧洲简直没有能超过它们的类似建筑"。1615年《利玛窦中国札记》出版，书中多处提到王府花园。书中写到利玛窦在南京期间曾到一位贵族家里做客，"在全城最华贵的花园里受到接待。他参观花园中许多赏心悦目的事物，看到了一座色彩斑斓未经雕琢的大理石假山。假山里面开凿了一座奇异的山洞，内有接待室、大厅、台阶、鱼

---

① ［法］沙海昂注：《马可·波罗行纪》，冯承钧译，北京：中华书局2004年版，第573—574页。
② ［葡］克路士：《中国志》，博克舍编注：《16世纪中国南部行纪》，何高济译，北京：中华书局1990年版，第76页。

池、树木和许多别的胜景。……洞穴设计得像一座迷宫,更加增添了它的魅力"①。据《利玛窦中国札记》的中文译者研究,当年利玛窦参观的这个花园是明代开国功臣徐达的"瞻园"。"瞻园"号称是"江南四大名园"之一,以欧阳修诗"瞻望玉堂,如在天上"之意命名。瞻园布局典雅精致,陡峭峻拔的假山,闻名遐迩的北宋太湖石,清幽素雅的楼榭亭台,深院回廊,奇峰叠嶂,小桥流水,四季花香。吴敬梓在《儒林外史》中曾对瞻园进行了绘声绘色的描绘。当年利玛窦走进这如诗如画的庭院,一定留下了深刻的印象。

其后,传教士卫匡国的《中华新图》、安文思的《中华新史》等一系列关于中国的著作中有相当篇幅描述了中国园林,使西方人对中国园林有了进一步了解。1655 年卫匡国出版的《中华新图》中,写到了紫禁城的花园,他说:

> 有一条河引进皇宫,可以行舟,它在宫里分成许多小叉,既可交通,也可游乐,它们随着一些小山而曲折,小山在河的两侧,全由人工堆成。中国人堆山的奇技发展到极其精细的水平,山上按照特殊的规则种着树木和花卉;有人在花园里见到过非常奇特的假山。②

1688 年,葡萄牙传教士安文思出版的《中国新史》中对北京的皇宫、庙宇、衙署和街市等都有详细的介绍,特别是他对景山的描写,十分引人入胜。他说,出了皇宫的大门,"不远之处,有一个大花园,皇帝在那里饲养动物包括熊、野猪、老虎等等,它们都在大而漂亮的笼子里。这个园内有五个相当高的土丘,中间一个最高,其余四个较低,东边两个,西边两个,四面均匀倾斜……丘顶遍布树木,种植极为整齐,每棵树都种在一个圆形或方形的台座内。那里还挖了几个洞给家兔和野兔栖身,这几座小丘上兔子很多。这里还有

---

① [意]利玛窦、[法]金尼阁:《利玛窦中国札记》,何高济、王遵仲、李申译,何兆武校,北京:中华书局 1983 年版,第 286、357 页。
② 林梅村:《尚蒂伊的中国花园》,载《紫禁城》,2011 年第 5 期,第 56 页。

大量的鹿、羊和树上常有的野鸟家禽"。北面"是一片稠密的树林，树林尽头，连接公园的墙，有三座娱乐室，由于台阶和高台互相连接，显得格外协调。这是真正的皇家建筑，结构精美……"①

1689年，法国传教士张诚和葡萄牙传教士徐日升参观了北京的畅春园。他们对此留下十分深刻的印象。他们记述说：康熙皇帝的住所附近，"是全园最美丽可喜的，它既不豪华，也不壮观。它在两个大池中间，一个在南，一个在北。两个池子周围几乎全是人工的小丘，是用挖池子的土堆起来的。小丘上种满了杏树、桃树和其他这类的树；当这些树绿叶成荫的时候，它们造成了很足以舒心开怀的景色"。"在北边池子的北岸，紧靠着水，有一溜小廊子，它的景色很美"。在康熙的另一处住所，"那儿一切都很朴素，但自有一种中国式的雅洁。离宫和花园之美，在于非常雅洁，在于有一些很奇特的石块，它们好像是在最荒凉的沙漠里见到的那种；但他们更加喜爱小小的书斋、小小的花圃，花圃周围是绿篱，它们形成小小的过道——这是这个民族的天才"②。

1724年，意大利传教士马国贤（Matteo Ripa，1692—1745）把铜版画《避暑山庄三十六景图》带回英国伦敦，使中国园林图像资料第一次传入西方，标志着西方人对中国园林的了解进入了图像时代。这"三十六景图"的原作是清代画家沈嵛奉康熙皇帝之命所绘的《御制避暑山庄图》，1712年（康熙五十一年），版刻名手朱圭、梅裕风以该画稿为底本，雕刻成木版《御制避暑山庄三十六景图》。次年，马国贤又以木版"御制图"为蓝本，主持印制了铜版《御制避暑山庄三十六景诗图》，同于木版的格式，在36幅铜版画另侧，由名臣王曾期所书诸景点记述和康熙题诗。马国贤将这些铜版画带到英国，起先收藏在热心中国风园林的伯灵顿勋爵（Burlington）家中的图书馆，现存于大英图书馆。有研究者推测，马国贤在伦敦时，曾经向英国人介绍过中国园林，并与古罗马的贺拉斯和西塞罗的牧歌式理想做了比较。他还可能比较过法

---

① [葡]安文思：《中国新史》，何高济译，郑州：大象出版社2004年版，第150页。
② 陈志华：《中国造园艺术在欧洲的影响》，济南：山东画报出版社2006年版，第29页。

国画家克洛德·洛兰（Claude Lorrain，1600—1682）的罗马郊区风景画和中国的山水画，在这些画中见到了中国园林中典型的"精巧的野趣"。所以，人们认为，马国贤的伦敦之行，对英国乃至欧洲的园林艺术产生了极大的影响力，"它完全可以标志着英国园林风格发展中的基点"，推动了英国以及欧洲园林设计的革命，为中国园林艺术的西传起到了重要的作用。1751年，牛津大学诗学教授斯宾塞（Rew Joseph Spence）在给朋友的一封信中写道："我最近看了关于中国皇帝一所大园林的36幅版画，整个花园里没有一行整齐的树，他们看起来比我们最棒的做不规则式园林设计的人都强，就像威廉国王时期传来的荷兰式园林强过于我们的那样。"斯宾塞还说，园林里光照之处应该多于阴影，"使整个园林看上去高高兴兴，而不是忧忧郁郁的。在这方面，中国人看来也比我们的游艺场建造者高明多了。他们不在近景中安置封闭的、浓密的丛林，而把它们放在远处的小山丘上"①。

图11-1-1　广州外销画《园林景色》，英国维多利亚阿尔伯特博物院藏

---

①　陈志华：《中国造园艺术在欧洲的影响》，济南：山东画报出版社2006年版，第169—170页。

图11-1-2 利玛窦《野墅平林图》，辽宁博物馆藏

二 关于中国园林的两封通信

另一位来华传教士王致诚（Jean Denis Attiret，1702—1768）也对中国的园林和建筑风格抱有新的观感。王致诚在1743年给在巴黎的朋友达索（M. d'Assant）写了一封长信，其中详细描述了他称为"园中之园"即圆明园的美丽景色。王致诚本人是一位画家，1738年（乾隆三年）来到中国，受召供奉内廷，学中国绘画技法，参酌中西画法，形成新体画风，号称清廷"四洋画家"之一，1754年（乾隆十九年）奉命至承德避暑山庄为蒙古族厄鲁特部首领作油画肖像，1758年（乾隆二十三年）曾制作紫光阁武功图中《阿尔楚尔之战》图。由于王致诚具有很高的艺术修养，并且对中西方艺术都很有

第十一章 中国园林：别样的风景

体会，所以，他对于中国造园艺术的看法就不同于前述几位传教士仅仅是作为参观者的意见。可以说，在当时来华传教士中，王致诚关于介绍中国园林的书信是比较全面的，也是影响最大的一份文献。他写道：

> 对于园林别墅来说，它们也都算非常诱人了。它们系由一片辽阔的地盘形成，人们于其中以手工筑起了人造假山，高达8～15或16法尺，从而形成了大量的小山谷。几条清澈见底的运河流经这些山谷的深处，并与多处汇合而形成池塘和"海"。人们乘坐漂亮而又庄严的游艇畅游这些运河、海和塘。……在每条山谷中和流水之畔，都有巧妙布局的多处主体建筑、院落、敞篷或封闭式的走廊、花园、花坛、瀑布等的建筑群，它们形成了一个组合体，看起来令人赏心悦目，赞不绝口。人们不是通过如同在欧洲那样美观而笔直的甬道，而是通过弯弯曲曲的盘旋路，才能走出山谷。路上甚至装饰有小小的亭台楼榭和小山洞。在出口处，又会发现第二个山谷，它或以其地面形状，或以建筑结构而与第一个小山谷大相径庭。
>
> 所有的山岭都覆盖着树木，尤其是花卉，它们很普遍。这是一个真正的人间天堂。人工运河如同我们那里一样，两岸由方石砌成笔直的堤岸，但它们都是非常简朴的粗石，并夹杂着岩石块，有的向前凸起，有的向后凹缩。它们是以非常艺术的方式排列起来的，人们可以说这是大自然那鬼斧神工的杰作。河渠有时宽敞，有时又狭窄；它于此蜿蜒逶迤，有时又调头拐大弯，它们就如同是真正被丘陵和山岩推动一般。河岸上种满鲜花，它们在石堆和假山口绽放，在那里也显得如同是大自然的造化。每个季节都有独特的鲜花。除了河渠，到处都是甬道，或者更应该说是羊肠小道，它们都用小石子铺成，从一个山谷通向另一个山谷。这些羊肠小道也是蜿蜒着向前延伸，有时沿着河畔前进，有时又远离河岸而通向他方。
>
> 到达一个山谷时，人家便会发现楼舍。所有的门面都会有廊柱和窗户，被镀金、绘画和涂漆装饰的雕梁画栋，……屋顶上覆盖着琉璃瓦，分别呈天蓝色、金黄色、翠绿色和淡紫色，它们的混合与搭配形成了一种赏心悦目的风格与千变万化的图案。……再没有比这一切更像仙女们的神话

西方典籍里的中国

宫殿了。①

在王致诚看来，中国的园林建筑给人一种画意的感觉。他指出了中国园林的无比丰富性，充满了胜境幽处、意想不到的变化，充满了浪漫情趣，山重水复，木老石古。他认为中国人在园林建筑方面的创作是以作为景物的一部分而提出的，是对自然美景的补充。对于这种美景，王致诚觉得无法描摹，只能说："只有用眼睛看，才能领略它的真实内容。"他对中西美学思想的对比有深刻的分析，他以一个艺术家的敏锐力体悟到了中国园林重要的美学原则：师法自然，重自然意趣而不尚人工雕琢。他指出：人们希望"到处都呈现一种美的无序，一种反对称。一切都是围绕着这条原则运行的：人们希望表现的是一个质朴而又自然的别墅，而不是一个符合所有对称和比例的一切准则的井然有序的宫殿群"。在这里，"这一切都优雅别致，安排得如此巧夺天工，以至于使人永远不能一眼看穿其全部美感"。②

1747 年，王致诚的这封信收入杜赫德编的《中华帝国全志》，引起很大轰动，1749 年被译成英文出版。1752 年又以《中国第一园林特写》的书名再度在英国出版，译者是英国作家斯宾塞教授。斯宾塞是一位园林艺术爱好者，曾在自己的庭院里消磨了不少时光。他在 1747 年的著作《波利默蒂斯》中说，诗歌和绘画是有密切联系的艺术，而中国园林是绘画、诗歌和建筑艺术相结合的典范。斯宾塞的这个译本在当时很受重视，许多报刊登载了这篇译文的摘要，如《伦敦画报》《每月新闻报》《苏格兰画报》等。有一家杂志评论说："诗歌或传奇中，甚至神话中，也没有什么东西能和这种千变万化的建筑相比拟。"③ 关于王致诚书简的影响，法国学者乔治·洛埃尔（Gerges Loehr）指出："在迷恋中国工艺品和崇拜中国的高潮中，出现了王致诚的书简。所以，在欧洲追求英—中国式园林的热潮中，必须在其构成中划出不规则的小路、

---

① ［法］杜赫德编：《耶稣会士中国书简集——中国回忆录》第 4 卷，耿昇译，郑州：大象出版社 2005 年版，第 289—290 页。

② ［法］杜赫德编：《耶稣会士中国书简集——中国回忆录》第 4 卷，耿昇译，郑州：大象出版社 2005 年版，第 296—297 页。

③ 范存忠：《中国文化在启蒙时期的英国》，上海：上海外语教育出版社 1991 年版，第 90 页。

第十一章 中国园林:别样的风景

蜿蜒小溪、湖泊及其小岛、湖礁、瀑布等。我们很容易发现,这种不规则和不对称状态和洛可可式的装饰完全相符。"① 法国学者安田朴也说,王致诚的书简"在欧洲掀起了一种引人入胜的好奇"②。

王致诚的这封信在欧洲流传很广,他笔下的圆明园成为欧洲人心目中的时尚园林和梦幻仙境,同时也引起了欧洲园林建筑家的极大兴趣,他们要求看到更详细的素描。1744年(乾隆九年),中国宫廷画家唐岱、沈源、冷枚等完成了《圆明园四十景图》。这套图是根据乾隆皇帝的旨意,由当时最著名的画师唐岱、沈源历经11年绘制而成的。所谓"四十景",是指圆明园内独成格局的40处园林风景群,一个景就是一座"圆中园"或园林建筑群。《圆明园四十景图》为绢本彩绘,各幅图分别附有汪由敦所书乾隆《四十景题诗》,共计40对幅,每对幅为右图左诗,每幅图的绢心为64×65厘米,连装池绫边为83×75厘米,是目前世界上最长的绢制彩色工笔画。这套工笔彩画精品,成为后人领略圆明园盛期风貌的最直观、最形象的珍贵史料,也为中国造园和绘画艺苑留下一束奇葩。后来,王致诚应友人之邀,将《圆明园四十景图》的副本寄到巴黎。不过,王致诚所寄出的副本可能不是彩绘图的副本,而应该是《圆明园四十景图》的另一个版本,即奉旨校刊乾隆《御制圆明园四十景诗》的附图,为墨线白描图。这个副本寄到巴黎后,受到人们的重视。据说,到1770年,巴黎曾有人出售王致诚寄到巴黎的《圆明园四十景图》的复制本。《圆明园四十景图》彩绘绢本一直作为珍宝收藏在圆明园。1860年,英法联军火烧圆明园时,这套珍贵的彩绘图被法国人掠走,献给了法国当时的国王拿破仑三世。该画原件现保存在巴黎国家图书馆。

1767年,法国传教士蒋友仁(Benoist Michael,1715—1774)在给巴黎的巴比雍(Papillon d'Auteroche)神父的信中,对中国皇家园林做了比较详细的介绍。蒋友仁也是一位艺术家,他于1744年到中国,1747年被乾隆皇帝委派参加修造圆明园之属园——长春园的"西洋楼"建筑群,主要负责其中人工喷泉的设计及施工指导。当年,第一个大水法"谐奇趣"即告完成。此后,

---

① [法]乔治·洛埃尔:《入华耶稣会士与中国园林风靡欧洲》,[法]安田朴、谢和耐等:《明清间入华耶稣会士和中西文化交流》,耿昇译,重庆:巴蜀书社1993年版,第303页。
② [法]安田朴:《中国文化西传欧洲史》,耿昇译,北京:商务印书馆2000年版,第527页。

他又指导续建了蓄水楼、养雀笼、黄花阵、海晏堂、远瀛观等多处水法工程。全部工程于1759年结束,前后长达12年之久。这些人工喷泉中,比较有名的是海晏堂前的"十二牲像喷水池",即著名的"十二兽首"。所以,蒋友仁对中国的皇家园林有更多的了解和体验。他在这封信中向他的朋友介绍圆明园的美丽景色。他说:

> 对于这些可人的花园,有些作者运用丰富的想象力进行了优美的描述,而这些创意在皇帝的花园里得到了实现。中国人在他们的庭院装饰中善于优化自然,这种艺术达到炉火纯青的程度,艺术家最受赞赏的境界是看不出他雕琢的痕迹,艺术与自然融为一体。与欧洲不同,这不是那些一眼看不到尽头的通道,不是那些可以远眺无数优美景象的露台,眼见的东西太多,使人无暇对某些特别的事物进行遐想。在中国的花园中,不会让你产生视觉疲劳,目力所及几乎是一块恰到好处的空间。你可以看到整个空间,它的秀丽使你怦然心动,使你赏心悦目。百步之后,新的景色又呈现在你的眼前,引起你新的赞叹。
>
> 所有的花园被蜿蜒于假山间的溪流分开,溪流时而从岩石上流过,形成瀑布,时而汇入低谷,形成一些水池,根据它们的大小,取名"湖"或"海"。溪岸不很规则,水池边有傍岸的石头,但与我们刻意平整的石块全然不同,那样的石块已失去天然的情趣。这里傍岸的石头显得有点粗糙,被牢牢地安放在桩基上。工人有时要花费很多的时间来建造,但他们做的只是为了使石块更不平整,以增加它们的野趣。
>
> 在小溪边,这些石块铺设成如此模样,以至在若干个地方形成了非常适宜登船的阶梯,人们可以由此下船去泛舟。在假山上,人们时而将石头磨光成一眼望不到边的岸石,时而将石头有意放置成要掉下来砸在行人头上的样子,尽管石头是安置得非常牢靠的。有时石头也垒成山洞,山洞在山下蜿蜒穿行,将你带到一座座美丽的宫殿。在岩石间,就如小溪两边和山上一样,人们安排了一些看上去非常自然的山洞,山洞中有时长出大树,有时长出灌木,当季节来临,到处覆盖着各种鲜花。在其他一些地方,人们也能看到不同的植物和花卉,人们根据季节的变

化不断将之更新。①

蒋友仁的这封信和王致诚介绍中国皇家园林的书信一样,也被收入杜赫德编的《中华帝国全志》。在蒋友仁之后不久,另一位传教士韩国英(Pierre-Martial Cibot,1727—1780)写过一篇《论中国园林》的论文,介绍了从古代直到清朝的中国造园史,详细论述了中国造园艺术的基本原则和技法。他特别指出:当时设计营造皇家宫苑的中国建筑师或园艺师,往往富于艺术家、哲学家的很高修养。而他引用一位哲匠刘舟关于园林选址意向的叙述,清晰显示了风水的美学情趣:"他们首先追求的是空气新鲜,朝向良好。土地肥沃,浅冈长阜,平坂深壑,澄湖急湍,都要搭配得好;他们希望北面有一座山可以挡风,夏季招来凉意,有泉脉下注,天际远景有个悦目的收束,一年四季都可以返照第一道和末一道光线。"

图11-2-1 《英中园林图解》一书中的圆明园长春仙馆图

---

① [法]杜赫德编:《耶稣会士中国书简集——中国回忆录》第5卷,吕一民等译,郑州:大象出版社2005年版,第133—134页。

图 11-2-2 清初外销瓷上的中国园林画

三 钱伯斯对中国造园艺术的研究

在向欧洲介绍中国园林艺术方面,除了上述传教士们的介绍和推崇,英国建筑家威廉·钱伯斯(Sir William Chambers,1726—1796)起到很大作用。

钱伯斯曾在一条瑞典东印度公司的商船上任货物经理。由于在公司主要从事对外贸易,他也因此游历了包括中国在内的许多国家。1742—1744 年,他到了广州,工作之余收集了一批有关中国建筑、园林、服饰和其他艺术资料。他对中国的园林很感兴趣,曾向一位叫李嘉的中国画家请教过中国的造园艺术。1748 年他曾再次到中国考察,描画了许多中国建筑、家具、服饰等式样,

第十一章 中国园林：别样的风景

特别是对中国建筑做了大量速写。后来，他脱离了航海生活，先到巴黎，后到意大利学习建筑。1755年。钱伯斯回到英国，担任威尔士亲王（Prince of Wales）的绘画教师。

主持丘园的建设，是钱伯斯最主要的成就。钱伯斯受肯特公爵（Kent）之托，在英国东南叫丘城的地方建造别墅。他在此设计了一座中国式庭园，名为"丘园"。园中垒石为假山，小涧曲折绕其下，茂林浓荫；园内有湖，湖中有亭，湖旁耸立一座高约48米的九层四角形塔，每层有中国式的檐角端悬，屋顶四周以80条龙为饰，涂以各种颜色的彩釉。塔旁还有一座类似小亭的孔子庙，图绘孔子事迹，并杂以其他国家及其他宗教的装饰，唯雕栏与窗棂为中国式。丘园中某些局部的规划也具有相当程度的中国特色，在水面以及池岸处理上尤显突出，两者之间过渡自然。丘园中那如茵的绿草地，点缀其间的鲜艳的花卉，伫立一旁的深色调的参天古木组合在一起显得相当协调，充分体现钱伯斯独特的艺术感觉和创造力。

与此同时，钱伯斯还对中国建筑和造园艺术进行了深入的研究，于1757年出版了《中国建筑、家具、服饰、器物的设计》一书，内容主要是介绍各种中国的建筑物和园林，有大量相当精确的插图。同年5月，他又在《绅士杂志》上发表了论文《中国园林的布局艺术》。钱伯斯的研究具有很高的价值，在当时就产生了相当大的影响力。据说钱伯斯在完成《中国建筑、家具、服饰、器物的设计》一书后，曾将手稿请著名学者约翰逊（Samuel Johnson，1709—1784）审阅，约翰逊读后十分赞赏，说："这部书不需要补充和修改，只要写几行序言就行了。"约翰逊在为这本书写的序言说：

> 要恰如其分地赞扬，既不少也不多，这是不易做到的。中国学术、政策和艺术已经受到无限的颂扬，这表明了新颖的事物有多么巨大的吸引力，而尊敬又如何容易变为钦佩。
>
> 我完全不希望被说成是中国人优越性的夸大者。我说中国人是伟大的或聪明的，那只是把他们同周围各国人民比较而言；我不想拿他们同我们这里的古人或今人相比；不过我们必须承认，他们是一个突出而独特的民族；因为他们独处一方，同所有文明各国是隔绝的，而在没有先例可资借

西方典籍里的中国

鉴的情况下形成了自己的风格，改造了自己的各种艺术。①

钱伯斯的这本书风行欧洲各国，成为中国风尚的范本。1772年，他又出版了《东方园艺概论》一书，对中国园林艺术大加称誉。同年，这部《东方园艺概论》又出版了增订版，请了一位在伦敦居住的中国雕塑家谭纪华加了许多注释和解说，以增加其说服力。

钱伯斯在他的著作中阐述了他的基本造园理念，他认为真正动人的园林应该源于自然，但要高于自然，要通过人的创造力来改造自然，使其成为适于人们休闲娱乐之处。他认为古典主义的花园太雕琢，过于不自然，而所谓自然景致花园又不加选择和品鉴，枯燥粗俗。最好的是"明智地调和艺术与自然，取双方的长处，这才是一种比较完美的花园"。这种花园，就是中国式的花园。他说："任何真正中国的东西至少都有它独创的优点，中国人极少或从不照搬或模仿别国的发明。"他还指出，中国人"虽然处处师法自然，但并不摒除人为，相反地有时加入很多劳力。他们说，自然不过是供给他们工作对象，如花草木石，不同的安排会有不同的情趣"。"中国人的园林布局是杰出的，他们在那上面表现出来的趣味，是英国长期追求而没有达到的。"② 钱伯斯相当系统全面地论述了中国的造园艺术。关于中国造园艺术的基本特点，他指出："大自然是他们的仿效对象，他们的目的是模仿它的一切美的无规则性。"他指出：

首先，他们详察所选定的地址的地貌，看看它是平川还是坡地，有土丘还是有山岗，是开阔的还是幽闭的，干的还是湿的，是不是有许多小河和泉水，或者根本没有水。他们对各种各样的环境很重视，选择最适合于自然地貌的布局方法，这种方法花钱最少，最能遮盖缺点，而又最能充分发扬一切优点。③

钱伯斯进一步阐述了中国造园艺术的基本原则，他指出："中国园林的设

---

① 范存忠：《中国文化在启蒙时期的英国》，上海：上海外语教育出版社1991年版，第93—94页。
② 陈志华：《中国造园艺术在欧洲的影响》，济南：山东画报出版社2006年版，第62页。
③ 陈志华：《中国造园艺术在欧洲的影响》，济南：山东画报出版社2006年版，第63页。

计原则，在于创造各种各样的景，以适应理智或情感的享受的各种各样的目的。整个地段被分化成许多不同的景；他们的园林的完美之处，在于这些景致之多、之美和千变万化。中国的造园家，就像欧洲的画家一样，从大自然中收集最赏心悦目的东西，把它们巧加安排，以至于不仅仅这些东西本身都是最好的，更要使它们在一起组合成一个赏心悦目、最动人的整体。"他认为中国的园林中的这些景都是有性情的。他说：

> 他们的艺术家把景分为三种，分别称为爽朗可喜之景、怪骇惊怖之景和奇变诡谲之景。这后一种是传奇性的，中国人利用各种手段在那儿造成诧异之感。有时候，他们把小溪或者急流引入地下，它们异常的响声使不知它从何而来的人感到奇怪。在另一些时候，他们把石头、建筑物和其他东西巧妙布置起来，以至当风通过它们的间隙和空洞时，会发出从来没有听到过的奇异的声音。怪骇惊怖之景有摇摇欲坠的悬岩、黑暗幽冥的山洞、从山顶四面八方奔泻而下的汹涌湍急的瀑布。树木都奇形怪状，好像被风霜雨雪折磨得枝干断裂。……在这些景色之后，接踵而来的是爽朗可喜之景。①

钱伯斯对中国造园的具体方法，包括四季的变化，每天清晨和中午、黄昏不同时段的变化，以及不同功能的变化，都有各自不同的设计和安排，还有用不同的尺度和色调变化来造成空间的深远效果等。钱伯斯还非常重视色彩在园林中的独特作用，并首先将这种理论运用到实践中去。总之，他对中国园林怀着极为赞赏和推崇的态度，他说，中国人设计园林的艺术确是无与伦比的。欧洲人在艺术方面无法和东方灿烂的成就相提并论，只能像对太阳一样尽量吸收它的光辉而已。他还指出："在中国，不像在意大利和法国那样，每一个不学无术的建筑师都是一个造园家……在中国，造园是一种专门的职业，需要广博的才能，只有很少的人能达到化境。"②

钱伯斯对中国建筑和造园艺术的研究，在当时欧洲各国产生了很大的影响，他所建造的丘园成为当时欧洲流行的"中国风"在园林建设上的一个样

---

① 陈志华：《中国造园艺术在欧洲的影响》，济南：山东画报出版社2006年版，第63—65页。
② 陈志华：《中国造园艺术在欧洲的影响》，济南：山东画报出版社2006年版，第68页。

板，他的《中国建筑、家具、服饰、器物的设计》一书，也成为造园家们必备的参考书。可以说，钱伯斯在英国乃至欧洲的造园史上具有划时代意义。

图 11-3-1　伦敦丘园中的花园和鸟舍

图 11-3-2　伦敦丘园中的宝塔

第十一章 中国园林：别样的风景

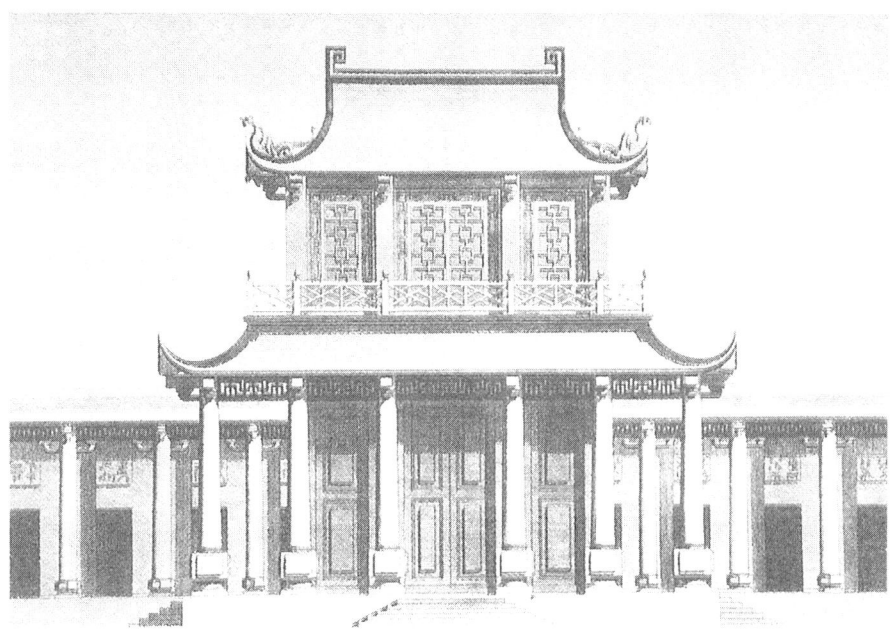

图 11-3-3 钱伯斯《中国建筑、家具、服饰和器物的设计》（1757 年）中的建筑图

图 11-3-4 钱伯斯《中国建筑、家具、服饰和器物的设计》（1757 年）中的中国商人住宅剖面图

四 欧洲作家对中国造园艺术的评论

从17世纪上半期开始，经过传教士们和其他商人、旅行家的介绍，以及钱伯斯等人的研究，还有许多中国的工艺品如瓷器、漆器、外销画等都有建筑和园林的图案，使欧洲人对中国的园林和建筑艺术已经有了比较多的了解。实际上，欧洲人是在当时关于中国的知识的总体的联系中了解中国造园艺术的。在洛可可风格弥漫整个艺术领域的气氛下，人们对中国的造园艺术和建筑艺术表现出极大的兴趣，除了专业的建筑师，许多文人学者都以谈论中国园林为时尚的话题。他们对"中国风"的园林设计起着比建筑师更大的作用。一方面，政治家、哲学家们试图将造园艺术作为他们所鼓吹的社会制度与政治主张的具体体现，画家、诗人们则把园林作为其笔下艺术的载体和描绘对象。另一方面，诗人、画家、哲学家、政治家又不断地提出新的造园观念与美学思想，推动着造园艺术的不断发展演变。中国造园艺术对欧洲的影响，其实是17—18世纪欧洲人对中国的哲学、文学、艺术、政治理想、伦理道德产生全面兴趣的一个表现。

英国学者威廉·坦普尔爵士在1685年写了《论伊壁鸠鲁的花园，或论造园艺术》一文，全面论述了欧洲流行的各种造园艺术，其中赞扬中国的造园艺术，说"中国的花园如同大自然的一个单元"，它的布局的均衡性是隐而不现的。他说：

> 我们的建筑和园林之美主要靠一定的比例、对称和统一，我们的园中树木都互相陪衬，排列得整整齐齐，行间距离相同。中国人瞧不上这种办法，他们说，一个会数数到一百的孩子，就能把树一排一排种得很直，一棵连一棵，要什么距离就什么距离。而他们最用心的地方，在于把园林布置得极美极动人，但一般却不易看出各部分是怎样糅合到一起的。虽然我们对这类的美毫无所知，可他们有一个专门用来形容这种美的字眼。如果他们一眼看上去对劲，就说"Sharawadgi"① 好或者绝妙，还有类似的赞

---

① "Sharawadgi"，虽经许多学者考证，尚不清楚原来的汉语词是什么。钱钟书认为可能是"散乱"或"疏落""位置"，也有人认为可能是"疏落有致"。

语。谁要是注意一下最好的印度袍子上的花纹，或者他们最好的屏风上、瓷器上的图画，就会看到这种散乱的美。①

坦普尔构拟了"Sharawadgi"一词，引起翻译家们的多种猜测，其实就是要表达一种"无序之美"，来概括中国园林那种千变万化、如诗如画的特点。他认为中国园林的本质就在于"自由而不受束缚的风格"。但是，坦普尔不主张英国人去盲目地仿效中国的园林，因为极易弄巧成拙，反而不美。

到了18世纪，中国的园林和建筑艺术对欧洲影响越来越明显了，引起人们的极大兴趣。1712年，英国著名散文作家艾迪生在《旁观者》杂志上著文讨论园林艺术。在园林美学方面，艾迪生深受李明《中国近事报道（1687—1692）》的影响，提倡师法自然，反对人工造作，被称为"摆脱园林艺术中人工化最有影响的初期倡导者"。他认为自然远远胜过最精致的人工，壮丽的宫殿和园林不能满足人们的想象力，而广阔的田野则能够做到。他大力称赞中国的园艺。他写道：

> 有一些曾经给我们介绍中国情况的作家说，中国人讥笑我们欧洲照绳子和尺子来种树的方法，因为任何人都会按一定的行列、相同的间距来种树。他们宁愿去表现大自然的创造力，因此，总是把他们所使用的艺术隐藏起来。……我们英国的园林，恰恰相反，不是去适应自然，而是喜欢脱离自然，越远越好。我们的树木修成圆锥形、球形和方锥形。我们在每一棵树、每一丛灌木上都见到剪刀的痕迹。……我们欣赏一棵枝叶茂盛而舒展的树，胜过一棵被修剪成几何形的树。我们认为花朵繁密的果园毫无疑问要比整整齐齐的花圃组成的回文图案美丽得多。②

艾迪生进一步指出，园林和诗歌中都有两种不同类型的艺术，即自然的和人工的。他把花坛和花圃的建造者比作十四行诗和英雄联韵体诗人，而把亭

---

① 周珏良：《数百年来的中英文化交流》，周一良主编：《中外文化交流史》，河南人民出版社1987年版，第596页。
② 陈志华：《中国造园艺术在欧洲的影响》，济南：山东画报出版社2006年版，第39页。

台、岩洞、格子篱笆和人工瀑布的建造者比作浪漫传奇的作者。他说："我主张的园林结构是希腊诗人品达的长短句并具颂歌式的，具有自然的粗犷之美，而又不失艺术的细致风雅。"① 他认为中国园林是自然和艺术和谐的样板，它们利用自然的要素生成美丽的景色，"创造出具有全部魅力的园林来"。

艾迪生的朋友、著名诗人蒲伯（Alexander Pope，1688—1744）也积极鼓吹自然式的园林，他在1713年9月29日《监护者》杂志第173号上发表文章，称赞中国园林崇尚"不加装饰的自然所具有的亲切淳朴之美""一切艺术的目的都在于模仿和研究自然"。并挖苦刻意将花木修剪成亚当、夏娃、通天塔等形状的英国园林。他在一首诗中写道：

> 把自然这位女神看成个端庄的姑娘，
> 既不可过分打扮，又不是不要梳妆，
> 切莫使每个美景到处可以观赏，
> 此中奥妙就是在于若隐若藏，
> 要出人意料，要有变化，要遮没垣墙，
> 布景如此自可称至高无上。②

艾迪生和蒲伯还曾依中国植树的方式和他们所理解的中国式园林方法分别布置自己的花园，艾迪生还在自己的花园中引进中国的叠石假山和山洞。蒲伯营造了一个体现中国园林美学趣味的别墅花园，园内有一个天然岩洞，他为此骄傲："请君前来观看，这里是伟大的自然。"经他们提倡，这种趣味一时成为风气，在英国产生了一种反对"正规花园"的运动，出现自然风景园。

作家何瑞思·沃尔波尔（Horace Walpole，1717—1797）也是自然风格园林的积极倡导者。他在1750年写给友人的一封信中说："你无论何时回到英国来，都会因为我们有自由去追求我们的爱好而高兴，而这种爱好你是想不到的——公共建筑是希腊式的，至于小型建筑和园林则是哥特式或中国式的。"

---

① 范存忠：《中国文化在启蒙时期的英国》，上海：上海外语教育出版社1991年版，第83页。
② 范存忠：《中国文化在启蒙时期的英国》，上海：上海外语教育出版社1991年版，第85页。

他在同年的另一封信中还说：

全国各地面貌一新，人人都在美化自己的庭园，他们不再给庭院围上墙垣和高高的篱笆，过路的人都能欣赏园中的花木。散处园中的建筑物——庙宇、桥梁等——应都是哥特式或中国式的，新颖别致，很是可爱……①

在法国，人们也对中国式的园林表现出很高的热情。18世纪上半叶，正值启蒙运动的高潮，启蒙思想家们纷纷主张效法中国孔子儒家的思想榜样。与此同时，对于中国的造园艺术也表现出浓厚的兴趣。伏尔泰在1738年的一首诗中说：

园子里花木双双对称，
矮树成行顺着一根绳；
……
花园呀！我一定要离开您，
人工过多使我反感又厌倦，
我更爱宽阔的森林，
空旷的自然并不规矩整齐，
它无拘无束，
这才合我的心意。②

1755年，法国建筑学家娄吉埃（Le père Marc-Antoine Laugier，1713—1769）再版了他的《论建筑》一书，其中加进了关于造园艺术的一章。他说："我们喜好寻觅那种乡村中的悠闲气氛，造园的目的就是提供这样的场所。在自然中，我们欣赏树荫、草地和小溪细流……欣赏景色的变化和它们荒芜的面貌。"园林应当采集所有这些美景，巧妙地加以安排，保证不失去"淳朴和优

---

① 范存忠：《中国文化在启蒙时期的英国》，上海：上海外语教育出版社1991年版，第91页。
② 陈志华：《中国造园艺术在欧洲的影响》，济南：山东画报出版社2006年版，第88页。

雅"。为了达到这样的境界，我们应该学习中国的榜样。他说："我认为，中国园林的品位比我们的好。""巧妙地把中国人的造园观念和我们的融合起来，我们便能成功地创造出具有自然的全部魅力的园林来。"①

法国的作家学者们对于"中国风"园林或者说"英—中花园"也表现出很高的热情，他们纷纷发表对于建造这样的新式园林的看法，畅谈有关中国的造园艺术。达古亥公爵（Le Duc d'Harcourt）说："装饰一座园林，这就是打扮自然，这就是在一块小小的地坡上接近那些在广阔的空间里形成的美。"他还认为，"艺术的妙谛在于要使人看不出艺术。"作家穆瑞勒（Jean-Marie Mordl）说："造园艺术的目的并不在于人工地再现自然，它是根据美丽的自然所显示的规律来布置园林的。"艺术家研究自然，并不是为了学会去模仿它，而是为了去促成它。吉拉丹侯爵（Lousi-Rene, Marquis de Girardin）在一篇论文中指出，中国造园艺术的特点是整体性强，在深入细部之前，总是全局在胸。而且，中国园林的设计不在图纸上进行，是在现场进行，因此最能同自然协调。他指出：中国式的园林避免大片的平地，喜好范围有限的像图画一样的景致。中国式的园林中，"构造景致的，既不应该是建筑师，也不应该是造园家，而应该是诗人和画家"。另一位学者沃特莱特（Claude-Henri Watelet）也在一篇论文中提到，园林有三种形式，即画意的、诗情的和传奇式的。中国式的园林就是传奇式的，要像钱伯斯描写的那样，有怪异的声响，造成令人惊讶的气氛；还要像王致诚描写的那样，有焰火。②

1773年，德国学者翁策尔（Ludwig A. Unzer）著《中国园艺论》一书，称赞中国的园林是一切园林艺术的典范。他指出："我们可以公正地说，中国民族比其他民族更能够欣赏较为崇高的美。很久以前，他们就深信不疑，承认在园林设计方面中国风趣的优越性。"他把中国园艺中的曲线，作为心思灵活的一种表现形式。"中国人喜用蛇形曲线，并且正确地认为比直线更生动而多姿，故不独小径石梯，幽古水道，千回百折，若隐若现，甚至也用于桥梁的建筑。"他把中国人所具有的令人艳羡的一种振奋人类精神的力量，通过园林来

---

① 陈志华：《中国造园艺术在欧洲的影响》，济南：山东画报出版社2006年版，第91页。
② 陈志华：《中国造园艺术在欧洲的影响》，济南：山东画报出版社2006年版，第103—104页。

触发各种情感,描述如下:"中国的艺术家认为适用于园囿的景色或意匠可以分三类:第一,可以激发人思想的赏心悦目的景物,其中甚至也包括激发一种淡漠的幽思;第二,引人惊讶恐惧的景物;第三,用意在于出奇制胜,使人目迷神往的景色。""他们使用极其巧妙的方式,使回声重叠反响,把这一片地方真正成为发人灵感的泉源"。一面有瀑布急湍,互相冲击,一面又有嵯峨怪石兀立,使人惊慑,如果再前行数步,赏心悦目的景物又在望中,"而这种种赏心悦目的景物,必须经常保持为园中的主要特色"。他还指出:"中国人的布置,善以幽暗柔和色调与光亮鲜明的色调互相映发,似简单的景与复杂的景相对照。他们以风趣为唯一的规则,结果所造成的整体,其中每部分都有显著的各不相同的特色,但总的效果,使我们发生和谐的快感。"他们在园中偏向于设置种种形式奇特的物品,因为它们可以增加园囿刺激游人感情的力量。"在他们的花园中,盘根错节的老树,尤为常见,因为它们特别具有吸引游人注意的力量。"翁策尔在他这部著作的结语中劝告欧洲人吸收中国人的阳刚之趣。他说:"除非我们仿效这个民族的行径,否则在这方面一定不能达到完美的境地。我们无须以学习他们的行径为耻。"①

图 11-4-1 法克劳德-路易·夏特莱《小特里亚农宫的花园》。18 世纪

---

① 利奇温:《18世纪中国与欧洲文化的接触》,北京:商务印书馆1962年版,第106—108页。

图 11-4-2　这幅画表现了 18 世纪欧洲人对东方园林的想象

图 11-4-3　法布歇《中国花园》

图11-4-4 巴黎北郊尚蒂伊宫中国花园的假山

附录　西方的兴趣：关于中国的问题清单

一　曼纽埃尔国王的清单

欧洲人为了寻找东方、寻找中国，乘着大帆船，克服重重艰难险阻，踏万顷波涛，开辟出一条条海上航线，实现了人类历史上的伟大壮举。最后，他们找到了东方、找到了中国，看到了他们心中充满神秘色彩的"契丹"。他们踏上中国的土地，走马观花，留下了最初的印象，也给他们的同胞发回去这些最初印象的报告。

大航海时代的来临，新大陆的发现，都与关于中国和东方的传闻有关。但是，欧洲人对中国实际状况的认识还是不甚了了。18世纪法国作家鲁斯洛·德·絮吉（Rousselot de Surgy）就当时人们对于中国的知识问题说道：

> 我们关于中国的最初知识，来自著名的威尼斯人马可·波罗。他谈到了这个国家的悠久历史，优秀的法律和政府，肥沃的土地，富足的生活，繁荣的商贸，众多的居民，等等。他描绘了中国人的礼节，他面对艺术和科学的喜爱以及发展艺术和科学的热情。所有这些记述都被视为虚妄的奇谈。人们认为，这种无稽之谈与其说是事实的真实的记述，不如说是善意的想象的结果。人们觉得，如果相信数千里之外有一个强大的国家，它胜过治理得最好的欧洲国家，那简直就是荒谬。什么！在许许多多的野蛮国

附录 西方的兴趣：关于中国的问题清单

家那边，在世界的尽头，会有如那位威尼斯人所说的那样一个古老、聪明和文明的民族？纯粹是痴人说梦，除了头脑简单的人和傻瓜，谁也不会相信。[①]

中西文化的真正的实质性接触，两大文明的正式相识，以及欧洲人对于中国有了比较具体和真实的了解，还是在16世纪初欧洲人大批来到中国开始的。

以提出问题清单的形式，了解中国的有关情况，是那个时代的一个特点。这反映了当时欧洲社会了解、认识中国的迫切性和巨大热情，也在一定程度上体现了他们了解中国知识所达到的水平。

1508年4月，葡萄牙国王曼纽埃尔一世（Dom Manuel Ⅰ，1495—1521）指示去麻剌甲的葡萄牙人，要他们了解：

> 对于旅居麻剌甲的中国商人详加调查，如中国商人从何处来？行程如何？携若何之商品来麻剌甲或其他之地求贸易？又其来麻剌甲也，始于何时？以及船只之数目若干？式样若何？中国商人在麻剌甲商馆之有无？资产之有无？武装之有无？勇壮之态度若何？衣服式样若何？宗教若何？其国版图之面积若何？凡此种种，俱一一在调查之列。[②]

葡萄牙国王曼纽埃尔一世的这个"问题清单"，我们在前面已经引述过。这是西方人第一份希望系统了解中国的问题清单，从中表现出他们急切认识中国的迫切愿望，以及他们最初是从哪些方面开始认识中国的。

最早来东方的欧洲人是葡萄牙人，他们也是最早撰写文献向欧洲介绍中国的。最后西班牙人门多萨所写的《中华大帝国史》是16世纪有关中国问题影响力最大的一部著作。虽然这些记述与以后在中国长期生活的传教士们的书简和著作相比，还是比较肤浅的、走马观花式的，以及还带有许多想象的、道听途说的成分，以至于17世纪末的来华传教士李明批评16世纪的那些西方旅行

---

① 许明龙：《欧洲18世纪中国热》，北京：外语教学与研究出版社2007年版，第1—2页。
② 周景濂：《中葡外交史》，北京：商务印书馆1991年版，第8页。

西方典籍里的中国

家和商人,说"在他们的记述中充满了道听途说和庸俗的无聊之谈",但毕竟在向认识真实的中国方面迈进了一大步,并且在很大程度上影响了那个时代欧洲人所了解的中国知识。对于16世纪这些文献的价值,法国汉学家谢和耐(Jacques Gernet,1921—2018)给予了很高的评价,他指出:"甚至在耶稣会士们的报告、书简和著作之前,16世纪赴中国南方的第一批旅行家的游记,就提供了这种中国知识的最早因素,而其影响在17世纪和18世纪时可能是相当深刻的。"谢和耐特别指出了拉达、克路士等人的作品,说它们为门多萨的《中华大帝国史》提供了写作基础,而《中华大帝国史》这部著作取得了巨大成功,直到1656年前它都被所有具有文化修养者阅读,此后才被金尼阁和卫匡国的著作所取代。他进一步指出:"这些有关中国的最早资料,成了可供借鉴的原始史料","其影响可能在18世纪才使欧洲人感觉到。同样,中国人的政治和社会观念,他们的政治制度、艺术与技术,对于近代思想的形成施加了一种可能是决定性的影响。这就是18世纪中国和欧洲相互借鉴与关系史趋向于明确的内容"。①

二 法国科学院给柏应理的问题清单

17世纪以后,有大批传教士来华,他们都是当时欧洲的饱学之士,是那个时代欧洲知识分子的代表。他们在这个时代成为认识和了解中国的主要群体。他们撰写大量有关中国的书信和著作,成为欧洲社会了解中国的主要文本。所以,人们对他们提供的信息抱有很大的期待。

1681年,在中国生活多年的耶稣会传教士柏应理受耶稣会中国传教会南怀仁的委派,回罗马向教皇汇报中国传教工作的状况和一些请求。1684年9月,柏应理赴凡尔赛宫晋见法国国王路易十四,向他陈述派遣传教士去中国的必要性,说明此举不仅有利于传教,而且对从中国获得科学知识也大有益处。

---

① [法] J. 谢和耐:《中国社会史》,耿昇译,北京:中国藏学出版社2006年版,第393—395页。

附录　西方的兴趣：关于中国的问题清单

法国科学院按照首席大臣卢福瓦侯爵（François Michel Le Tellier，1641—1691）的指示，列了一张包括35个有关中国问题的清单给柏应理，向他请教答案。这个清单可能是汇总了科学院院士们的意见而形成的，每个院士把自己想到的或感兴趣的问题提出来，所谓问题清单包罗万象，五花八门，表达了他们需要调查了解外部世界的迫切愿望。所以，包含着各种各样问题的这份问题清单简直就是一份学习大纲或研究计划，涉及面相当广泛。

这份清单在1692年在柏应理回中国时交给了他，希望他协助调查了解这些问题。这份关于中国问题的清单，反映了法国科学院和法国政府对于了解中国、认识中国的极大热情，同时也看出当时法国人乃至欧洲人对中国十分关注。

法国科学院提交给柏应理有关中国问题的清单如下：

（1）中国人的史学家及其史著的权威性和忠实性如何？那里现在是否仍继续以同样精益求精的精神工作？

（2）尊敬的耶稣会士神父们是否对中国的经纬度做了某些具有相当规模的考察？

（3）中国人的科学及数学、天文学、哲学、音乐、医学的优缺点以及他们诊脉的方式如何？

（4）荷叶、大黄及其药品与奇花异木到底是什么？中国是否出产某种香料，他们是否消费烟草？

（5）中国人的日常食物及其饮料是什么？他们是否有葡萄酒、面包、磨坊、印度仔鸡、鸽子和鸽棚、印度或土耳其小麦等？

（6）他们的家禽和家畜是否与我们的相似？他们是否拥有禽畜中的所有品种？如毛驴、骡子和骆驼。

（7）他们最优良品的飞禽、野味和鱼类是什么？

（8）他们的大炮、火炮和其他进攻与防御性武器的形状与用法如何？他们是否有短枪、卡宾枪、手枪、炸弹、手榴弹和烟火？

（9）他们的阵地设防方式、进攻和保卫阵地的方式如何？他们是否有地雷和战壕等？

（10）他们的节日、舞蹈、乐器、节日篝火如何？

（11）他们的丝绸、白色毛织、棉织、瓷器、印刷术、作坊以及他们使用罗盘的方式如何？

（12）他们大船的形状以及小船、灌渠和闸门的方便性如何？他们的道路和陆行车辆如何？那里是否有风车和小客栈等？

（13）诸如北京、南京、广州那样的主要城市的规模和居民如何？

（14）全国的幅员？

（15）他们住宅的形状、家具、庭院、果树、甬道、喷泉、花坛、街道上的石铺路面、寺院的形状与规模如何？他们的崇拜偶像和供像是什么？

（16）他们有什么矿藏？

（17）他们的丧葬、婚娶如何？女子是否拥有自由或者是否可以抛头露面？他们的财产所有制如何？他们是否有遗嘱和捐赠？继承和分配遗产的方式如何？

（18）他们的法官、巡察官以及惩罚和处死罪犯的方式。

（19）他们的宗教和信教人情况。

（20）万里长城。

（21）他们的港口、其秀美外貌和雄伟程度。

（22）皇帝的收入有多少？这些收入是以什么东西组成的？

（23）那里的风是温暖还是寒冷？气候是干燥还是多雨？是否惹人讨厌？那里是否有规律性很强的降雨和季风？在什么季节和什么地区？

（24）马可·波罗所说的"行在"（Quinsay）是浙江省府杭州还是同一个省的湖州？其湖泊如何？

（25）东西鞑靼的情况如何？

（26）莫斯科人和那些来自印度、卧莫儿国人的旅行情况。

（27）朝鲜，其国王是中国的附庸还是强大的国王？

（28）海南岛及其珍珠的情况。

（29）贵州和云南等省份的居民。

（30）黔江和哈喇木伦河的宽度及其水质。

附录　西方的兴趣：关于中国的问题清单

（31）中国的陕西、山西、北京、辽东、山东、南京、浙江、福建、江西、广东、广西、贵州、云南、四川、湖广和河南诸省份。

（32）澳门的地势，它是否与大陆相连接？①

这份由法国科学院提交给柏应理的调查问题清单，涵盖的范围甚广，包括中国的历史、科学、植物、饮料、鸟类、家禽、武器、军队、节日、织物、瓷器、运输、建筑、矿产、妇女、奴隶、法律、刑罚制度、宗教、长城、要塞、国税、气候、地理和澳门的情况。内容涉及中国历史、地理、法律、宗教、军队武器、工艺、科学、植物、动物等。

从这份清单中可以看出，当时的法国科学院对中国的事情已经有了一些了解，但在许多方面还不甚了了，所以迫切需要比较详细的调查资料，以便对这些方面的问题有一个比较清楚的认识。另一方面，也反映出他们对中国兴趣广泛。

三　莱布尼茨的问题清单

从17世纪中期开始，经由入华耶稣会士们的媒介，中国文化进入了欧洲思想家们的视野，成为时常谈到的话题。他们以哲人的睿智和敏锐力，发表了至今看来仍然可能还有启发价值的对中国文化的种种评论。

莱布尼茨对德国汉学家米勒（Andreas Müller，1630—1694）的中国语言研究给予充分的关注。米勒宣称发明了"中文的钥匙"，可以让人在一个月学会中文，这样的大话，使莱布尼茨感到特别新奇，1678年，他给他在柏林的朋友埃尔斯霍茨（Johann Sigismund Elsholz，？—1688）写信，询问米勒的研究情况。埃尔斯霍茨于1679年1月底给莱布尼茨回信，介绍了米勒已发表的著作与研究计划。1679年6月24日，莱布尼茨再次给埃尔斯霍茨写信，对米勒

---

① ［法］维吉尔·毕诺：《中国对法国哲学思想形成的影响》，耿昇译，北京：商务印书馆2000年版，第502—504页。

的这个"重大发现"表示关心,在信中请他向米勒转达他提出的14个问题。这14个问题是:

(1) 这部词典是否准确无误,人们是否能够像读我们的a、b、c字母或数字一样去读它,或者是否有必要偶尔加一点解释,就像有时加示意图的情况那样。

(2) 众所周知,由于中国的文字不是表示话语,而是表示"东西""事物"的,因此我想知道,"汉字"是否总是按照事物的性质创造的。

(3) 是否所有文字都可以回溯到一些确定的元素或基本的字母,是否从组合中还能形成其他的汉字。

(4) 人们是否把不可见的事物借助于同有形的、可见的事物的比较带到某种确定的形式之中。

(5) 中国文字是否全部通过人造生成的,且随着时间的演进不断增长,甚至是不断改变的。

(6) 中国人的语言是否像一些人那样,也是通过人创造的,以至于人们可以找到理解这种语言的某种确定的秘诀。

(7) 米勒先生是否认为中国人自己不知道他们文字的秘诀。

(8) 米勒先生是否认为这种文字可以顺利地、有用地引入欧洲。

(9) 创造出这种文字的那些人是否理解了事物的性质,并且从理性精通。

(10) 表示如动物、野草、岩石这些天然事物的汉字,是否同这些事物的特性有关,以便某个字同其他字能有所区别。

(11) 人们在多大程度上能够从汉字学习到它的含义。

(12) 拥有解释中国文字的词典并借助它工作的人是否可以懂得用汉字写成的关于某些主题内容的全部文字。

(13) 拥有这部词典的人是否也能用中文写点什么,并且使有文化的中国人能够读懂和理解。

(14) 如果人们想根据这本词典向不同的中国人告诉一些用我们的语言写成,用汉字逐字注音的事情(例如:一桩祈祷的"主祷文"),那么,人们是否可以充分了解所涉及的相同内容。①

但是,米勒对莱布尼茨提出的问题反应冷淡。埃尔斯霍茨向莱布尼茨转达了米勒的简单答复,但没有回答他的具体问题,所以后来莱布尼茨说米勒是一个"性格古怪"的人。

1689年,莱布尼茨访问罗马时,遇见了当时刚从中国回来的耶稣会士闵明我,这对他以后关于中国的兴趣和研究有着决定性的影响。闵明我是意大利耶稣会会士,他在中国时,曾作为南怀仁的助手在钦天监工作,是一位很有学识的人。

莱布尼茨在罗马逗留了一年多的时间。在此期间,莱布尼茨与闵明我过从甚密,经常见面晤谈。莱布尼茨特别渴望利用这个机会了解中国,闵明我也十分热心地以自己的亲身经历向莱布尼茨介绍有关中国的情况。他向莱布尼茨介绍了耶稣会士们在中国传教的情况,清朝政府的态度,中国的典籍,民间的习俗礼仪,以及中国的文字等,还对康熙皇帝大加赞赏,赞美康熙皇帝的仁慈和智慧。

莱布尼茨在给闵明我的信中附了一份问题清单,列举了希望闵明我帮助他了解的有关中国科学技术和文化历史各方面的问题。这份问题清单包括三大类问题,第一类涉及地球物理学和中国技术,第二类涉及数学和物理学,第三类涉及天文学。从这份清单中我们可以得知莱布尼茨的巨大求知热情和对中国的广泛兴趣。

在莱布尼茨离开罗马之前,他们又进行了一次专门的晤谈。他们的谈话是按照莱布尼茨的问题清单逐题进行的,闵明我对这些问题做了一些初步回答,莱布尼茨则对他的问题做了进一步的阐述和补充。莱布尼茨对这次谈话的内容做了记录,题目是《闵明我就提出的问题对我所做的回答纪要》。这份谈话记录的主要内容是:

问题一,闵明我认为中国人在人工造火,即烟火方面并不比欧洲高

---

① 安文铸等编译:《莱布尼茨和中国》,福州:福建人民出版社1993年版,第126—127页。

明。他没有看见他们发明的"绿火"。他们制作的烟火声音不是很大,升得也不是很高。他们那里没有同时迸发而旋转的烟火。那种时而转向这边时而转向另一边的焰火是闵明我演示给他们的。他们常常使用樟脑。他们的烟火工艺很独特,但也颇难而且费力。

他们用各种烟火能排演出很多令人惊叹的场面,甚至能表现事物、动物、人或战争的场面。每个场景均用表现它们的文字作结尾,比如"君临天下代表和平"。

问题二,莱布尼茨很关心闵明我从中国带来的那些植物,他想知道中国人为什么要把人参放在水中煮沸,而泡茶叶时只需把茶叶直接放入开水中即可?闵明我曾给佛罗伦萨公爵带回一些人参的根茎。他说,在中国即使1盎司人参也要卖大约40金锭。特别是对老弱病人,人参有很大作用。用水煮后,喝起来淡乏如同茶叶。二者之不同之处是茶用开水泡,人参用水煮。没有什么特别的味道,亦没有发现明显的效果。莱布尼茨在佛罗伦萨期间,打听到了种植的地点。

问题三,闵明我还给佛罗伦萨公爵带回一种森林百合,它的鳞茎可以榨出一种油,据说能减轻关节疼痛,滴上几滴,便有神奇的作用。

问题四,莱布尼茨想问,耶稣会教士们怎样评价1656年卜弥格编著的《中国植物志》。闵明我说,他能去寻找这本书。他告诉莱布尼茨,耶稣会教士从帝国档案中已经收集了大量有关中国的动植物的材料,其中只有少数介绍到了欧洲,以便不会让人觉得这些是从档案中抄下来的。荷兰人将此事告诉中国人后,会引起疑心。大部分内容涉及中国的动物、植物和矿物。

问题五,莱布尼茨问,那种不能浮出水面,可以做船锚,猛烈敲击就会发出巨响的坚硬的铁树是什么?闵明我说,中国和印度确实有一种如同铁一样坚硬的木材,但要用其做点什么却难度很大,因为这种木材容易裂缝。北京皇宫那扇开向耶稣会驻地的大门就是用这种木头做的。这种木头被称为铁木,在东印度叫作 Angelin。

问题六,莱布尼茨对矿物、金属非常感兴趣,特别是对那些欧洲人尚不了解的金属方面的技术。闵明我说,有两种金属是欧洲所不知道的。一是中国的铝,其美丽程度不亚于银,与银同样贵重;另一种是白铜,似乎可用于做茶壶,这应该是"tutenag"。莱布尼茨则认为这是一种由铜、锌、镍组成的白合金。

问题七,关于造纸。闵明我认为中国的纸质不够完美,因为他们用中国兽皮或芦苇造纸,然后又把大张极薄的纸与极细的丝线织在一起,但是不能抵制雨水和空气的侵蚀。这就是为什么中国人希望得到我们的金线,虽然他们对它的用途一无所知。

问题八,涉及养蚕。莱布尼茨关心中国人是怎样养蚕的,每年收集两次蚕茧,采用什么方法?但是,闵明我似乎没有回答这个问题。

问题九,关于瓷器。闵明我说,中国瓷器本身并不是透明的,而是经过加工才如此:有金黄色和白色两种。还有一种不透明的,黑色。金黄色的瓷器是大师们亲手制作的。

问题十和十二,关于怎样往皮革里充气的特殊糅皮方法和日本的金属工艺等问题,莱布尼茨没有获得答案。

问题十一,闵明我告诉莱布尼茨,中国有一种从树脂中提炼出来的油,他们称之为"桐油"。通常在油漆和建筑中用得很多。这种油变硬后像石头一样坚硬,由于这个原因不宜与颜色混合,他脱落后如同干瘪的硬皮。可以制成防水的保护层,用途颇广。

问题十三,闵明我说,中国玻璃是用稻谷制成的,中国人在里面加入了铅以增加硬度。

问题十四,是询问医学方面的具体情况。闵明我认为中国的诊脉学问不可轻视,但他们无法说出其中的原因,亦无人知晓身体内部的各个组成部分。他还表达了这样的观点:医学问题更多地属于观察而不是推理,内外科医生应该是好的实践者而不是理论家。

问题十五,关于数学方面的问题。在莱布尼茨与闵明我第一次见面就有所讨论。他们议论了中国人的运算方式,二人都赞成以空格代表零。莱布尼茨将自己所喜欢的心算方式与中国人借助算盘的运算系统进行了对比。

问题十六,是关于天文学的。闵明我说,中国人以恒星为参照研究月亮活动周期，他们在真正的观象台上研究天体。他们讨论了中国天文学的悠久历史，莱布尼茨认为中国人不会有什么西方人尚不知的天文发现。闵明我认为对中国人的天象观测只可信一半，因为他们进行观测的动机是获取金钱，而不是为了获得发现真理的荣耀。他们满足于观察日食。虽然他们正力图做得更精确，但一旦他们的预测与欧洲的推算出现分歧，他们的传统天文学仍会占上风。他们看见了他人眼中有根草，却看不见自己眼中有根梁。因此神父们必须特别小心，他们不敢四处走动，以免再在这方面受到限制。

问题十七、十八、十九和二十六，闵明我认识一些出色的化学家，莱布尼茨想知道一些有关的情况以及他们是怎么制造合金、怎么从沙中淘金的。

问题二十，是关于印刷的，莱布尼茨想知道中国人怎样印刷文字，用木头还是用别的方法？闵明我对这个问题没有给出回答。

问题二十一，是地理方面的。主要涉及地图的绘制法，怎样从亚洲到北美，怎样到达日本顶端的北海道，怎样改良中国的地图。

在历史方面，莱布尼茨想知道中国古代君主的编年表与《旧约》希腊文译本中提到的上古人物的对应关系；还想了解卫匡国、柏应理在他们的著作中列出的编年表的价值何在，中国的阴历是怎样计算的。

问题二十二，关于翻译的问题。涉及是否可以将中国的历史著作和自然科学著作翻译成拉丁文。闵明我说他本人想随身携带回一些中国书籍，但南怀仁在这方面是个极小心的人，他不想这样做，亦担心假如被他人发现，会给传教事业带来损失，尽管闵明我认为这未免过于谨慎。

问题二十三、二十四，是关于中国的工艺技术的，莱布尼茨对地面风车很感兴趣，想知道中国的风车是建立在何种理论基础之上的，中国人用什么样的机器来代替繁重的体力劳动。对于中国的这样一些科学技术问题，莱布尼茨和闵明我只是做了一些猜想。

问题二十五，莱布尼茨曾经围绕着中国文字的写法提出过一些语言学方面问题，他很想知道汉字的秘诀是什么。闵明我告诉他，中国的这种表意文字实际上是由200多个书写符号即"偏旁"构成的象形文字；在中

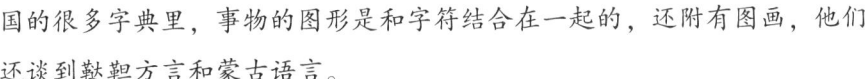

国的很多字典里，事物的图形是和字符结合在一起的，还附有图画，他们还谈到鞑靼方言和蒙古语言。

问题二十七，涉及中国的农业和园林建设，闵明我没有回答。

问题二十八，至于中国是否拥有可供欧洲借鉴的"舒适的生活方式"，他们没有议论出一个满意的答案。

问题二十九，关于中国的军事和航海器械以及卷帆的方法等具体的航海技术问题，闵明我当然不清楚。他只告诉莱布尼茨，耶稣会教士们建立了一个工地，准备挖一条长达上百公里的运河。

问题三十，对于这个问题，莱布尼茨说，他准备将意大利维苏威火山的经历同他对中国地质构造的好奇结合起来；盐和硝酸盐是怎么出现在中国的矿藏里的，这也是他正撰写地球史的一个重要问题。

在谈论了这个长长的清单上所提出的问题后，闵明我表示，他将把这30个问题带回中国，进一步搜集材料，并要向有关专家请教。莱布尼茨则表示，希望闵明我下次在从北京回来时，不是带回几株中国的植物，而是更多的科学知识。①

四　杜尔阁的《中国问题集》

在18世纪，重农学派和许多启蒙思想家一样，对当时西传的中华文化持有浓厚的兴趣，重农学派思想的形成和发展在许多方面都受到中国思想文化的直接或间接的影响。杜尔阁是（A. R. Turgot，1727—1781）重农学派的主要代表人物之一，他曾在1774—1776年担任法国宫廷的财政大臣，他曾按照重农学派的思想，推进法国的经济改革。他深受魁奈思想的影响，并在此基础上有所发挥，按照马克思的评价，杜尔阁的理论体系使"重农主义体系发展到最高峰"。杜尔阁的思想与中国文化有着直接的关系，他与两位中国青年的交往

---

① 孙小礼：《莱布尼茨与中国文化》，北京：首都师范大学出版社2006年版，第70—74页。

西方典籍里的中国

和友谊是这一时期中法文化交流的一个重要事件。

这两位中国青年是高类思（Louis Kao，1733—1780）和杨德望（Etienne Yang，1734—1787），他们都是北京人，各自的父母都是基督教徒。他们曾在北京教会学校读书，师从法国传教士蒋友仁。1751年7月，他们被派往法国留学，入拉夫雷士（La Fléche）的皇家学院学习，1760年赴巴黎，在法国政府的资助下继续研究神学。1763年5月，他们完成了学业，晋升为司铎，具备了回国传教的资格。1764年1月，他们向国务大臣贝尔丹提出申请，要求准予他们搭乘法国东印度公司的船只回国。

贝尔丹是在路易十五时代法国的"中国热"的推动者之一。贝尔丹认为，发现中国对于法国和整个欧洲都至关重要。希望通过借鉴中国的榜样来治理法国。他曾说："如果说法国是世界各民族中的少年，那么应该说，中国便是长者，是一位阅历丰富的长者。"① 当路易十五为法国七年战争的失败感到忧心时，贝尔丹建议应该遵行"中国精神"。他认为依循中国精神，就是应该将法国人对于政府的态度变成像中国臣民一样的顺服、忠诚。他极力想效法中国乾隆时期这种辉煌而开明专制的政治气氛，以德行治国。他认为法国波旁王朝只要按照这个目标前进，就可以扭转战争失败后的颓势。此外，贝尔丹还认为，应研究探讨真正的中国，要系统地涉及远东的整个科学和技术。而这种调查需要在科学的指导下，不是由欧洲人，而是由中国人自己从事。

所以，当高类思、杨德望向贝尔丹提出回国请求后，贝尔丹认为这是一个难得的机会，可以通过这两位中国青年，增进法国人对中国的了解。为此，他向国王做了报告，得到批复后转告高类思和杨德望说：

> 陛下希望，来自中华帝国的两位臣民在法国逗留期间，能如实了解法国的各种制造工艺，以便回国后与中国的同类工艺进行比较，必要时加以改进；同时又可使法国对中国的同类工艺有所了解，从而使法国工匠得以改进他们的产品……基于上述考虑，……陛下谕令向高、杨二人提供必要

---

① 许明龙：《欧洲18世纪中国热》，北京：外语教学与研究出版社2007年版，第25页。

附录 西方的兴趣：关于中国的问题清单

的支持，解决他们生活和继续学习所需，直至他们……回国。①

于是，高类思和杨德望接受了贝尔丹的挽留，推迟了回国日期。1764年6月，他们首先到凡尔赛宫觐见王后，然后依据贝尔丹的安排，学习制图和有关电的知识，并进行一些实验，还跟从几位教授研究物理学、化学、博物学，学习西洋绘画与铜版雕刻术。在巴黎参观了一些有代表性的工场，然后到里昂参观。

考察结束后，高类思和杨德望按照贝尔丹的要求，撰写了详细的考察报告。这份报告指出，法国的纸张粗而厚，质地远逊于中国纸，可能与原料有关；法国丝织品的染色技术也比中国落后。法国运河上的船闸无法和中国大运河上的船闸相比。但法国的兵器远比中国的先进，法国使用铅铜合金铸造活字，印刷质量优于中国的木版。

高类思和杨德望撰写这份报告十分认真，据说直到登船前才最后改定交给贝尔丹。在这段时间里，贝尔丹多次与他们交谈，询问他感兴趣的中国问题。贝尔丹给他们写了一封22页的长信，详述希望他们二人回国后向他提供有关中国的各种信息。他提出要了解的这些信息分为三类：第一类被称为"公法"，实际上是涉及历史、政治和宗教的一些问题；第二类称作"私法"，实际上是询问中国的法律对于个人与社会两者关系的处理原则；第三类是一些有关技术和工艺的处理问题，如服饰、房屋、日用器物等。贝尔丹要求他们在回答这些问题时，尽量附寄有关实物，使法国人能够比较确切地把握文字所表达的意义。

在巴黎期间，高、杨二人还参加过重农学派每周一次的聚会，受到魁奈及其朋友们的接待，并常常被各界邀请去进行讲演。在法国人眼里，他们不是正在学习的留学生，而是专家学者。有人就把高类思称为当时法国"科学界的一位重要人物"，认为"魁奈一定从那里学到许多具体的东西"。

杜尔阁与这两位中国青年的交往最为瞩目。当时的法国经济学家一般都认为中国是开明政治的策源地，人们都希望这两位中国青年能够让他们的欧洲东

---

① 许明龙：《欧洲18世纪中国热》，北京：外语教学研究出版社2007年版，第26页。

西方典籍里的中国

道国不断地了解中国的内部情况。杜尔阁极力劝说政府借助他们二人的作用，来实现与中国之间互相交换科学和工艺技术资料。杜尔阁起草了《给两位中国人关于研究中国问题的指示》，列出了52个问题的调查提纲。这就是杜尔阁的《中国问题集》，拟让他们回国后在研究本国经济制度的基础上予以回答，以帮助法国思想家全面系统而真实地掌握中国的经济情况。

《中国问题集》包括四个部分，共52个问题：

第一部分是"财富、土地分配与农业"，共30条，主要询问有关中国的"富人"阶层，涉及拥有大量房产者，大工业企业家，大商人，放债收息者及其财产的等级划分；官吏与富人的关系以及高官要职的俸禄标准；土地分配状况与耕作方式；田地的年收入，田地买卖以及田地卖价与其年收入之间的关系；稻米和小麦所占耕地面积情况；贷款利率标准；人均粮食年消费标准；工人的日工资标准及其在北京与外省的差别；土地税制度；两室的自由买卖与北京粮米的年平均价格等。

第二部分是"工艺"，共15条，其中又分为造纸、印刷、纺织三个方面，都是一些十分具体而细致的工艺技术问题。同时表示希望得到这些工艺机械和产品的中国样本和模型。

第三部分是"自然史"，共4条，主要了解中国矿产的种类、分布及蕴藏情况，同时就采集和寄送矿产样本的具体事宜，做了十分详尽的指示。

第四部分是"几点历史上的问题"，共3条，一是有关在华犹太人的历史和他们使用的《圣经》；二是有关苗民的语言、体形和肤色及其与周围各省中国人之间之异同；三是习于游牧生活的鞑靼人归化后是否采用中国人的风俗习惯并从事农耕与工艺，尤以康熙和雍正两位已故皇帝的生活方式和思想方法是否比他们的现任更加中国化。

在这个《中国问题集》中，最重要的是第一部分的30个问题，都是有关经济和政治制度方面的问题，这对于当时的法国思想界，尤其对于重农学派十分重要。这30个问题是：

(1) 中国是否有很多富人，或换言之，中国是否贫富不均？

(2) 中国是否有许多人拥有大量的土地、房屋或采邑？

(3) 中国是否有许多企业主，他们拥有相当的财富、雇用大量的工人，生产大量的商品？

(4) 中国是否有许多商人，他们拥有相当的财富，进行大宗的贸易？

(5) 中国是否有很多以放贷收息为生的人？

(6) 在中国担任要职的属于哪一阶层？他们是否富家子弟，有家产而无须工作？或者他们出身农夫、工匠、商贩，父辈的财产可以维持他们接受较好的教育？

(7) 在中国是否有子承父业的文人家庭？这是自然而然的事，在法国，地方官的儿子大多进地方政府。

(8) 假设有些家庭拥有一定的家产，这完全可能，我要问的是他们的家产形式是田产还是可以放贷的获利的钱财？

(9) 是地主亲自耕种他们的土地，还是由佃农耕种收租？

(10) 中国的某些地区是否还由农奴耕种土地？

(11) 中国是否普遍由佃农耕种土地并秋后向地主支付一定数量的佃租，如收成的一半或三分之一？

(12) 在这种情况下，地主是否改进耕作条件？是否提供耕畜？

(13) 中国是否惯于将土地租给那些能够付抵押金，拥有耕畜并能够按年以金钱或谷物支付佃金的农夫（投资佃户）？

(14) 在中国，是否有地主永远放弃他们的田产，只按年领取相应的谷物或金钱俸禄？是否可以找到很多这方面的例证？

(15) 如果中国的佃租制度不尽相同，它是否也向法国那样，边远贫困商贸不发达的省份，佃租占总收成的一半或三分之一，如山西、四川、云南？或者是在较富庶、贸易发达的省份，如北直隶、江南、广东、福建等地，包租佃农才更为普遍？

(16) 在中国的南部省份，人们用水牛耕地；难道在北方，他们普遍使用的耕牛就与欧洲耕牛不一样吗？他们是否也是用马耕地？是否可以断定那些租佃制度已经确立的省份在使用马匹耕田？

（17）中国的封地买卖很普遍吗？

（18）根据岁入定价出售的土地的公价是多少，或者说"行情价"是多少？是否一般要付岁收成的 15 或 20，甚至 30 或 40 倍的价？

（19）借贷的一般利息是多少？5% 或更高更低，3% 或 4%、6%、10% 和 15%？

（20）中国的最广阔的耕地区面积有多大？是否到处可见 100、200 或 300 "阿尔旁"① 的耕地，或者常见一些更大面积的耕地（大采邑）还是他们惯于将大片耕地分割开来耕种？

（21）在南方各省除了水稻他们几乎什么也不种，在北方他们种植麦子还有其他谷物；种植麦子的农庄是否比种植水稻的农庄大？或者，同一个问题，一位农夫耕种麦田的面积是否可以比耕种稻田的面积大？

（22）尽管北方种植小麦，但我听说中国人，甚至北京的中国人，完全食用大米，没有人吃面包。那么，他们用小麦干什么？安有种植不为出售，购买不为食用的事？

（23）在中国，拥有多少财富才算是富有？

（24）请用银两表示高官的俸禄——一位京官，阁老（Colao）、总督（Tsong-tou）或府尹（Fou-yuen）的俸禄标准（官名均引自杜赫德神父的《中华帝国全志》）。

（25）在中国，拥有个人田产的富裕程度是否可比朝廷命官的俸禄，这种情况普遍吗？

（26）每年每人消费多少大米？

（27）北京的大米价格如何？以重量还是以容量度量？

（28）在中国，一般情况下，一位工人一天的工资为多少？一两银子可雇用一位工人多少天？北京的工价与外省，尤其是贫困省份的工价一定有所差别，我想知道差别多大。

（29）我从普瓦尔先生的回忆录与前维塔蒙特修道院院长那里得知谷物什一税是中国皇帝的主要税收形式，但普瓦尔先生又说什一税的征收形

---

① 阿尔旁（arpens），是法国旧土地面积单位，约等于 10 市亩。

式因土地优劣而不同。最优的土地可征什一税,最劣的土地可能只征三十分之一的税。无疑,确定不同的征税额是件很不容易的事。

我想了解每一地区是否都有一份田亩登记册,其中毫无遗漏地登录本地所有的田产并注明所应交纳税额。皇帝的官员征税是否仅凭该名册,还是像欧洲那样,由教区官员按习惯征税?

(30)每个人是否都可以自由买卖大米?个人是否可以囤积粮食?商人与农夫是否有时要被迫开仓售粮?是否由官方定价?荒年政府是否允许百姓跨城贩运粮食?

从杜尔阁提出的这些问题来看,他对当时传入欧洲的有关中国的知识相当熟悉,所提的问题都很详细并具有针对性。杜尔阁所提出的问题及做出的分析都与他所掌握的中国经济知识有着不同程度的联系,或者是希望从中国的实践中得到解释,或者是受中国的情况的启发而予以发挥,或者是直接从中国古代文化中汲取了营养。杜尔阁的这些问题"代表了保证得到一份关于中国经济的详细、准确描述的一次理智尝试,并试图证明中国不只是让一个著名的哲学家圈子和实务家圈子感兴趣而已。他们中的许多人都是改革的倡导者,他们频繁参考来自中国的信息以支持他们的论据"[①]。

为了让高类思和杨德望能够系统地了解重农学派的理论和学说,指导他们全面回答他所提出的问题,杜尔阁还特意写了《关于财富的形成和分配的考察》一书,以提纲挈领的方式,系统阐述并发展了重农学派的理论主张。这部著作在经济学说史上享有很高的声誉。

高类思和杨德望于1765年1月离开巴黎,1766年2月回到北京。为了资助他们的调查,法国国王路易十五赠给他们1200里弗尔年金。他们按照贝尔丹和杜尔阁的要求,利用这笔资金,进行了相当详细的调查工作,并定期将调查结果寄往法国,他们每年还给贝尔丹寄去大量物品,其中包括阿胶等74种药材,每种物品都附有详细的说明。杨德望还向贝尔丹介绍了李时珍的《本

---

① 张国刚、吴莉苇:《启蒙时代欧洲的中国观——一个历史的巡礼与反思》,上海:上海古籍出版社2006年版,第185页。

草纲目》，介绍了煤炭在中国的使用情况，提供了有关中国政府设立义仓赈济灾民的资料。

高杨二人合作撰写了《论古代中国》一书，主要叙述了中国文学和科学的起源与发展，介绍了《论语》《大学》《中庸》《易经》《诗经》《孝经》《左传》《周礼》《礼记》等古代经典，介绍了司马迁、班固、司马光等人的史书，以及中国的起源、尧舜禹时代的地理、政治、习惯、人口、学术、宗教等。高类思与传教士韩国英合作完成了《埃及人与中国人的研究》的论文。这两部论著发表在巴黎出版的《北京耶稣会士中国论集》中。他们还协助在华耶稣会士汇编《北京教士报告》。

五　托马斯·斯当东的三十三个问题

到了19世纪，欧洲人对中国已经有了相当多的了解。但是，鸦片战争之后，大批欧洲人东来，与中国的交涉也日益增多，汉学作为一门很重要的学科也发展起来。许多人都对中国的历史、文化和现状做了深入的研究。

19世纪英国的汉学研究，有一个很重要的人物，就是乔治·托马斯·斯当东（Sir George Thomas Staunton, 2nd Baronet；1781—1859）。马嘎尔尼访华时，曾有一个11岁的小男孩随行，并得到乾隆皇帝的接见。他就是斯当东。

斯当东是第一个会讲中国话的英国人，是首批英国汉学家之一。十几年的中国经验，给斯当东深入了解中国社会提供了绝佳的机会，使他成为最了解中国的英国人。斯当东还积极推动英国的汉学研究。在他的努力下，英国伦敦大学大学院和帝国学院聘请教授，开设汉学课，专门教授汉学课。他由此被誉为"英国汉学之父"。

1847年，斯当东给香港总督德庇时写信，提出了关于中国的33个问题，建议居住在香港和5个通商口岸的英国侨民关注这些问题。德庇时（Sir John Francis Davis，1795—1890）也是19世纪早期英国有影响力的汉学家。1844年，德庇时出任第二任香港总督，1848年去职，晚年退居故乡，专做汉学研究。有人评价说，19世纪初，在有关中国题材的作家中，没有比德庇时爵士的权威更大的了。

斯当东给德庇时的信中表示急于想知道中国人的风俗、贸易、思维习惯、历史观等多方面的知识。此外，还有"中国人的日常生活状况、他们的感情生活、内心世界、行为方式和那些难以言明却又对中国人生活有重要意义的无数点滴知识"。斯当东开列的这33个问题是：

(1) 居住地的地理概况和地质情况。
(2) 居住地的主要农产品和工业制成品。
(3) 上述物品是否适合英国市场？
(4) 这个国家急需哪些欧洲农工产品？
(5) 这个国家的居民吸鸦片吗？哪个阶层吸鸦片？
(6) 这种（吸鸦片）的习惯对于他们的身体健康和道德原则有多大影响？
(7) 与中国其他地方相比，所居住地人们的道德、智力及体格特征是什么？
(8) 盗贼和土匪经常出没吗？
(9) 凶杀和海盗经常出没吗？
(10) 溺婴是否普遍？
(11) 中国老百姓对欧洲人是否热情？是否喜爱欧洲的商品？
(12) 贸易是采取物物交换还是采用信用方式？如果采取信用贸易方式，贸易额有多大？以何种具体方式交割？
(13) 中外存在交往吗？
(14) 外国人的活动范围是否被限制在居留地？如果是，他们是否已经屈服于这种规定？还是他们会偶尔突破限制深入内陆地区活动，这种情况是否经常？一般何时行动？
(15) 当地的百姓是顺服于政府还是经常反抗政府？
(16) 当地百姓对鞑靼王朝（清朝）的统治认可程度有多大？
(17) 中外人民发生冲突时，政府对待中外人民是否有区别？如果有，哪些法律是针对中国人的？

（18）中国的官吏是否很廉洁？是否官吏腐败流行？程度如何？

（19）中国的法官是怎样审理案件的？犯人有没有辩护人？

（20）所在地是否有巨额资产者？土地占有是否平等？

（21）所在地是否有公认的望族或大的家族？

（22）是否有用于救济穷人的粮食？如果没有，他们又如何赈济穷人？

（23）乞丐是否到处都有？

（24）当地的教育情况怎样？有多少人具备读写文字的能力？

（25）人口是在增长还是在下降？

（26）所在地的发展趋势是繁荣还是衰败？

（27）当地的主要宗教信仰是什么？

（28）他们有哪些娱乐活动和游戏方式？

（29）是否见到过古代的碑刻或其他古迹？

（30）贸易时，主要用哪种语言？官话、广东话，还是行话？是否这3种语言在贸易中同时使用？

（31）是否遇到基督教传教士、耶稣会士、天主教士，以及他们出版发行的著作？他们是否受到中国人的尊敬？多大程度？

（32）他们是否遇到来自中国政府的阻挠？当地的巫师是否嫉妒他们？

（33）自从条约签订后，中外交往的进一步加深，中国人在生活习惯和使用的器具方面是否有显著的改变？或者说他们是否采用了西方现在最新的科技成果？各阶层的人是否因此而对外国人更加宽容和自由？①

这些问题都是当时英国汉学界迫切需要了解和关心的问题。

---

① 王毅：《皇家亚洲文会北中国支会研究》，上海：上海书店出版社2005年版，第6页。

附录 西方的兴趣：关于中国的问题清单

附录图 –5 –1 托马斯·斯当东像

本书征引的主要西方文献

1. 戈岱司编：《希腊拉丁作家远东古文献辑录》，耿昇译，北京：中华书局1987年版。

2. ［意］柏朗嘉宾：《柏朗嘉宾蒙古行纪·鲁布鲁克东行纪》，耿昇、何高济译，北京：中华书局1985年版。

3. ［法］沙海昂注：《马可·波罗行记》，冯承钧译，北京：中华书局2004年版。

4. 《海屯行纪·鄂多立克东游录·沙哈鲁遣使中国记》，何高济译，北京：中华书局1981年版。

5. ［意］雅各·德安科纳：《光明之城》，杨民等译，上海：上海人民出版社1999年版。

6. ［葡］多默·皮列士：《东方志——从红海到中国》，何高济译，南京：江苏教育出版社2005年版。

7. ［西］门多萨：《中华大帝国史》，何高济译，北京：中华书局1998年版。

8. ［英］博克舍编注：《16世纪中国南部行纪》，何高济译，北京：中华书局1990年版。

9. ［葡］费尔南·门德斯·平托：《葡萄牙人在华见闻录》，王锁英译，海口：海南出版社1998年版。

10. ［意］利玛窦、［法］金尼阁：《利玛窦中国札记》，何高济、王遵仲、李申译，何兆武校，北京：中华书局1983年版。

11. [葡]曾德昭：《大中国志》，何高济译，上海：上海古籍出版社1998年版。

12. [葡]安文思：《中国新史》，何高济译，郑州：大象出版社2004年版。

13. [法]杜赫德编：《耶稣会士书简集——中国回忆录》（6卷），吕一民、耿昇等译，郑州：大象出版社2001—2005年版。

14. [法]李明：《中国近事报道（1687—1692）》，郭强、龙云、李伟译，郑州：大象出版社2004年版。

15. [西]塞万提斯：《堂吉诃德》上卷，杨绛译，北京：人民文学出版社1979年版。

16. [英]培根：《新工具》，许宝骙译，北京：商务印书馆1984年版。

17. [德]夏瑞春编：《德国思想家论中国》，陈爱政等译，南京：江苏人民出版社1989年版。

18. [德]莱布尼茨：《中国近事——为了照亮我们这个时代的历史》，杨保筠译，郑州：大象出版社2005年版。

19. [法]伏尔泰：《哲学辞典》，王燕生译，北京：商务印书馆1991年版。

20. [法]伏尔泰：《路易十四时代》，王晓东译，北京：商务印书馆1982年版。

21. [法]伏尔泰：《风俗论》，梁守锵译，北京：商务印书馆1997年版。

22. [法]孟德斯鸠：《论法的精神》上册，张雁深译，北京：商务印书馆1961年版。

23. [法]魁奈：《中华帝国的专制制度》，谈敏译，北京：商务印书馆1992年版。

24. [法]霍尔巴赫：《自然政治论》，陈太先、眭茂译，北京：商务印书馆1999年版。

25. [法]霍尔巴赫：《健全的思想》，王荫庭译，北京：商务印书馆1966年版。

26. [法]孔多塞：《人类精神进步史表纲要》，何兆武等译，北京：生活·读书·新知三联书店1998年版。

27. [英]休谟：《休谟政治论文选》，张若衡译，北京：商务印书馆1993

年版。

28. [英] 亚当·斯密:《国民财富的性质和原因的研究》,郭大力、王亚南译,北京:商务印书馆1974年版。

29. [德] 爱克曼辑录:《歌德谈话录》,朱光潜译,北京:人民文学出版社1978年版。

30. [法] 博尔热:《奥古斯特·博尔热的广州散记》,钱林森、刘阳译,上海:上海书店出版社2006年版。

31. [德] 黑格尔:《历史哲学》,王造时译,北京:生活·读书·新知三联书店1956年版。

32. [美] 卫三畏:《中国总论》,陈俱译,陈绛校,上海:上海古籍出版社2005年版。

33. [美] 丁韪良:《汉学菁华——中国人的精神世界及其影响力》,沈弘译,北京:世界图书出版公司2010年版。

34. [德] 卫礼贤:《中国心灵》,王宇杰等译,北京:国际文化出版公司1998年版。

35. [美] 明恩溥:《中国乡村生活》,陈午晴、唐军译,北京:中华书局2006年版。

36. [美] 明恩溥:《中国人的素质》,秦悦译,北京:学林出版社1999年版。

37. [英] 李约瑟:《中国科学技术史》第1卷,袁翰青等译,北京:科学出版社1990年版。

38. [英] 李约瑟:《中国科学技术史》第2卷,何兆武等译,北京:科学出版社1990年版。

39. [英] 李约瑟:《中国科学技术史》第5卷第1分册,北京:科学出版社1990年版。

40. [英] 李约瑟:《中国科学技术史》第5卷第7分册,刘晓燕等译,北京:科学出版社2005年版。

41. 潘吉星主编:《李约瑟文集》,陈养正等译,沈阳:辽宁科学技术出版社1986年版。

42. ［英］贝尔纳：《历史上的科学》，伍况甫等译，北京：科学出版社1959年版。

43. ［美］卡特：《中国印刷术的发明和它的西传》，吴泽炎译，北京：商务印书馆1957年版。

44. ［美］钱存训：《书于竹帛——中国古代的文字记录》，上海：上海书店出版社2004年版。

45. ［比］普列高津：《从混沌到有序》，曾庆宏译，上海：上海译文出版社1987年版。

46. ［日］铃木大拙、［美］弗洛姆等：《禅宗与精神分析》，洪修平译，沈阳：辽宁教育出版社1988年版。

47. ［瑞士］荣格：《探索心灵奥秘的现代人》，黄奇铭译，北京：社会科学文献出版社1987年版。

48. 陶文钊编选：《费正清集》，林海、符致兴等译，天津：天津人民出版社1992年版。

49. ［英］韦尔斯：《世界史纲——生物和人类的简明史》，吴文藻、谢冰心等译，北京：人民出版社1982年版。

50. ［法］布尔努瓦：《丝绸之路》，耿昇译，济南：山东画报出版社2001年版。

51. ［法］克洛德·德尔马：《欧洲文明》，郑鹿年译，上海：上海人民出版社1988年版。

52. ［美］威廉·乌克斯：《茶叶全书》，侬佳、刘涛、姜海蒂译，北京：东方出版社2011年版。

53. ［英］阿诺德·汤因比：《历史研究》，刘北成、郭小凌译，上海：上海人民出版社2000年版。

54. ［英］阿诺德·汤因比：《人类与大地母亲——一部叙事体世界历史》，徐波等译，马小军校，上海：上海人民出版社2001年版。

55. ［英］阿诺德·汤因比、［日］池田大作：《展望二十一世纪——汤因比与池田大作对话录》，荀春生、朱继征、陈国梁译，北京：国际文化出版公司1985年版。

主要参考文献

1. [法] 费赖之:《在华耶稣会士列传及书目》上册,冯承钧译,北京:中华书局1995年版。

2. [美] 史景迁:《大汗之国——西方眼中的中国》,阮淑梅译,桂林:广西师范大学出版社2013年版。

3. [美] 孟德卫:《奇异的国度:耶稣会适应政策及汉学的起源》,陈怡译,郑州:大象出版社2010年版。

4. [法] 安田朴、谢和耐等:《明清间入华耶稣会士和中西文化交流》,耿昇译,重庆:巴蜀书社1993年版。

5. [法] 伯德莱:《清宫洋画家》,耿昇译,济南:山东画报出版社2002年版。

6. [英] 雷蒙·道森:《中国变色龙——对于欧洲中国文明观的分析》,常绍民、明毅译,北京:中华书局2006年版。

7. [英] 吴芳思:《中国的魅力——趋之若鹜的西方作家与收藏家》,方永德等译,东方出版中心2009年版。

8. 阎宗临:《传教士与法国早期汉学》,郑州:大象出版社2003年版。

9. [法] 戴仁编:《法国中国学的历史与现状》,耿昇译,上海:上海辞书出版社2010年版。

10. [德] 马汉茂、汉雅娜等主编:《德国汉学:历史、发展、人物与视角》,郑州:大象出版社2005年版。

11. 计翔翔:《17世纪中期汉学著作研究——以曾德昭〈大中国志〉和安

文思〈中国新志〉为中心》，上海：上海古籍出版社2002年版。

12. [法] 蓝莉：《请中国作证——杜赫德的〈中华帝国全志〉》，许明龙译，北京：商务印书馆2015年版。

13. 李文潮、[德] 波塞尔编：《莱布尼茨与中国》，北京：科学出版社2002年版。

14. 孙小礼：《莱布尼茨与中国文化》，北京：首都师范大学出版社2006年版。

15. [德] 利奇温：《18世纪中国与欧洲文化的接触》，朱杰勤译，北京：商务印书馆1962年版。

16. 张国刚、吴莉苇：《启蒙时代欧洲的中国观——一个历史的巡礼与反思》，上海：上海古籍出版社2006年版。

17. 陈志华：《中国造园艺术在欧洲的影响》，济南：山东画报出版社2006年版。

18. 何兆武：《中西文化交流史论》，武汉：湖北人民出版社2007年版。

19. [法] 安田朴：《中国文化西传欧洲史》，耿昇译，北京：商务印书馆2000年版。

20. [法] 维吉尔·毕诺：《中国对法国哲学思想形成的影响》，耿昇译，北京：商务印书馆2000年版。

21. 葛桂录：《中英文学关系编年史》，上海：上海三联书店2004年版。

22. 范存忠：《中国文化在启蒙时期的英国》，上海：上海外语教育出版社1991年版。

23. [德] 汉斯－尤尔根·格尔茨：《歌德传》，伊德等译，北京：商务印书馆1982年版。

24. 杨武能：《歌德与中国》，北京：生活·读书·新知三联书店1991年版。

25. [法] 谢和耐：《中国社会史》，耿昇译，北京：中国藏学出版社2006年版。

26. [英] 罗伯茨：《19世纪西方人眼中的中国》，蒋重跃、刘海林译，北京：中华书局2006年版。

27. ［美］马森：《西方的中国及中国人观念（1840—1876）》，杨德山译，北京：中华书局 2006 年版。

28. ［英］赫德逊：《欧洲与中国》，李申、王遵仲译，北京：中华书局 1995 年版。

29. 张星烺编注：《中西交通史料汇编》（4 卷），北京：中华书局 2003 年版。

30. 周宁编著：《中国形象：西方的学说与传说》（8 卷），北京：学苑出版社 2004 年版。

31. 清华大学思想文化研究所编：《世界名人论中国文化》，武汉：湖北人民出版社 1991 年版。

32. 忻剑飞：《世界的中国观》，北京：学林出版社 1991 年版。

33. ［美］顾立雅：《孔子与中国之道——现代欧美人士看孔子》，高专诚译，太原：山西人民出版社 1992 年版。

34. 施忠连：《现代新儒学在美国》，沈阳：辽宁大学出版社 1994 年版。

35. 灌耕编：《现代物理学与东方神秘主义》，成都：四川人民出版社 1984 年版。

36. 杨宏声：《本土与域外——超越的周易文化》，上海：上海社会科学院出版社 1995 年版。

37. ［日］中村元：《比较思想论》，吴震译，杭州：浙江人民出版社 1987 年版。

38. 孟华主编：《比较文学形象学》，北京：北京大学出版社 2001 年版。

39. 潘吉星：《中国造纸技术史稿》，北京：文物出版社 1979 年版。

40. 潘吉星：《中国火箭技术史稿》，北京：科学出版社 1987 年版。

41. 潘吉星：《中国古代四大发明——源流、外传及其世界影响》，合肥：中国科技大学出版社 2002 年版。

42. ［英］福布斯主编：《西亚、欧洲古代工艺技术研究》，安忠义译，北京：中国人民大学出版社 2008 年版。

43. ［瑞典］斯文·赫定：《丝绸之路》，江红、李佩娟译，乌鲁木齐：新疆人民出版社 1986 年版。

44. ［英］埃兹赫德:《世界历史中的中国》,姜智芹译,上海:上海人民出版社 2009 年版。

45. ［英］约翰·霍布森:《西方文明的东方起源》,孙建党译,济南:山东画报出版社 2009 年版。

46. ［英］罗伊·莫克塞姆:《茶:嗜好、开拓与帝国》,毕小青译,北京:生活·读书·新知三联书店 2010 年版。

47. ［英］崔瑞德、［美］牟复礼编:《剑桥中国明代史》下卷,杨品泉、吕昭义等译,北京:中国社会科学出版社 2006 年版。

48. ［德］弗兰克:《白银资本——重视经济全球化中的东方》,刘北成译,北京:中央编译出版社 2000 年版。